U0601381

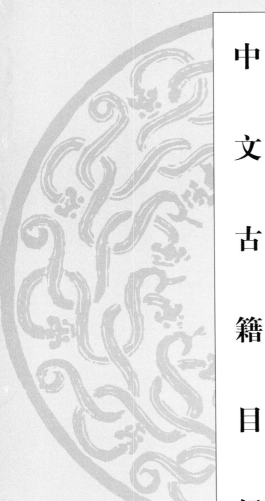

海外中文古籍總目

Bibliography of Ancient Chinese Books in John Rylands Library at University of Manchester

英國曼徹斯特大學約翰·賴蘭茲圖書館

中文古籍目録

李國英 周曉文 張憲榮 編著

上 册

中華書局

圖書在版編目(CIP)數據

英國曼徹斯特大學約翰·賴蘭兹圖書館中文古籍目録/李國英,周曉文,張憲榮編著. —北京:中華書局,2018.1
(海外中文古籍總目)
ISBN 978-7-101-12499-6

Ⅰ.英…　Ⅱ.①李…②周…③張…　Ⅲ.院校圖書館−中文圖書−古籍−圖書館目録−英國　Ⅳ.Z825.61

中國版本圖書館 CIP 數據核字(2017)第 050337 號

書　　名	英國曼徹斯特大學約翰·賴蘭兹圖書館中文古籍目録(全二册)
編 著 者	李國英　周曉文　張憲榮
叢 書 名	海外中文古籍總目
責任編輯	陳　喬
出版發行	中華書局
	(北京市豐臺區太平橋西里 38 號　100073)
	http://www.zhbc.com.cn
	E-mail:zhbc@zhbc.com.cn
印　　刷	北京市白帆印務有限公司
版　　次	2018 年 1 月北京第 1 版
	2018 年 1 月北京第 1 次印刷
規　　格	開本/787×1092 毫米　1/16
	印張 81　字數 1500 千字
印　　數	1-400 册
國際書號	ISBN 978-7-101-12499-6
定　　價	1600.00 元

“十二五”國家重點圖書出版規劃項目

2011—2020年國家古籍整理出版規劃重點項目

國家古籍整理出版專項經費資助項目

2015國家社科基金重大項目，項目號：15ZDB104
（基於資料庫的古籍計算機輔助版本校勘和編撰系統研究）

2016國家社科基金青年項目，項目號：16CTQ012
（小學文獻學研究）

2017高校人文社會科學重點研究基地重大項目，項目號：
16JJD750004（跨文化視野下的中國古代字書傳播研究）

總　序

　　中華文明悠久燦爛，數千年來留下了極爲豐富的典籍文獻。這些典籍文獻滋養了中華民族的成長和發展，也廣泛地傳播到世界各地，不僅對周邊民族産生了深刻影響，更對世界文明的融合發展做出了卓越貢獻。可以説，中華民族創造的輝煌文化，不僅是中華文明的重要組成部分，更是全人類共同的文化遺産，需要我們共同保護、傳承、研究和利用。而要進行這一工作，首先需要對存世典籍文獻進行全面地調查清理，編纂綜合反映古典文獻流傳和存藏情况的總目録。

　　由全國古籍整理出版規劃領導小組（簡稱“古籍小組”）主持編纂，歷時十七年最終完成的《中國古籍總目》就是這樣一部古籍總目録。它“全面反映了中國（大陸及港澳臺地區）主要圖書館及部分海外圖書館現存中國漢文古籍的品種、版本及收藏現狀”，著録了約二十萬種中國古籍及主要版本，是迄今爲止對中國古籍流傳與存藏狀况的最全面最重要的總結。但是，限於當時的條件，《中國古籍總目》對於中國大陸地區以外的中文古籍的調查、搜集工作，“尚處於起步階段”，僅僅著録了“港澳臺地區及日本、韓國、北美、西歐等地圖書館收藏的中國古籍稀見品種”（《中國古籍總目·前言》），並沒有全面反映世界各國各地區存藏中國古籍的完整狀况。

　　對於流傳到海外的中國古籍的搜集和整理，始終是我國學界魂牽夢繞、屢興未盡的事業。清末以來幾代學人迭次到海外訪書，以書目提要、書影、書録等方式將部分收藏情况介紹到國内。但他們憑個人一己之力，所訪古籍終爲有限。改革開放以來，黨和政府對此極爲重視。早在一九八一年，黨中央就明確提出“散失國外的古籍資料，也要通過各種辦法爭取弄回來或複製回來”（中共中央《關於整理我國古籍的指示》，一九八一年九月十七日）。其時“文革”結束不久，百業待興，這一高瞻遠矚的指示僅得到部分落實，難以規模性地全面展開。如今，隨着改革開放事業的快速發展，國際間文化交流愈加密切，尤其是《中國古籍總目》的完成和中華古籍保護計劃的實施，爲落實這一指示提供了堅實的基礎，可以説，各項條件已經總體具備。在全球範圍内調查搜集中國古籍，編纂完整反映中國古籍流傳存藏現狀的總目録，爲中國文化的傳承、研究提供基礎性數據，已經成爲黨和政府以及學術界、出版界的共識。

據學界的初步調研，海外所藏中國古籍數量十分豐富，總規模超過三百萬册件，而尤以亞洲、北美洲、歐洲收藏最富，南美洲、大洋洲、非洲也有少量存藏。海外豐富的中國古籍藏量以及珍善本的大量存在，爲《海外中文古籍總目》的編纂提供了良好的基礎。而且，海外收藏中國古籍的機構有的已經編製了館藏中國古籍善本目録、特藏目録或聯合目録，關於海外中國古籍的提要、書志、叙録等文章專著也不斷涌現，對於編纂工作無疑具有很高的參考價值。然而，目前不少海外圖書館中國古籍的存藏、整理、編目等情況却不容樂觀。絕大多數圖書館中文館員數量極其有限，無力系統整理館藏中文古籍；有的甚至没有中文館員；有的中國古籍只能被長期封存，處於自然消耗之中，更遑論保護修復。啓動《海外中文古籍總目》項目，已經刻不容緩。

長期以來，我們一直關注着海外中國古籍的整理編目與出版工作。二〇〇九年《中國古籍總目》項目甫告竣工，在古籍小組辦公室的領導下，編纂出版《海外所藏中國古籍總目》的計劃便被提上日程，並得到中共中央宣傳部、中國新聞出版總署的高度重視，被列入《"十二五"國家重點圖書出版規劃》、《2011—2020年國家古籍整理出版規劃》。經過細緻的調研考察和方案研討，在"十三五"期間，項目正式定名爲《海外中文古籍總目》，並被列爲"十三五"古籍整理出版工作的五大重點工作之一。中華書局爲此組織了專業團隊，專門負責這一工作。

《海外中文古籍總目》是《中國古籍總目》的延續與擴展，旨在通過團結中國國内和世界各地相關領域的專家學者，組成編纂團隊，吸收最新研究成果進行編目，以全面反映海外文獻收藏單位現存中文古籍的品種、版本及收藏現狀。在工作方法與編纂體例上，《海外中文古籍總目》與傳統的總目編纂有着明顯的區別和創新。我們根據前期的調研結果，結合各海外藏書機構的情況和意見，借鑒中華古籍保護工程的有益經驗，確定了"先分館編輯出版，待時機成熟後再行統合"的整體思路。同時，《海外中文古籍總目》在分類體系、著録標準、書影采集等方面都與全國古籍普查登記工作高度接軌，確保能够編纂出一部海内外標準統一、體例一致、著録規範、内容詳盡的古籍總目。

編纂《海外中文古籍總目》，可以基本摸清中國大陸以外地區的中文古籍存藏情況，爲全世界各領域的研究者提供基礎的數據檢索途徑，爲系統準確的古籍整理出版工作提供可靠依據，爲中國與相關各國的文化交流活動提供新的切入點和立足點。同時，我們也應該認識到，中國的古籍資源既是中國的，也是世界的，整理和保護這些珍貴的人類文明遺産，是每一個人的共同責任和使命。

二〇一七年一月，中共中央辦公廳、國務院辦公廳印發了《關於實施中華優秀傳統文化傳承發展工程的意見》，其中明確提出"堅持交流互鑒、開放包容，積極參與世界文化的對話交流，不斷豐富和發展中華文化"的基本原則，並將"實施國家古籍保護工程，加强中華文化典籍整理編纂出版工作"列爲重點任務之一。遥想當年，在兵燹戰亂之中，前輩學人不惜生命捍衛先人留下的典籍。而今，生逢中華民族實現民族復興的偉大時代，我們有責任有義務完成這一幾代學人的宏願。我們將努力溝通協調各方力量，群策群力，與海内外各藏書機構、學界同仁一起，踏踏實實、有條不紊地將《海外中文古籍總目》這一項目繼續開展下去，儘快完成這樣一個動態的、開放的、富於合作精神的項目，使之早日嘉惠學林。

中華書局編輯部

二〇一七年二月

目　録

前　言

　　古老的中國，歷史悠久，記載五千年文明的中國古籍不僅數量龐大、内容豐富，而且由於各種歷史原因，不僅保存在她的故鄉中國，也留存在全球的各大公私藏書機構。這部分分散存在外的中國古籍被學術界稱作"海外漢籍"或"域外漢籍"。"海外漢籍"不僅是中華文化的載體、中華文明的瑰寶，也是世界文明的寶貴財富，具有獨特的價值魅力，一直得到海内外學者的關注。編輯一部涵蓋海内外所藏全部中文古籍的聯合書目，一直是學界美好的願望。近幾年最引人關注的是中華書局2015年啓動的《海外中文古籍總目》。該項目計劃先將海外各館中文古籍目録分館編目，再統一編成聯合目録。據報導，截止到2016年已有30家左右海外圖書館參與其中。但是，由於海外漢籍數量龐大，保存分散，全面搜集、考辨、著録全部中文古籍絶非易事。據瞭解，海外藏館數量之多超乎想象，例如：在日本，除了内閣文庫、宫内廳書陵部、日本國立國會圖書館、京都大學人文科學研究所、東京大學東洋文化研究所、東洋文庫、静嘉堂文庫、尊經閣文庫、早稻田大學圖書館、天理大學圖書館等收藏了大量珍貴的漢籍之外，還有不少私人收藏，經常可以在舊書店見到。在"漢字文化圈"的日本、韓國、越南等國，對域外古籍的整理和利用相對較好，而同樣藏有大量中國古籍的歐洲各國，則還有大批藏家缺少對古籍的基本整理編目，致使大批珍貴古籍至今"深鎖館中"，未被世人瞭解。英國曼徹斯特大學約翰·賴蘭兹圖書館（The John Rylands Library，以下簡稱"曼圖"）就是一家藏有大批中國古籍，且尚未整理使用的圖書館之一。

　　2011年，北京師範大學參加了國家重大文化建設項目"中華字庫"工程，承擔了"版刻楷體字書文字整理"項目。項目旨在對現存的全部古代字書的文字進行專業整理。爲了給項目奠定堅實的基礎，在項目啓動後我們就開始着手編製"中國古代字書總目"，當初制定的工作目標就是要編寫出包括海内外現存全部字書的書目。爲達成這個目標，我們從三個方面做了書目的搜集工作，一是全面搜集海内外公私藏書機構編寫的紙本中文古籍書目，二是全面搜集海内外公私藏書機構在網上發佈的書目資源，三是有目的地實地考察一些重要的藏書機構。

2014年，時任曼徹斯特大學孔子學院中方院長的北京師範大學漢語文化學院孫立峰老師介紹，曼圖有一批珍貴的中文古籍迫切需要整理編目，曼大有意從中國徵尋合作者，幫助他們對這批圖書進行整理編目，並建議我們承擔此項工作。曼大的這一需求與我們調查海外中文古籍的目標高度一致，我們高興地接受了孫老師的建議，並在她的幫助下遠赴英國展開了該批文獻的整理和中英文雙語的編目工作。

約翰·賴蘭茲圖書館位於英國曼徹斯特市丁斯蓋特街（Deansgate）。1890年，當地的棉紡大亨約翰·賴蘭茲（1801—1888）的夫人Mrs. Enriqua Augusta Rylands爲紀念去世的丈夫而出資建造，目前隸屬於曼徹斯特大學。該館歷史悠久，藏書豐富，且獨具特色。這裏的館藏並不以普通圖書爲主，而是以宗教、文化、藝術等書籍見長，專業性較強。此外，該館還收藏了一批獨具特色且價值頗大的古代漢籍和名人手稿。這批收藏自1901年入藏以來，雖有過三次整理，但均未徹底，未達到可發佈使用的程度。

據我們瞭解，曼圖所藏的這批古籍，一共有6000多册（手稿除外），其中包括600種左右漢籍[①]。另外，還有57册大約刊刻於18至19世紀初期的精美版畫。這批古籍的主體部分最初是由一位名叫阿爾斯坦（M. Pierre Léopold Van Alstein）的藏家收藏的。自1863年以來，它們先後經過三代藏家的收藏並陸續補充之後才最終歸入曼圖。

這些漢籍的價值主要體現在以下幾個方面：

首先，這批中文古籍的内容十分豐富，品種齊全，包括了中國文化的方方面面，舉凡四書五經、諸子百家、儒道佛各種經典著作，天文、曆算、歷史、地理、醫學、文學、文字、音韻、字典、詞典、書法、音樂、繪畫、類書、政書、叢書，等等，經史子集無不具備。還包括一些早期在華活動基督教傳教士，特別是耶穌會士的譯著，十分珍貴。經具體考察，我們發現不少頗有價值的古籍。比如《經懺直音增補切釋》一書，乃清初鼎湖山慶雲寺僧人一鳩所集的一部爲規範初學者誦經音讀的佛經音義書，僅有英國倫敦大學亞非學院圖書館和荷蘭萊頓大學圖書館等少數館收藏[②]。刻石堂本《玉嬌梨》，是一本清代荑秋散人所著的言情小説，曼大所藏爲1829年在法國巴黎

① 李國英、周曉文、張憲榮《曼徹斯特大學約翰·賴蘭茲圖書館所藏漢籍概述》，P15—155，《河北師範大學學報》（哲學社會科學版），2015年第2期。
② 張淑瓊《清代廣州海幢寺經坊刻書及藏版述略》，《嶺南文史》，2012年第6期。

出版的石印本。稿本《史程會議》，演繹的是明代燕王篡位的故事，可能是一部久佚的雜劇。

值得注意的是，曼圖還藏有兩份西方人創辦的中文報紙的殘册，即英國傳教士米憐等所編的《察世俗每月統記傳》和德國郭實獵等編的《東西洋考每月統記傳》。這兩份報紙均在道光間刊印，前者爲近代第一份外國傳教士創辦的面向中國人的中文宗教性報紙，後者爲外國人創辦的中國境内出版的第一份中文報刊，在中國報業史上都具有很高的地位。今檢國内鮮有收藏，國外除大英圖書館所藏較全外，其他若干館則僅有殘册。曼圖所藏雖然亦不齊全，但吉光片羽，亦彌足珍貴。

其次，曼圖所藏的中文古籍有不少珍貴的版本。依據《中國古籍善本書目》所確定的“善本”的概念和範圍，即凡是具有歷史文物性、學術資料性、藝術代表性而又流傳較少的古籍，均可歸爲善本。在我們目前已經調查並考訂出明確版本的約240種曼圖所藏中文古籍中，可以判定爲善本的占了百分之五十以上（包括稿抄本，但不含乾隆以後流傳較少的刻本）。從刊刻時間上看，這些善本書大多集中在明萬曆前後至清乾隆間。最早者爲明正德十五年胡東皋翻刻正德十二年邵賁本《六書本義》，清代版本中最早者爲清順治十七年至十八年嘉興楞嚴寺刊本玄應《一切經音義》。普通善本中的明代刻本如：明刻本《字彙》、明末毛氏汲古閣本《説文解字》、萬曆二十二年姚履旋等刻本《摭古遺文》、萬曆間王元貞刻本《韻府群玉》等；清代中期刻本如：康熙六年山陽張弨符山堂刻本《音學五書》、康熙五十五年内府刻本《康熙字典》、乾隆間刻本《衛藏圖識》、乾隆五十六年抱經堂重刊本《經典釋文》等。這些版本雖然在《中國古籍善本書目》等古籍目録中著録了多家館地，但亦具有很高的版本價值。

當然，最引人矚目的還是該館所藏的那些國内少見的刻本或稿抄本。如清初抄本《一切經音義》、清康熙間刻本《增補懸金字彙》、雍正十二年帶月樓刻本《正字通》、雍正二年會賢堂刻本《增補四書人物備考》等都是國内鮮有收藏之本。

此外，我們還發現幾本名家所藏之珍稀之本，其朱紅鈐印便是最好證據。如：朝鮮中宗九年刻本（按，即明正德九年）《續三綱行實圖》，乃朝鮮館臣申用溉等奉敕所纂，該本不僅流傳稀少，而且在序下由下自上依次鈐有“讀杜草堂”、“武田文庫”、“東京溜池南街第六號讀杜草堂主人寺田盛業音記”、“天下無雙”等四枚朱文方印，可知此書乃日本藏書家寺田宏（寺田望南）的舊藏。又，明刻本《説文字原》，序前鈐“安樂堂藏書記”“明善堂珍藏書畫印記”兩朱文方印，可知該書乃清代中期怡府之舊藏。總之,曼圖所藏的這批古籍,無論從内容還是版本上,均有較高的研究價值。

這批中文古籍的裝幀也頗具特色,正如艾德蒙(J. P. Edmond)在其重印的館目前言中所説,"這些書要麽用精美的歐式封面,要麽用優雅的函套,要麽用本國布料或絲綢做成的外封"①,所以,我們可以看到,這裏既有中國古代傳統的裝幀樣式的漢籍,也有歐洲人尤其是西方傳教士自己編印的歐式裝幀的漢文書籍和期刊,帶有鮮明的域外特色。

最後,我們要誠摯地感謝在本書編寫過程中給予我們幫助的朋友們,感謝北京師範大學孫立峰老師的大力推薦,感謝曼大孔子學院英方院長Dagmar Schäfer(薛鳳)女士的熱情支持,感謝曼圖Silke Schaeper女士、Elizabeth Gow女士、張睿麗女士的具體幫助,感謝侯佳利博士,感謝中華書局的編辑爲此付出的辛勤勞動。

李國英 周曉文 張憲榮

2016年11月15日

---

① 見該目前言,原文爲英文,今據其翻譯。

著録凡例

　　一、本書收録英國曼徹斯特大學约翰·賴蘭兹圖書館（The John Rylands Library）所藏中文古籍（包括書籍、書畫等）。凡1911年以前成稿並抄寫、刊印，或1911年以後以傳統著録方式編撰、成稿的文獻，本書皆予以著録；另外還酌情收録了部分漢滿對譯的文獻；純滿文、純外文文獻（如英、法、拉丁等）及民國以後印刷的報刊雜志則不予收録，凡著録573種（含不同版本）。另有54部，或爲散葉，或爲純滿文著作，或爲平裝本，本書暫不予收録。

　　二、本書基本依照五部分類法設置類目，另有一部分難以歸類的著作則附於書末，設“社會”“科學技術”“報刊”三小類收録之。由於該館所收文獻較少，故僅設“部—類”二級分類。每部之下諸類，每類之下諸書大致依《四庫全書總目》《中國古籍善本書目》分類法暗分若干小類，一般依撰者朝代先後順序排列。同一朝代著作一般兼及版刻時間和類聚原則，將内容相近之著作排列在一起。但那些成書時間不明者和歐洲人所撰之著作一般居於同類書之最末。

　　三、本書以版本爲單位進行著録。凡同一種書之不同版本，皆依版刻先後進行排列。一書之版本，一般依稿本、抄本、刻本排列，版刻年月不明者居末。部分歐洲人著作，由於一時難以辨識其年代，而且也難辨識其是稿本，還是抄本，故概以“手稿本”著録。

　　四、本書參照《古籍著録規則（GB3792.7—2009）》設置條目，但亦略有修改。每一條目依次包括：正題名，卷數（包括附録、附刻等），索書號，責任者（時代或國別、姓氏、著作方式），其他責任説明，版本，册函/本數，尺寸，版式，序跋，複本，按語等12項。其中，前三項皆以大字著録，餘皆以小字著録。

　　1.“正題名”一般取卷端所題，若卷端題名無法反映全書内容，或本無卷端題名，根據具體情況采取其他題名或自擬題名，此種情況下一定在“按語”中予以説明題名來源。如“曼192”，題名取自上書口“御定萬年曆”，故在“按語”中云“本書原無題名，今據上書口所題而定其正題名”。需要説明的是，如果原書使用俗字，本書在著録正題名和按語中一般改爲通行字,但在具體描述版式等信息時依原書字形著録。

2."卷數"一般參考一書的目録和正文卷數進行著録,題作"幾卷"。有分章或分集者,則著録章數或集數。若該書有殘,著録爲"原書幾卷,殘存幾卷",具體殘缺卷數放在版式下、序跋上的位置。若未分卷,則著録爲"不分卷"。若無卷數或卷數無法統計,則暫不著録。叢書之卷數爲諸子目所加總卷數。

3."索書號"指該館原索書號,本書著録時在其前增一"曼"字以爲標識,由於該館所藏諸書來源不同,原索書號亦形式各異。凡題"曼幾"者,爲該館最早入藏的古籍;題"曼Chinese 幾"者,爲原藏於曼徹斯特大學圖書館而存放於該館的古籍;題"曼MM幾""NN幾"者,爲該館後來陸續入藏的古籍。其中,有兩種情況需要説明:其一,凡二書共用同一索書號者,或該館誤將二書當作一書來編號,或爲本書編纂時別裁叢書子目,本書皆將之分別著録。其二,同一索書號末有綴以abc之情況,爲該館原有,本書不過客觀著録。

4."責任者"即一書之撰者(或纂者或編者),一般著録其本名。原書若僅題其字號者,則參考相關資料考其姓氏而録之。不可考者,依原書客觀著録爲"題某某"。需要説明的是,本書所收録的若干中外對譯之著作,有幾部因無法考證其姓氏及國籍,故籠統題作"佚名"。其著作方式亦不太明確者,亦籠統題作"某某抄"或"某某編"。而其版本則一律據該館所録題作"手稿本"。

5."其他責任説明"指一書卷端除撰者之外的所有責任者,包括修訂者、校對者等,一律著録本名。

6."版本"爲用不同方式製作而成的一書的各種本子。著録時一般依次爲朝代名、某帝年號(干支紀年 公元紀年)、刊刻者、刊刻地、版本類型等。如"曼282"《五禮通考》,版本項著録爲"清乾隆二十六(辛巳 1761)秦氏自刻本"。若無法考訂其中某項,則闕如。

7."册函/本數"一般爲"幾册幾本""幾册幾盒""幾册幾函",其中"册""函"特指原書之册與函(中式裝幀),"本""盒"特指該館重裝後之本與盒(西式裝幀)。若無函套且未經重裝,則僅注明"幾册"。需要説明的是,如果某書是來自叢書,却因裝幀無法確定具體册(本)數,則注"册數不明"。

8."版式"是指某一版本的外部特征,本書將之統一格式,包括以下五個部分:

（1）每半葉的行數和每行的字數；

（2）邊欄：單邊或雙邊；

（3）象鼻：白口或黑口；

（4）魚尾：單魚尾或雙魚尾；

（5）尺寸：版框的寬度與高度（單獨著録）。

以上除了尺寸置於最前外，其他依次爲：

①"每半葉幾行，行多少字"或"每半葉幾行，大小字不等，行大字多少字，小字雙行同，行多少字"等；

②四周單邊或左右雙邊；

③白口或黑口（上下粗或細黑口）；

④單黑（白）魚尾，或雙對（順）魚尾，或綫魚尾，或魚尾等；

⑤若爲單魚尾，則題"魚尾上記書名或篇名，下記卷次及葉數"等；若爲雙魚尾，則題"上魚尾上記……，版口記（兩魚尾之間的部分）……，下魚尾下記……""下書口"只用於單魚尾之時。需要注意的是，本目録在描述此部分時，凡是作"題某某"者，皆録原文；凡作"記某某"者，皆爲略述。

⑥若無魚尾，則使用"上書口題（記）……，下書口題（記）……"等。

⑦版本學上有二截版或三截版之說，本目録爲了較爲清楚地描述這類著作之版式，統一改爲"幾截版，分幾欄""上欄……""中欄……""下欄……"等等。

⑧"序跋"項主要著録一書卷前卷末所有的序跋，著録內容及格式爲"某朝某時（公元紀年）某人序或跋"。若原序跋無年月或無撰序跋人姓氏，則略之。

⑨"複本"項乃非常設項，如果有複本，則題作"有複本幾：索書號爲……"，如果有必要說明，則緊接其後注明。

⑩"按語"是著録以上所有項目中需要考訂或補充之內容。按語的主要內容包括：版本源流之梳理，版本確定之理由，版本在歷代目録書的著録情況（本書主要參考《藏園訂補郘亭知見傳本書目》《中國古籍善本書目》《中國叢書綜録》三種）。

五、一般叢書不別裁，而詳列其子目，且在卷數項下注明總卷數。倘若該叢書各子目版式有異，則可以分拆著録，而在"按語"中互見。附刻書一般亦如是處理。

六、本書所選書影，一般是其中最能反映該書版本特徵的，或者有利於鑒定版本的那一葉，如首葉、裏封等。但由於拍攝效果不佳，所以其中一些可能來自正文某一葉。若有畫面模糊或版歪之圖，尚請諒解。

　　七、本書在描述牌記、裏封等時，遵循實録原則，一般皆嚴格遵循原書字形（未編碼字或殘字除外）著録，故引文内可能出現俗字、異體字等。但在著録正題名和按語中引用序跋文時，對某些字形進行了統一（前爲原文，後爲通行字）：鑒—鑑，羣—群，註—注，鈔—抄，叅—參，觧—解，誌—志，藁—稿。

　　八、本書著録時，凡遇脱文，用“□”標識；凡原書漫漶不清，用“⊠”標識。

經

部

易　類

周易本義　四卷　　　　　　　　　　　　　　　曼8

（宋）朱熹撰

明萬曆間金陵莆陽鄭氏奎壁齋刻本

1册

19.4×13.2。半葉十一行，大小字不等，行大字二十五字，小字單行，行三十字。左右雙邊，白口，無魚尾。版心近上欄處題"周易"某卦，中間記某經卷幾，天頭處有注音釋義。卷端題"周易卷之一　朱熹本義"，下鈐"奎壁齋藏"朱文長方印。裏封題"正韻字體"，下鈐"閩莆鄭氏訂本"朱文長方印及"奎壁易經"朱文方印，上鈐人物畫像、"金陵鄭元美梓行"及"狀元境書林"朱文長方印，末卷題"金陵奎壁齋訂本莆陽鄭氏校梓"，其中，"金陵"二字旁鈐"庚寅"朱文方印，序首鈐"閩鄭氏訂"朱文長方印，末牌記題"莆陽鄭氏訂本　金陵奎壁齋梓"。

程頤周易序。

按，"奎壁齋"，《中國古籍版刻辭典》（增訂本）第623葉云："明萬曆間莆陽人鄭思鳴、鄭大經寓金陵所設的書坊名，在狀元坊。思鳴字元美。"據此，此本應即明刻本。其末卷題"金陵奎壁齋訂本莆陽鄭氏校梓"，其中，"金陵"二字旁鈐"庚寅"朱文方印，此年代或爲明萬曆庚寅年即萬曆十八年（庚寅 1590）。奎壁齋還刻有《奎壁春秋》（《明金陵奎壁齋刻本春秋傳》）等，版式與之同。沈津先生《美國哈佛大學哈佛燕京圖書館藏中文善本書志》亦著録此本爲"明金陵奎壁齋刻本"。而李致忠先生《古代版印通論》第248頁説明代有"金陵書林鄭氏奎璧齋（又作奎壁齋）"，又在第324葉云其爲清代中晚期南京書坊，刻過《易經》，到光緒時書版轉售富文堂。光緒十二年（丙戌 1886）刷印時，封面已改頭換面，鐫稱"光緒十二年新鐫 富文堂藏版"。未知孰是，今從沈津先生說。

《四庫全書總目》"經部三·易類三"收録，底本雖非此本，但可參看。

《藏園訂補邵亭知見傳本書目·經部》《中國古籍善本書目·經部》皆收録此書，但未録此本。

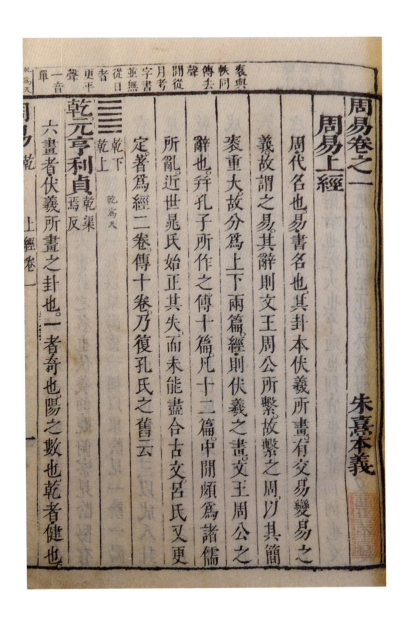

周易本義　四卷

曼6

（宋）朱熹撰，（清）李漁訂

清初芥子園刻本

2册1本

19×12.8。半葉十一行，大小字不等，行大字二十三字，小字單行，行二十三字。左右雙邊，白口，無魚尾。上書口題“周易某卦”，中題“某經卷幾”，下書口記葉數及題“芥子園”三字。卷端題“周易卷之一　朱熹本義”，次行空一格題“周易上經”及注釋。闕裹封。

附“筮儀”，周易卦歌，朱熹集録“圖”九幅及目録。周易序。

按，此書卷端題名無法反映全書内容，今據内容題此名。此本清諱“玄”“弘”“寧”等皆不缺筆。其大字周正，小字扁長，與芥子園諸經風格一致。

此書屬於芥子園所刊《監本五經》之一。

《藏園訂補郘亭知見傳本書目·經部》《中國古籍善本書目·經部》收録此書，但未録此本。

周易序

易之爲書卦爻象象之義備而天地萬物
之情見聖人之憂天下來世其至矣先天
下而開其物後天下而成其務是故極其
數以定天下之象著其象以定天下之吉
凶六十四卦三百八十四爻皆所以順性
命之理盡變化之道也散之在理則有萬
殊統之在道則无二致所以易有大極是
生兩儀太極者道也兩儀者陰陽也陰陽

周易全書　原二十一卷，殘存十卷　　　　曼286

（明）楊時喬編，（明）周伯遜校
明萬曆間王其玉刻本

8冊4本

21.5×14.7。半葉七行，大小字不等，行大字二十一字，小字雙行同，行四十字。左右雙邊，白口，單黑魚尾。魚尾上題"周易全書"，下記篇名及葉碼。天頭處另起一欄注音，或叶韻，或四聲，或反切。總目下墨筆小字題"萬曆二十四年楊時喬著 選"，卷端題"周易全書古/今文卷之一""廣信 楊時喬編輯 應天門人王其玉閲 廣信門人周伯遜校 王之度楊可中任中位中我中聞中同彙"。諸卷卷端、古今文全書論例卷二、古文目録、今文序首行下均鈐"孫氏萬卷樓印"朱文方印。

此書殘存十卷，據其總目包括六部分，各部分具體存闕情況如下：

1.周易古今文全書論例二卷（全）；

2.周易全書古文二卷（全），附周易全書古文目録，周易全書古文論例；

3.周易全書古文九卷，今存前六卷，附周易全書今文論例，周易全書今文目録；

4.易學啓蒙五卷（闕）；

5.傳易考二卷（闕）；

6.龜卜考一卷（闕）。

附周易全書總目録，周易全書論例，明萬曆二十四年（丙申 1596）楊時喬周易全書今文序（在第2冊）。

按，《四庫全書總目》《中國古籍善本書目·經部》等皆題作"周易古今文全書"，然據各部分卷端所題及魚尾所題題名可知，其總名應該叫作"周易全書"。題作"周易古今文全書"乃是綜合各題名而新定的題名，並不十分客觀。

此本鈐"孫氏萬卷樓印"朱文方印，乃是明末清初孫承澤之藏書印。承澤（1593—1676），字耳北，號北海，又號退谷，山東益都人，著有《天府廣記》《春明夢餘録》《庚子銷夏記》等。富藏書，有藏書室"萬卷樓"，藏印有"孫氏萬卷樓印""北海孫氏收藏印"等。

《四庫全書總目》"經部七·易類存目一"收録，略云："時喬字宜遷，號止菴，上饒人，嘉靖乙丑進士，官至吏部侍郎，謚端潔，事迹具《明史》本傳。此書凡分六部：論例二卷，古文二卷，今文九卷，易學啓蒙五卷，傳易考二卷，附龜卜考一卷。每部皆有自序。其大意在薈萃古今，以闢心學說《易》之謬，所宗惟在程朱。雖兼稱古今文，而所發明者，古文略而今文詳，中多互見其義，故間有繁複，不害宏旨。”

　　《藏園訂補郘亭知見傳本書目·經部》未錄此書，而《中國古籍善本書目·經部》則著錄了兩個明萬曆刻本，惜不知二者之區別何在。沈津先生《美國哈佛大學哈佛燕京圖書館藏中文善本書志》題作“周易古今文全書”“明萬曆王其玉刻本”。據先生介紹，此書《傳易考》“歷代傳易圖”後有“應天王其玉梓”，《龜卜考》有“應天王其玉同子之度閱梓”，故知其刊刻人姓氏。

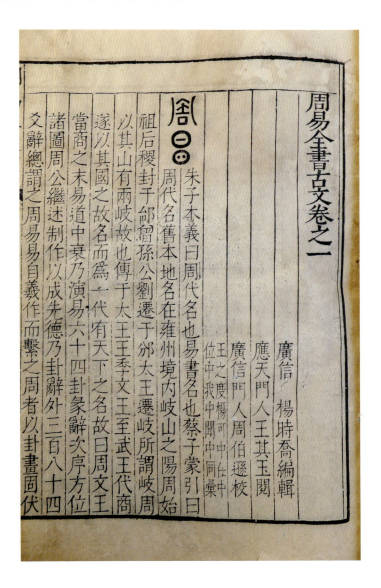

易經大全會解　四卷　　　　　　　　　　　曼7

（清）來爾繩纂集，（清）朱采治、朱之澄編訂
清嘉慶二十一年（丙子 1816）朱氏老會賢堂重刻本

3册1本

21.8×14.4。二截版，分上下兩欄。上欄無界，半葉十二行，小字行約二十四字；下欄有界，半葉十一行，大小字不等，行大字二十字，小字雙行同，行約三十五字。四周單邊，白口，無魚尾，上書口題"崇道堂易經大全會解"。下欄有界，半葉十一行，大小字不等，大字行二十三字，小字雙行同，行四十六字，左右雙邊，白口，無魚尾，版心記書名、卦名、卷次及葉碼，界綫上有小字注解。上欄卷端題"易經大全會解""蕭山後學來爾繩木臣氏纂輯 西陵後學朱采治建予氏 朱之澄潯宗氏編訂 男來珏子倉 來朋公野 侄朱樹遠載升 朱本大升校正"；下欄爲周易原文，卷端題"周易卷之一"，末卷末題"康熙辛酉孟夏又公十八世孫朱采治敬鐫"。裏封題"紫陽朱氏新鐫 蕭山來木臣纂輯 西陵朱建予 潯宗編訂 崇道堂易經大全會解 嘉慶丙子年新鐫 老會賢堂藏版"。

清康熙五十八年（己亥 1719）來集之易經體詮大全序，康熙二十年（辛酉 1681）來爾繩凡例八則。

按，來集之序云："予家阿咸木臣從《尚書》改業《大易》，旦夕揣摹，口誦手披，窺見天根月窟之奧，人工極而天心通，咀之味之，盡遊三十六宮之春，著成《會解》一書。而新安建予朱潯宗，蓋世守徽國文公之傳者，讀之賞歎再三，遂合訂以命厥工，流布四方。"《凡例》第八條云"元又朱先生，諱錫旂，以朱子後裔思紹先學，與張子揖公纂訂《四書大全》，風行海內，且世學《易》，所輯説本最富，未及卒業。嗣君建予、同季潯宗，與予交，尤善説《易》，偶見家課《會解》集本，許可付梓。其商確研校，多所裨益，非敢矜蠡測之得，亦見建予繼志之大也。"其中，來爾繩，字木臣；朱采治，字建予；朱之澄，字潯宗。據來氏序和《凡例》可知，此書來集之之子來

爾繩所纂,而朱采治乃是刊刻者。據末卷所題可知,此書初刊於康熙二十年(辛酉 1681),此爲嘉慶間老會賢堂據之重刊之本。

　　此書在道光二十年(庚子 1840)由古香書屋刊入《五經體注大全》内,同治五年(丙寅 1866)亦有重刊。此兩本皆藏於山東大學圖書館内。

　　《藏園訂補郘亭知見傳本書目·經部》《中國古籍善本書目·經部》皆未收此書。

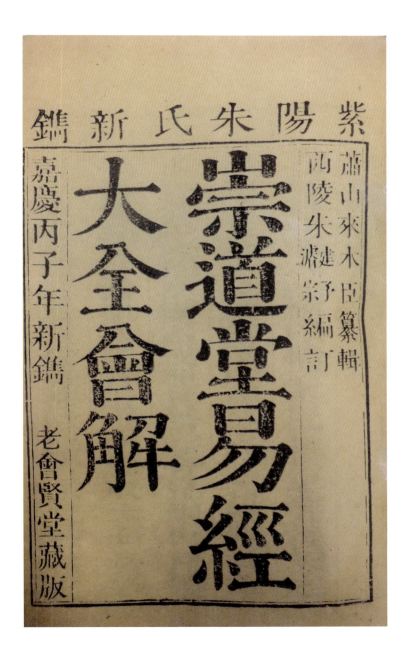

書　類

書集傳　六卷 曼6

（宋）蔡沈撰，（清）李漁訂

清嘉慶二十三年（戊寅 1818）芥子園重刻本

　　4册1本

　　18.2×13.1。半葉九行，大小字不等，行大字十七字，小字雙行同，行三十四字。左右雙邊，白口，無魚尾。上書口記篇名，下依次記卷次及葉數。卷端題“書卷之一　蔡沈集傳”，次行空一字題“虞書”及注釋。正文天頭處另添一欄進行注音。序末牌記題　“浙江李氏訂本　金陵芥子園梓”，裹封題“嘉慶戊寅年新鎸　遵依洪武正韻　芥子園重訂監本書經”。

　　宋嘉定二年（己巳 1209）蔡沈序。

　　按，此本爲芥子園所刊《監本五經》之一。

　　《四庫全書總目》“經部十一·書類一”收録，可參看。

　　《藏園訂補邵亭知見傳本書目·經部》《中國古籍善本書目·經部》收録此書，但未録此本。

書集傳序

慶元宋寧宗
年號
己未冬先生文公令沈作書

集傳。聲去明年先生歿又十年始克成編總若

千萬言。嗚呼書豈易異音言哉。二帝堯三王湯禹

文治平聲澄之反鄒氏季友曰治經字本平聲言哉二音

武借用乃為去聲故陸氏於諸經中平聲

者並無音去聲者乃音直吏反而讀者不察其獎

乃或皆作去聲讀之令二聲並音以矯其失有獎

平聲者修理其事方用其力也去聲者事以

條理已見其效也諸篇中有不及盡音者以

此推之皆可見矣

可見矣天下之大經大法皆載此書而淺

見薄識豈足以盡發蘊奧且生於數千載之

書集傳　六卷

曼R80623

（南宋）蔡沈集注
清寧遠堂刻本

　　6册2本

　　18.2×12.2。半葉九行，大小字不等，行大字十七字，小字雙行同，行三十四字。四周單邊，白口，無魚尾。上書口題"書經"，中記卷次、篇名及葉數，天頭處另起一欄注音。卷端題"書經卷一　蔡沈集註"，裏封題"較正點畫無訛　書經監本　寧遠堂梓行"。

　　宋嘉定二年（己巳 1209）蔡沈序。

　　按，此本卷端題名無法反映該書内容，今據内容改題此名。

　　《藏園訂補郘亭知見傳本書目‧經部》《中國古籍善本書目‧經部》收録此書，但未録此本。

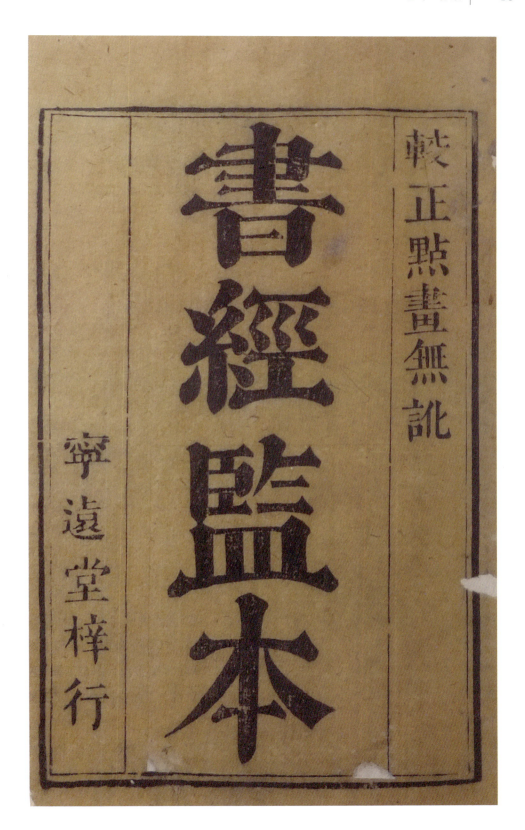

較正點畫無訛

書經監本

寧遠堂梓行

書經大全　十卷，卷首一卷，附書經考異一卷　曼10

（明）胡廣等奉敕撰，（宋）王應麟考異

清康熙間吳郡寶翰樓刻本

12册2本

19.4×13.6。半葉八行，行大字二十一字，小字雙行同，行四十二字。左右雙邊，白口，綫魚尾或無魚尾。上書口題"書經大全"，中記卷次及篇名，下書口記葉數。卷端題"書經大全卷之幾"，第二行頂格題"虞書"等名，裏封題"徐九一先生訂　尚書大全　吳郡寶翰樓藏版"，並鈐"寶翰樓藏書記"朱文方印。

卷首一卷：尚書序，尚書大全後序，書説綱領，書圖二十八幅。

按，卷首一卷中所包含書圖如下：唐虞夏商周譜系圖、曆象圖、時之圖、堯典四仲、虞書日永日短之圖、閏月定時成歲之圖、七政之圖、五辰之圖、明魄朔望圖、璿璣玉衡圖、日月冬夏九道之圖、五聲八音圖、六律六吕圖、河圖之圖、洛書之圖、九疇本洛書數圖、九疇相乘得數圖、箕子洪範九疇之圖、大衍洪範本數圖、虞書律度量衡之圖、虞書諸侯玉帛之圖、虞書十二章服之圖、虞書樂器之圖、堯制五服圖、禹弼五服圖、商七廟圖、周營洛邑圖、禹貢所載隨山濬川之圖、濬畎澮距川圖、任土作貢之圖等。

此書應該是屬於吳郡寶翰樓所刊《五經大全》之一。據日本學者笠井直美《吳郡寶翰樓書目》一文介紹，《五經大全》裏封題"康熙三十五年新刊　徐九一先生輯　五經大全　本衙藏板"，據此我們可以確定此書的版本。

《四庫全書總目》"經部十二・書類二"收録，題作"書傳大全"，可參看。

　　《藏園訂補邵亭知見傳本書目·經部》《中國古籍善本書目·經部》皆收録此書,但未録此本。其中,前者題作"書傳大全"。

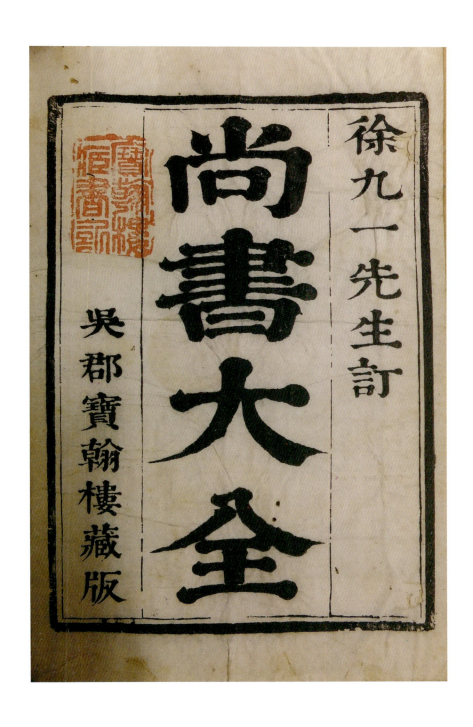

新刻書經體注　六卷　　　　　　　曼7

（清）范翔參訂，（清）范渭、范瓚抄

清嘉慶二十年（乙亥 1815）永安堂刻本

4册1本

20.7×13.9。二截版，分上下兩欄。四周單邊，白口，單黑魚尾。魚尾上題"書經體註"，下記卷次、篇名及葉數。上欄無界，半葉二十二行，行小字二十五字；下欄有界，大小字不等，半葉大字九行，行十七字，小字雙行同，行三十四字。上欄卷端題"新刻書經體註""西陵顧且菴先生鑒定 茗溪范翔紫登糸訂 孫渭鴻舉 姪孫瓚南何同鈔"，下欄卷端題"書經集傳卷之一""蔡沈集傳"。裏封題"嘉慶乙亥年新鐫 范紫登先生訂 合纂諸子解説 書經體註 字遵部頒正韻 永安堂梓行"。

仇兆鰲序。

按，仇序云："余於乙亥之夏旋里，而武林以重梓紫登《四書體注》請序於余，以廣其傳。復以紫登所遺所輯《尚書體注》欲以刊布，亦請序於余。""乙亥"者，清嘉慶二十年（乙亥 1815）也，據此可知此書之刊刻時間。此本華東師範大學圖書館收藏，存世亦少。

《藏園訂補邵亭知見傳本書目·經部》《中國古籍善本書目·經部》皆未録此本。

新刻書經體註

西陵頎丘盧先生鑒定　　孫　渭鴻舉　同鈔
苕溪范　翔紫發訂　　姪孫　潛南何

書經卷之一　　　蔡沈集傳

虞書

虞舜氏因以為有天下之號也書凡五篇堯典雖紀唐堯之事然本虞史所作故曰虞書其舜典以下夐史所作當曰夏書春秋傳亦多引為夏書此云虞書或以為孔子所定也

堯典

堯唐帝名說文曰典從冊在几上尊閣之也此篇以簡冊載堯之事故名曰堯典後世以其所載之事可為常法故又訓為常也今文古文皆有

堯典外三段有首二節記其盛德大業之實也乃命六節記其敬授民之實也終篇記其得人之實世德業以欽字冠之盧知聖人心法不外乎欽一理也朱子曰堯典第一個欽字即是第一個字故是第一個字如今看聖賢千言萬語藉說堯之德都未下別字故是第一個敬大事與小事莫不本於敬

首節史臣說曰若稽考古之帝堯開太古之皇風闢中天之景運天勤民之實也時者至未記其房先上得人之實世備中敘德業以欽字而寅畏中存明別而無不昭晰又焉而各有綿緯思焉而謀慮焉而寅畏此四者皆本於天性自然不出勉強竊實而又安也由慮淵深且此四者皆是故其行諸身者莊以持已恭矣乃由中而發何允恭劫遜

曰若稽古帝堯曰放勳欽明文思安安允恭克讓光被四表格于上下

曰粤越通古文作曰若者發語辭

詩　類

詩集傳　八卷 曼6

（宋）朱熹撰，（清）李漁訂

清嘉慶二十三年（戊寅 1818）芥子園重刻本

4册1本

18.2×13.1。半葉九行，大小字不等，行大字十七字，小字雙行同，行三十四字。左右雙邊，白口，無魚尾。上書口記篇名，下依次記卷次及葉數，下書口題"芥子園"。卷端題"詩卷之一　朱熹集傳"，次行空一格題"國風一"及注解。正文天頭處另添一欄用來注音。卷八末題："金陵芥子園訂本。"目録後牌記題"古吳李氏校訂　金陵芥子園梓"，陳氏序末牌記題"古吳李氏校訂金陵芥子園梓"，裏封題"嘉慶戊寅年新鎸　遵依洪武正韻　芥子園重訂監本詩經"。

宋孝宗淳熙四年（丁酉 1177）朱熹序。

按，此書爲芥子園所刊《監本五經》之一。

《四庫全書總目》"經部十五·詩類一"收録，可參看。

《藏園訂補郘亭知見傳本書目·經部》《中國古籍善本書目·經部》收録此書，但未録此本。

雝聲去　篓旱反父　音甬　音育

詩卷之一

國風一　　　　　　　朱熹集傳

國者，諸侯所封之域；而風者，民俗歌謠之詩也。謂之風者，以其被上之化以有言，而其言又足以感動人。如物因風之化以有聲，而其聲又足以動物也。是以諸侯采之以貢於天子，天子受之而列於樂官，於以考其俗尚之美惡，而知其政治之得失焉。舊說二南為正風，所以用之閨門、鄉黨、邦國而化天下也。十三國為變風，則亦領在樂官，以時存肄，備觀省而垂監戒耳。

國風
周南

周南一之一　周，國名。南，南方諸侯之國也。周國本在禹貢雍州境內岐山之陽，后稷十三世孫古公亶父始居其地，傳子王季歷，至孫文王昌，闢國寖廣。於是徙都于豐，而分岐周故地以為周公旦、召公奭之采邑，且使周公……卷一公

監本三提詩經全注　四卷　　　　　　曼16

（宋）朱熹撰

清末集文樓刻本

6册1本

22.5×14.8。無界，半葉八行，大小字不等，行大字十一字，小字雙行同，行二十二字。四周單邊，白口，單黑魚尾。魚尾上題"監本詩經全註"，下記卷次及葉數。卷端題"監本三提詩經全註卷一　崇道堂藏板"，裏封題"紫陽朱夫子較定　崇道堂詩經全註　內附圖考樂器　俱載聲音反切　一一監本點畫　細辨章句類同　集文樓藏板"。

按，此書雖然卷端和裏封有"崇道堂"三字，但與《崇道堂易經大全會解》版式不同，且其裏封又題"集文樓"，卷端下題"崇道堂"，蓋原爲崇道堂所刊，其版歸集文樓後又加以重刊，故暫定爲清末刻本。

監本三提詩經全註卷一　崇道堂藏板

國風一

國者，諸侯所封之域，而風者，民俗歌謠之詩也。謂之風者，以其被上之化以有言，而其言又足以動人也。是以諸侯采之以貢於天子，天子受之而列於樂官，於以考其俗尚之美惡，而知其政治之得失焉。舊說二南為正風，所以用之閨門鄉黨邦國而化天下也。十三國為變風，則亦領在樂官，以時存肄，備觀省而垂鑒戒耳。合之凡十五國云。

周南一之一

周國名，南南方諸侯之國也。周國本在禹貢雍州境內岐山之陽，后稷十三世孫古公亶父始居其

御纂詩義折中　二十卷　　　　曼284

（清）傅恒等奉敕纂

清乾隆二十年（乙亥 1755）武英殿刻本

10册2本

21.2×16。無界，半葉八行，行二十字，四周雙邊，白口，單黑魚尾。魚尾上題“詩義折中”，下記卷次及葉數。卷端題“御纂詩義折中卷之一”。

清乾隆二十年（乙亥 1755）汪由敦書御纂詩義折中序。

按，《四庫全書總目》“經部十六·詩類二”收録，可參看。

《藏園訂補邵亭知見傳本書目·經部》收録此本，而《中國古籍善本書目·經部》未收録。

御纂詩義折中卷之一

國風一

朱子曰國者諸侯所封之域風者民俗歌謠之

詩也謂之風者以其被上之化以有言而其言

又足以感人如物因風之動以有聲而其聲又

足以動物也

周南一之一

周國名在雍州岐山之陽太王始居之傳至文

毛詩故訓傳定本　三十卷　　　　　　　曼14

（漢）毛亨撰，（清）段玉裁箋

清嘉慶二十一年（丙子 1816）七葉衍羊堂段氏校刻本

4册1本

17×12.3。半葉十行，大小字不等，大字行二十一字，小字雙行同，行四十二字。左右雙邊，白口，單黑魚尾。魚尾上題"毛詩傳"，下記卷次篇名及葉數。卷端題"周南關雎故訓傳第一　毛詩國風"，裏封題"毛詩故訓傳定本"。

清乾隆四十九年（甲辰 1874）段玉裁題辭。

按，此書卷端題名無法反映全書面貌，今據裏封所題而定書名。

此本爲此書最早刊本，後收入《經韻樓叢書》《皇清經解》等書，兩叢書均有段氏識語。先單行的衍羊堂刻本與《經韻樓叢書》本版式一般無二，若無明顯標志，很難斷定二本異同。《皇清經解》本則版式、字體均有很大變化。此本顯然不是《皇清經解》本，而是前二者之一，今暫定爲清嘉慶間刊刻的單行本。

《藏園訂補邵亭知見傳本書目·經部》《中國古籍善本書目·經部》皆收録此本，其中，後者所録爲名家批校本。

周南關雎故訓傳第一　　毛詩國風

周南之國十一篇三十四章百五十九句　章句既移

數空在此毛三十四　　　篇前則都

章鄭始三十六章

關雎三章一章四句二章章八句　各本章句在篇

云定本章句在篇後然則孔氏正義本章句在前

可知也杜甫以曲江三章章五句爲題書於前知

唐本多　　　　　　　　　後今案孔穎達

如此

關雎后妃之德也　妃曰后妃也夫人諸侯之妃　風之始也所以風天下而正夫婦也故用

周南爲王者之風故曰后妃天子之

人諸侯之妃　風之始也所以風天下而正夫婦也故用

日夫人也

之鄉人焉用之邦國焉風風也教也風以動之教以化

關雎后妃之德也　妃曰后妃也夫人諸侯之妃

之詩者志之所之也在心爲志發言爲詩情動於中而

增補詩經體注衍義合参　八卷　　　曼7

（清）沈心友編，（清）范翔評選

清嘉慶間朱氏老會賢堂重刻本

3册1本

22.5×14.8。三截版，分上中下三欄。上欄無界，半葉二十五行，行小字三十字，中欄無界，半葉二十六行，行小字四字，下欄有界，半葉九行，大小字不等，大字行十七字，小字雙行同，行三十四字。四周單邊，白口，單黑魚尾。魚尾上題"載詠樓增補詩經衍義體註大全合糸"，下記卷次、葉數，下書口題"老會賢堂"，或"載詠樓"。上欄卷端題"增補詩經衍義體註大全合糸""西陵顧且菴先生鑒定 湖上李龍雲將增訂孫渭鴻舉侄孫瓚南河同鈔"；中欄爲諸家之説；下欄爲朱熹《詩集傳》，卷端題"詩經卷之一""朱熹集傳"。裏封題"西陵顧且菴先生鑒定 茗溪范紫登評選 增補詩經體註衍義合糸 老會賢堂藏板"。

宋孝宗淳熙四年（丁酉 1177）朱熹詩經傳序，清康熙二十八年（己巳 1689）顧豹文（且菴）序。

按，此書與《崇道堂易經大全會解》一書同爲"老會賢堂藏板"，版式字體均同，故版本暫定爲此。

顧序："時值重九，飲於因伯沈子之載詠樓，偶論及此，因伯乃以世藏家課一編出以示余……斯編精研蒐輯，無美不備。余謂因伯與其秘之枕中，不若公之天下。因伯唯唯，遂囑序於予。"其中，"因伯"乃沈心友之字，其曾編過《芥子園畫傳》《芥子園畫譜》等。此書原爲其所刊《監本五經》之一，故下書口或題作"載詠樓"，而"老會賢堂"則取之重刊，故下書口亦有題作"老會賢堂"。

《藏園訂補郘亭知見傳本書目·經部》《中國古籍善本書目·經部》皆未録此本。

西陵顧且菴先生鑒定

苕溪范紫登評選

增補詩經體註大全合叅

行義合叅

老會賢堂

藏板

禮　類

新定三禮圖　十九卷，目録一卷　　　　　　　曼AC4

（宋）聶崇義集注

清康熙十九年（庚申 1680）徐乾學刻通志堂經解本（後印）

2册1函

22.1×16.1。半葉十六行，大小字不等，行大字二十八字，小字雙行同，行五十六字。左右雙邊，白口，雙順黑魚尾。上魚尾上或記字數，版口題 “三禮圖卷幾”。卷端題 “新定三禮冕服圖卷第一”，下有分卷目録，卷二題 “新定三禮圖后服圖卷第二”“通議大夫國子司業兼太常博士柱國賜紫金魚袋臣聶崇義集註”，聶序下鈐 “掃葉山房藏書” 白文方印，裏封題 “河南聶氏集註 三禮圖 通志堂藏板”。

清康熙十五年（丙辰 1676）納蘭成德序，實儗新定三禮圖序（原序未署名）。

有複本一：1册，索書號爲 “曼27”。

按，此本蓋《通志堂經解》之一，但紙質不佳，底本爲毛氏汲古閣所藏宋本。

此書卷端題名無法反映全書面貌，今據通行本定其正題名。

《四庫全書總目》“經部二十二・禮類四” 收録，題作 “三禮圖集注”，略云：“此書世所行者爲通志堂刻本，或一葉一圖，或一葉數圖，而以説附載圖四隙。行款參差，尋覽未便。惟内府所藏錢曾也是園影宋鈔本，每葉自爲一圖，而説附於後，較爲清整易觀。”

《藏園訂補郘亭知見傳本書目・經部》收録此本，云：“通志堂本。《天禄後目》有宋刻本三部。宋本圖自圖一葉，注自注一葉，通志堂縮注於圖下，失宋本之舊。” 而《中國古籍善本書目・經部》既收録《通志堂經解》，又單獨收録此本之名家批校本。

新定三禮圖序

通議大夫國子司業兼太常博士柱國賜紫金魚袋臣聶崇義　集註

昔者秦始皇之重法術而天下貴刑名魏文帝之惡方嚴而人間尚通變
上之化下下必從焉是以雙鈎崇節飛白成俗挾琴飾容赴曲增朴自然
之道也　周世宗暨
今皇帝恢堯舜之典則總夏商之禮文思隆大猷崇正舊物儀形作範旁
詔四方常恨近代以來不能慕遠無所鑒革溺於因循傳積世之澆訛為
千載之絕軌去聖邈矣名實謬乖朱紫混淆鄭雅交雜痛心疾首求以正
之而名儒縉風適其所願國子司業兼太常博士聶崇義垂髫之歲篤志
於禮禮經之內游刃其間每謂春秋不經仲尼恥是關雎既亂師摯憫之
今吉凶之容禮樂之器制度舛錯失之甚焉施之於家猶曰不可朝廷之
大竇容濫瀆名御禮樂欲正失於得返邪於正潛訪同志定其禮圖而所學有淺
深所見有差異作舍道側三年不成眾口云云何所不至會
國朝創制彝器迨於車服乃究其軌量親自規模舉之措之或沿或革從
理以變惟適其本時之學者曉然服義於是博采三禮舊圖凡得六本大
同小異其猶面焉至當歸一之言豈容如是吾誰適從之歎蓋起於斯何

讀禮通考　一百二十卷　　　　　曼283

（清）徐乾學撰

清康熙間徐氏冠山堂刻本

24册4本

19×14.5。半葉十三行，大小字不等，行大字二十一字，小字雙行同，行三十一字。左右雙邊，白口，單黑魚尾。魚尾下題"讀禮通考卷某"及記葉數，上書口記本板字數，下書口記刻工姓名。卷端題"讀禮通考卷第一 經筵講官禮部左侍郎兼翰林院學士教習庶吉士充大清會典一統志副總裁明史總裁徐乾學"，裏封題"崑山徐健菴先生編輯 讀禮通考 冠山堂藏板"。

清康熙三十五年（丙子 1696）朱彝尊序，同年徐樹穀後序。

按，《中國古籍版刻辭典》（增訂本）第213葉著錄此書，又第655葉云"冠山堂"爲"清初崑山人徐乾學的室名"，故此本乃其自刻本。

《四庫全書總目》"經部二十·禮類二附錄"收錄，略云："乾學字原一，號健菴，崑山人，康熙庚戌進士第二，官至刑部尚書。是編乃其家居讀禮時所輯，歸田以後，又加訂定，積十餘年三易稿而後成。於《儀禮·喪服》《士喪》《既夕》《士虞》等篇及大小戴記，則倣朱子《經傳通解》，兼采衆説，剖析其義。於歷代典制，則一本正史，參以《通典》及《開元禮》《政和五禮新儀》諸書，立綱統目。其大端有八：一曰喪期，二曰喪服，三曰喪儀節，四曰葬考，五曰喪具，六曰變禮，七曰喪制，八曰廟制。'喪期'歷代異同則有表，'喪服'暨'儀節''喪具'則有圖，縷析條分，頗爲詳備。"

《藏園訂補郘亭知見傳本書目·經部》收錄此本，《中國古籍善本書目·經部》所收爲稿本。

讀禮通考卷第一

經筵講官禮部右侍郎兼翰林院學士教習庶吉士充大清會典統志副總裁明史總裁徐乾學

喪期一

表上

乾學案上古喪期無數中古聖人以親疎定

服術上殺下殺旁殺而別爲再期期九月七

月五月三月之喪有恩有理有節有權著於

經禮卜子傳之其後代有因革或重而輕或

輕而重或古有而今省或前畧而後詳其見

於載紀者貞觀之律開元之禮司馬氏

之書儀朱子之家禮以及明之集禮孝慈錄

會典稱情立文各有其義顧分見於諸書考

禮者卒難辨其同異乃倣國史之表列行排

五禮通考　二百六十二卷，總目兩卷，卷首四卷　　　曼282

（清）秦蕙田編，（清）方觀承訂、（清）吳鼎、宋宗元校

清乾隆二十六年（辛巳 1761）秦氏自刻本

96册16本

18.5×14.1。半葉十三行，大小字不等，行大字二十一字，小字雙行同，行六十二字。左右雙邊，白口，單黑魚尾。魚尾上記大小字，下記書名卷次及禮名、葉數等。裏封題“五禮通考 味經窩藏板”，目錄葉題“五禮通考總目上”“經筵講官刑部尚書兼禮樂部大臣協理國子監算學前禮部右侍郎金匱秦蕙田編輯 太子太保總督直隸兼管河道提督軍務兼理糧餉都察院右都御史桐城方觀承同訂”，卷首第一及卷端題“内廷供奉禮部右侍郎金匱秦蕙田編輯 太子太保總督直隸右都御史桐城方觀承同訂 國子監司業金匱吳鼎 直隸按察司副使元和宋宗元參校”，卷首第二至四之責任者“國子監司業金匱吳鼎”換成了“兩淮都轉鹽運使德水盧建曽”，諸卷首末行皆題有“博野尹嘉詮校字”。正文諸卷末題“淮陰吳玉搢校字”。

附凡例十四條，總目上下兩卷，卷首四卷：禮經作述源流上下兩卷、歷代禮制沿革上下兩卷。

方觀承序，次秦蕙田自序，清乾隆十八年（癸酉 1753）蔣汾功序。

按，秦氏序云：“辛巳冬始竣事，凡爲門類七十有五，爲卷二百六十有二。自甲辰至是，閲寒暑三十有八而年亦已六十矣。”其中“甲辰”爲清雍正二年（甲辰 1724），“辛巳”爲清乾隆二十六年（辛巳 1761），據此可知此書之刊刻年月。

《四庫全書總目》“經部二十二·禮類四”收錄此書，略云：“蕙田字樹峰，金匱人，乾隆丙辰進士，官至刑部尚書，謚文恭。是書因徐乾學《讀禮通考》，惟詳‘喪葬’一門。而《周官·大宗伯》所列五禮之目，古經散亡，鮮能尋端竟委。乃因徐氏體例，網羅衆説，以成一書。凡爲類七十有五，以樂律附於吉禮宗廟制度之後，以天文推

步、句股割圓，立'觀象授時'一題統之；以古今州國都邑、山川地名，立'體國經野'一題統之，並載入'嘉禮'。雖事屬旁涉，非五禮所應該，不免有炫博之意。"

　　《藏園訂補郘亭知見傳本書目·經部》《中國古籍善本書目·經部》皆收錄此本，後者所收爲名家批校本。

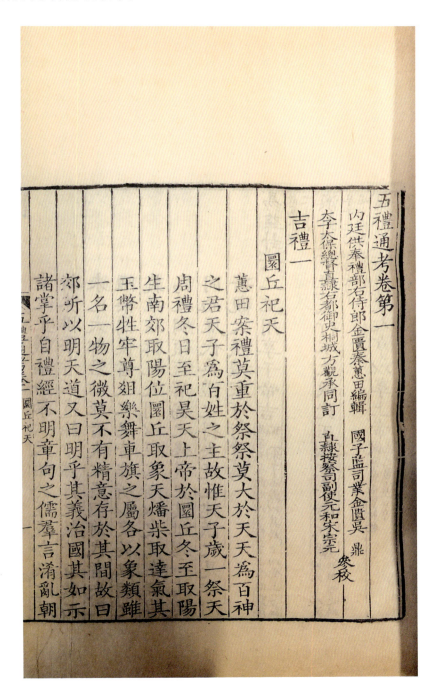

皇朝禮器圖式　十八卷　　　　曼353

（清）允禄等奉敕纂，（清）福隆安、于敏中、王際華等奉勅校

清乾隆三十一年（丙戌 1765）武英殿刻本（精刻）

　　16册4本

　　19.5×15.5。無界。半葉十一行，行二十至二十一字不等。四周雙邊，白口，單黑魚尾。魚尾上記書名，下記卷次及葉數。卷端題"皇朝禮器圖式　卷一"，每卷卷前皆有目録，外封書籤記書名，篇目及卷次。

　　附允禄敕纂修禮器圖告竣進表及親王、官員職名，乾隆三十一年福隆安、于敏中、王際華進校勘皇朝禮器圖式告竣進表及親王、官員職名，總目及分卷詳目等。

　　清乾隆二十四年（己卯 1759）年御筆序。

　　按，《四庫全書總目》"史部三十八·政書類二"有録，略云："乾隆二十四年奉敕撰，乾隆三十一年又命廷臣重加校補，勒爲此編。凡分六類：一曰祭器，二曰儀器，三曰冠服，四曰樂器，五曰鹵簿，六曰武備。每器皆列圖於右，系説於左。詳其廣狹長短圍徑之度，金玉璣貝錦段之質，刻鏤繪畫組繡之制，以及品數之多寡、章采之等差，無不縷析條分，一一臚載。"

　　《藏園訂補郘亭知見傳本書目·史部》收録此本，題作"官刻本"，太簡。《中國古籍善本書目·經部》則未録此書。

鄉黨圖考　十卷　　　　　　　　　　曼47

（清）江永編

清乾隆四十一年（丙申 1776）嵩秀堂重刻本

　　1本

　　13×9.8。半葉九行，行二十五字。左右雙邊，白口，單黑魚尾。魚尾上記書名，下記卷次、篇目、葉數等，下書口有刻工名"如""吳率功刊""率功""文""赤""又""玉""王""吳"等。卷一卷端題"鄉黨圖考卷之一"，卷二題"鄉黨圖考卷之一""新安江 永慎修著 及門諸子編次"，裏封題"乾隆丙申重鎸 新安江慎修編 鄉黨圖考 嵩秀堂藏板"。

　　清乾隆二十一年（丙子 1756）江永自序。例言一篇。

　　按，版本據裏封所題而定。此本重裝後使原册數不明。

　　《藏園訂補邵亭知見傳本書目·經部》《中國古籍善本書目·經部》收録此書，但未録此本。

鄉黨圖考卷之二

新安江　永恆修著　　及門諸子編次

聖蹟

先世考

家語本姓解孔子之先宋之後也成王命微子代殷後國於宋微

子卒其弟曰仲思名衍嗣微之後微仲生宋公稽稽生丁公申申

一作湣當作　公共及襄煬　公熙熙生弗父何及厲公方祀有誤　如此處

儀禮圖　十七卷，附儀禮旁通圖一卷　　　曼327

（宋）楊復撰

清紅格紙抄本

12册2函

20.5×13。半葉八行，大小字不等，行大字二十一字，小字雙行同，行四十二字。四周雙邊，白口，單紅魚尾。魚尾上題"欽定四庫全書"，下記書名、卷次及葉數。卷端題"欽定四庫全書""儀禮圖卷一""宋楊復撰"。每册封底或封底襯葉皆抄原四庫校閲者姓氏。各卷所附圖由朱墨筆繪製。

首附欽定四庫全書儀禮圖提要。

按，此本之底本爲《四書全書》本。今將此本與《文淵閣四庫全書》本（《影印文淵閣四庫全書》第104册收録）相較，發現二者開篇《提要》即有所不同，且正文每行字數亦有差異。尤其不同的是，此本每册末皆有校閲者姓氏，如卷二末抄"總校官編　修臣吴裕德　户部員外郎臣蘇保　校對貢生臣張謙德"，而《文淵閣四庫全書》本則無。

《四庫全書總目》"經部二十·禮類二"收録，可參看。

《藏園訂補邵亭知見傳本書目·經部》《中國古籍善本書目·叢部》收録此書，但未録此本。

欽定四庫全書

儀禮圖卷二

宋 楊復 撰

士昏禮第二

昏禮○下達納采用鴈 采七在反○達通也將欲與彼合昏姻必先使媒氏下通其言女氏許之乃後使人納其采擇之禮用鴈為摯者取其順陰陽往來○陸佃曰若逝女之頒自天子達是也大夫有昏禮而無冠禮不下達矣朱先生曰今案下達之說注疏迂滯不通陸氏說為近是蓋大夫就士就鴈士就鴈如大夫乘墨車士乘棧車而士昏親迎乘墨車也注疏知乘墨車為攝盛而不知下

欽定四庫全書

儀禮圖

二

儀禮經傳通解　二十九卷，
附儀禮經傳通解續二十九卷　　　　　曼29

（宋）朱熹撰

清康熙間吕留良寶誥堂刻本

24册5本

19.5×14.8。半葉十二行，大小字不等，行大字二十五字，小字雙行同，行約四十字。左右雙邊，白口，單黑魚尾。魚尾上記書名，下記卷次及葉數。卷端題“儀禮經傳通解卷第一”，裏封題“儀禮經傳通解　禦兒吕氏寶誥堂重刻白鹿洞原本”，“儀禮經傳通解續目録”旁牌記題“喪祭二禮元本未有目録　今集爲一卷庶易檢閲耳”。

所附《儀禮經傳通解續》二十九卷，宋黄榦、楊復撰。

南宋嘉定十六年（癸未 1223）張虑舊序。

按，據徐德明《吕留良寶誥堂刻書考述》（《上海高校圖書情報學刊》2001年第4期）一文研究：“所謂‘禦兒吕氏寶誥堂’就是吕留良從康熙八年至十九年在東陽村東莊天蓋樓内刻書的場所。吕留良故世後，其後人即不用寶誥堂名稱，以免惹禍。”所以，此書應該就是康熙間所刊之書。

《四庫全書總目》“經部二十二·禮類四”收録，云：“初名‘儀禮集傳集注’。朱子《乞修三禮札子》所云‘以《儀禮》爲經，而取《禮記》及諸經史雜書所載有及於禮者，皆以附於本經之下，具列注疏諸儒之説，略有端緒’，即是書也。其札子竟不果上。晚年修葺，乃更定今名。朱子没後，嘉定丁丑始刊版於南康……其《喪》《祭》二門則成於朱子門人黄榦。蓋朱子以創稿屬之，楊復原序述榦之言有曰：‘始余創二禮粗就，奉而質之先師，喜謂余曰：君所立喪祭禮，規模甚善。他日取吾所編《家鄉》《邦國》《王朝禮》，其悉用此更定’云云，則榦之所編，尚不失朱子之意。然榦僅修《喪禮》十五卷，成於嘉定己卯。其《祭禮》則尚未訂定而榦又殁。越四年壬午，張虑刊之南康，亦未完本也。其後楊復重修《祭禮》，鄭逢辰進之於朝，復序榦之書云：‘《喪禮》十五卷，前已繕寫，《喪服圖式》今别爲一卷，附於正帙之外。前稱《喪服圖式》《祭禮》遺稿，尚有未及訂定之遺憾'，則別卷之意固在此。又自序其書云：'南康學宮舊有《家鄉》《邦國》《王朝禮》及張侯處續刊《喪禮》，又取《祭禮》稿本，並刊而存之。竊不自揆，遂據稿本，參以所聞，稍加更定，以續成其書，凡十四卷。今自卷十六至卷二十九皆復所重修，合前《經傳通解》及《集傳》《集注》，總六十有六卷。雖編纂不出一手，而端緒相因，規模不異，古禮之梗概節目，亦略備於是矣。"

《藏園訂補郘亭知見傳本書目·經部》收錄此本，云"今通行者呂氏寶誥堂刊本，中多脫字，以意填補"，而《中國古籍善本書目·經部》則收錄此書，但未錄此本。

禮記集說　十卷　　　　　　　　　　　　曼6

（元）陳澔撰，（清）李漁訂

清乾隆五十五年（庚戌 1790）芥子園刻本

10册2本

18.2×13.1。半葉九行，大小字不等，行大字十八字，小字雙行同，行三十六字。左右雙邊，白口，無魚尾。上書口題"禮記某篇"，下書口記卷次、葉數及題"芥子園"三字。卷端題"禮記卷之一　陳澔集説"，次行空兩字題"曲禮上"。正文天頭處另添一欄用來注音。陳氏序末牌記題"浙江李氏重訂金陵芥子園梓"，裏封題"乾隆庚戌年新鐫　遵依洪武正韻　芥子園重訂監本禮記"。

元至治二年（壬戌 1322）陳澔序。

按，此書卷端題名無法反映全書内容，今據内容題此名。此書爲《監本五經》之一。

《四庫全書總目》"經部二十一·禮類三"收録此書，題作"雲莊禮記集説"。云："澔字可大，都昌人，雲莊其號也。是書成於至治壬戌。朱彝尊經義考作三十卷，今本十卷，坊賈所合併也。"

《藏園訂補郘亭知見傳本書目·經部》《中國古籍善本書目·經部》收録此書，但未録此本。

禮記旁訓　六卷　　　　　　　　　曼18

（明）佚名輯

明末刻本

6册1本

20.8×12.1。半葉寬窄界行相間，各七行，寬行記禮記原文及注文，窄行爲注釋。寬行行二十字，四周單邊，白口，單黑魚尾。魚尾上記書名，下記卷次及葉數，卷端題“禮記旁訓卷之一”。闕裏封。

按，此書蓋爲《五經旁訓》之一。哈佛大學哈佛燕京圖書館藏有明天啓間刻本《五經旁訓》，有刻工，此本則無刻工，但從紙張、版式看亦應爲明刻本。惜刻字不清，或爲後印。

禮記旁訓卷之二

王制第五 王制者王者治天下之法制也

王者之制祿爵 爵功詔德無為 所以長人食人安人 公侯伯子男凡五等，諸侯之上大夫 知進退而其道

卿，下大夫，上士中士下士凡五等。天子之田方千里， 上孝者爵也智足以卿人者大夫也士則才足以事人以上制爵此言天子諸侯田里之廣狹

公侯田方百里，伯七十里，子男五十里，不能五十里 不與王朝琢會 猶不足

者不合於天子。附於諸侯曰附庸。天子之三公之田 民功曰庸其功勞附大國而達於天子之謂

視公侯。天子之卿視伯。天子之大夫視子男。天子之 此言王朝有位名之田 此 金之十二

禮記體注大全合參　四卷　　　　　　　　　曼7

（清）周熾輯，（清）周魯校

清康熙間刻本

4册1本

19.2×13。二截版，分上下兩欄。上欄界欄不齊，或無界，半葉二十行，行二十四字，下欄有界，大小字不等，半葉大字八行，行十七字，小字雙行同，行三十二字。四周單邊，白口，單黑魚尾。魚尾上題"禮記體註大全合叅卷某"，下記《禮記》之具體篇名（如"曲禮上"）。上欄卷端題"禮記體註大全合叅卷之一"，小字"標題備載"，"銅陵周 熾旦林手輯 男魯較字"，下欄卷端題"禮記纂註叅訂讀本""茗溪范紫登先生原本"，裏封題"范紫登先生原本 銅陵周旦林纂訂 禮記體註大全合叅 本衙藏板"。

附禮記體注凡例六則，禮記分卷目錄。

清康熙五十年（辛卯 1711）周熾禮記序。

有複本一：4册1捆，索書號爲"曼408"。此本下欄止於"聘義"，小注止於"勇敢"二字，似有殘缺。第1册末略有蟲蛀。

按，據凡例第六條云："予貧無事，客遊金陵，生平所著書籍，欲以就正有道，無乃繕寫與跋陟俱艱，因付于梓。非以行世，聊以廣就正耳。所選明文，因材古文養正，韓蘇文集與所著《易經解義》《春秋體註》等書，幸不爲有道見鄙。今有《禮記體注》出以問世，祈名公鉅儒爲之鑒政。倘有舛謬，郵寄示教。嗣有《四書體注》增删付梓。"據此，該書爲周氏自刊之本。

《藏園訂補邵亭知見傳本書目・經部》《中國古籍善本書目・經部》皆未録此書。

禮記體註大全合叅卷之一　標題備載

銅陵周　燦曾林手輯
　　　　男　魯犖

曲禮上

曲禮節○此言禮以敬為主君子體之以修身其功至密而其
效最宏也敬字不但包括全章并包括全部毋不敬該身心
內外說下祇及貌言者以其所係尤切也安民只說理就從
敬中看出篤恭平天下之實效非虛擬也○敬字重禮者敬
而已矣故包括全部○毋不敬只是此心一無不敬不敢偷
佚儼子神凝氣定的模樣凡人有所思其貌必端莊若思者
言其貌之無不敬也安者從容不迫定者堅確不拔辭安宜
定言其辭之無不敬也末句安民見得修己以敬如此則心
無不正身無不修事即安百姓之功效亦豈外此也
哉此條敬字重而禮字亦不可放開

賢者節○此言賢者得中之行賢者二字畧斷兼資學言矣而
字但是轉語高重下截上安字法是安而處之下安字怎是理

禮記體註大全合叅卷之一

禮記體註卷一終言譚本

孝溪游養登先生原本

曲禮上禮之繁文
禮一小節曰曲

曲禮曰毋不敬儼若思安定辭安民哉通
　　　　　　　　　　　　　　毋無

修己之君子身心內外不可一毫不敬
形於貌無惡儼然若有所思敬形於辭安
舒堅定而不操亂如此以修己則
安民之理不亦即此而且也哉

賢者猶知敬之具而墨之愛而知其慈惟而

周禮注疏　四十二卷 曼28

（漢）鄭玄注，（唐）賈公彦疏
清嘉慶間繡谷四友堂重刻本

3册

17.5×12。半葉九行，大小字不等，行大字二十一字，小字雙行同，行四十二字。左右雙邊，白口，綫魚尾。魚尾上題"周禮疏"，下記卷次，下書口題"四友堂"。卷端題"周禮註疏卷第一　漢鄭氏註　唐賈公彦疏"。裏封題"周禮注疏"。

附周禮廢興一篇。

周禮正義序。

按，此本之底本爲毛氏汲古閣刻《十三經注疏》本，兩本相較，惟前者將下書口處"汲古閣"改爲"四友堂"，而版式、字體均同。香港中文大學圖書館所藏《十三經注疏》本題"清嘉慶十八年（癸酉 1813）繡谷四友堂重刻本"，此本即其零種。

《四庫全書總目》"經部十九·禮類一"收録此書，可參看。

《藏園訂補邵亭知見傳本書目·經部》《中國古籍善本書目·經部》皆收録此書，但未録此本。

序周禮廢興

周公制禮之日禮教興行後至幽王禮儀紛亂故孔子
云諸侯專行征伐十世希不失鄭註云亦謂幽王之後
也故晉侯趙簡子見儀皆謂之禮孟僖子又不識其儀
也至於孔子更脩而定之時已不具故儀禮註云後世
衰微幽厲尤其禮樂之書稍稍廢棄孔子曰吾自衛反
於魯然後樂正雅頌各得其所謂當時枉者而復重雜
亂者也惡能存其亡者乎至孔子卒後復更散亂故藝
文志云昔仲尼没微言絕七十二弟子喪而大義乖諸

樂　類

樂舞全譜　四十八卷　　　　　　　　　曼360

（明）朱載堉撰

明萬曆間鄭藩刻本（精刻）

　　　19册2函

　　　子目（計十五種）：

　　　1.操縵古樂譜不分卷；

　　　2.旋宫合樂譜不分卷；

　　　3.鄉飲詩樂譜六卷；

　　　4.六代小舞譜不分卷；

　　　5.小舞鄉樂譜不分卷，附二佾綴兆圖不分卷；

　　　6.靈星小舞譜不分卷（以上共8册）；

　　　7.曆學新説，包括聖壽萬年曆二卷、萬年曆備考三卷、附録四疏和律曆融通四卷附録一卷（2册）；

　　　以上第一函。

　　　8.律吕精義内篇十卷（4册）；律吕精義外篇十卷（2册）；

　　　9.律學新説四卷（占2册），附樂經古文不分卷、樂學新説不分卷、算學新説不分卷（合1册）。

　　　以上第二函。

　　　24.8×19。半葉十二行，行二十五字。四周雙邊，白口，雙對黑魚尾，版口記書名及葉數。卷端題“某書卷之一　”（或徑題某書名）、“鄭世子臣載堉謹撰”（或“鄭世子臣載堉編述”），函套上書籤題“樂舞全譜　上”“樂舞全譜　下”。《曆學新説》版口題“曆書第一册”，《律曆融通》《律曆融通附録》版口題“曆書第二册”，《附録》末附刊刻各册所用總字數和紙張數，末題“萬曆貳拾叁年陸月拾玖日鄭世　子臣載堉”“原藁張數如此　新增附録

在外"，《律吕精義》版口題"律書第一/二/三/四/五/六册"。《操
縵古樂譜》外封書籤題"操縵古樂譜 壹"，《旋宫合樂譜》外封書
籤題"旋宫合樂譜 貳"，《鄉飲詩樂譜》外封書籤題"鄉飲詩樂
譜 叁"，《六代小舞譜》外封書籤題"六代小舞譜 伍"，《小舞鄉
樂譜》外封書籤題"小舞鄉樂譜 後附諸圖"，《靈星小舞譜》外
封書籤題"靈星小舞譜 柒/捌"，《曆學新説》外封書籤題"曆學
新説"，《律吕精義》外封書籤題"律吕精義 壹/貳/叁/肆/伍/陸"，
《律學新説》外封書籤分别題"律學新説 壹"或"律學新説 樂
學新説筭學新説同帙"。此書用皮紙刊刻（按，此書用紙蒙南京圖
書館沈燮元先生相告，特此致謝），薄如蠶絲，正面粗糙，字透紙
背。

　　《操縵古樂譜》首朱載堉操縵古樂譜序，《旋宫合樂譜》首朱
載堉旋宫合樂譜序（總論復古樂以節奏爲先），《鄉飲詩樂譜》首
朱載堉鄉飲詩樂譜序（總論鄉飲有磬無鐘），《六代小舞譜》首朱
載堉六代小舞譜序（總論學古歌舞以永轉二字爲衆妙之門），《小
舞鄉樂譜》首朱載堉小舞鄉樂譜序（論學樂學舞孰先），《靈星小
舞譜》首朱載堉靈星小舞譜序，《曆學新説》首萬曆二十三年（乙
未 1595）朱載堉進表，《備考》末附萬曆二十三年進曆書表等，
萬曆九年（辛巳 1581）朱載堉律曆融通序，末附萬曆十三年（乙
酉 1585）進表（詳列册數、字數及紙張數），《律吕精義》首萬曆
三十四年（丙午 1606）朱載堉進律書奏疏，萬曆二十四年（丙申
1596）律吕精義序，《律學新説》首萬曆十二年（甲申 1584）朱載
堉序，其末識語云："《四物譜》原稿，文煩而考據詳密，後乃删煩
摘要，更名曰'律學新説'，成書以進，校其原稿，特十分之一耳。
兹因暇日重校原稿，見此序文，不忍棄去，是故續刊，附於末簡，
使覽者知作書初意。"

　　按，《律吕精義》前附朱載堉奏議："謹以所撰《律吕精義》壹
部計陸册，《律學新説》壹部計陸册，《樂舞全譜》壹部計捌册，
裝潢成帙，共叁册。"又，《曆學新説》進表云"鄭世子臣載堉謹以

臣昔年所撰《律曆融通》肆卷附《音義》壹卷,並臣近年新撰《聖壽萬年曆》貳卷,《萬年曆備考》叁卷共爲拾册,裝潢成帙,奉表進呈"。據此,似乎進獻的《樂舞全譜》只包含《操縵古樂譜》等六種共八册。而所有書加起來最初一共有三十册。

　　此書雖然題名"樂舞全譜",但與"曼340"《樂律全書》子目同,很顯然是後人重裝時新加的名字。但是,　二者實際的關係却值得進一步探討。

　　考《樂舞全譜》與《樂律全書》兩書乃明鄭藩世子朱載堉所編。據馮文慈先生《朱載堉年譜》考證,載堉(1536—1611)字伯勤,號句曲山人。生於明嘉靖十五年(丙申 1536),卒於明萬曆三十九年(辛亥 1611),享年七十六歲,謚號端清。其爲明宗室鄭靖王朱瞻埈之五世孫。靖王於明正統九年(甲子 1444)依詔遷鄭藩於懷慶府(今河南沁陽縣),遂世居懷慶。其父爲鄭恭王朱厚烷,明嘉靖二十九年(庚戌 1550)被冤獲罪,遭削爵禁錮,其時年僅十五歲。此後的十九年中,他築室於宮外,席草獨居,直至其父返還。《明史》卷一一九、《(雍正)河南通志》卷五十八等均有傳。

　　載堉生性好學,一生著書頗豐,據范鳳書、劉漢忠等先生的研究,除收録於《樂律全書》中的十五種書外,還著有《律曆融通》《琴瑟》等十種,但並未提及《樂舞全譜》一書。再檢邢兆良先生《朱載堉評傳》所附年表,於"萬曆三十四年"條下云:"朱載堉完成《樂律全書》的雕版、刊印,撰寫《進律書奏疏》,進呈五部(樂律全書)及奏疏。"但馮文慈先生《朱載堉年譜》於同年下却云:"進獻的論著共三函,計有《律吕精義》六册、《律學新説》六册和《樂舞全譜》八册。實際上共十一種。"那麽,朱載堉在此年所進獻的究竟是《樂律全書》,還是《樂舞全譜》等書呢?

　　今考《律吕精義》前附朱載堉奏議云:"謹以所撰《律吕精義》壹部計陸册,《律學新説》壹部計陸册,《樂舞全譜》壹部計捌册,裝潢成帙共叁函。"馮文慈先生蓋本於此。而邢兆良先生却將《樂舞全譜》直接改作了《樂律全書》。其實，這樣的看法在清代以來便有了，如《四庫全書總目提要》於《樂律全書》下云"是書萬曆間嘗進於朝"云云，今考《明史·樂志一》云："神宗時，鄭世子載堉著《律呂精義》《律學新說》《樂舞全譜》共若干卷，具表進獻"，則所獻並非《樂律全書》明矣。又，《鄭堂讀書記》卷五十九於該書下引《明史》朱載堉進獻諸書的記載後，又云："《藝文志》總作《樂律全書》四十卷，《四庫全書》著録則作四十二卷，所載凡書十一種"，恐怕亦是將《樂舞全譜》諸書與《樂律全書》相混了。那麼，朱載堉明明進獻的是《樂舞全譜》諸書，爲什麼後人非要將之當作《樂律全書》呢？二書到底是不是同書異名呢？關於這些問題，我們還得重新看看《樂舞全譜》這本書。

有關此書的資料目前非常有限，主要有以下幾則：

（1）《明史·樂志一》："神宗時，鄭世子載堉著《律呂精義》《律學新說》《樂舞全譜》共若干卷，具表進獻。"

（2）《律呂精義》前附朱載堉萬曆三十四年奏議："謹以所撰《律呂精義》壹部計陸册，《律學新說》壹部計陸册，《樂舞全譜》壹部計捌册，裝潢成帙共叁函。"

（3）《國朝宮史續編》卷七十九："明版《樂律全書》四十七卷，明版《樂舞全譜》不分卷。"

（4）《天禄琳琅書目》卷七："《樂舞全譜》二函八册，明朱載堉著。首《操縵古樂譜》、次《旋宮合樂譜》、次《鄉飲詩樂譜》、次《六代小舞譜》、次《小舞鄉樂譜》並《二佾綴兆》、次《靈星小舞譜》，觀前書載堉進表稱《樂舞全譜》一部，計八册，是此書原可單行，今所分册數與表所云適合，且係初印本，紙墨並出前部之上。"

（5）《南屏山房集》卷十九："《樂舞全譜》，明鄭世子朱載堉。按是書萬曆三十四年奏進《操縵古樂譜》一卷，《旋宮合樂譜》一卷，《鄉飲酒樂譜》一卷，《六代小舞譜》一卷，《小舞鄉樂譜》一卷，《二佾綴兆圖》一卷，《靈星小舞譜》一卷，考訂最爲精審，蓋載堉爲鄭恭王厚烷世子。恭王雅善言樂，世子學有原本，別著《律吕精義》、《算學新説》，總名之曰《樂律全書》云。"

　　據第（1）（2）條可知，萬曆三十四年（丙午 1606）進獻的書一共有三種，《樂舞全譜》便是其一，三種書共裝成三函。而據第（4）條可知，《樂舞全譜》共二函八册，包含《操縵古樂譜》等七種圖譜。同時由於天禄琳琅藏書於嘉慶二年（丁巳 1797）失火，所以也暗示了該書至少在此之前還保存在内府中。再結合第（3）條，我們可以斷定《樂舞全譜》和《樂律全書》並不是異名同書，而是兩種不同書。而由第（5）條，可知兩書是先後刊刻之書，《樂舞全譜》刊行較早，早已歸入内府，《樂律全書》則是後增後刊諸書之總名。

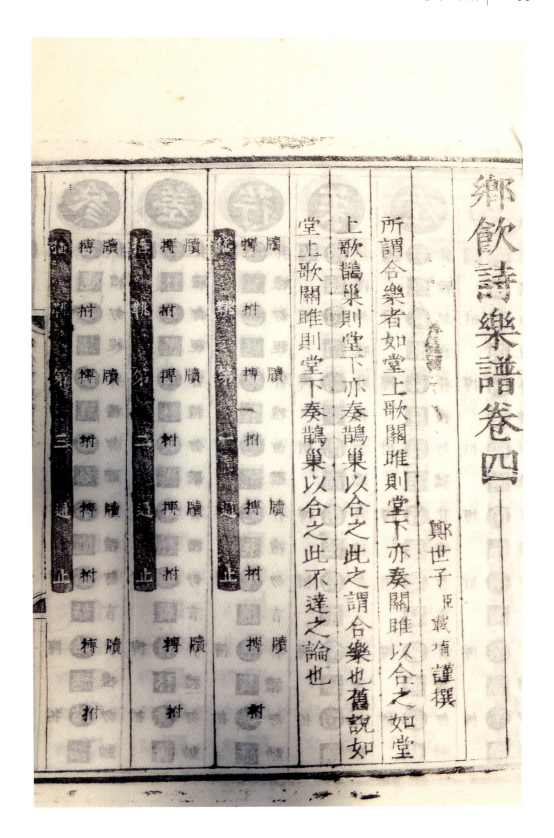

鄉飲詩樂譜卷四

鄭世子〔臣載〕堉謹撰

所謂合樂者如堂上歌關雎則堂下亦奏關雎以合之如堂

上歌鵲巢則堂下亦奏鵲巢以合之此之謂合樂也舊說如

堂上歌關雎則堂下奏鵲巢以合之此不達之論也

樂律全書　四十八卷　　　　　　　　曼340

（明）朱載堉編

明萬曆間鄭藩增刻本（精刻）

19册4本

子目（計十五種）見前，此略。

25×20。半葉十二行，行二十五字。四周雙邊，白口，雙對黑魚尾，版口記書名及葉數。卷端題“某書卷之一”（或徑題某書名）“鄭世子臣載堉謹撰”（或“鄭世子臣載堉編述”）。《曆學新説》版口題“曆書第一册”，《律曆融通》《律曆融通附録》版口題“曆書第二册”，《附録》末附刊刻各册所用總字數和紙張數，末題“萬曆貳拾叁年陸月拾玖日鄭世子臣載堉”“原藁張數如此 新增附録在外”，《律吕精義》版口題“律書第一/二/三/四/五/六册”。《鄉飲詩樂譜》外封書籤題“鄉飲詩樂譜 叁”，《六代小舞譜》外封書籤題“六代小舞譜 伍”，《小舞鄉樂譜》外封書籤題“小舞鄉樂譜 後附諸圖”，《曆學新説》外封書籤題“曆學新説”，《律吕精義》外封書籤題“律吕精義 壹/貳/叁/肆/伍/陸”，《律學新説》外封書籤題“律學新説”，《筭學新説》外封書籤題“筭學新説陸”。《操縵古樂譜》《旋宫合樂譜》《靈星小舞譜》外封書籤已佚。

　　《操縵古樂譜》首朱載堉操縵古樂譜序，《旋宫合樂譜》首朱載堉旋宫合樂譜序（總論復古樂以節奏爲先），《鄉飲詩樂譜》首朱載堉鄉飲詩樂譜序（總論鄉飲有磬無鐘），《六代小舞譜》首朱載堉六代小舞譜序（總論學古歌舞以永轉二字爲衆妙之門），《小舞鄉樂譜》首朱載堉《小舞鄉樂譜序》（論學樂學舞孰先），《靈星小舞譜》首朱載堉靈星小舞譜序，《曆學新説》首萬曆二十三年（乙未 1595）朱載堉進表，《備考》末附萬曆二十三年（乙未 1595）進曆書表等，萬曆九年（辛巳 1581）朱載堉律曆融通序，末附萬曆十三年（乙酉 1585）進表（詳列册數、字數及紙張數），《律吕精義》首萬曆三十四年（丙午 1606）朱載堉進律書奏疏，萬曆二十四年（丙申 1596）

律呂精義序,《律學新説》首萬曆十二年(甲申 1584)朱載堉序。

　　按,此本子目與“曼360”之版式、子目同,但是函套題名及紙質却有差異,今將之分别著録。

　　《四庫全書總目》“經部三十八・樂類”收録此書,但爲四十二卷本,可參看。

　　《藏園訂補邵亭知見傳本書目・經部》《中國叢書綜録》《中國古籍善本書目・經部》皆收録此本,上海圖書館、北京大學圖書館等多館收藏。

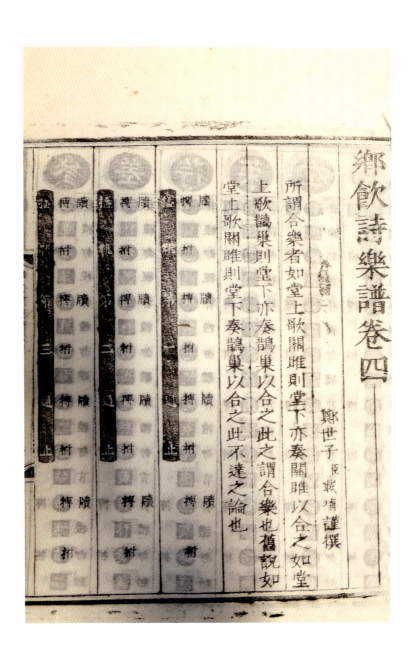

太霞新奏　十四卷　　　　　　　曼R73139

（明）陳鐸輯

民國間國立北平圖書館據明天啓間刻本影印

6册

13.8×10.2。半葉八行，行二十字。四周雙邊，白口，單黑魚尾。魚尾上題"太霞新奏"，下記卷次、篇名及葉數。卷端題"太霞新奏卷一　香月居主人評選"，天頭有評語。

附馮夢龍發凡十三則，明沈璟太霞新奏序。

按，《續修四庫全書》集部第1744册收録此本，國内北京師範大學圖書館、復旦大學圖書館等多館有藏。

此本之底本爲明天啓間刻本，今北京大學圖書館收藏，索書號爲"MSB/812.086/2770"，1984—1987年臺灣學生書局出版的《善本戲曲叢刊》曾據之影印。

太霞新奏卷十四　　　　香月居主人評選

仙呂小令　計三十套

傍粧臺

問才郎 相思
　　江陽韵

二犯傍粧臺　　無名氏

縈隨行 眹人影
　　　青韵

一封書　　　卜大荒

太霞新奏　　卷十四目

春 秋 類

春秋左傳杜林　五十卷　　　　　　　　曼Chinese 40

（晉）杜預、（宋）林堯叟注，（唐）陸德明音義、（明）鍾惺、孫鑛、韓范評點
清光緒間狀元閣李光明莊重刻本

16册3函

17×13。半葉十行，大小字不等，行大字二十字，小字雙行同，行四十字。左右雙邊，白口，單黑魚尾。魚尾上題"某公"，下題"左傳幾"及葉數，下書口題"李光明莊"。天頭另起一欄進行批注。卷端題"春秋左傳之一""晋杜預元凱 宋林堯叟唐翁註釋 明鍾惺伯敬 孫鑛月峰 韓范友一 評點 唐陸元朗德明音義"，裏封題"狀元閣爵記印 春秋左傳杜林"。

宋林堯叟綱目九條，宋蘇軾春秋列國圖説，春秋提要一卷。

李光明莊識（粉字），杜預春秋左傳序。

按，李光明莊識云："江南城聚寶門三山街大功坊郭家巷內秦狀元巷中爵記李光明家自梓童蒙各種讀本，揀選重料紙張裝訂，又分鋪狀元境，狀元境口狀元閣實價發售。自光緒己卯科後，此書數次校對錯誤，陸續改正。古語有之，校字如掃落葉，斯言益信，識者諒之，何陋居重行繕雕。"其中，據"光緒己卯"可知此本之底本即光緒五年（己卯 1879）刻本。李光明莊，據沈津先生《李光明莊刻的書》一文介紹："李氏所刻書，最早的大約在同治間，最晚的是1924年南京李光明莊刻本的《金陵百咏》一卷《金陵四十八景》一卷。"黃永年先生云曾買過一本光緒間李光明莊刊刻的《香山詩選》，末附一葉售書廣告，裏面便有此書《介紹一個世紀前的童蒙讀物》（《陝西師範大學學報》哲學社會科學版，1997年第4期）。由此可見，此書之刊刻也大概在光緒年間。

《四庫全書總目》"經部二十八·春秋類三"收錄此書，題作"左傳杜林合注"，但無諸家評點。其略云："案，朱彝尊《經義考》載'宋林堯叟《春秋左傳句解》四十卷'，引鄭玦之言曰：'堯叟字唐翁，崇禎中杭州書坊取其書合杜注行之。'又載此書

五十卷。引陸元輔之言曰：'王道焜，杭州人，中天啓辛酉鄉試，與里人趙如源潙之共輯此書'云云。今書肆所行卷數與彝尊所記合，而削去道焜、如源之名。又首載凡例，題爲堯叟所述而中引永樂《春秋大全》，殆足咍噱。蓋即以二人編書之凡例改題堯叟也。"據此，知此書原是由王道焜、趙如源二人所輯，削去二者之名而更作"林堯叟"之版本，在乾隆時期已經流行於世了。所以，李光明莊在清末取而重刊自然就不足爲奇了。

《藏園訂補邵亭知見傳本書目·經部》《中國古籍善本書目·經部》收錄此書，但未錄此本。

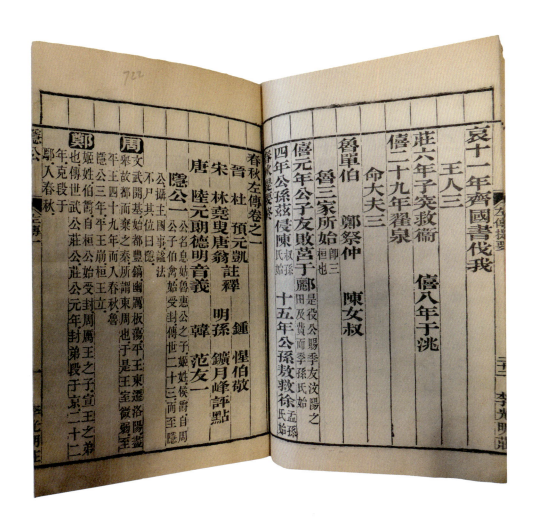

春秋傳　三十卷　　　　　　　　　　　　曼6

（宋）胡安國撰，（清）李漁訂

清乾隆五十五年（庚戌 1790）芥子園刻本

　　5册1本

　　18.2×13.1。半葉九行，大小字不等，行大字十八字，小字雙行同，行三十六字。左右雙邊，白口，無魚尾。上書口題"書名及某公"，下書口記葉數、卷次及題"芥子園"。卷端題"春秋卷之一胡安國傳"，次行空十行小字題"附林堯叟音註括例始末"。正文天頭處另添一欄用來注音，首葉中此欄題"京本無列國始末及括例今依世本存之"。卷三十末題"金陵芥子園李氏訂梓"，裏封題"乾隆庚戌年新鐫　遵依洪武正韻　芥子園重訂監本春秋"。

　　附春秋傳綱領、圖説、篇目、提要、春秋諸國興廢説。

　　胡安國序。

　　按，此本卷端題名無法反映全書內容，今據內容題此名。

　　此書爲《監本五經》之一。

　　《藏園訂補邵亭知見傳本書目·經部》《中國古籍善本書目·經部》收録此書，但未録此本。

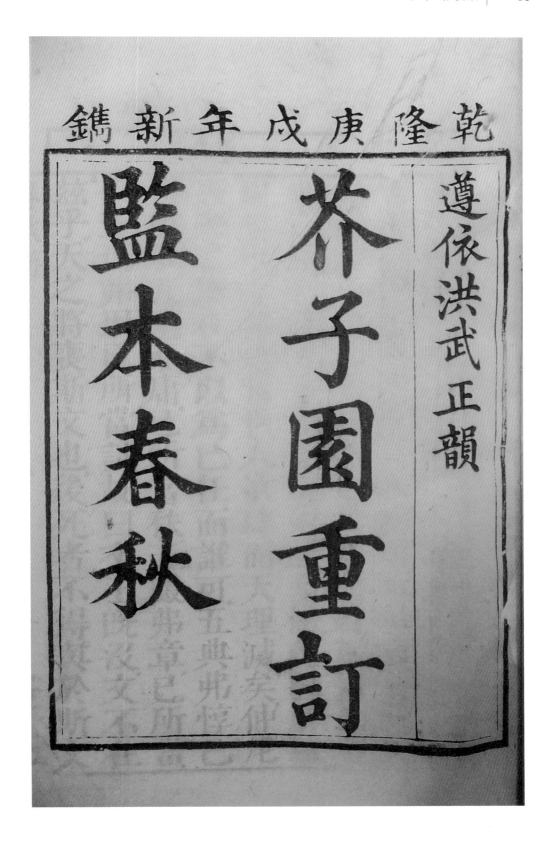

乾隆庚戌年新鐫

遵依洪武正韻

芥子園重訂

監本春秋

監本附音春秋公羊注疏　二十八卷　　　曼Chinese 38

（漢）何休解詁，（唐）徐彦疏

清嘉慶二十年（乙亥 1815）江西南昌府學刻十三經注疏本

12册2函

16.8×12.8。半葉十行，大小字不等，行大字十七字，小字雙行同，行四十六字。左右雙邊，上下粗黑口，雙順黑魚尾。版口題“公羊注疏卷幾”，下魚尾下記葉數。卷端題“監本附音春秋公羊注疏隱公卷第一”（小字記起止年月）。裏封題“公羊穀梁注疏合刻 江西南昌府學署開雕”。書前序後及各卷末有牌記題“大清嘉慶二十年重栞宋本用文選樓藏本校”，並題“武虚盧氏宣旬校定”“江南蘇松督糧道方體栞”。

附四庫總目提要，何休監本附音春秋公羊注疏序，宋景德二年（乙巳 1005）牒文。

按，此書爲阮元《重刊十三經注疏》四百十六卷零種之一。

《四庫全書總目》“經部二十六·春秋類一”收録此書，可參看。

《藏園訂補郘亭知見傳本書目·經部》《中國古籍善本書目·經部》皆有收録，但後者所收《重刊十三經注疏》爲名家批校本。

景德二年六月
工部侍郎蔡知政事馮
兵部侍郎蔡知政事王
兵部侍郎平章事寇
吏部侍郎平章事畢

日牒

監本附音春秋公羊注疏附音公羊□卷第一
春秋公羊經傳解詁隱公第一
〔疏〕

春秋穀梁傳　十二卷　　　　　曼Chinese 39

（晋）范寧注，（唐）陸德明音義

清光緒十二年（丙戌 1886）湖北官書處重刻本

4册1函

19.8×14.3。半葉九行，大小字不等，行大字十七字，小字雙行同，行三十字。四周雙邊，白口，單黑魚尾。魚尾上題"春秋穀梁傳"，下記卷次、篇名及葉數。卷端題"春秋穀梁傳卷一""晋范寧集解 唐陸德明音義"。裏封題"穀梁傳"，背面牌記題"光緒十二年冬月湖北官書處重栞"，外封書籤題"穀梁傳 卷幾之幾"。

范寧序。

按，版刻年月根據牌記而確定。

《藏園訂補邵亭知見傳本書目・經部》《中國古籍善本書目・經部》收録此書，但未録此本。

春秋穀梁傳卷一

晉范甯集解 唐陸德明音義

隱公。○隱公名息姑惠公之子周文
王八世孫平王四十九年即位

元年春王正月 杜預曰凡人君即位欲其體
元以居正故不言一月也隱公之始年周王之正月也
○正音征又如字後皆放此此月也雖無事必舉
正月謹始也謹之君即位之始即公言據文
正月謹始也位之君即公何以不言即位公言
郎位成公志也桓之隱之志讓焉成之言君之不取為
公也言君下言公互辭○焉於虔反為成之言君之不取為
不取為公何也將以讓桓也讓桓正乎曰不

欽定春秋傳説彙纂　三十八卷，卷首二卷　　　曼304

（清）王掞、張廷玉等奉敕纂

清康熙六十年（辛丑 1721）武英殿刻本（後印）

18册5本

20.8×15。無界，半葉八行，大小字不等，行大字十五至十八字不等，小字雙行同，行四十二字。四周雙邊，白口，單黑魚尾。魚尾上記書名，下記卷次及某公、葉數等。卷端題“欽定春秋傳説彙纂卷第一”，闕裏封。

卷首上下兩卷：綱領、王朝世表、二十國年表，附纂修校刊職名、引用姓氏等。

清康熙六十年（辛丑 1721）御筆序。

按，此本紙質較差，當爲後印之本。

《四庫全書總目》“經部二十九·春秋類四”收録，可參看。

《藏園訂補郘亭知見傳本書目·經部》收録，題作“内府刊本”。

欽定春秋傳說彙纂卷第一

集說

杜氏預曰。春秋者魯史記之名也。記事者以事繫
日。以繫月。以月繫時。以時繫年。所以紀遠近別
同異也。故史之所記必表年以首事。年有四時。故錯舉
以為所記之名也。徐氏彥曰。三統歷云。春秋為陽中。萬
物以生。秋為陰中。萬物以成。故名春秋。又云。春秋說云。始
於春終於秋成。故云春秋。春秋之始。秋為成物之終。故書成以
其春作秋成。故云春秋。莊七年經云。星實如雨。如
而舊說云。哀十四年春西狩獲麟作春秋。九月。書星實如
雨。傳云不修春秋曰。雨星不及地尺而復。君子修之。曰星
之曰。星實如雨。則是孔子未修之時。已名春秋矣。
時。孟子言春秋天子之事也。蓋謂春秋本諸侯之史。其
名秩則一裁以武成班爵之舊。其行事則一律以周公
制禮之初。故曰春秋天子之事者。猶曰天子之史云爾。

欽定春秋傳說彙纂卷一　隱公元年

春秋體注大全合參　四卷　　曼7

（清）周熾輯，（清）周魯校

清康熙間正祖聖德堂刻本

4册1本

20.2×14.7。二截版，分上下兩欄。上欄半葉十行，大小字不等，行大字二十四字，小字雙行同，行四十八字。左右雙邊，白口，單黑魚尾。魚尾上題"春秋體註大全合糸卷幾"。下欄半葉八行，大小字不等，行大字十七字，小字雙行同，行三十四字。左右雙邊，白口，單黑魚尾。魚尾下記"某公某年"，下書口題"正祖聖德堂"。上欄卷端題"春秋體註大全合糸卷之一"，小注"標題備旨"，"茗溪范紫登先生鑒定　銅陵周熾且林纂輯　男魯較字"，下欄卷端題"春秋經傳糸訂讀本"，小注"纂註輯要""宋文定胡安國傳　糸合諸家傳註"。無裹封。

清康熙五十年（辛卯 1711）周熾序。

按，周序下書口題"正祖聖德堂"，或爲版刻地。序云："乃友人不察，取而爲予言曰……予覺憋而报諸面，彼竟强而付諸梓"云云，據此知該書在康熙間便有刊刻，今據此暫定版本。

《藏園訂補郘亭知見傳本書目·經部》《中國古籍善本書目·經部》皆未收録此書。華東師範大學圖書館、山東大學圖書館收録有清乾隆五十年（乙巳 1785）金閶書業堂刻本，裹封題"乾隆五十年冬鐫　茗溪范紫登先生原本　古虞徐枚臣先生纂定　春秋體註大全合參　金閶書業堂藏版"，書前有清乾隆十八年（癸酉 1753）解志元序。蘇州大學圖書館藏有清同治光緒間湖南刻本。

春秋體註大全合鼇之一　標題備旨

菱溪潘登兟先生鑒定

鮦陽周熾亘纂輯

男　曾豰　字

隱公元年

公卽位之一年而不曰一年而曰元年者何也蓋元者仁也體元者入君之職也故天地生物之心在人卽為仁天地以元為用而萬物以之生成人君體元為用而經綸泰贊之業皆從此而出故治國在正心而正心工夫却在體元人君尚能體此則以天地之心為心有何家國天下之不正乎文言曰君子體仁足以長人此之謂也況歷稽帝王之所云元曰元祀皆取此義可見夫子春秋一書無非祖述帝王之法以為書法也

此傳重在體元者人君之職一句見得人君以正心為要而正心莫要于散元誠能體元自與天地合其德與帝王同其用後之為君者不可不明此義也

破題

春秋經傳恭言讀本　纂註輯要

宋文定胡安國傳

泰合諸家傳註

曾隱公　名息姑姬姓侯爵自周公子伯禽始受封傳世二十有三至隱公惠公庶長子攝主國事在位十一年諡法不尸其位曰隱

元年　周平王四十九年春秋本曾史故用曾君年月記事

○卽位之一年必稱元年者明人君之用也乾元天之用坤元地之用成位乎其中則與天地參故體元者人君之職而調元之為君者幸相之事元卽仁也仁人心也春秋深

春秋體註大全合鼇卷之一

重訂春秋綱目左傳句解全書　八卷　　　　曼195

（清）韓菼重訂

清道光十四年（甲午 1834）福文堂重刻本

6册1本

17.4×11.4。半葉九行，大小字不等，行大字二十一字，小字雙行同，行四十二字。四周單邊，白口，單黑魚尾。魚尾上題書名"左傳"，下記"幾卷及某公"及葉數。卷端題"重訂春秋綱目左傳句解全書""長洲韓菼慕盧甫　重訂"（僅首册有卷端，其餘諸卷卷端僅題"某公"），目録題"新刻諸名家評點春秋綱目左傳句解目録""孫鑛月峰氏　鍾惺伯敬氏　張溥天如氏　茅坤鹿門氏　陳仁錫明卿氏　陳子龍卧子氏　湯賓尹睡菴氏　徐沂九一氏　張鼐侗初氏　原評長洲韓菼慕盧甫　重訂"，裏封題"諸名家評點　韓慕盧先生重訂甲午年新鐫　重訂批點春秋左傳句解　福文堂藏板"。

魏邦達重訂春秋左傳句解原序。

按，此本清諱"玄""弘"等皆不缺筆，且字體周正，有清代中後期之風格，且"福文堂"乃乾隆嘉慶道光之時的書坊，其裏封所題"甲午"或爲清道光十四年（甲午 1834）。此本傳世並不多。

此本卷五末四葉、卷六始四葉微有蟲蛀。

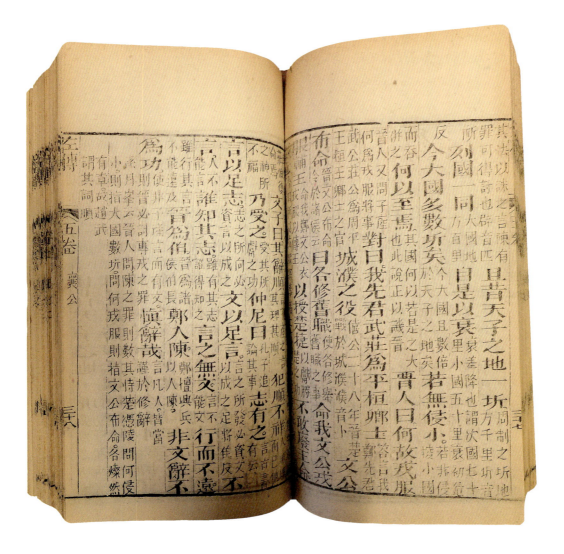

且昔天子之地一圻（周制之圻地方千里圻音祈）列國一同（方百里）自是以衰（衰差降也謂次國七十里又次五十里衰初危反小國）今大國多數圻矣（於天子之地矣今大國地數倍若無侵小國則小國何所資若無侵小）何以至焉。

晉人曰：何故戎服？對曰：我先君武、莊，為平、桓卿士（武王克商世為周卿士之官）。城濮之役（僖公二十八年晉楚戰於城濮音卜郪反），文公布命（令晉文公布命云鄭文公），曰：各復舊職。命我文公戎服輔王，以授楚捷，不敢廢王命故也。

士莊伯不能詰，復於趙文子。文子曰：其辭順（志志之所向必順其理甚順孔子追論其事）犯順不祥。乃受之。

仲尼曰：志有之，言以足志，文以足言（資言以成其志以成文也）。不言，誰知其志（雖有其言而不能文章行於其言者豈非文辭與）？言之無文，行而不遠（言之所發必資文而行言而有文故能遠）。晉為伯，鄭入陳，非文辭不為功（則鄭人問何侵小則數其罪則問何戎服則結文公布命各燦然）。慎辭哉（人之所能者言也言不能達其言非文辭安得為諸侯之長鄭人陳與兵凡人皆當）。

左繡　三十卷，卷首一卷　　　　　　　　曼17

（清）馮李驊、陸浩評輯

清康熙末錢塘馮氏華川書屋刻本

3册

22×14。二截版，分上下兩欄。上欄無界或有界，半葉十六行，小字行十五字。卷端及上書口均題“左繡”“錢塘 馮李驊天閑 定海陸浩大瀛 評輯 同學錢塘范允斌右文 仁和沈乃文襄武 同懷杭州陸偲巽皋 糸評 男 馮張孫近潢 翼孫念詒 亢孫思蔭 男陸麟書素文 校輯”。下欄半葉八行，大小字不等，行大字二十字，小字雙行同，行四十字。左右雙邊，白口，單黑魚尾。魚尾上題“春秋左傳”，下記卷次、某公及葉數，下書口題“華川書屋”。卷端題“春秋經傳集解”“宋林堯叟唐翁附註 晋杜預元凱原本 唐陸元朗德明音釋 後學馮李驊天閑增訂”，裏封題“增訂杜氏經傳集解原本 青浦張天農先生手訂 左繡 錢塘馮李驊天閑 定海陸浩大瀛評輯 華川書屋藏板”。外封書籤記卷數。

卷首一卷：杜氏原序，馮李驊刻左例言十四條，馮李驊讀左厄言，馮張孫録春秋列國時事圖説，附春秋三變説、列國盛衰説、魯十二公説、周十四王説。

清康熙五十九年（庚子 1720）朱軾左繡序，杜氏經傳集解原序，清康熙五十九年（庚子 1720）陸浩跋。

按，此本無刊刻年月，今檢其正文内，“昭公二十七年”“哀公十一年”中“玄”字皆缺筆，“哀公七年”“弘”字不缺。且前有清康熙五十九年（庚子 1720）序，所以此本大概亦在此時刊刻的。此本刊刻之後，又有寶章書屋翻刻本，裏封題“寶章書屋藏板”，下書口題“華川書屋”，復旦大學圖書館收藏。

《四庫全書總目》“經部三十一·春秋類存目二”收録，云：“李驊，字天閑，錢塘人。浩，字大瀛，定海人。是編首載《讀左厄言》《十二公時事圖説》《春秋三變説》《列國盛衰説》《周十四王説》，書中分上下二格，下格列杜預《經傳集解》及林堯叟

《左傳解》。杜《解》悉依原文，林《解》則時多刪節。又摘取孔氏《正義》及國朝顧炎武《左傳補正》二書與杜氏有異同者，附於其後，別無新義。上格皆載李驊與浩評語，則竟以時文之法商搉經傳矣。”

　　《中國古籍善本書目·經部》收錄此本，題作“清華川書屋刻本，清呂璜批”，爲名家批校本，但版本著錄較爲簡略。而通行本國家圖書館、復旦大學圖書館、山東大學圖書館、南京師範大學圖書館等收藏。

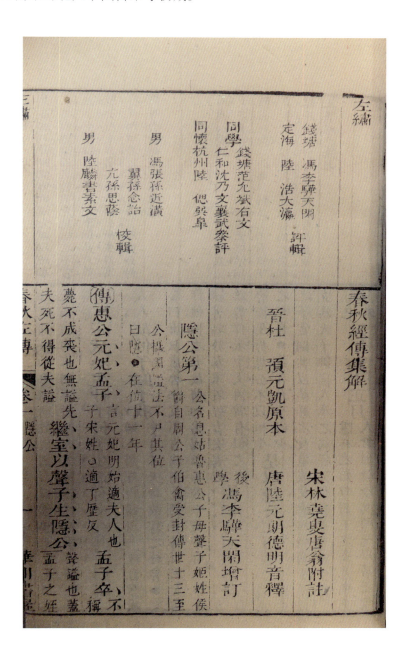

四 書 類

慎詒堂四書　不分卷　　　　　　　　　曼Chinese 47

（宋）朱熹集注

清道光間慎詒堂刻本

　　　1册1函

　　　子目（殘存）：

　　　1.大學章句不分卷；

　　　2.中庸章句不分卷。

　　　20×13.2。半葉九行，大小字不等，行大字十七字，小字雙行同，行三十四字。四周單邊，白口，單黑魚尾。魚尾上題"大學章句/中庸章句"，下記葉數。《大學章句》卷端題"大學"，下小注"大舊音泰今讀如字""朱熹章句"，《中庸章句》卷端題"中庸"，下小注"中者不偏不倚無過不及之名庸平常也""朱熹章句"。上欄另起一欄注音義。裏封題"慎詒堂四書"及慎詒堂主人識，外封題"學庸"。

　　　裏封有慎詒堂主人識，首宋孝宗淳熙十六年（己酉 1189）大學章句序，《中庸章句》無序。

　　　按，此書卷端題名無法反映該書全貌，今據裏封所題定正題名。

　　　《四庫全書總目》"經部三十五・四書類一"收録此書，可參看。

　　　《曾國藩家書》云："道光二十一年……七月初九彭山屺到京，接到四弟在省所寄《經世文編》一部，《慎詒堂四書》《周易》各一部。"據此，該書在道光二十一年（辛丑 1841）已經流行於世了。

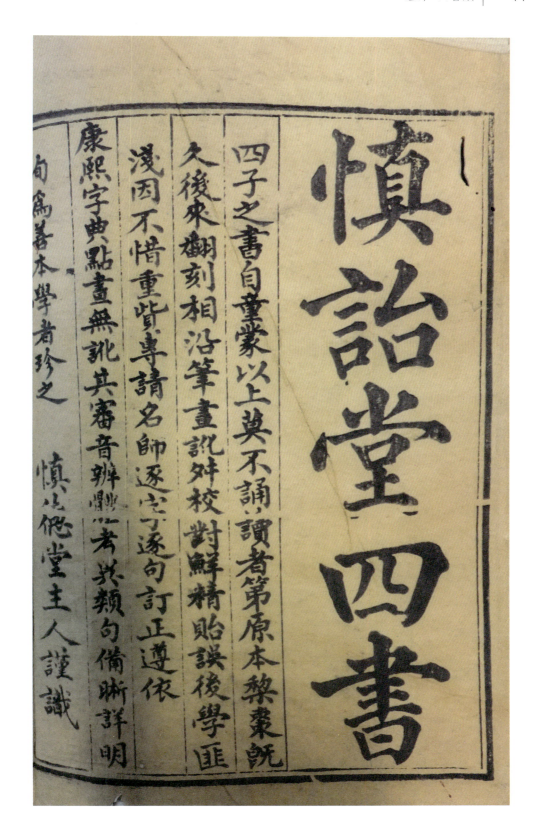

慎詒堂四書

四子之書自童蒙以上莫不誦讀者第原本黎棗既

久後來翻刻相沿筆畫訛舛校對觧精貽誤後學匪

淺因不惜重貲專請名師逐字逐句訂正遵依

康熙字典點畫無訛其審音辨聯二者於類句備晰詳明

句為善本學者珍之　　慎詒堂主人謹識

孟子集注　原卷數不明，殘存一卷　　　　曼21

（宋）朱熹集注

清刻本

1册

21.5×13.8。半葉九行，大小字不等，行大字十七字，小字雙行同，行三十四字。左右雙邊，白口，單黑魚尾。魚尾上題“孟子集註”，下記卷次及葉數，天頭另起一欄注音釋義。卷端題“孟子卷之一　朱熹集註”。內有朱筆句讀，卷一首行上朱筆批曰“丙戌仲冬十二日”，第二葉上題“十三”，第三葉上題“十四”等等，當爲批者點讀日期。

此背面存一卷，但缺末葉，前附孟子序説。

按，是書每葉均有襯紙，爲秀水朱昆田《笛漁小稿》殘葉，始於其卷一第九葉（卷一不全），至卷五末（十一葉）。其半葉十二行，行二十三字。左右雙邊，白口，單魚尾，版心題書名卷次葉數。卷二卷端題“笛漁小稿卷第二　秀水　朱昆田　西畯”。考此書有清康熙間秀水朱氏刻本和清光緒十五年寒梅館仿刻本兩種，二本版式相同，字體相近，此殘葉則更接近後者，故可推知，《孟子集注》亦應該爲清末刻本。

《藏園訂補郘亭知見傳本書目·經部》收錄此書，爲《四書章句集注》之一，但未收此本。

孟子卷之一

梁惠王章句上　凡七章

朱熹集註

孟子見梁惠王　梁惠王魏侯罃也都大梁謚曰惠史記惠王三十五年卑禮厚幣以招賢者而孟軻至梁

王曰叟不遠千里而來　叟長老之稱王所謂孟

亦將有以利吾國乎　利蓋富國強兵之類

孟子對曰王何必曰利亦有仁義而已矣　仁者心之

何必曰利德愛之理義者心之制事之宜也此二句乃一章之大指下文乃詳言之後多放此

子對曰王何必曰利亦有仁義而已矣

王曰何以利吾國大夫曰何以利吾家士庶人

曰何以利吾身上下交征利而國危矣萬乘

四書集注　十九卷

曼R722291

（宋）朱熹集注，（明）鄭思鳴訂

明金陵鄭氏奎璧齋刻清同治十年（辛未 1871）保陽富有堂重刻本

6册1函

此書共四種十九卷，子目如下：

1.大學不分卷；

2.中庸不分卷；

3.論語十卷；

4.孟子七卷；附四書圖（粉紅字）、四書字辨一卷。

半葉九行，行十七字。左右雙邊，白口，無魚尾。上書口記書名（篇名），下書口記葉數或記卷次，天頭處加欄注音。卷端題“大學”，小注“大舊音泰今讀如字”“朱熹章句”；“中庸”，小注“中者不偏不倚無過不及之名庸平常也”“朱熹章句”；“論語卷之一 朱熹集註”“孟子卷之一 朱熹集註”。中庸序末牌記題“□邑鄭氏再訂 □□富□堂梓”，論語序説末牌記題“新邑鄭氏再訂 保陽富有堂梓”，孟子末卷題“金陵奎璧齋訂本莆陽鄭氏較梓”一行。裏封題“同治辛未重鐫”“遵照 康熙字典點畫校正四書集註真本”“四子之書講義者乃聖賢之精蘊即後學之階梯也研求固不可緩考訂猶在乎先本堂刊兹定本内附其圖説辨字辨句校定加詳載人載五搜羅甚悉且句讀之必明尤點畫之无差敢告于间人幸勿珍其臣服”。外封題“四書集註”。

宋淳熙十六年（己酉 1189）朱熹大學章句序、中庸章句序，論語序説、孟子序説。

按，據牌記可知，此本之底本爲明金陵鄭氏訂本。

其卷端各題名無法反映該書全貌，今據外封所題定正題名。

《藏園訂補邵亭知見傳本書目·經部》《中國古籍善本書目·經部》收録此書，但皆未收録此本。

大學

篇而表章之既又爲之次其簡編發其歸
趣然後古者大學教人之法聖經賢傳之
指粲然復明於世雖以熹之不敏亦幸私
淑而與有聞焉顧其爲書猶頗放失是以
忘其固陋采而輯之間亦竊附己意補其
闕略以俟後之君子極知僭踰無所逃罪
然於 國家化民成俗之意學者修己治
人之方則未必無小補云淳熙己酉二月

甲子新安朱熹序

大學 大舊音泰 今讀如字

子程子曰大學孔氏之遺書而初學入
德之門也於今可見古人爲學次第者
獨賴此篇之存而論孟次之學者必由
是而學焉則庶乎其不差矣

朱熹章句

大學之道在明明德在親民在止於至善

程子曰親當作新○大學者大人之學也明明之
明德者人之所得乎天而虛靈不昧以具
衆理而應萬事者也但爲氣稟所拘人欲
所蔽則有時而昏然其本體之明則有未
嘗息者故學者當因其所發而遂明之以
復其初也新者革其舊之謂也言既自明
其明德又

增補四書精繡圖像人物備考　十二卷　　　曼20

（明）薛應旂彙輯

清雍正二年（甲辰 1724）會賢堂刻本

　　6册1本

　　20×12.8。無界，半葉八行，大小字不等，行大字二十字，小字雙行同，行四十四字。四周單邊，白口，單黑魚尾，魚尾上題"四書人物備考"，下記卷次、篇名及人名，下書口題"會賢堂"。天頭另起一欄加批注。卷端題"增補四書精繡圖像人物備考下學卷之一"，叙末題"雍正歲次丁未秋月新鐫"，裹封題"孫子未☒☒訂正 武進薛方山先生彙輯 增補四書人物備考 會賢堂梓行"。

　　四書人物備考叙。

　　按，此本之版刻年月根據裹封及叙末題記確定。

　　此本之序葉順序在重新裝訂時有所錯亂。

　　此書原名"四書人物考"，凡四十卷，《四庫全書總目》"經部三十七·四書類存目"收録，可參看。

　　《藏園訂補郘亭知見傳本書目·經部》《中國古籍善本書目·經部》皆録四十卷本，但未收録此本。

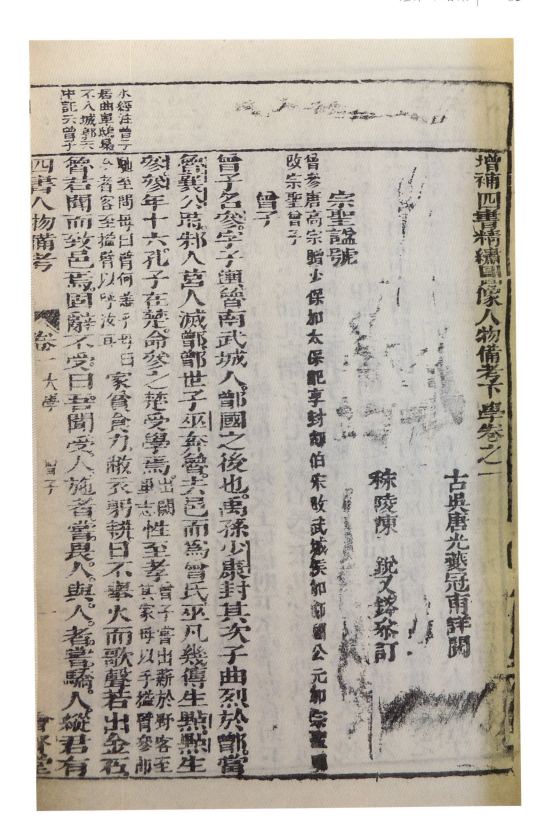

増補四書精繡圖像人物備考下學卷之一

古吳唐光藴冠兩詳閱

稊陵陳　鋭久鋕訂

宗聖諡號

晉參唐高宗贈少保加太保配享封郕伯宋攺武城矦加封郕國公元加宗聖曾子

攺宗聖曾子

曾子

曾子名參字子輿曾南武城人郕國之後也禹孫少康封其次子曲烈於郕當齊莒莒人滅郕鄫世子巫奔魯是為曾氏巫凡幾傳生點點生參年十六孔子在楚受命參之楚受學焉雖出闗受業而其性至孝其家母以手搤臂參即心痛疾趨而歸問其故母曰家食食乏歎衣鶉耘耕日不擧火而歌聲若出金石其志不入污君之朝不受亂君之利不入城郭六中記天曾子曰曾閎而致邑焉固辭不受曰吾聞受人施者常畏人與人者當驕人縱君有

水經注曾子㓁幺晏至問毋曰晳何在客至𢷘臂以呼汝毋

四書八物備考　＞卷一　大學

曾子

四書補注備旨題竅匯參
原十卷，殘存七卷

曼Chinese 42

（明）鄧林撰，（清）鄒廷忠等補

清嘉慶十三年（戊辰 1808）文林閣刻本

殘存5冊1函

此書殘闕情況如下：

1.中庸一卷，1冊全；

2.大學一卷，闕；

3.論語殘存二卷（下魚尾題“下論卷三/卷四”），首殘，存“先進第十三”之“則吾從先進”至“堯曰二十”之“百姓有過在予一人”；

4.孟子四卷，3冊全。

21.8×14.5。無界，三截版，分上中下三欄。上欄半葉二十行，行七字；中欄半葉二十行，行八字；下欄半葉十一行，大小字不等，行大字三十字，小字雙行同，行六十字。左右雙邊，白口，單黑魚尾，魚尾上題“四書補註備旨題竅匯叅”，下題“中庸/下論/上孟/下孟卷幾”。卷端題“四書補註備旨題竅匯叅大學卷之一/下論卷之四/上孟卷之一、二/下孟卷之三、四”，下欄題“明古岡鄧林退菴甫手著 太史張成遇阿一甫叅訂”“寶安祁文友珊洲甫 尹源進瀾柱甫 增定 後學楊瀾西露補 後學鄒汝達叅補”。裏封題“鄧退菴原本 鄒汝達增輯 銅板四書補註 備旨題竅匯叅 文林閣藏板”。

清嘉慶十三年（庚辰 1808）鄒廷忠序。

按，鄒氏序云：“退菴鄧先生所輯《四書備旨》，芟繁就簡，因略致詳，其博覽先儒諸說，仍其所當仍，損其所當損，而有識者又復增以朱子《集注》，誠至備而無以復加者也……《備旨》一書，解說雖詳，其於題中之虛神實理、輕重層次以及行文各法未另標明，讀者亦不無遺珠之憾也。予不憚煩瘁，遍覽先輩名文暨時賢確論，不拘題之全章全節單句，觀其可爲行文楷模者録之，俾從事於道之大原者，咸由漸而幾，則讀一書而獲群書之益，較之他本不誠備而益備者乎？書成，仍其名曰‘補注備旨’，予蓋不敢掠美以居功也，別其名曰'題竅匯糸'，令讀是書者庶因名而思義也，是爲序。"據此可知，此書是在鄧林《四書補注備旨》基礎上增益"先輩名文""時賢確論"而成的。其雖無記録明確刊刻日期，但大致亦與此序同，故今據序題其版本。

此書"玄"字缺筆，"弘""寧"字不缺筆。其用竹紙刊印，脆而易碎。

《藏園訂補邵亭知見傳本書目·經部》《中國古籍善本書目·經部》未録此書，然中山大學圖書館藏有此書，凡十卷，清末民初翰文堂書局石印本，乃是此書之後出之本了。

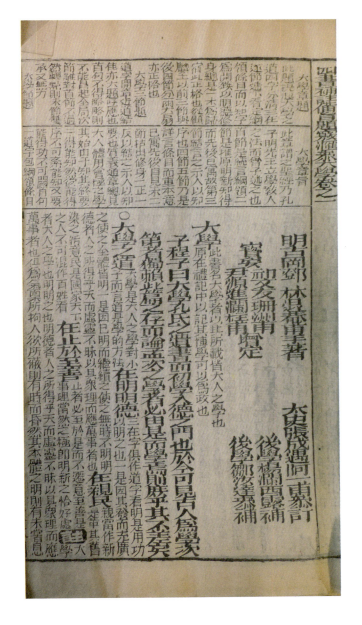

酌雅齋四書體注合講　十九卷

曼399

（清）復克夫編，（清）詹文焕參訂

清嘉慶二年（丁巳 1797）復克夫酌雅齋自刻本

6册1本

此書共十九卷，子目如下：

1.大學章句一卷；

2.中庸章句一卷；

3.論語集注十卷；

4.孟子集注七卷。

24.1×15.8。二截版，分上下兩欄。上欄無界，二十六行，行小字三十二字；下欄有界，半葉九行，大小字不等，行大字十七字，小字雙行同，行三十四字。四周單邊，白口，無魚尾。上書口題“四書合講”，下書口題“酌雅齋藏板”，中間記某書、卷次及葉數。上欄卷端題“酌雅齋四書體註合講”“太末翁 復克夫編次 同學詹文焕維輻条定”，下欄卷端題“大學 朱熹章句”（“大學”兩字下小注“大舊音泰今讀如字”）、“中庸 朱熹章句”（“中庸”兩字下小注“中者不偏不倚無過不及之名庸平常也”）、“論語卷之一 朱熹集註”、“孟子卷之一 朱熹集註”。裏封題“嘉慶丁巳年鐫 太末翁克夫彙閲 銅板四書遵註合講 酌雅齋藏板 拜經堂發兑”。

附酌雅齋四書遵注合講諸儒姓氏、參閲姓氏、校訂姓氏等，酌雅齋四書圖考目録、二十五幅圖及圖説。

清雍正八年（庚戌 1730）復克夫自序（首題“自序”，上書口題“四書合講序”），大學上欄爲大學人物考（上書口題“四書人物備考”），下欄爲宋淳熙十六年（己酉 1189）朱熹大學章句序；中庸上欄爲中庸人物考（上書口所題同上），下欄爲淳熙十六年朱熹中庸章句序；論語上欄爲兩論人物（上書口所題同上），下欄爲論語序説；孟子上欄爲兩孟人物考（上書口所題同上），下欄爲孟子序説。

按，此書之版本據裏封所題而確定，其題名則根據版心及卷端題名而著録。

酌雅堂四書體註合講

大兄翁　復克夫編次
同學廣文熾維韻恭訂

論語卷之一

學而第一　此為書之首篇故所記多務本之意乃入道之門積德之基學者之先

朱熹註

子曰學而時習之不亦說乎　說悅同○學之為言效也人性皆善而覺有先後後覺者必效先覺之所為乃可以明善而復其初也習鳥數飛也學之不已如鳥數飛也說喜意也既學而又時時習之則所學者熟而中心喜說其進自不能已矣程子曰習重習也時復思繹浹洽於中則說也又曰學者將以行之也時習之則所學者在我故說謝氏曰時習者無時而不習坐如尸坐時習也立如齊立時習也

有朋自遠方來不亦樂乎　樂音洛○朋同類也自遠方來則近者可

四書正體　十八卷　　　　　　　　　　曼19

（宋）朱熹集注，（清）呂世鏞校定

清末文林堂刻本

6册1本

18×10。無界，半葉九行，大小字不等，行大字十七字，小字雙行同，行三十四字。四周雙邊，白口，單黑魚尾。魚尾上題"四書正體"，下題"某書卷"及記葉數，下書口題"文林堂"，天頭處另起一欄注音切。《大學》卷端題"大學朱熹章句"，《中庸》卷端題"中庸　朱熹章句"，《論語》卷端題"論語卷一　朱熹集註"，《孟子》卷端題"孟子卷一　朱熹集註　漳文林堂梓行"。裏封題"豐溪呂氏校定　四書正體　文林堂藏板"。

按，此書卷端題名無法反映其全貌，今據其魚尾和裏封題名定正題名。

此本似晚清刻本。"曼21"的《孟子》應該是該書的一種。

文林堂，《得一録》卷十一所收的清道光十七年（丁酉 1937）公佈的《公禁淫書議單條約》中有此書坊，可證該書坊爲晚清書坊。

大學 舊音泰　今讀如字

朱熹章句

子程子曰大學孔氏之遺書而初學入
德之門也於今可見古人爲學次第者
獨賴此篇之存而論孟次之學者必由
是而學焉則庶乎其不差矣。

大學之道在明明德在親民在止於至善。程子
曰明德者人之所得乎天而虛靈不昧以
具眾理而應萬事者也但爲氣稟所拘人
欲所蔽則有時而昏然其本體之明則有
未嘗息者故學者當因其所發而遂明之
以復其初也新者革其舊之謂也言既自
明其明德又

群經總義類

六經圖　十二卷　　　　　　　　　曼458

（宋）楊甲撰，（宋）毛邦翰補

明萬曆四十三年（乙卯 1615）衛承芳重刻本

1册

34.7×24.5。上圖下文，半葉行字數皆不等，四周單邊，白口，無魚尾，下書口記篇名及葉數。無卷端題名，外封書籤題"六經圖照宋原板"，鈐"文裕堂藏書"朱文方印。

明萬曆四十三年（乙卯 1615）顧起元重刻六經圖序，刻六經圖姓氏（首題"南京吏部尚書署户部事衛承芳發刻"），南宋乾道元年（乙酉 1165）苗昌言六經圖序。

按，考"文裕堂"是清末香港"中華印務總局"的印刷出版機構。

據顧序可知，此書首於乾道初由毛邦翰補刻，有圖309幅；繼於萬曆間由吳氏重刊宋本。此本則爲第三次刊刻，爲計部汝南方氏重刊，但據《刻六經圖姓氏》可知，具體刊刻是由衛承芳主持的。

《四庫全書總目》"經部三十三·五經總義類"收録此書，可參看。

《藏園訂補郘亭知見傳本書目·經部》《中國古籍善本書目·經部》皆收録此本，上海圖書館等多館收藏。

大易象數鈎深圖目錄

六經圖　十二卷 曼3

（宋）楊甲撰，（清）鄭之僑編

清乾隆八年（癸亥 1743）潮陽鄭氏述堂刻本

4册1本

21.2×14。半葉七行，行十七字。四周雙邊，白口，單黑魚尾。魚尾上題"六經圖"，下記卷次及葉數，下書口題"述堂"。無卷端題名，裏封題"乾隆捌年鐫　後學潮陽鄭之僑東里編輯　六經圖　述堂藏板"。

清乾隆八年（癸亥 1743）鄭之僑序。

按，諸館所藏多乾隆九年（甲子 1744）二十四卷本，此清乾隆八年（癸亥 1743）十二卷本則罕見。

《藏園訂補邵亭知見傳本書目·經部》《中國古籍善本書目·經部》收錄此書，但未錄此本。

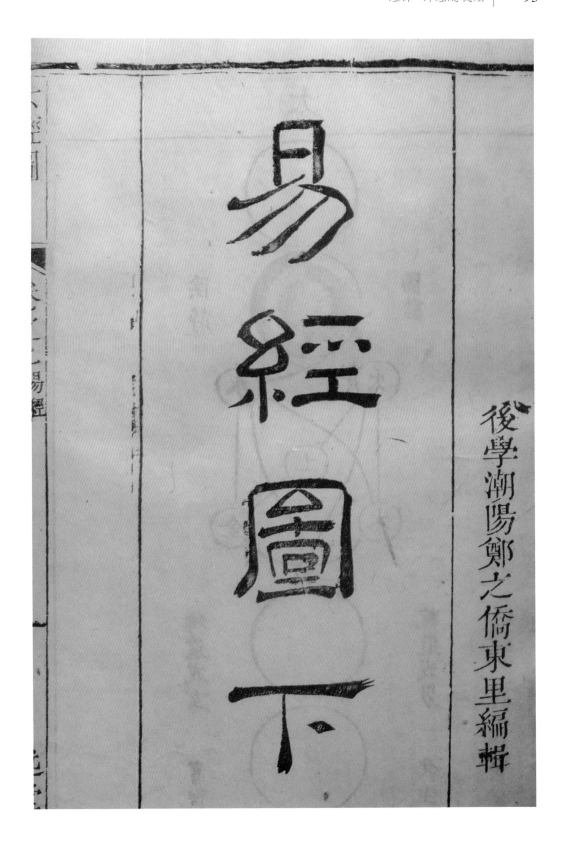

易經圖下

後學潮陽鄭之僑東里編輯

小 學 類

經典釋文 三十卷，附經典釋文考證四卷 曼2

（唐）陸德明撰，（清）盧文弨考證

清乾隆五十六年（辛亥 1791）抱經堂重刻本

11册2本

19×14。半葉十一行，行二十二字。左右雙邊，上下粗黑口，雙對黑魚尾。版口題"文幾"及記葉數，緣起末題"劉文奎 楷 鐫字"。卷端題"經典釋文卷第一 序録""唐國子博士兼太子中允贈齊州刺史吳縣開國男陸德明撰"，裏封題"宋本參校 經典釋文 乾隆辛亥重雕 抱經堂藏版"。

清乾隆五十六年（辛亥 1791）盧文弨重雕經典釋文緣起，明崇禎十四年（辛巳 1641）馮班跋、葉萬跋、陸隴其跋。

按，盧文弨序云："此書雕版行於海内者，止崑山徐氏《通志堂經解》中有之。宋雕本不可見，其影鈔者尚間儲於藏書家，余借以校對，則宋本之譌脱反更甚焉。"據此，此本似乎是以徐氏《通志堂經解》本爲底本，而以所借影抄宋本與之"校對"的。又，馮班跋云："右《經典釋文》三十，原書文淵閣祕笈也。不知何自出於人間，震澤葉林宗購書工影寫一部，凡八百六十葉……崇禎十年歲次丁丑寫畢，越十四年上黨馮班識其後。"又，葉萬跋云："此

書從兄林宗借絳雲樓藏本影寫，書工謝行甫
也，余幼時曾爲之較勘。至乙巳春仲，林宗死，
所藏宋元刻本並抄謄未見之書爲不肖子孫散
沒，糕擔煙檔，往往見之，惟此書幸存，因而留
之。”又，陸跋云：“辛酉春，予在虞山，葉子石
君以家藏抄本示我，始獲睹德明本來面目。”

綜合以上三跋可知，影抄宋本乃明葉奕
（字林宗）抄自絳雲樓所藏宋本，而此宋本原
爲明文淵閣舊藏，今檢《文淵閣書目》卷三録
有五部《經典釋文》，至《內閣藏書目録》卷二
則僅存了三部，餘兩部（各有20冊）已不知去
向了，絳雲樓所藏或即其中之一。又陸氏跋所
云“辛酉春”，蓋天啓元年（辛酉 1621），故葉
氏倩工影抄應在此之前。馮班之跋蓋如陸氏
一樣，爲觀書之後所跋的。葉氏跋云“至乙巳
春仲”，即康熙四年（乙巳 1665），此時林宗剛
歿，之後此本便歸其從弟葉萬（一名樹廉，字石
君）所有了。葉萬收藏之後，便作了一跋。不久
遂爲錢曾借去影抄了一本，即《讀書敏求記》卷
一和《述古堂書目》卷一所録“影北宋鈔本”。
《通志堂經解目録》云：“何焯曰：‘從遵王鈔
本付刊。’”何曾爲徐乾學之門生，所云必有根
據。據此，徐氏曾借去刻入了《通志堂經解》。
今檢《通志堂經解》所附清康熙十九年（庚申
1680）徐乾學序云：“更假秀水曹秋嶽，無錫秦
對巖，常熟錢遵王、毛斧季，溫陵黃俞邰及竹垞
家藏舊版書，若抄本，釐擇是正。”可以證明何
氏所云不誤。而盧文弨所據之底本應該是來自
葉萬之所藏，即所謂葉林宗抄本，今台灣圖書

館所藏"舊抄本"便是此本，其有葉萬、盧文弨等鈐印便是其證。所以，我們可以説徐、盧二刻同源，但不可説二本同底本。又，《中國善本書提要》録有一"明抄本"，有馮班跋、朱錫庚及余仁跋。按，此本亦藏於台灣圖書館內，題作"影宋抄本"，該館以爲此本之馮班跋乃佚名所過録，是矣。其抄寫年代蓋在葉氏生前，故無葉萬等跋。

此書爲《抱經堂叢書》零種之一。

《四庫全書總目》"經部三十三·五經總義類"有録，可參看。

《藏園訂補邵亭知見傳本書目·經部》收録此本，而《中國古籍善本書目·經部》收録此書，但未録此本。

經典釋文卷第一　序錄

唐國子博士兼太子中允贈齊州刺史吳縣開國男陸德明撰

序

夫書音之作作者多矣前儒撰著光乎篇籍其求旣久誠

無閒然但降聖已還不免偏尚質文詳略互有不同﹙吳魏﹚

迄今遺文可見或專出己意或祖述舊音各師成心製作

如面加以楚夏聲異南北語殊是非信其所聞輕重因其

所習後學鑽仰罕逢指要夫鑾歸所寄雖在文言差若毫

鑿謬便千里夫子有言必也正名乎名不正則言不順言

不順則事不成故君子名之必可言也言之必可行也斯

爾雅 二卷，附釋音，小爾雅一卷 曼105

（晉）郭璞注，（明）葉自本糾譌、（明）陳趙鵠重校
明刻本

1冊

20.7×13.1。半葉六行，大小字不等，行大字二十字，小字雙行同，行四十字。四周單邊，白口，綫魚尾。魚尾上題“爾雅”，下題“卷上/下”。卷端題“爾雅卷之上”“晉郭璞景純註 慈水葉自本茂叔糾譌 武林陳趙鵠天浮重較”，封題“山右郭景純先生詳註 爾雅 內附小爾雅 本衙藏板”，所附《小爾雅》卷端題“小爾雅”“漢孔鮒纂集 宋咸注釋 葉自本茂叔糾譌 陳趙鵠天浮重較”。裏封題“聽鹿堂重較 小爾雅 本衙藏板”，鈐“甘汝來印”白文方印。

葉自本讀爾雅，邢昺爾雅注疏序，郭璞爾雅序。

按，此本版式同於明天啓間郎奎金《五雅》，唯卷端所題一爲“晉郭璞景純註 慈水葉自本茂叔糾譌 武林陳趙鵠天浮重較”，一爲“晉郭璞景純註 明葉自本茂叔重訂 郎奎金公在糾譌”，前者蓋爲據後者翻刻。《中國古籍善本書目·經部》著録多種“明刻本”《爾雅》，附《小爾雅》的僅爲南京圖書館所藏之明末刻本，但並非此本。此本當爲傳世之稀見之本。

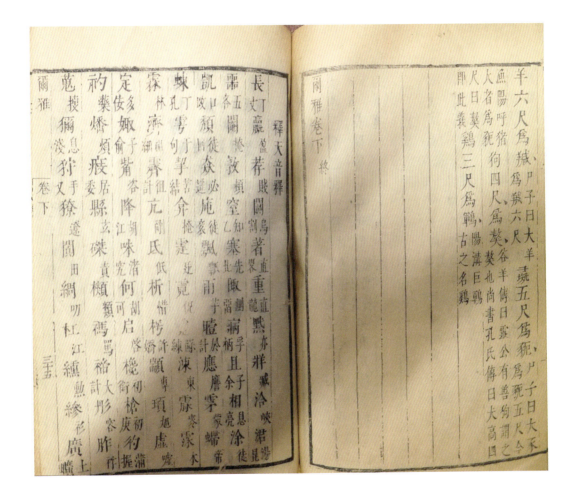

羊六尺為羬，尸子曰大羊
羬五尺為羭，尸子曰大羊今
羝羊傳曰羝公羊善觸謂之
魚羊名為羬狗四尺為獒
大名為羘羊溝巨鴨
尺曰大高四
即此義雞三尺為鶤古之名雞

爾雅卷下終

釋天音釋
長丁戾切　薺蒺藜也　鬨鬥也　著羣萐冷峽潜瑒
蝀　孔雲句切　兪　蜸蚕　凍東宷涑水
霖林氏反　屺剛氏低析惜　橋橋顂專項旭虛嚧
定安娖兪子莆　容降江味宪何可啟
礿藥熷類瘮居縣　玄碟黃類陪馬裕大形容胙
蒐揔獩浟狩又豩遂閭田綱明杜江纚勲綏彡廣矑

爾雅 卷下

爾雅注疏　十一卷　　　　　　　　　　曼106

（晋）郭璞注，（宋）邢昺疏

清嘉慶八年（癸亥 1803）青雲樓重刻毛氏汲古閣十三經注疏本

　　4册1本

　　17.5×12。半葉九行，大小字不等，行大字二十一字，小字雙行同，行四十二字。左右雙邊，白口，綫魚尾，魚尾上題“爾雅疏”，下題“卷之幾”，下書口題“青雲樓”。卷端題“爾雅註疏卷第一”“晋郭璞註 宋邢昺疏”，卷十一末牌記題“皇明從鎮改元歲在著雍執徐古虞毛氏繡鐫”，裏封題“嘉慶癸亥年重鐫 汲古閣原本爾雅註疏 青雲樓藏板”。

　　邢昺爾雅注疏序。

　　按，據其裏封，可知該本版刻年月，其所據底本爲毛氏汲古閣刻《十三經注疏》本。考毛氏汲古閣曾刊刻過《十三經注疏》，故而知其爲《十三經注疏》之一。

　　《四庫全書總目》“經部四十·小學類一”收錄，可參看。

　　《藏園訂補邵亭知見傳本書目·經部》《中國古籍善本書目·經部》收錄此書，但未錄此本。

爾雅註疏卷第一

晉郭璞註

宋邢昺疏

爾雅序【疏】

爾雅者釋文云所以訓釋五經辯章同異實九經之通路百氏之指南多識鳥獸草木之名博覽而不惑者也爾近也雅正也言可近而取正也釋詁一篇蓋周公所作釋言以下或言仲尼所增子夏所益梁文所補張揖云昔在周公毓述唐虞宗翼文武克定四海勤相成王致理政日旱不食坐而待旦德化宣流越裳來貢嘉禾罝桑六年制禮以導天下著爾雅一篇以釋其義傳于後孕歷載五百墳典散落唯爾雅常存抒孔子曰哀公曰寡人欲學小爾言矣春秋元命包言子夏問夫雅以觀於古足以辯言矣子作春秋不以初哉首基為始何足以知周公所造

爾雅音圖　原三卷，殘存卷下　　　　　曼418

（晋）郭璞注

清嘉慶六年（辛酉 1801）南城曾氏藝學軒重刻本

　　1册1板

　　28.2×21.6。半葉十二行，大小字不等，行大字二十字，小字雙行同，行四十字。四周雙邊，上下粗黑口，雙對魚尾。版口題“爾雅卷下前”及記葉數，卷末題“秣陵陶士立臨字　當塗彭萬程刻”。首卷闕，殘存卷目録葉題“爾雅卷下前”“郭璞註”。殘存卷下：釋草第十三、釋木第十四、釋蟲第十五。

　　序跋闕。

　　按，此本僅存卷下，但可以推知，原書應有上中下三卷。再據其版式可以推知，其蓋爲清嘉慶六年（辛酉 1801）曾燠藝學軒影宋本。清末有據之石印者，如清光緒十年（甲申 1884）上海點石齋石印本和清光緒八年（壬午 1882）上海同文書局石印本，兩本與曾氏原刻一般無二，唯細心查看，字體不如原刻清晰。

　　此書雖然卷端及版心均題作“爾雅”，但文中圖文並茂，實爲《爾雅音圖》，故題上名。

　　《藏園訂補邵亭知見傳本書目・經部》《中國古籍善本書目・經部》皆未收録此書。

釋木第十四

槄　音叨　山榎　榎音賈　今之山楸

栲山樗　栲似樗色小白生山中　因名云亦類漆樹白樗音白也

柏椈　以禮記椈音菊

髡　音坤　梱　音未詳

梅柟　柟似杏實酢

椵　音賈　白椵白也

楊柂

櫠椵　櫠音廢　椵音賈　柚屬也子大如盂皮厚二三寸中似枳食之少味

柀煔　柀音彼　煔音杉　似松生江南可以為船及棺材作柱埋之不腐

椋即來　今椋材中車輞

栵栭　樹似檟細如松

楰鼠梓　楸屬今江東有虎梓新葉細

杻檍　杻音紐　檍音億　似棣細葉葉新生可飼牛材中車輞關西呼杻子為橿子一名土橿

檴落　今可以為杯圈素音

柚條　似橙實酢江南

栩杼

時英梅　雀梅

楙木瓜　實如小瓜酢可食

楥柜柳　楥音袁　柜柳

榆白枌

杜甘棠　今之杜梨赤者杜白者棠似梅子

味荎著　荎著音池

著釋　重出已著此有名疑

蕪荑　歐音求

狄臧　皋音貢　蔂音求　繫討音

梅如杶頭狀赤色梅子似

小棕　科音科　者聊

鯤樸　樸音

檕東多有之齊人諺曰今上江

一切經音義　二十六卷　　　　　　　　　　　曼343

（唐）釋玄應撰

清初抄本

5册

20.9×13.9。半葉十行，行二十字。四周單邊，白口，單黑魚尾，魚尾下題"一切經音義卷幾"、葉數及千字文號（卷一至卷十："郡一"至"郡十"；卷十一至卷二十："秦一"至"秦十"；卷二十一至卷二十六："并一"至"并六"。共占千字文帙號"郡""秦""并"三字）。卷端題"一切經音義卷第幾　支那撰述"。粉紅襯紙，黄色外封，厚白棉紙。

終南太一山釋氏大唐衆經音義序。

按，此本從字體看似爲抄本，雖不知抄寫年代，但其底本據諸卷識語可以推知：卷二末題"浙江嘉興府楞嚴寺般若堂庚子年餘貲刻此《一切經音義》第二卷，一萬三千三百九十七十，該銀七兩五錢九分五厘，順治十七年八月　日徑山比丘徹徽開識"，卷三末題"浙江嘉興府楞嚴寺般若堂庚子年餘貲刻此《一切經音義》第三卷，計九千一百八十七，該銀五兩二錢五分二厘，順治十七年八月　日徑山比丘徹徽印開雕"，卷四末題"浙江嘉興府楞嚴寺般若堂庚子年餘貲刻此《一切經音義》第四卷，計七千八百十七，該銀四兩五錢七厘，順治十七年八月　日徑山比丘徹徽印開雕"，卷五首題"浙江嘉興府楞嚴寺般若堂庚子年餘貲刻此《一切經音義》第五卷，計七千八百九十一，該銀四兩六錢五分，順治拾捌年　月　日徑山比丘徹徽印開雕"。據此可知，其底本應爲"清順治十七年至十八年（庚子 1660-辛丑 1661）嘉興楞嚴寺刊本"，即所謂嘉興藏本或徑山藏本，此底本又見《國家圖書館善本書志初稿》。考嘉興藏之刊刻，大致經歷了兩個階段，其中第二個階段又可分爲四個時期，第四個時期的刊刻活動大致集中在明崇禎六年（癸酉 1633）至清康熙末年，而雍正、乾隆年間亦偶有刊刻。今此本末識語有"順治十七年"字樣，文內又遇"玄"等字不缺筆，可知其刊刻在順治十七年（庚子 1660），而抄寫亦當在順治末年康熙初年，所以定其爲"清初抄本"大致没錯。文内字迹工整清晰，誠爲精抄，惜不知抄寫姓氏。

《藏園訂補邵亭知見傳本書目·子部》《中國古籍善本書目·子部》皆收録此書，但未録此本。

西番譯語　不分卷　　　　　　　　曼431

（明）佚名編

清初刻巾箱本

　　2册1函

　　12×8.8。無界，左右雙邊，上下粗黑口，綫
魚尾。版口記書名、門類及葉數。卷端題"西番
譯語 天文門"，闕裏封，黄色外封，書籤題"學
西番話"。諸葉有襯葉，爲御製文二集卷一、卷
四十九、卷五十的殘葉。

　　按，此書依類分二十門，依次爲天文、地
理、時令、人物、身體、宫室、器用、飲食、衣
服、聲色、經部、文史、方隅、花木、鳥獸、珍
寶、香藥、數目、人事、通用等。其爲漢語、藏語
對譯之書，而附以漢字音爲藏語作音釋。

　　《藏園訂補郘亭知見傳本書目·經部》未
收此書，而《中國古籍善本書目·經部》收録此
書，國家圖書館收藏，題作"清初刻本"。

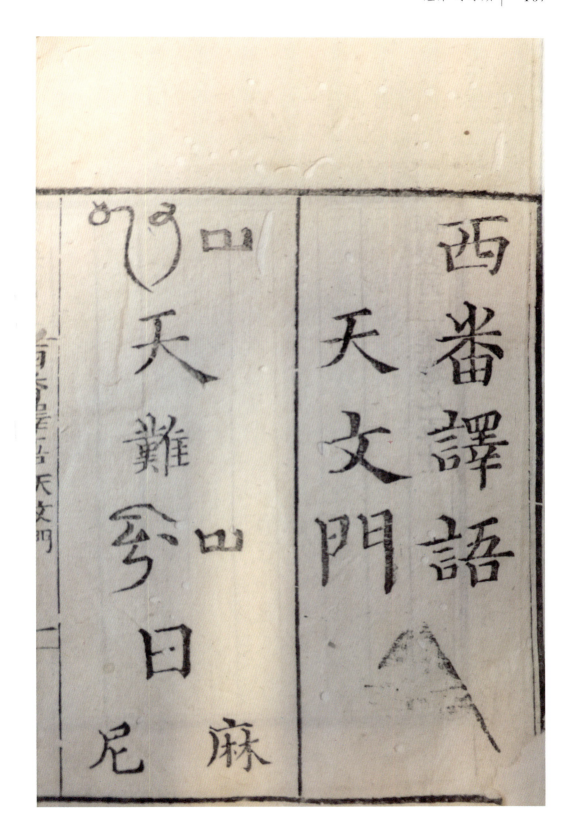

西番譯語

天文門

天　麻

天難　日

雲　尼

通俗編　三十八卷　　　　　　　　　　曼328

（清）翟灝撰

清乾隆十六年（辛未 1751）仁和翟氏無不宜齋刻本

10册2函

16.7×12。半葉十二行，行二十二字。左右雙邊，白口，單黑魚尾。魚尾上記書名，下記卷次、類名及葉數。卷端題“通俗編卷之一”“仁和翟灝”，裏封題“通俗編 無不宜齋雕本”。

清乾隆十六年（辛未 1751）周西陳序。

按，此書既釋詞，如卷三十三“語辭”，釋虛詞，卷三十五“聲音”，釋叠詞，又釋字，如卷三十六“雜字”，釋文字，又釋短語，卷二十一“藝術”等，釋有關藝術的諺語。

《藏園訂補郘亭知見傳本書目·經部》收録此本，《中國古籍善本書目·經部》未録此書。

通俗編卷之一

　　　　　　　　　　　　仁和翟灝

天文

談天 史記孟子荀卿傳騶衍觀陰陽消息而作十萬餘
言載其禨祥度制推而遠之至天地未生窈冥而不可
考而原也騶奭亦頗採騶衍之術以紀文故齊人頌曰
談天衍雕龍奭拨俗于開職羣括高談閎辨檠云談天
原本於此

天然 〔後漢書賈逵傳〕通天然之明建大聖之本二字始
見

天長地久 見老子上篇又張衡思元賦天長地久歲不
留俟河之清祇懷憂高彪清誡詩天長而地久人生則

通俗編　　　　　　　　〔卷一〕　　　天文　　一

倭語類解　二卷　　　　　　　曼435

（朝鮮）司譯院編

朝鮮刻本

　　1册

　　24.2×18。半葉八行，每行分上下兩欄，每欄一詞，每詞下有朝鮮文注文。四周雙邊，白口，雙對黑魚尾。魚尾上記篇名，版口題“倭語類解上/下”及葉碼。

　　無序跋。

　　按，據方東杰、曲赫《〈譯語類解〉簡論》（《通化師範學院學報》人文社會科學版，2013年）介紹，此書爲朝鮮朝司譯院四大“類解”書之一。

　　此書爲漢語、朝鮮語對譯，其爲“曼456”《朝鮮偉國字彙》之《倭語類解》所據底本。

鞱도浦포	田텬島도	忠츙海히	安안藝예州쥬	津진和화	上샹關판	室실隅우	宮궁州쥬
○도모	○다시마	○쥬우가이	○아기	○즈와	○가미노세기	○무로으미	○미야즈
							向향浦포
白빅石셕	備비後후州쥬	高고島도	鎌렴刈이	加가老로島도	賀하室실	周쥬防방州쥬	○무고우우라
○시라이시	○메끄	○다가시마	○가마아리	○가로우도	○가무로	○스오우	

信行所經地名

朵女吾頁꾌下

五十二

朝鮮偉國字彙 曼456

［英］麥都思編

清道光十五年（乙未 1835）巴達維亞石印本

1册

此書分四部分，各部分版式不一：

1.倭語類解上下二卷：18.1×11.6。四周雙邊，白口，單黑魚尾。魚尾上記書名及册數（Vol.Ⅰ/Ⅱ），下記類名及葉數，皆有漢、朝鮮語對譯。卷端題“倭語類解 上”，裏封題“朝鮮偉國字彙”。正文爲表格，分五十五類列字（詞），每字先列英文翻譯，次對應漢字（詞），次日語音讀，次朝鮮語釋和音，末爲日語訓讀；

2.朝鮮千字文不分卷：17.8×11.1。版式同上，魚尾上記書名，下記英文書名、葉數及朝鮮語葉數；

3.漢字依部目録：18.4×11.8。無界，半葉八行。四周雙邊，白口，單黑魚尾，魚尾上題“漢字依部目録”，下記部首及朝鮮語葉數。卷端題“全本漢字依部目録第一二數目乃述葉行數”，正文基本依照《康熙字典》214部首排列；

4.詞彙索引表（英文）：17.6×12.4。横式書寫，版式同現代書裝幀，漢文、朝文、英文三種文字對譯，第一欄爲英文，第二欄爲漢字，第三欄爲朝鮮語釋漢語音，第四欄爲朝鮮文並附羅馬字母擬朝鮮語音作釋，第五欄朝鮮語釋日語音。裏封題“BATAVIA:PRINTED AT PARAPATTAN PRESS 1835”，似爲《倭語類解》之索引。

詞彙索引表前有英文序。

按，該書是以朝鮮司譯院所用的日語辭書《倭語類解》爲藍本進行編寫的，具體情况參看《麥都思〈朝鮮偉國字彙〉鈎沉》一文（《文獻》，2006年第1期）。據該文稱，此書原印本很少，目前所知美國哈佛大學哈佛燕京圖書館、日本東陽文庫、日本天理大學圖書館及韓國漢城大學中央圖書館等館有藏，而1977年日本雄松堂書店據新田勇次藏本影印了100册，1978年韓國弘文閣又據日本雄松堂書店本影印。目前整個日本藏有前者的有10所, 藏有後者的有5家, 可見存藏也不是很多。

　　該書第一部分《倭語類解》(上、下)缺第2至10葉,《詞彙索引表(英文)》從左向右翻閱, 凡31葉, 紙質較厚, 版式與前三種不類, 或爲後加之書。

A hero	A retired scholar	Famous women	A filial child	A worthy man	A man		Distinctive Mark
傑豪	士隱	女烈	子孝	子君	人　읜 zīn	人品 Sorts of Men	號別
호걸 hŏ kŏr	은ᄉ oŏn să	렬ㅌ lyŏr nyŏ	효ㅈ hyŏ tsă	군ㅈ koŏn tsă	사름인 să răm īn		별호 pyŏr hŏ
교우계조 gŏ oō kêyts'	안시 īn sī	례조요 lêyts' zyŏ	고우시 kŏ oō sī	군시 koŏn sī	히도 hī tō		몌조일우 bêyts' gŏ oō

A superior man	A brave man	A scholar	Excellent Scholars	A faithful minister	A sage		Family name
者長	雄英	士	士烈	臣忠	人聖		氏　시 sī
죠우샤 tsyŏ oō sya		시 sī	렬조시 lêyts' sī				
쟝쟈 tsyăng tsyă	영웅 yŏng oōng	션비ㅅ syŏn păi să	렬ㅅ lyŏr să	충신 tshyoōng sin	셩인 syŏng īn		각시시 kăk sī sī
오도나슈 ŏ tō nă syoō	예이유우 ēy ī yoō oō	사무라이 să moō ră ī	렏시 lêyt sī	쥬우신 tsyoō oō sin	셰이인 sēy ī zīn		우시 oō zī / 소연도노 sŏ ēyn tō nŏ

華英通用雜話　殘存上卷　　　　　　　曼AC36

［英］羅伯聃（Robert Thom）著

清道光二十三年（癸卯 1843）羅伯聃廣州刻本

　　　　1册

　　　　19.4×13.5。半葉五行，每行平分爲四格，共二十格，每格内左漢文、右英文。四周單邊，白口，無魚尾。上書口題"華英通用雜話"，下記章節名及葉數。無卷端題名，裏封題"華英通用雜話 上卷 CHINESE AND ENGLISH VOCABULARY PART FIRST"。

　　　　羅伯聃序，凡例一篇。

華通用雜書

君子報怨以德

the bad man doing transgressor injuries.

君子雲中送炭不向雪裡送花

the good man's friend is found in need.

君子一諾千金

the good man's work is his hand.

人遺子金滿籯我教子惟一經

Men have to their children　baskets filled with gold.

give for their instruction　THIS LITTLE BOOK !

上卷終

當官不行私曲事曲

諸君子看誦之下幸爲見諒勿致貽譏爲望

英文不能讀認分辨是何字句者如

所刻字畫多有舛錯不符甚至有數板內其

此書間因漢人手刻英字向未若不憚身以畜

The Chinese Block cutters having never before been
employed to Cut English letters, we are sorry to observe
on getting to the close of our labours that many
of the Blocks are so badly cut as to be absolutely
illigible. For this we crave favoritis of the Gentle
Reader; the want of having better means at
Command and his Candidly we thus have to
fall back upon the same materials
first made use of in the rudest state
of the Art of Printing.

Canton. 10th August 1843.
M. Thom.

發語虛字　不分卷　　　　　　　　　　　曼102

佚名編

手稿本

1册

22.7×12。無界，無版心，半葉六行，每行分上下兩欄，每欄首詞頭，下雙行注文。卷端題"發語虛詞"。闕裏封。

按，此本爲手稿本，所列諸詞條皆爲虛詞，蓋爲方便西人學習漢語而編。

〇 發語虛字

compiled par ㄱp. Giller. on pue obian.

維　同惟獨也繫也思也

蓋　覆也有大槩之義。

益　義同前蓋。

迎　迎也從也。

且夫　物也大抵也大或指人或指軍或指

謂夫　謂說也夫義同前。

且　發語有一切之意大凡之意大抵之
意

夫　扶也發端有慨想所批復之意

凡　撮括也皆也庸常也大槩也

粵　音月。審察之辭也又於也凡未便言
者先用粵字有於此審思之意

今夫　天有的字意是如今的之辭。

意謂　是推其意之所說之辭。

説文解字　十五卷，標目一卷　　　　曼108

（漢）許慎撰，（宋）徐鉉奉敕修

明末清初毛氏汲古閣刻本

8册2本

19.7×15。半葉七行，大小字不等，楷字大字行十六字，小字雙行同，行四十四字，篆文一當六小字。左右雙邊，白口，單黑魚尾，魚尾下記卷次及葉數。卷端題“説文解字弟一　上　漢太尉祭酒許慎記”“銀青光禄大夫守右散騎常侍上柱國東海縣開國子食邑五百户臣徐鉉等奉敕挍定”，牒文末卷題“後學毛晋從宋本挍刊　男扆再挍”，裏封題“北宋本挍刊　説文真本　汲古閣藏板”。

此書每卷又分上下二子卷，末卷附宋雍熙三年（丙戌 986）王惟恭、句中正、徐鉉進表及李昉等牒文，毛扆識語和毛扆輯録自魏至宋有關《説文》條目者十家。

按，此本即世所謂“大徐本”，自《汲古閣説文訂》問世以來，此本便被稱爲“毛氏汲古閣第五次剜改本”，遂爲清代諸儒大加批判。但有學者持不同意見，認爲並無第五次剜改之説（見潘天禎先生《汲古閣〈説文解字〉的刊印源流》《毛扆四次以前校改〈説文〉説質疑》《毛扆第五次校改〈説文〉説的考察》等文）。然筆者認爲，潘先生在文中所説的“初印本”與段君所説的“初印本”並非一個概念，前者所指乃事實上的初印本，後者乃特指段君借自周錫瓚所藏的題有“順治癸巳汲古閣挍改第五次本”的一個手校樣稿。段君以爲此本是毛氏刊刻時的底稿，而且其既然題作“第五次本”，那麽，刊刻后的那個本子就應該是“第五次剜改本”了。但是，正如潘先生所云，段君所據之本並非真初印本，所以也就不存在第五次剜改之本了。又據《汲古閣説文訂》所云，毛氏藏板曾售於祁門馬氏，繼又歸之蘇州錢氏。今未聞馬氏有刊印《説文解字》之記載，但是錢氏却有校刻之行爲，所以，清代以後所流行之汲古閣本可能皆爲錢氏所印。今一些圖書館所藏汲古閣本《説文解字》之裏封鈐有“萃古樓發兑”朱文長方印者，即印自錢氏。又毛氏所據之宋本，據筆者研究，並非國家圖書館所藏之本，而是湖南圖書館所藏之本。此本有毛扆之印，又有錢氏之印，可見爲汲古閣舊藏，也曾爲錢氏據以校勘汲古閣本。

　　《藏園訂補邵亭知見傳本書目·經部》收錄此本，而《中國古籍善本書目·經部》收錄有33種汲古閣本，皆爲名家批校本。但據筆者目驗，其中亦有若干非名家之本。而且，今所存此本之名家批校本亦不止此數。

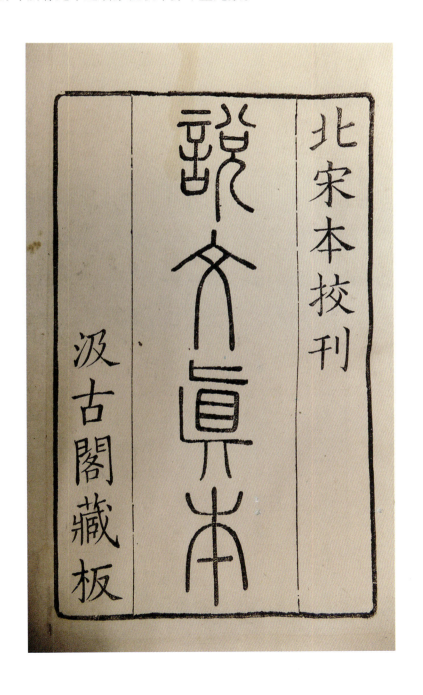

説文解字注　三十卷，附部目分韻一卷，六書音均表五卷

曼381

（清）段玉裁撰

清嘉慶二十年（乙亥 1815）經韻樓刻本

32册8函

18.8×13。半葉九行，大小字不等，行大字二十二字，小字雙行同，行四十四字。左右雙邊，白口，單黑魚尾，魚尾下記"某篇上/下"及葉數。卷端題"説文解字第一篇 上 金壇段玉裁注"，卷十五下末題"嘉慶二十年歲次乙亥五月刊成"，裏封題"説文解字注 六書音均表附"，裏封背面題"經韻樓藏版"。函套書籤上鈐"萬卷樓藏書"朱白陰陽方印，且諸函套依此印"金、石、絲、竹、匏、土、革、木"等朱字。

清嘉慶十三年（戊辰 1808）王念孫説文解字序，卷三十末《部目分韻》後附清嘉慶十九年（甲戌 1814）江沅説文解字注跋、二十年（乙亥 1815）陳奂書、清乾隆五十一年（丙午 1786）盧文弨説文解字讀序，六書音均表前有清乾隆四十二年（丁酉 1777）吳省欽序、乾隆三十五年（庚寅 1770）錢大昕書、乾隆三十八年（癸巳 1773）戴震書及四十年（乙未 1775）段玉裁寄戴震書等。

此書卷三十末爲《部目分韻》一卷，《六書音均表》五卷（即《説文解字注》卷三十一至卷三十二）。

按，此書初刊之後不久，便被收入《經韻樓叢書》内，所以，有館藏目録題作"經韻樓叢書"本或"清乾隆嘉慶間段氏經韻樓刻本"者，其實即此本。此本卷十五下末題"嘉慶二十年歲次乙亥五月刊成"，可以很明確地確定刊刻年月。

《藏園訂補邵亭知見傳本書目・經部》收録此本，《中國古籍善本書目・經部》則收録有題作"清乾隆嘉慶間段氏經韻樓刻本"的10種名家批校本。

說文解字第一篇上　　金壇段玉裁注

一　惟初大極，道立於一，造分天地，化成萬物。（漢書曰：元元本本，數始於一。）凡一之屬皆从一。

一之形，於六書為指事。凡云凡某之屬皆从某者，自序所謂分別部居不相襍廁也。爾雅、方言所以發明轉注、假借，倉頡、訓纂、滂喜及凡將、急就、元尚、飛龍、聖皇諸篇，僅以四言、七言成文，皆不言字形原委。以字形為書，俾學者因形以考音與義第，實始於許，功莫大焉。

學者識古韻者，謂古韻至唐虞三代秦漢以及許慎造字時，一部二部以至十七部者，皆條理合一不紊。許叔重造說文，曰某聲、曰讀若某者，皆古音第幾部。既用徐鉉切音矣，而又某字志之曰古音第幾部。又恐學者不知其所謂，故於說文十五篇之後附六書音均表五篇，俾形聲相表裏，因崇推究於古形之。

説文字原　一卷　　　　　　　　　　曼320

（元）周伯琦撰

明刻本

　　1册1函

　　24.2×15。半葉五行，大小字不等，行大字約六至七字，小字雙行同，行約四十字。左右雙邊，白口，單黑魚尾（或白魚尾），魚尾下記"卷之某"及葉數。卷端題"説文字原　鄱陽周伯琦編注"。首葉鈐"安樂堂藏書記""明善堂珍藏書畫印記"兩朱文方印。

　　元至正十五年（辛未 1355）宇文諒叙，至正九年（己丑 1349）周伯琦説文字原引，周伯琦篆文《叙贊》與楷書《叙贊》。

　　按，此本字體舒朗，版式開闊，有宋代遺風，應該爲明代嘉靖、萬曆間刻本。

　　據藏書印可知，此本原爲怡府舊藏。

　　《四庫全書總目》"經部四十一·小學類二"收録此書，云："明嘉靖元年，滁陽于器之重刊於浙中瓊州，黄芳爲序。崇禎甲戌胡正言又重刊之。"按，今國家圖書館藏有元至正十五年（辛未 1355）高德基等刻公文紙印本，爲該書所存最早之版本，《中華再造善本》已經影印出版。

　　《中國古籍善本書目·經部》收録此書，但未録此本。

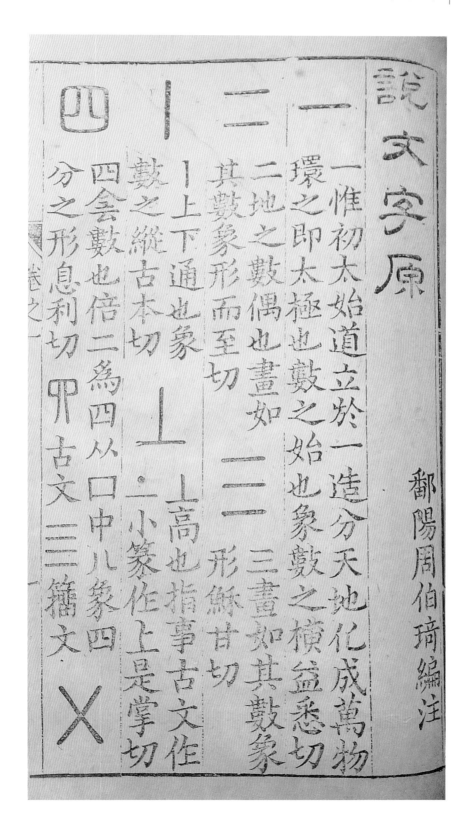

說文字原

鄱陽周伯琦編注

一 惟初太始道立於一造分天地化成萬物
一環之即太極也數之始也象數之橫益悉切

二 地之數偶也畫如

三 三畫如其數象

其數象形而至切

三 形斜甘切

丨 上下通也象
丨 數之縱古本切

上 上高也指事古文作
上 小篆作上是掌切

四 四會數也倍二為四從口中八象四
分之形息利切 古文三籀文

説文字原集注　八卷，附説文字原表一卷，說文字原表説一卷

曼320a

（清）蔣和撰

清乾隆五十三年（戊申 1788）刻本

4册1函

19.8×13.8。半葉六行（每卷第一葉正面之半葉爲七行），大小字不等，行大字十一字，小字雙行同，行約二十字。四周雙邊，白口，單黑魚尾，魚尾下記書名、葉數及卷次。卷端題“説文字原集註卷一　欽賜舉人充三分四庫書篆隸校對臣蔣和謹撰恭擬進 呈本”，裏封題“説文字原集註”，並鈐“文匯、宗、瀾閣之臣”“江南小蔣”朱文方印，“拙老人孫”白文方印。

清乾隆五十二年（丁未 1787）蔣和序（序末題“乾隆五十二年春二月二十五日　欽賜舉人充三分四庫書篆隸校對臣蔣和恭擬進呈本”）。

按，《藏園訂補郘亭知見傳本書目·經部》《中國古籍善本書目·經部》皆收録此本，《四庫未收書輯刊》第六輯第4册亦影印之。

說文字原集註卷一

欽賜舉人充三分四庫書篆隸校對臣蔣和謹撰恭擬進

呈本

字原敘目凡五百四十部

一部　一　上部　二　示部　三　三部　四

王部　五　王部　六　玨部　七　气部　八

士部　九　丨部　十　屮部　一部十一　艸部　二部十

說文字原集註

二

六書故 三十三卷，附六書通釋一卷 曼362

（元）戴侗撰

清乾隆四十九年（甲辰 1784）李鼎元竹齋仿刻本

16册2函

22.2×15。半葉七行，大小字不等，行大字十七字，小字雙行同，行約三十四字。四周單邊，白口，無魚尾。上書口題"六書故弟幾"，下記葉數。卷端題"六書故弟一 永嘉戴侗著 巴蜀李鼎元校刊"。無裹封。

元延祐七年（庚申 1320）趙鳳儀序，清乾隆四十九年（甲辰 1784）重刻六書故序（其署名爲"大清乾隆四十九年清和月西蜀綿州李鼎元墨莊氏書于京邸之師竹齋"）。

按，此本爲《六書故》之通行本，較《四庫全書》本價值要大，其底本爲明萬曆間張萱刻本，具體情況參見筆者所撰《論李鼎元重刊〈六書故〉之價值》一文（《中國典籍與文化》，2015年第1期）。

《四庫全書總目》"經部四十一·小學類二"收録此書，可參看。

《中國古籍善本書目·經部》收録此書，但未録此本，而《藏園訂補郘亭知見傳本書目·經部》收録之。

六書故弟一

永嘉戴　侗著　國蜀李鼎元校刊

書始於契契巳紀數故眚數次二天次三
地次三人次五動物次六植物次七工事
次八襗次九疑

數

一於悉切數之始也画如其數於六書為指

六書本義　十二卷，標目一卷　　　　曼109

（明）趙撝謙撰

明正德十二年（丁丑 1517）邵賷刻明正德十五年（庚辰 1520）胡東皋翻刻本

　　2册1本

　　21.8×14.3。半葉七行，大小字不等，行大字十三字，小字雙行同，行七十八字。四周單邊，白口，三魚尾或雙魚尾，魚尾下題“六書卷幾”或“書幾”。卷端題“六書本義數位篇弟一　餘姚趙古則編注”，末卷牌記題“先生邑人胡東皋守寧國之明年爲正德庚辰喜得此書遂翻刻之”。闕裏封。

　　明洪武十一年（戊午 1378）趙古則自序、林右序，明洪武十三年（庚申 1380）鮑恂序、徐一夔序。

　　按，此書牌記將刊刻年月記載的很清楚，考《中國古籍善本書目·經部》著録有“明正德十二年邵賷刻本”，國家圖書館等五館有藏，蓋爲此書第一次刊刻。第二次即此本，其底本即前者。《美國哈佛大學哈佛燕京圖書館中文善本書志》第77葉有録。

　　《四庫全書總目》“經部四十一·小學類二”收録此書，雖有指責，但末云“第於各部之下，辨別六書之體頗爲詳晰，其研索亦具有苦心”，亦較爲公允。

　　《中國古籍善本書目·經部》收録此本，爲名家批校本。而《藏園訂補邵亭知見傳本書目·經部》題作“明正德本”，已失序跋，故不知具體爲哪本。

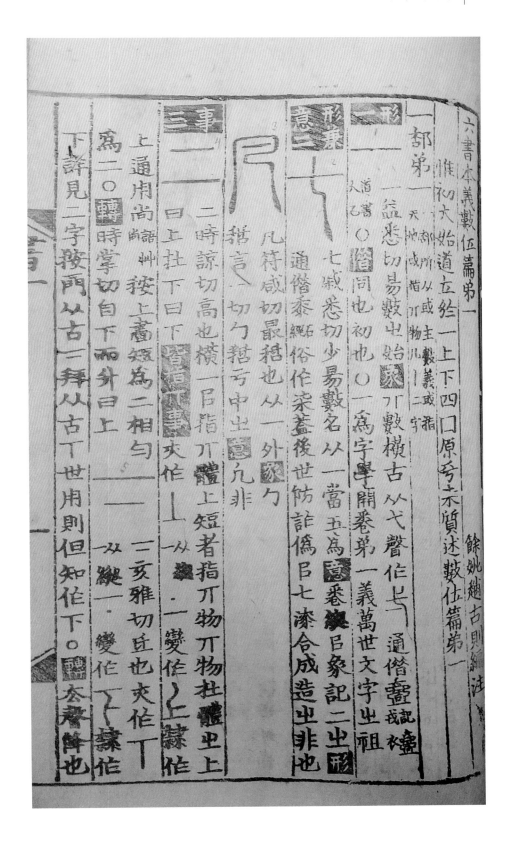

六書本義數伍篇弟一　　餘姚趙古則編註

惟初太始道立於一上下四口原号木不質述數伍篇第一

一部第一

一　天地之所以肇判从或主數義或指一字　入道之書○　同也初也○一為字學開卷弟一義萬世文字之祖

形聲一
弋　數也从弋聲　通俗作七通俗　記　卷与曰象記二　漆合成造

意一
七　數也少易數名从一當五為意

象意一

事三
凡符咸切最稱也从一外从丂
諳言一切丂糙亏中出　非

二時諒切高也横一曰上批下曰下
上通用尚臨州按上畫短為二相与
為二○轉時掌切自下而二分曰上

一曰上批下曰下
二亥雅切丘也夾作
以縱一·變作

下辭見二字按兩从古二拜从古丁世用則但知作下○

六書通　十卷　　　　　　　　　　　　　　　　曼300

（明）閔齊伋撰，（清）畢弘述篆訂

清乾隆五十九年（甲寅 1794）刻本

5册1本

20.5×15.5

半葉八行，大小字不等，行大字約十二字，小字雙行同，行約二十五字。左右雙邊，白口，無魚尾。上書口題"六書通"，下記韻部、聲類，下書口題"某（卷）之某（葉）"和記大小字數（僅首册有）。第一卷前四葉下書口皆題"繡谷"二字，蓋爲刻工姓名。卷端題"六書通　上平聲上第一""海鹽畢宏述既明篆訂　苕溪閔章含貞　程昌煒赤文同校"。裹封題"六書通"。

清康熙五十九年（庚子 1720）畢弘述序，清順治十八年（辛丑 1661）閔齊伋序，張涵附徵刻小啓，清康熙五十九年（庚子 1720）張涵序，清乾隆六十年（乙卯 1795）吳省蘭序，清康熙五十九年（庚子 1721）程煒序。

按，畢氏序云："《六書通》爲五湖閔寓五先生稿本，余得之苕溪程子亦文家……余爲之討求數載，增補篆訂爲成書，同學諸公爲之參訂，相與質成授梓人"，據此可知，其底本爲程氏所藏之稿本。

此本前有乾隆六十年（乙卯 1795）吳省蘭序，且卷端作"畢宏述"，而《四庫存目叢書》所收的清康熙五十九年（庚子 1720）刻本作"畢弘述"，很明顯前者是因避乾隆皇帝的諱而改"弘"爲"宏"的，故可知其爲乾隆間刻本。

《四庫全書總目》"經部四十三・小學類存目一"收録此書，云："世所傳朱墨字版、五色字版謂之'閔本'者，多其所刻。是書成於順治辛丑，齊伋年八十二矣。大致仿《金石韻府》之例，以《洪武正韻》部分編次《説文》，而以篆文別體之字類從於下。其但有小篆而無別體者，則謂之'附通'，亦並列之。不收鐘鼎文，而兼采印譜，自稱通許慎之執，不知所病正在以許慎爲執也。"

《藏園訂補郘亭知見傳本書目》《中國古籍善本書目・經部》皆未録此書。

六書通

海鹽畢宏述　既明篆訂　　茗溪閔　　章舍貞
　　　　　　程昌煒赤文　　同校

一東

東　建首動也从木官溥說

从日在木中得紅切

東方　東忠　東里　東　季印書

東　經　朱脩能

東古孝　東鼎穆公

[附]

六書統云周市也作曹切○閔氏詮

[通]

說文水出發鳩山

入於河德紅切

貢切　極也多

關○六

次日案說文之無變者三千餘字今各以類附於得

變者於以通其變焉他書不與也以後免說文二字

說文太守章賢

印藏隴東

冬

說文四時盡

也都宗切

說文也都宗切

古碧落

急就篇　三十二章

曼334

（清）陳本禮箋訂，（清）陳逢衡校

清嘉慶間陳氏裛露軒自刻本

1册

18.4×12.4。半葉八行，大小字不等，行大字二十一字，小字雙行同，行六十四字。四周雙邊，上下粗黑口，雙對魚尾，版口題“急就篇”及葉數。天頭處或有注釋。卷端首行題“漢詩統箋”，次行題“江都陳本禮箋訂　男逢衡校字”，第三行題“急救篇”，第四行題“漢黃門令史游譔”，裏封題“急就探奇　裛露軒藏板”。

此書共三十二章，又續編二章，急就姓氏考源八章，首附綱目摘略。

清嘉慶十七年（壬申 1812）陳本禮序，末附急就篇舊序（天頭處有批語）。

按，此書爲《江都陳氏叢書》之一。其卷端題“漢詩統箋”“急就探奇”，但實際爲史游“急就篇”，今據内容定其正題名。“漢詩統箋”似爲總題名，實與“急就篇”無關。

此本版框傾斜，實非善本。

漢詩統箋

江都陳本禮箋訂　　　男逢衡校讀

急就篇

漢黃門令史游譔

後漢書宦者列傳元帝之世史游爲黃門令勤
心納忠有所補益　章懷太子注前書曰急就一篇元帝黃門令
史游作蕫巴與服志曰禁門曰黃闥中人主
之故曰
黃門也
古人詩賦體無定格此以韻語述人物寓諷諫變相如長楊子雲羽獵
之體爲詩前列三言短句後用七字長調末以四言作收誠創格也其

玉篇　三十卷

曼107

（梁）顧野王撰

清康熙四十三年（甲申 1704）張氏澤存堂重刻宋本

1本

20.1×15。半葉十行，大小字不等，行大字十四字，小字雙行同，行五十六字。左右雙邊，白口，單黑魚尾。魚尾上記字數，下題“篇上/中/下”及葉數，下書口記刻工名。卷端題“玉篇上十卷”，下小注“凡一百三十七部”，“卷第一”，下小注“凡八部”，裏封題“張氏重刊 宋本玉篇 澤存堂藏板”，並鈐“御覽 進呈”朱文圓印（有龍圖案）、“吳澄張氏”朱文方印。

此書分上中下三篇，每篇十卷，篇下有分目録，凡三十卷。末附新加偏旁正俗不同例、類隔更音和切、分毫字樣及五音聲論、四聲五音九弄反紐圖等。

清康熙四十三年（甲申 1704）朱彝尊重刊玉篇序，大廣益會玉篇啓，末附張士俊跋。

按，此本爲張氏《澤存堂五種》本之零種，爲清代以來最爲通行之本，其版式字體亦是清代康乾時期仿宋版刻之典型代表。

《四庫全書總目》“經部四十一・小學類二”收録《重修玉篇》三十卷，云當時流行的《玉篇》版本頗有參考價值：“今世所行凡三本：一爲張士俊所刊，前有野王序一篇，啓一篇，後有神珙《反紐圖》及《分毫字樣》，朱彝尊序之，稱‘上元本’；一爲曹寅所刊，與張本一字無異，惟前多大中祥符敕牒一道，稱‘重修本’。一爲明内府所刊，字數與二本同，而每部之中次序不同，注文稍略，亦稱‘大中祥符重修本’。”此本即所謂“上元本”。

《中國古籍善本書目・經部》所收之本爲名家批校本，《藏園訂補郘亭知見傳本書目》收録之。

弌〈古〉　天　他前切　說文曰天顛也，至高無上，從一大。爾雅曰：春爲蒼天，夏爲昊天，秋爲旻天，冬爲上天。詩傳云：尊而君之則稱皇天，元氣廣大則稱昊天，仁覆閔下則稱旻天，自上降監則稱上天，據遠視之蒼蒼然則稱蒼天。呂氏春秋云：天有九野，東方蒼，東南方陽，南方炎，西南方朱，西方顥，西北方幽，北方玄，東北方變，中央鈞。太玄經曰：九天，一爲中，二爲羨，三爲從，四爲更，五爲睟，六爲廓，七爲減，八爲沈，九爲成。釋名曰：天，豫司兗冀以舌腹言之，天，顯也，在上高顯也；青徐以舌頭言之，天，坦也，坦然高而遠也。

物得一以生，侯王得一以爲天下正。王弼曰一者數之始也。又同也，少也，初也。或作壹。

旡旡〈文並古〉　元　五袁切　說文曰元始也。易曰元者善之長也。春秋傳曰元者氣也。左氏傳注曰凡人君即位欲其體元之始。公羊傳曰元年者何，君之始也。何休云變一言之元，元者氣也。詩曰元長也。韓詩曰元長也。日狄人歸其元。以居正，故不言一年一月也。漢書曰勸元，師古曰元善意。

丕　普邳切　虞書曰嘉乃丕績。孔安國曰丕大也，或作不。

吏　力致切　說文曰治人者也。夏書曰天吏逸德，烈于猛火。周禮八則，三曰廢置以馭其吏。左氏傳曰王使委於三吏，杜預曰三公也。禮記曰五官之長曰伯，其擯於天子之吏也，曰天子之吏。

天〈竹瓦切〉

音韻字海　二十卷，首一卷　　　　　曼136

（明）陳際泰校訂

明蘊古堂刻本

　　1本（原册數不明）

　　21.5×12.3。半葉十行，大小字不等，行大字十八字，小字雙行同，行七十二字。四周單邊，白口，無魚尾。上書口記書名，中記卷次，下書口記葉數。卷端題“音韻字海卷之一”，目録葉題“音韻字海目次”“潭陽蘊古堂校”，裏封題“新刻重訂註釋　字海　蘊古堂發行”，鈐八卦狀印章及二白文方印。

　　陳際泰刻音韻字海叙，方大孝字海韻圃題辭，卷首末附劉孔當識。

　　按，今將此本與《精刻海若湯先生校訂音釋五侯鯖字海》相校，可以發現兩書正文板式與字頭、注文相同，可知二書乃實爲同書，前者可能刊刻早些，後者則踵事增華，題名也加長了。《四庫全書總目》稱後者乃坊間刻本，信然。

　　《中國古籍善本書目·經部》未録此書。

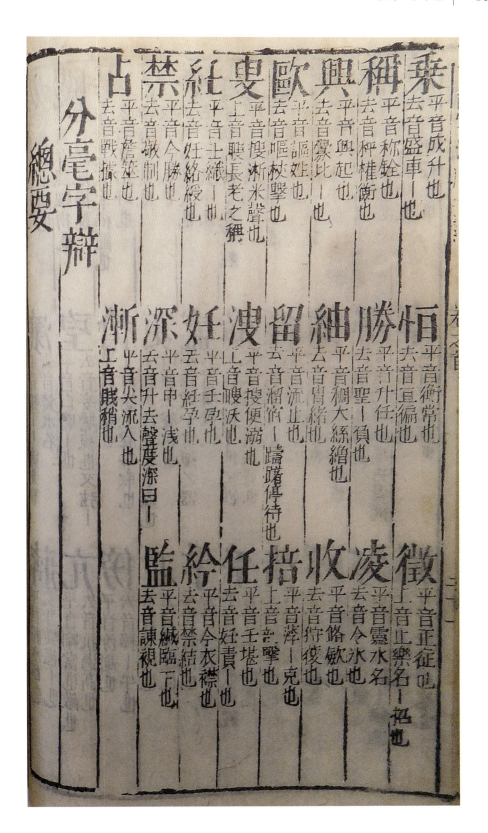

分毫字辯
總要

桑　平音成升也　盛去音盛車—也

稱　去音秤銓也　平音称椎衡也

興　去音蒙比—也　平音與起也

歐　去音嘔杖擊也　平音搜漸米聲也

叟　上音搜—長老之稱

紅　去音妊絡綬也　平音絳紙—也

禁　去音城制也　平音城箟也

占　去音戰據也　平音占士紙—也

恒　去音宜褊也　平音衡常也

勝　去音聖—負也　平音升任也

紳　去音骨絡也　平音榈大絲繒也

留　去音溜宿—踦踦傳待也　平音流止也

溲　去音壬孕也　平音搜沃游也

妊　去音申—淺也　平音壬孕也

深　去音升去聲度深曰—　平音尖沈入也

漸　上音賤稍也

徵　平音正征也　上音止樂名—拟也

凌　去音冷水也　平音薄—克也

收　去音狩後也　平音路歛也

培　去音音擘也　上音裴蓓也

任　去音壬塦也　平音妊責—也

紟　去音衿結也　平音今衣襟—也

監　去音諫視也　平音緘臨也

翰林筆削字義韻律大板海篇心鏡
原十六卷，殘存二卷　　　　　　　　　曼128

（明）劉孔當撰

明刻本

1册

22.6×14.7。無界，二截版，分上下兩欄。存卷上欄半葉十行，行大字六字，小字雙行同，行二十四字；下欄半葉十行，行大字十一字，小字雙行同，行四十四字。四周單邊，上下粗黑口，單黑魚尾，魚尾下題“某卷”（僅題“十六卷”“十七卷”）及葉數。卷端題“翰林筆削字義韻律大板海篇心鏡某卷”，卷末題“大板海篇心鏡十六卷終”，卷端次行題“韻律某聲”，依韻排字，次行題“某門”“某部第幾”，依部首排字。文中偶有墨釘。闕裏封。

殘存二卷：卷十六：上欄一送至六泰，下欄才部第一至火部第九；卷十七：上欄七隊至十諫，諫韻僅存題名，下欄首存半葉，當爲走部第一，末至七部第二十四，七部僅存題名。

按，北京大學圖書館、大荔縣圖書館、青海圖書館藏有《翰林筆削字義韻律鰲頭海篇心鏡》，國家圖書館、首都圖書館、北京大學圖書館藏有《翰林重考字義韻律大板海篇心鏡》，均收入《中國古籍善本書目·經部》内。此本之題名則未見。

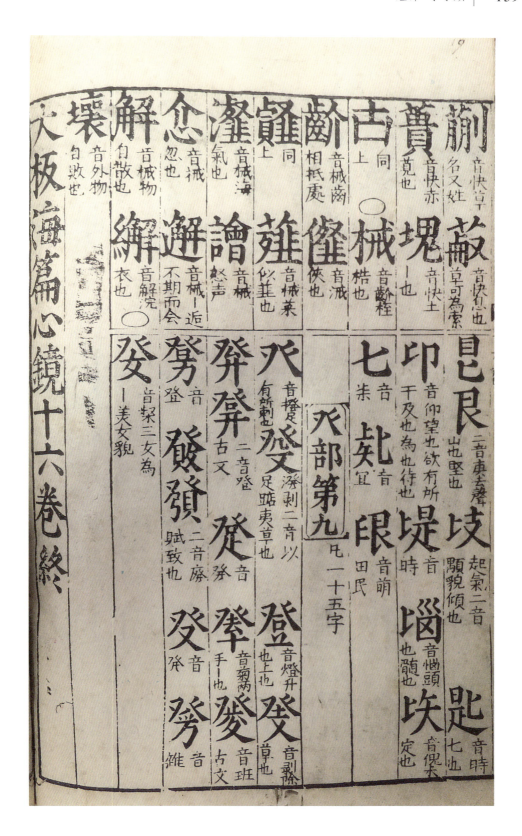

火板海篇心鏡十六卷終

摭古遺文　不分卷　　　　　　　　　　　　　曼112

（明）李登撰

明萬曆間吐玉堂刻本

1册

19×15。半葉八行，大小字不等，行大字約十二字，小字雙行同，行約三十字。四周單邊，白口，無魚尾和版心，版框外記四聲和葉碼。目録葉卷端篆文題"再增摭古遺文"，正文卷端篆文題"摭古遺文平聲"。入聲末有篆文題記，云"萬曆廿年壬辰夏六月六日 厲（寅）東山精舍書完如真先生 紀事"。裏封題"李如真先生輯 摭古遺文 吐玉堂藏板"，左上鈐"文蔚堂"朱文橢圓印，右下鈐"云谿"朱文方印。

明萬曆二十二年（甲午 1594）李登序。

按，《四庫全書總目》"經部四十三·小學類存目一"收録此書，對之評價頗低，云："是書本夏竦篆韻之體，取鐘鼎古文，以韻分編。其韻併東於冬，併江於陽，併侵於真，併肴於蕭。分齊、微二韻之字於支、灰，分覃、咸、鹽三韻之字於寒、先，分蒸韻之字於青、庚，而從《廣韻》分真、諄、桓、寒各爲二。大抵皆以意杜撰。所列古文，亦皆不著所出，未可執爲依據，又出《金石韻府》之下矣。"

《中國古籍善本書目·經部》著録有"明萬曆二十二年姚履旋等刻本"，大陸地區有14館有藏。另著録有明萬曆三十一年（癸卯 1603）李思謙刻本和清抄本等數種，已經爲後出之本了。《美國哈佛大學哈佛燕京圖書館中文善本書志》第79葉所録明萬曆間刻本爲"太原齋藏板"。此本題作"吐玉堂藏板"。今將此本與收録於《四庫存目叢書》第191册的姚履旋等刻本和美國哈佛大學哈佛燕京圖書館所藏之本相校，版式、字體皆相似而微有不同。如在版式上，此本無版心，惟版框外題"平"，下小字注"上"；《四庫存目叢書》所影印之本亦無版心，但版框外題"東"；哈佛燕京圖書館所藏之本則有版心，題作"上平"。如果姚履旋等刻本爲此書最早刻本的話，那麼，此本與哈佛燕京圖書館所藏之本皆爲此本之仿刻本。

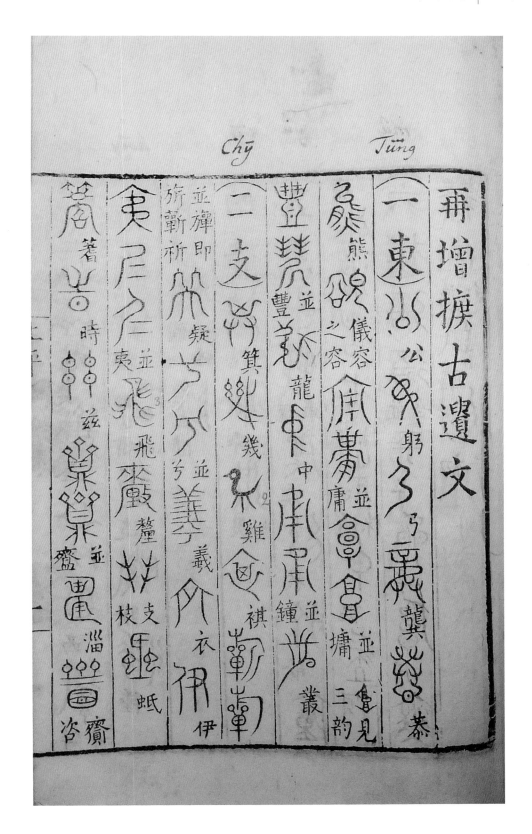

增補懸金字彙　十二集，韻法橫圖一卷，韻法直圖一卷，辨似一卷

曼117

（明）梅膺祚撰，（清）韓奕參訂

清乾隆五十一年（丙午 1786）聖德堂重刻本

14册3本

18.8×11.4。無界，半葉八行，大小字不等，行大字十六字，小字雙行同，行六十四字。四周單邊，白口，無魚尾。版心有墨釘逐葉依次排列，上書口題"子/丑"等集名，中記某集之某部首（如子集一部題"一部"等），下書口題"聖德堂"及葉碼。卷端題"字彙子集 宣城 梅膺祚誕生 原本 長洲 韓奕 慕盧 紊訂"，目録題"字彙目録""聖德堂"（魚尾上題"字彙"，下題"目録"，下書口題"聖德堂"及葉碼），裏封題"乾隆丙午年新鎸 宣城梅誕生原本 增補懸金字彙 聖德堂藏板"。

所附《韻法橫圖》一卷，明李世澤撰，有界，半葉八行，行十七字。四周單邊，白口，單黑魚尾。魚尾上記書名，下記葉碼，下書口題"聖德堂"，無卷端，《韻法直圖》一卷，明佚名撰，版式與之同；《辨似》一卷，梅膺祚撰，有界，半葉八行，大小字不等，大字行十六字，小字雙行同，行六十四字。四周單邊，白口，單黑魚尾。上書口題"字彙"，下題"卷末"和葉碼，下書口題"聖德堂"。卷端題"辨似"。

附參訂字彙凡例，十二字頭引和十二字頭
（楷體字）。卷首一卷：運筆、從古、遵時、古今
通用、檢字。每集前皆附本集之部首。另有增補
字彙申集艸部至西部，或有殘。

清康熙四十四年（乙酉 1705）韓葵序（楷
體字，無鈐印）。韻法橫圖首附梅膺祚序，李世
澤識。韻法直圖首附梅膺祚序。辨似首梅膺祚
序（雙行小字）。

按，韓氏序云：“會梅氏本患漶滅而寶翰樓
雕版而新之，仍其舊序而又徵言於余，因得叙
解經説字之大略如此。”據此可知，此本之底
本爲清康熙四十四年（乙酉 1705）寶翰樓重刻
本。再據其凡例可知，其底本在刊刻之時，已經
新增補很多內容。再考孫楷第先生《中國通俗
小説書目》卷二第215葉著録了寶翰樓刻本《文
杏堂批評水滸傳》三十卷，日人大內田三郎《水
滸傳版本考——關於文杏堂批評水滸傳三十卷
本》認爲其爲百回本的刪節本，産生於明末清
初，惜無明確的刊刻時間。今據此序可知寶翰
樓刊刻的大致時間。

梅氏《韻法橫圖序》云：“是爲李嘉紹氏
所作者也……余先是得《韻法直圖》，其字從
上而下也。是圖橫列，則以橫名。一直一橫，互
相吻合，猶易卦然。先天後天，其圖不同而理
同也。《韻法》二圖，蓋倣諸此。甲寅春，並屬
之梓。”梅氏《韻法直圖序》云：“壬子春，從
新安得是圖，乃知反切之學，人人可能者……
圖各三十二音，上下直貫，因曰‘韻法直圖’。”
據此兩序可知，梅氏先在明萬曆四十年（壬子

1612）從新安得到了《韻法直圖》，但未言及撰者爲何。既而又獲得了李世澤所撰《韻法横圖》，於是在萬曆四十二年（甲寅 1614）一併將二書刊刻之。其所撰《字彙》則在次年刊刻完畢。故三書年代不一，版式亦不一。

此本國内無藏，德國巴伐利亞邦立圖書館收藏。

此本"玄""弘"等字皆不避，坊間刻本大多如此，避諱並不如官刻那樣嚴格。

《中國古籍善本書目·經部》收録"明萬曆四十三年刻本"，上海圖書館等十館收藏，但據學者考訂，這些藏書單位所藏之本有些實際是翻刻本，如華東師範大學圖書館所藏之本爲寶綸堂重刻本。今存世之"明萬曆四十三年刻本"最有可能的是臺北"國圖"所藏之本，見《國家圖書館善本書志初稿》。

字彙

宣城 梅膺祚 誕生 原本

長洲 韓孝慈 慕廬 校訂

一部

一　堅溪切音奇伏羲畫卦先畫一奇以象陽數之始也凡字皆生於此○又孟飛
列因人聲誠也均同也少也初也說文惟初太極道立於一造分天地化生
萬物又奸侫在惟奇音後人轉為益悉切音變而義不變也○又叶伊真切音因易
繫辭言致一也叶上句入字法范珠詠偈欲比舍利弗智慶及多聞十六分中循
尚不及一○一說叶弦雞切則音分言致一也叶上句人人音時得其友友音移省
古音詞叶孫同契自首金精黑者水基水育道樞某其數名一○又叶於利切音意室
太沖吳都賦靈囊鼎豆蓋薑橐之類一也士同損一人人音
非一江蘺之腐海音之類

丁　丁曰圍又值也常也詩大雅寧丁我躬又強圉月在
世民年二十巳上成丁蓋人壽以百歲為期一幹十年則丁當四十強壯之時故曰
下人零子孫苦也又魚然悅曰丁又姓本姜姓齊太公子汲封丁公因以命族又孟法
一部

增補懸金字彙　十二集，韻法直圖一卷，韻法橫圖一卷，辨似一卷　　　曼118

（明）梅膺祚撰，（清）韓菼參訂

清老會賢堂刻本

14册1函

18.7×11.7。無界，半葉八行，大小字不等，行大字十六字，小字雙行同，行六十四字。四周單邊，白口，無魚尾。版心有墨釘逐葉依次排列，上書口墨圍題“子/丑”等集名，中記某集之某部首（如子集一部題“一部”等），下書口記葉碼。卷端題“字彙子集 宣城 梅膺祚 誕生 原本 長洲 韓菼 慕盧 糸訂”，目錄題“字彙目錄”“聖德堂”（魚尾上題“字彙”，下題“目錄”，下書口題“聖德堂”及葉碼），裏封題“宣城梅誕生先生輯 增補懸金字彙 老會賢堂藏板”。外封另附一紙手書“懸金字彙”“梅誕”等（中法文對照）。

所附《韻法橫圖》一卷，明李世澤撰：有界，半葉八行，行十七字，四周單邊，白口，單黑魚尾，魚尾上記書名，下記葉碼，下書口題“聖德堂”，無卷端；《韻法橫圖》一卷，明佚名撰，版式與之同；《辨似》一卷，（明）梅膺祚撰：有界，半葉八行，大小字不等，大字行十六字，小字雙行同，行六十四字。四周單邊，白口，單黑魚尾，上書口題“字彙”，下題“卷末”和葉碼。卷端題“辨似”。

附參訂字彙凡例，十二字頭引和十二字頭（宋體字）。卷首一卷：運筆、從古、遵時、古今通用、檢字。每集前皆附本集之部首。

清康熙四十四年（乙酉 1705）韓菼序（楷體字，鈐“韓菼之印”“慕閭”二墨文方印）。韻法橫圖首附梅膺祚序，李世澤識。韻法直圖首附梅膺祚序。辨似首梅膺祚序（雙行小字）。

按，此本與“曼117”版式大致相同，當出自同一底本。惟此本韓序爲手書楷字，且末有韓氏之鈐印。考清錢林《文獻徵存錄》卷二云：“韓菼字元少，號慕盧，長洲人。康熙癸丑舉南宮第一，對策復爲第一人，官至禮部尚書，謚文懿，有《有懷堂集》……菼四十三年八月卒於官，年六十有八。”趙爾巽《清史稿》列傳五十三亦云：“四十三年再疏乞退，仍不允，是歲秋卒。”結合二説，我們對該序有兩點疑問：韓菼本號慕廬，該印却作"慕閭"，雖然廬、閭義近，但不可混淆，一疑也。其二，此序作於"清康熙四十四年（乙酉 1705）"，但是韓氏卒於前一年，二疑也。所以，我們懷疑此序本非韓氏之作，而是坊間在該年借其名而作的偽序，此印亦爲偽印。

此本裏封題作"老會賢堂藏板"，"老會賢堂"，諸書均無記載。《小說書坊録》第220葉收有該坊，云其刊刻過《英雄譜》六十卷和《新訂玉嬌梨全傳》四卷二十回，但却將之列入了"不知年代"之中了。廈門大學圖書館收藏有該坊刊刻的《四大奇書第一種三國水滸合傳》六十卷一百二十回，但題作"清老會賢堂刻本"。今亦籠統如是題此本之版本。

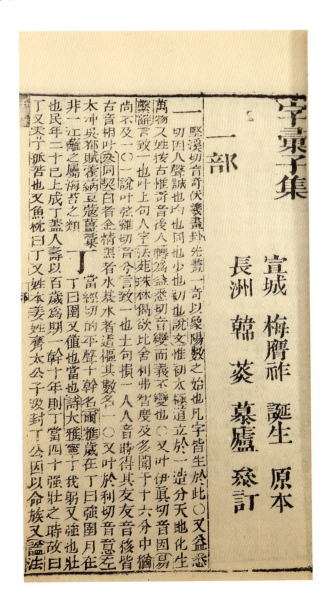

玉堂字彙　四卷　　　　　　　　　　　曼127

（明）梅膺祚撰

清康熙十五年（丙辰 1676）集益堂刻本

　　4册1本

　　14.9×9.9。半葉十行，大小字不等，行大字十二字，小字雙行同，行二十四字。四周單邊，白口，無魚尾。版心有墨釘逐葉依次排列，上書口題“元/亨/利/貞”，下書口記葉數。卷端題“字彙”“元集”，卷末題“元集終”，貞集末題“卷終”，裏封題“梅誕生先生原本　玉堂字彙　集益堂藏板”。

　　清康熙十五年（丙辰 1676）古杭陳淏子序。

　　此書分元、亨、利、貞四卷，每卷前附該卷部首。

　　按，據序：“遂亟爲考訂授梓，以公四方之識正字者”推斷，刊刻年份大致爲做序的年份。又序云：“《字彙》之有奚囊，自崇禎癸酉歲予刻始，與宣城本毫無異同。因攜遠弗便，遂祖王氏巾箱之學，束卷僅半度許……年來翻刻甚多，以訛傳訛，竟失本來音義”云云，據此，《字彙》在明崇禎六年（癸酉 1633）始有巾箱本，陳氏初刻時仿自梅氏自刻本，此則爲其重刊巾箱本。

　　書中裏封前一葉有英文説明，末題1851年，蓋清咸豐元年（辛亥 1851）所題。

字彙
元集

一部

一　衣入声詵也均也又音奇戴之始也又入聲數曰名貌又古文又少陽數也

七　文又古文巧又妻入聲數目名

丁　剔平聲十干名值也又音玩韻爭音考氣

万　當也又姓又叶韻數目今作萬

丂　音考氣欲舒出

丈　十尺曰長上聲退上聲對

与　音蕋与也取

丌　音其下基以薦物又古文其字

三　撒俗如點非也又音參上聲登也音卜非也

不　未也音卜非也音弗也

丑　二支名十

世　勢

丏　音勉避箭短牆也又音毗丽也

丐　音丐乞也

丕　音坯大也又姓

丙　音丙語辭妨始且荀且是也又音疽薦也行不進貌

且　妄上聲語辭妨始且荀且是也又音疽薦也行不進貌

四

丱

上聲稱之稱也又非也

去聲降也

古與字俗也

夫作丂与非

正字通　十二集，附字彙舊本末卷一卷　　曼121

（清）廖文英原輯，（清）張自烈增補

清康熙間刻本

24册4本

19.5×13.5。半葉九行，大小字不等，行大字約六字，小字雙行同，行二十六字。四周單邊，白口，單黑魚尾。魚尾上記書名，下記某集、某部及葉碼。卷端題“正字通”，小字題“某集（上/下）”，“嶺南廖伯子文英原輯　袁州張自烈爾公增補　句曲蔣先庚震青釋　溧水湯學紳康民訂　鄞江馬權奇紹南較”，裏封題“廖百子先生增删 正字通”。

所附《字彙舊本》：半葉八行，大小字不等，行大字約十三字，小字雙行同，行五十四字。四周單邊，白口，單黑魚尾，魚尾下題“末卷”，下書口記葉碼。卷端題“舊本末卷”“辨似”（或“醒誤”）。

附十二字頭，正字通凡例，總目。舊本末卷附切韻入門之法，卷末元韻一卷（卷端題“石渠閣鑴正字通元韻譜”“中丘還一喬鍾和纂　男　鉢文衣　鄗邑貞菴魏裔介訂南和楊繼芳仲延　内丘玄洲崔數仞補句曲蔣先庚震青　仝較”）。

此書共分十二集，每集又分上下二子集。每個子集前皆附該集之部首。

清康熙十一年（壬子 1672）龔鼎孳序。舊本末卷首魏崇文切韻指掌序。

按，此本具體刊刻年月待考，因書中“玄”字缺末筆，“弘”字不避，故暫籠統定爲康熙間刻本。國家圖書館、北京師範大學圖書館等館藏有“清康熙二十四年（乙丑 1685）秀水吳氏清畏堂刻本”，亦有附《字彙舊本末卷》者。

《四庫全書總目》“經部四十三·小學類存目一”收録此書，略云：“舊本或題明張自烈撰，或題國朝廖文英撰，或題自烈文英同撰。考鈕琇《觚賸·粤觚》下篇載此書本自烈作，文英以金購得之，因掩爲己有，叙其始末甚詳……然其前列國書十二字母，則自烈之時所未有，殆文英續加也。裘君宏《妙貫堂餘談》又稱文英殁後，其子售版於連帥劉炳。有海幢寺僧阿字，知本爲自烈書，爲炳言之，炳乃改刻自烈之名。諸本互異，蓋以此也。其書視梅膺祚《字彙》考據稍博，然徵引繁蕪，頗多舛駁。又喜排斥許慎《説文》，尤不免穿鑿附會，非善本也。"

　　《藏園訂補邵亭知見傳本書目》《中國古籍善本書目·經部》皆未收録此書。

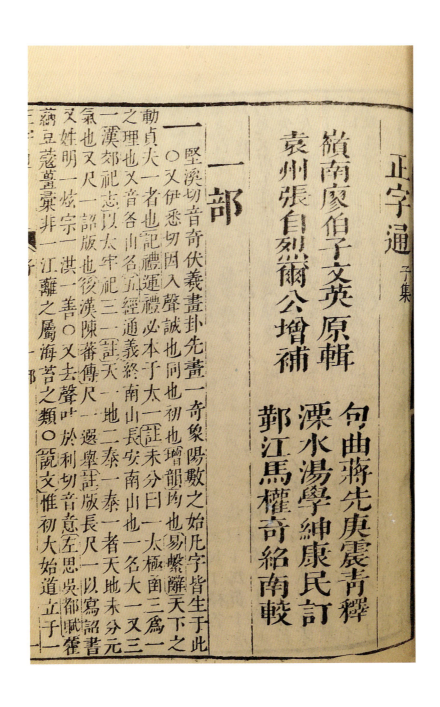

正字通　十二卷，附字彙舊本首卷一卷，舊本末卷一卷　　　　　　　曼122

（清）廖文英原輯

清雍正十二年（甲寅 1734）帶月樓刻本

24冊6本

20×13.5。半葉八行，行大字十二字，釋文小字雙行，行二十四字，大字一當小字四。四周雙邊，白口，單黑魚尾。上書口記書名，魚尾下題"某集上/下"及記某部及葉數，下書口題"帶月樓"。卷端題"正字通卷一 連陽廖文英百子輯"，裏封題"雍正拾貳年鐫 連陽廖百子輯 正字通 帶月樓梓"。

附凡例，清康熙九年（庚戌 1670）廖綸璣撰十二字頭引、十二字頭（滿漢對照），正字通姓氏，正字通引證書目，正字通總目（卷端下小字注"舊本首末卷附亥集後"）。字彙舊本首卷一卷（卷端題"字彙舊本首卷"，小字注"宣城梅膺祚誕生音釋"）：運筆、從古、遵時、古今通用、檢字，末卷一卷，附切韻入門之法，卷末元韻一卷（卷端題"石渠閣鐫正字通元韻譜""中丘還一喬鍾和纂 男鉢文衣 鄘邑貞菴魏裔介訂南和楊繼芳仲延 内丘玄洲崔數仞補句曲蔣先庚震青 仝較"）。

每卷前皆附本卷之目録，又各分上中下三子集。

清康熙十一年（壬子 1672）龔鼎孳正字通叙，清康熙九年（庚戌 1670）張貞生正字通叙。《舊本末卷》首魏崇文切韻指掌序。

按，《藏園訂補郘亭知見傳本書目》《中國古籍善本書目·經部》皆未收録此書。

正字通卷一　　連陽廖文英百子輯

一部

一

伊悉切因入聲廣韻數之始也又同也初也增韻均也易繫辭天下之動貞夫一記禮運禮必本于太一註未分曰一大極商三爲一之理也樂記禮樂刑政其極一也註四者事雖殊其致一歸于慎所以感之者以同民心出治道也又星經太一星杜紫微垣端門之左伏前歷數所起七政所紀萬物所從出也又大一山名五經通義終南山長安南山也一名太一漢郊祀志以大牢祀三一註天一地二泰一選舉註版長地未分元氣也又尺一詔版也後漢陳蕃傳尺一又三一洪宗一炫宗一善又太聲冥韻音意左尺一以寫詔書又姓明一江蘿之屬海苔之類〇說文惟思吳都賦藿蒳豆蔲薑彙非一

一部一

子集上

字彙補遺　不分卷　　　　　　　　　　　曼123

（清）廖文英原輯，（清）張自烈增補

清刻本

1册

13.5×9.8。半葉八行，大小字不等，行大字約十二字，小字雙行同，行約二十四字。左右雙邊，白口，單黑魚尾。上書口題“正字通”，魚尾下題“某集補遺”並標列部首。卷端題“字彙補遺”下小注“凡有音義可入正集而來　經附入者爲作補遺一卷”，次行記“某集”。

無序跋或序跋已佚。

按，此書據其上書口所題可知，其當爲《正字通》之附。但版式與曼121、曼122《正字通》有異，或爲另一版本的《正字通》之附，故單列於此。

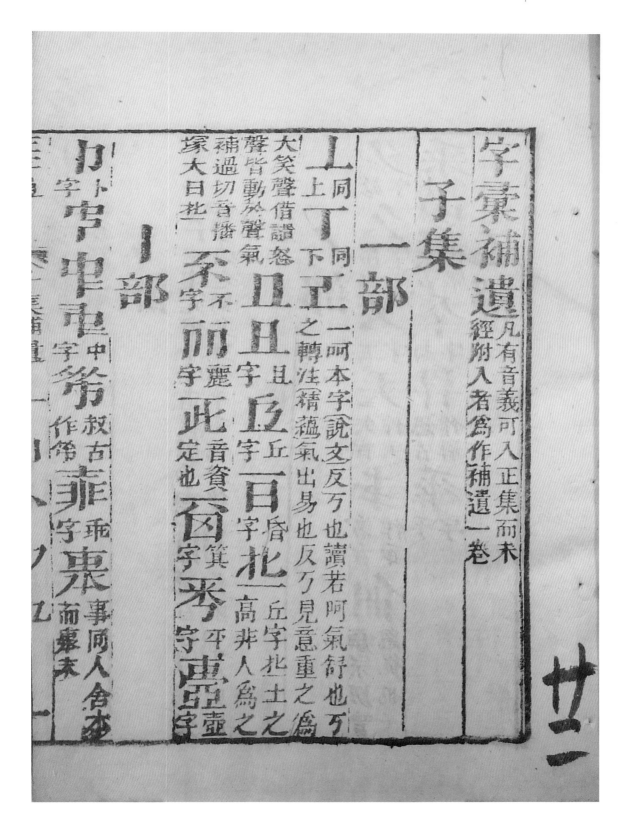

字彙補遺 經附入者爲作補遺一卷

子集

一部

一 同上丁 同下 工 之轉注 一呵本字 說文 反万也讀若阿氣舒也万
精蘊氣出身也反万見意重之爲
大笑聲借謂怒
聲皆動於聲氣 丑丑字 且且字昏 丘丘字址土之
補過切音滫 字 高非人爲之
塚大曰址 禾禾字 址 定也囟字麥守盧字
不字丽字此 音資 平壺壺守

一部

卜字 中字筹 叔古 乘民 事同人會本
字 作筹 菲字裹而靠末

力尸中中字

諧聲品字箋　十集，
附字彙數求聲十集　　　　　　　　曼114/115

（清）虞咸熙撰，（清）虞德升續著、（清）虞嗣集補注

清康熙十六年（丁巳 1677）陸頎、陸顥刻清康熙二十四年（乙丑 1685）翻刻本

4冊

20×14.4。缺首葉。無界，半葉八行，大小字不等，行大字十二字，小字雙行同，行四十八字。四周單邊，白口，無魚尾，下書口記葉數及某（集）。卷端題"諧聲品字箋"，小注"乙集"，次行低一字題"錢塘虞咸熙興宗氏草創"，第三行低四字題"男德"，第四行低五字題"孫"字，天頭處加圈注明韻部等。丙集卷端題"諧聲品字箋"，小注"乙集"，次行低一字題"錢塘虞咸熙興宗氏草創"，第三行低四字題"男德升聞子氏纘著"，第四行低五字題"孫嗣集爾成補註　甥孫陸頎魯詹　陸顥昭明　授梓"。無裏封。黃色外封，近書頭處有紅色圈墨筆題"上/求"。

所附《字彙數求聲》十集，梅膺祚撰、虞德升諧聲，占1冊：無界，半葉十行，大小字不等，大字行六字，小字與大字相間，行二十四字。四周單邊，白口，單黑魚尾，魚尾下題"某集"，下書口記葉碼。天頭處注明部首名等。卷端題"字彙數求聲　子集""宣城梅膺祚誕生綜數　錢塘虞德升聞子繫聲"。裏封題"宣城誕生梅先生彙字　錢塘聞子虞先生諧聲　字彙數求聲　數者每字中點畫撇拂之畫數聲則每字中平上去入之音聲數求聲者就所彙之畫數求所諧之音聲如法檢查萬無一失　展園主人識"。亥集"鹵部"至卷末爲配補手抄本。書内或鈐"弌種風流"朱文方印（如乙集"新聲第七"之卷端）。《字彙數求聲》裏封右下鈐"柳陰隄畔間行"朱

文方印。

附清康熙十六年（丁巳 1677）虞德升諧品應詰一卷，季仲梯讀諧聲品字箋八則，康熙二十三年（甲子 1684）虞嗣集凡例十四則，全書總訣：諧聲五十七，分諧三十九，開九十六門，居千五百母等。所附《字彙數求聲》首虞氏所撰數求聲小引，虞氏（展園主人）就數求聲法一篇，目録，宣城檢字（末題“宛陵梅溪 洪允寧鐫 洪士美書”）。

清康熙十五年（丙辰 1676）黄機序，康熙二十六年（丁卯 1687）裴充美序，康熙九年（庚戌 1670）陸宗淵序，康熙十六年（丁巳 1677）孫在豐序。

按，裴氏序云“歲乙丑，余扶先子櫬歸里門，得與令子爾成交，因覿茲編，悉其三世苦心，發千古藝林未啓之奧而爾成。又言其先公于梨棗甫竣，隨即謝世。”其中，“乙丑”爲康熙二十四年（乙丑 1685）。又，季氏《讀諧聲品字箋》第八則云：“乃先生有賢甥陸魯詹、昭明兩君，獨深信是書爲有功於世，慨爲付梓，以廣其傳。”又，《諧品應詰》云：“曰：如若言，則爲諧爲品爲箋，俱非無益斯人者，何不付厥氏而公同好乎？曰：唯唯，行將取梨棗而託之矣。”又，《凡例》云：“歲在癸丑，兩表昆陸魯詹、昭明請授厥氏，竭蹶襄事，甫問世，丁巳冬，先子遂謝世。余復以饑驅餬口四方，韞藏庋閣又數年矣。今甲子秋新安程伊在先生深信是書有功於世，糾合同志彙金貿側理，廣爲流傳，檢視梨棗，弟見手澤如新而墓草已經八宿。”其中，“癸丑”即康熙十二年（癸丑 1673），“丁巳”即康熙十六年（丁巳 1677），“甲子”即康熙二十三年（甲子 1684）。綜合以上諸序，我們可以得出以下幾點結論：（1）此書應該有兩次刊刻，第一次始於康熙十二年（癸丑 1673），於康熙十六年（丁巳 1677）刻完。第二次則在康熙二十四年（乙丑 1685）由“新安程伊在先生”主持刊刻，但又歸功於虞氏之子，故其卷端題“孫嗣集爾成補註”，即此本。從《凡例》中所云“韞藏庋閣又數年矣”“檢視梨棗，弟見手澤如新”等和卷端題名推測，此次刊刻應該爲據第一次翻刻。（2）虞德升之生年雖不甚清楚，但其卒年在康熙十六年（丁巳 1677）則可以肯定。

《字彙數求聲》實際上爲《諧聲品字箋》之檢字部分，並非兩本書，曼大將之拆爲兩書著録，今將之合併。

《字彙數求聲》，浙江省圖書館收藏，索書號爲“善853/膠263”，4册，題作“清康熙十六年（丁巳 1677）刻本”。《諧聲品字箋》，北京師範大學圖書館、華東師範大學圖書館、北京大學圖書館等收藏，題作“清康熙十六年（丁巳 1677）陸欣、陸灝刻本”，《四庫存目叢書》第217—218册收録之，其底本來自北京大學圖書館，其實其版本亦爲第二次重刻本，非二陸之首刻。

《四庫全書總目》“經部四十四·小學類存目二”收録有《諧聲品字箋》不分卷，略云：“其書以字韻之學向來每分爲二，不相統攝，因取六書諧聲之義，品列字數，其法總五十七聲，分三十九字，合九十六音，共千六百母，而六萬有奇之字畢歸之，使學者可因聲以檢字，蓋本其父咸熙草創之本，而復爲續成之者也。不知諧聲僅六書之一，不能綜括其全，故自來字書韻書截然兩途。德升必强合而一之，其破碎支離，固亦宜矣。”

《藏園訂補郘亭知見傳本書目·經部》《中國古籍善本書目·經部》皆未録此書。

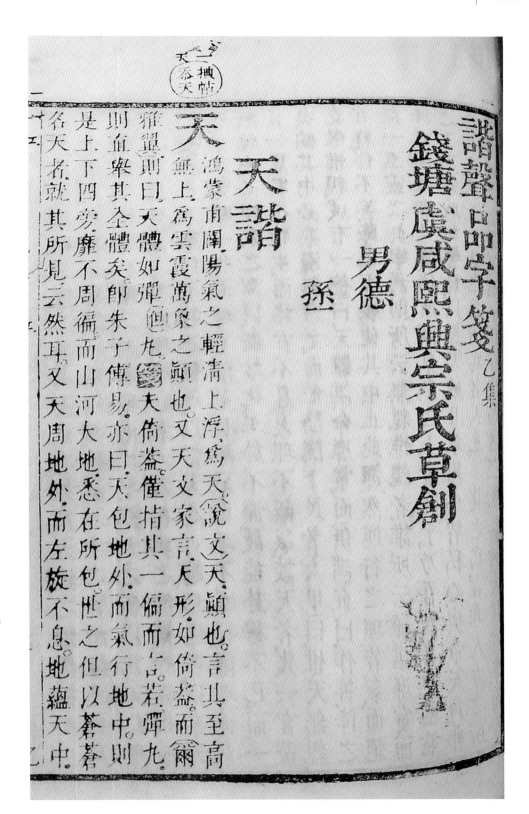

諧聲品字箋 乙集

錢塘虞咸熙與宗氏草創

男　德

孫

天諧

天

鴻濛甫闢陽氣之輕清上浮為天(說文)天顛也。言其至高

天無上為雲霞萬象之顯也。又天文家言天形如倚蓋而爾

雅置則曰天體如彈(圓)丸。大倚蓋僅指其一偏而言。若彈丸

則血舉其全體矣。即朱子傳易。亦曰天包地外而氣行地中則

是上下四旁靡不周徧而山河大地悉在所包世之但以蒼蒼

名天者就其所見云然耳又天周地外而左旋不息。地蘊天中。

康熙字典　十二集三十六卷　　　　　曼290

（清）張玉書等奉敕撰

清康熙五十五年（丙申 1716）武英殿刻本（後印）

9本（原册數不明）

19×13。無界，半葉八行，大小字不等，行大字十二字，小字雙行同，行四十八字。四周雙邊，白口，單黑魚尾。魚尾上記書名，下記某集某部及葉數。卷端題"康熙字典"，裏封題"御製 康熙字典"（黄色）。

清康熙五十五年（丙申 1716）御製康熙字典序（末無鈐印），清康熙四十九年（庚寅 1710）上諭。

此本共十二集，每集又分上中下，每集又有子目録。附凡例十三條及纂修校閲職名、總目、檢字、辨似、等韻、補遺總目及補遺、備考總目及備考。

有複本一：索書號爲"曼125"。首清康熙五十五年（丙申 1716）陳邦彦書《御製康熙字典序》。

按，從諱字上看，此本"禛""弘""琰""寧"等字皆不缺筆，而於"玄"字上獨題御名，可見是康熙間内府所刊。其雖爲白棉紙印本，但有時字迹不清，當爲後印之本。

此本紅色襯紙，其所題"御製 康熙字典"六字字體與其複本有異，品相比其複本好。

《四庫全書總目》"經部四十一·小學類二"收録此書，可參看。

《藏園訂補郘亭知見傳本書目·經部》《中國古籍善本書目·經部》皆收録此本，前者題作"康熙内府刻本"，後者題作"清康熙五十五年内府刻本"，國家圖書館等32館收藏。但考清康熙十九年（庚申 1680）於武英殿始設武英殿書局，專門負責内府刻書事業，故一般認爲在此之後的内府刻本皆題作"武英殿刻本"，之前則題作"内府刻本"，所以此本題作"武英殿刻本"爲最好。

繒義同。從正而曳之洒耻等字从此。

居曷切，音葛，義同。

丑

〔唐韻〕〔集韻〕〔韻會〕敕久切〔正韻〕齒九切，夶音杻。二月辰名。〔爾雅·釋天〕太歲在丑曰赤奮若。〔淮南子〕招搖指丑。〔前漢·律歷志〕孳萌於子，紐牙於丑。又〔六書正譌〕手械也，从又从丨，有物以繫之，象形。因聲借為子丑字，十二月之象也。又丑象子初生舉手之象也。又〔山海經〕女丑之尸。

丐

〔廣韻〕古太切〔集韻〕〔韻會〕〔正韻〕居太切，夶音蓋。乞也。取也。又與也。又〔集韻〕居曷切，音葛，義同。

◯增

且〔玉篇〕古文且字，註詳四畫。

◯四

且　古文　𠄟　𠄞

〔廣韻〕〔集韻〕〔韻會〕淺野切〔正韻〕七野切，夶音跙。借曰之辭。〔論語〕且予之類是也。又未定之辭。又又也。又不可以反宿。又將也。〔史記·項羽紀〕范增謂項莊曰君王為人不忍，若屬且為所虜。此處有此稱楢之事也。又姑且也。〔詩·唐風〕椒聊且。又苟且也。〔莊子·庚桑楚〕老子語南榮趎曰與物且者，其身不容，焉能容人。又〔禮·檀弓〕曾子有酒食，祖者且也。又此也。〔詩·周頌〕匪且有且。〔傳〕非獨此也。又〔詩·小雅〕君子有酒多且旨。又〔詩·唐風〕椒聊且以嘉樂。又〔韻〕七野切，夶音跙。補同丘。〔道藏·洞靈經〕黃帝得常仙，封鴻廡容丘。

丘

〔廣韻〕〔集韻〕〔韻會〕…

藝文通覽　十二集一百一十七卷，　附藝文通覽補詳字義十四篇　　　曼126

（清）沙木集注

清嘉慶十二年（丁卯 1807）阿克當阿刻本

42册9本

19.6×11.8。半葉五行，大小字不等，行大字八字，小字行七十二字。四周雙邊，上下粗黑口，單黑魚尾，魚尾下題“某集卷幾 某部 某畫”及葉數，亥集卷十末題“高要黎敏芝鐫篆隸”。卷端題“埶文通覽 子集卷一”“長白阿厚菴先生鑒定　嘉興沙木集注”，裏封題“長白阿厚菴先生鑒定　嘉興沙木青嚴氏集注 男神芝鷗爽同較 埶文通覽　嘉慶丙寅二月開雕丁卯八月工竣 本衙藏版”，外封書籤題“藝文通覽”。《補詳字義》：卷端題“埶文通覽補詳字義”“長白阿厚菴先生鑒定 嘉興沙木集注”，裏封題“阿厚菴先生鑒定 補詳字義 嘉興沙木集注”。

清嘉慶十一年（丙寅 1806）吳熊光、孫玉庭序，關槐序，先福序；嘉慶四年（己未 1799）吳俊序；嘉慶七年（壬戌 1802）吳錫麒序，陳嵩慶序，張敦仁序；嘉慶六年（辛酉 1801）汪世泰序，蔣和序；嘉慶二年（丁巳 1797）程思樂序，吳照序，欽善序；嘉慶十年（乙丑 1805）揚揎序；嘉慶八年（癸亥 1803）朱鈐序；嘉慶三年（戊午 1798）褚氏題辭，李學璜序，歸懋儀題詞；嘉慶十年（乙丑 1805）顧士振序，檢字末附袁枚贊；乾隆五十六年（辛亥 1791）王文治識；嘉慶十二年（丁卯 1807）梁同書閱，毛懷觀、馮集梧閱，祝塈觀，倪稻孫觀，蔣炯等觀；乾隆五十二年（丁未 1787）沙木自叙；嘉慶十一年（丙寅 1806）李柱臣跋。《補詳字義》：首阿克當阿（即阿厚庵）自叙。

此本依干支分十二集，每集各十卷（除戌集七卷外），共一百一十七卷。首附較閱姓氏、授業同較、凡例二十一條、總目、檢字，末附補詳字義十四篇。

按，此本裏封明確地説“嘉慶丙寅二月開雕丁卯八月工竣”，故知是嘉慶十二年（丁卯）刻成的。又阿序云：“今得此書，徧質同人，皆謂義備理明，足爲藝林嘉惠，用是授之梓人，助其刊鋟”，可見，該本爲阿克當阿所刊。考《（同治）續纂揚州府志》卷八“宦迹”云“阿克當阿，字厚庵，滿洲正白旗人。官内務府護軍統領兼管三山事務，嘉慶十三年任兩淮鹽政”，則該書刊自其出任外職之前。

此本爲該書之初刊，本存世不多，故《中國古籍善本書目·經部》僅收錄後刻而異名的《藝文備覽》一百二十卷，而無收此書。

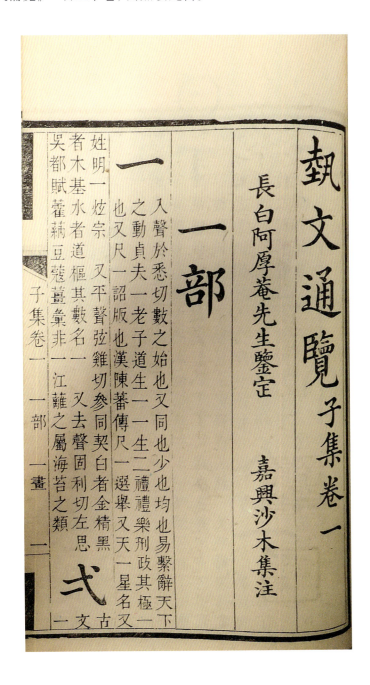

藝文通覽補詳字義十四篇　　　曼110

（清）沙木集注

清嘉慶十二年（丁卯 1807）阿克當阿刻本

　　1册

　　20.8×12.4。半葉五行，大小字不等，行大字約八字，小字雙行同，行十六字。四周雙邊，上下粗黑口，單黑魚尾，魚尾下題"弟幾篇"及葉數，天頭有注文。卷端題"埶文通覽補詳字義""長白阿厚菴先生鑒定　嘉興沙木集注"，目録末題"乾隆壬申進士翰林院侍講梁同書閲"，裏封題"阿厚菴先生鑒定　補詳字義　嘉興沙木集注"。

　　沙木藝文備覽補詳字義叙。

　　按，此書爲《藝文通覽》之附，故版本亦從之著録。但並非從"曼126"中別裁而出的。

埶文通覽補詳字義

長白阿厚菴先生鑒定　　嘉興沙木集注

說文解字弟一

上部

旁

溥也从二闕方聲步光切許氏乀厂無解注

闕。〇沙木曰旁薄廣被貌揚雄傳旁薄羣生。

弟一篇

二

隸韻　十卷，附碑目考證一卷，隸韻考證二卷　曼289

（宋）劉球撰，（清）翁方綱考證

清嘉慶十四年（己巳 1809）長白阿厚菴仿刻本

6册1本

22.2×14.5。半葉六行，大小字不等，行大字約六字，小字雙行同，行約二十四字。四周單邊，白口，單黑魚尾。魚尾上記書名，下記卷次及葉碼。卷十末葉末行題"隸韻卷第十終"，下小字題"御前應奉沈 亨刊"等七字。裏封題"宋石刻本 劉球纂隸韻 碑目一卷考證一卷附"。

所附《碑目考證》：半葉七行，行十九字。四周單邊，白口，單黑魚尾，魚尾上題"隸韻"，下題"考證"及葉碼。卷端題"碑目考證"，末葉末行小字題"秣陵陶士立慎齋摹 上元柏志高刊"。《隸韻考證》：半葉八行，行二十字。四周單邊，白口，單黑魚尾，魚尾上題"隸韻"，下題"考證上"及葉碼。卷端題"隸韻考證卷上""大興 翁方綱"。

清嘉慶十五年（庚午 1810）翁方綱序，末有董其昌跋，《考證》末附清嘉慶十四年（己巳 1809）秦恩復後序。

按，據翁序："劉《韻》是石刻拓本，予曩於友人齋偶遇二三卷，未見全帙。今翰林秦君敦夫彙得十卷，厚菴醵使鳩工精勒。"又，秦恩復後序云"頃得宋拓《隸韻》墨刻十卷，末有'御前應奉沈 亨刊'七字，爲明餘清齋吳廷所藏，華亭董宗伯定爲德壽殿本。援據未真確，然紙墨精好，爲南宋初拓無疑……商邱宋文康公僅得兩卷，張文敏司寇詫爲創獲，豈可以微纇掩其全璧哉！嗣於四明范氏天一閣中復得殘本《碑目》一卷及劉球奏進表半篇，別爲一帙，加以《考證》一卷，附諸卷末，推求原委，以廣見聞。長白厚菴先生謂此書自宋南渡以來幾數百年，晦而復顯待人傳，爰墨諸版以詔海內……"據此兩序可知，此本實爲秦恩復所彙輯，而阿厚菴命工所刊的。《藏園訂補邵亭知見傳本書目》卷三第180葉著録爲"嘉慶十五年秦恩復刊"，乃是僅見有秦氏之跋，而未讀跋之内容。

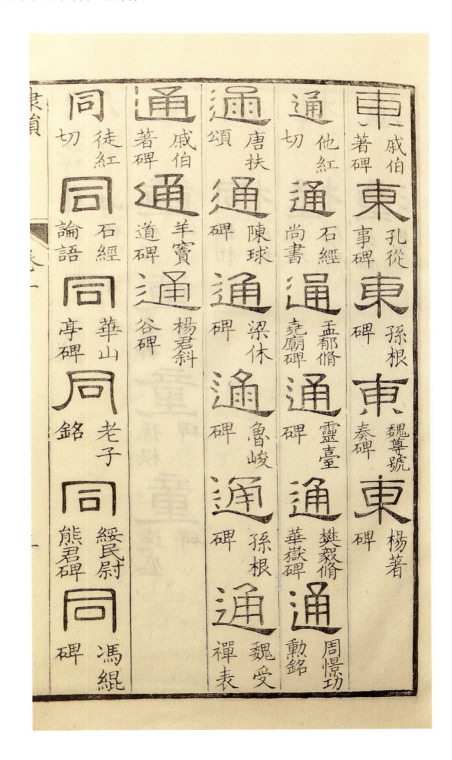

篆字彙　六卷　　　　　　　　　　曼111

（清）佟世男編

清康熙三十年（辛未 1691）序刻本

6册1本

19.5×13.2。半葉八行，大小字不等，行大字約十二字，小字雙行同，行約二十四字。左右雙邊，白口，無魚尾。版心記書名及卷次，下書口記葉數。版心有從上至下位置逐葉靠下的墨塊（七葉一組），裹封題“遼陽佟偉夫編 篆字彙 本衙藏板”。

清康熙三十年（辛未 1691）梁佩蘭序。

有複本一：索書號爲“曼111a”。此本丑集首葉下書口刻“多山堂”，裹封題“遼陽佟偉夫編 篆字彙　多山堂藏板”。

按，此本裹封字體與其複本不同，爲楷體字，後者爲宋體字。

《四庫全書總目》“經部四十三·小學類存目一”，云：“世男滿洲鑲黄旗人，康熙中官知縣。其書本梅膺祚《字彙》，各繫以篆文。篆文所無之字，則依楷書字畫以意造之，不可以爲典據也。”

《藏園訂補邵亭知見傳本書目》《中國古籍善本書目》未録此書。

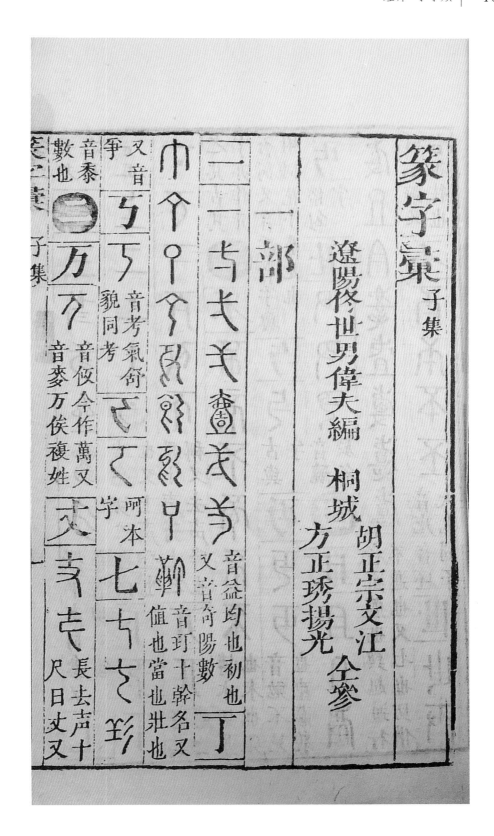

篆字彙 子集

遼陽佟世男偉夫編　桐城　胡正宗文江

方正琇揚光　仝參

一部

音益均也初也

又音奇陽數

音玎十幹名又

值也當也壯也

丁

音氣�

貌同考

又音

爭 丂 丂 阿本

字

七 七 七 彡

音考氣衍

又音 丂 丂

泰

數也

音俁今作萬又

俟禊姓

○ 万 万

音麥万

又

又 丈 丈

長去声十

尺日丈又

草字彙　不分卷　　　　　　　　曼113

（清）石梁撰

清乾隆五十三年（戊申　1788）敬義齋刻本

1本

19×13.3。無界，半葉三行，大小字不等，大字約六字，小字約十字。四周雙邊，白口，無魚尾。版心記卷次（子—亥），中記部首，下記葉數。卷端題"草字彙竪菴石梁集"，鈐"發思古之幽情""石梁字錕南"墨文方印。裏封題"乾隆戊申年鐫　石竪菴集　艸字彙　敬義齋藏板"。

清乾隆五十一年（丙午　1786）蔣光越序，清乾隆五十二年（丁未　1787）袁曰森序，清乾隆五十一年（丙午　1786）趙思道序。書後有清乾隆五十二年（丁未　1787）石梁自序。

按，此本吉林大學圖書館、清華大學圖書館等有藏。

《藏園訂補郘亭知見傳本書目》《中國古籍善本書目》未録此書。

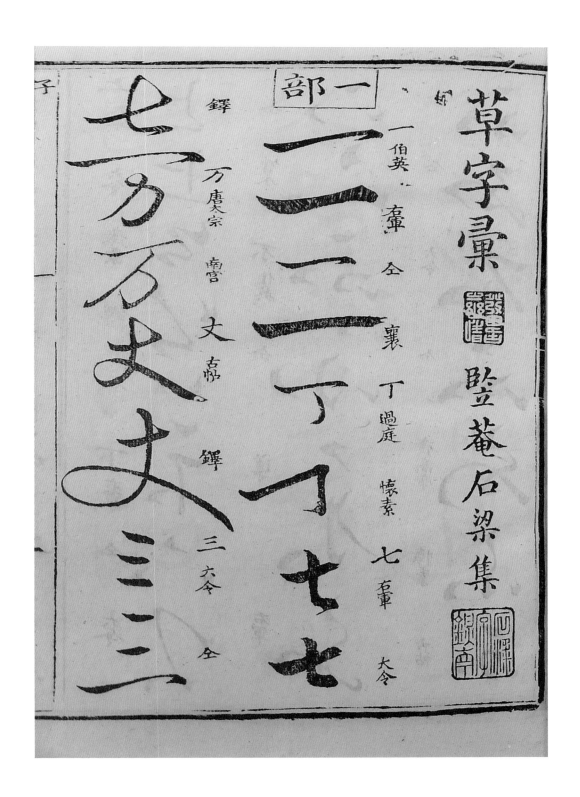

草字彙 監蕃石梁集

一伯英 奮 仝 襄 丁過庭 懷素 七至軍 大令

二 二 丁 丁 七 七

鐸 万唐太宗 南宫 丈古帖 鐸 三六令 仝

七 丁 万 丈 大 三 二

分韻撮要字彙　四卷　　　　　　　　曼130

（清）温儀鳳編輯，（清）温繼聖訂

清末聯慶堂翻刻本

4册1本

11.8×8.9。半葉八行，大小字不等，大字行十字，小字雙行同，行四十字。四周單邊，白口，單黑魚尾。魚尾上題“分韻撮要”，下題“某（集）第幾”及記葉數。卷端題“分韻撮要字彙”，小注“元集”，“武溪温儀鳳岐山甫編輯　侄繼聖端石甫同訂”，裏封題“元亨字彙　武溪温岐山　端石先生同糸　分韻撮要　較訂無訛　聯慶堂藏板”，外封墨筆題“第幾　分韻撮要”。

無序跋。

按，此本依照元亨利貞分爲四卷，每卷諸字依韻排列，共分三十三韻。其首附總目及諸集細目。

又，此本“玄”“弦”“鉉”等字皆缺筆，“弘”字或缺或不缺，“琰”“寧”“淳”皆不缺筆。據此可推知此本或刊於嘉慶、道光之間，乃翻刻清康熙間刻本，故“玄”字皆缺筆，“弘”字則時有避諱。

據“曼163”《江湖尺牘分韻撮要》之序可知，該書與《尺牘輯要》與道光十一年（辛卯 1831）左右曾由花港主人分欄合編爲《江湖尺牘分韻撮要》刊行於世，之後皆流行此種版本。而此本則爲單篇獨行之本，要較合編分欄本早些。

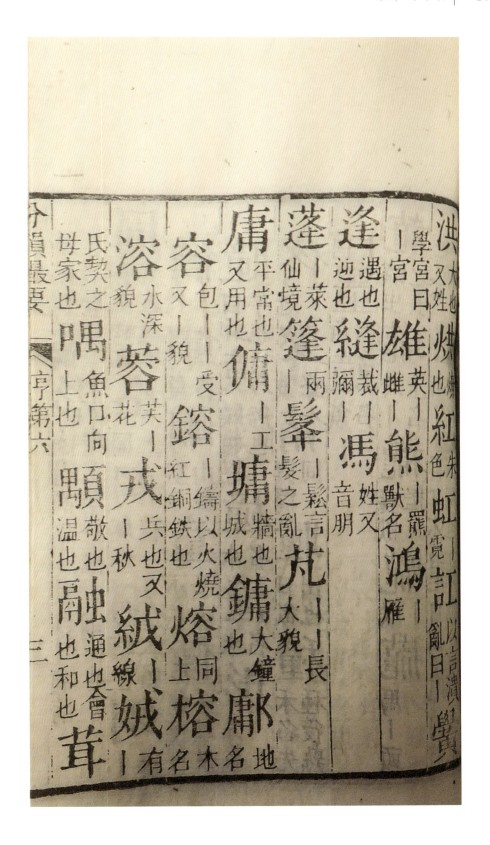

分韻最要 亨第六

洪 大地也 又姓
烷 燒
烧 爆爛
紅 朱色
虹 霓
訌 亂曰訌
螢 黃

學宮曰 宮
雄 英－罷
雌－熊 獸名
鴻 雁

遇也
迎也
裁－馮
彌－馮 音明

逢 迎也
縫 裁－馮
蓬 仙境萊
篷 雨
髻 髮之亂
氄 長 松言

庸 又用也 平常也
傭 工
墉 城也
鏞 大鐘也
廊 地名

容 又包－受
鎔 以火燒鐵也
熔 上同 榕 木名

溶 水深貌
蓉 芙－花紅
戎 兵也 又－秋 敬也 蟲
絨 線
娥
茸

氏勢之 母家也
喁 魚口向上也
顒 温也
融 和也

三

古籀篇　一百卷　　　　　　　　　　　　曼R10096

［日］高田忠周纂述

日本大正十四年（乙丑 1925）古籀篇刊行會石印本

46冊10函，另4冊1函（《隸書索引》）、7冊1函（《篆文索引》6冊、《轉注假借説》1冊）

17.7×12.4。半葉七行，大小字不等，大字行約四字或八字不等，小字雙行同，行六十二字，上欄另起一欄注楷書字頭，或小字注明假借、異體等關係，某字之天頭處或加“補”字特別注明。四周單邊，白口，單黑魚尾。魚尾下記書名、卷次及葉數，下書口題“説文樓藏版”。卷端題“古籀篇卷一 東京高田忠周纂述”，卷首裏封題“壬寅七月清國吳汝綸讀過 古籀篇首卷”。每冊襯葉鈐“古籀篇刊行會之章”朱文方印，外封書籤題“古籀篇 卷幾”，函套書籤題“古籀篇 （甲至癸）/補遺索引”。《補遺》：卷端題“古籀篇補遺卷一 東京高田忠周纂述”；《隸文索引》：卷端題“古籀篇隸文索引上”；《轉注假借説》：卷端題“轉注假借説 東京高田忠周 述”，無魚尾，上書口題“轉注/假借”，下書口記葉數，末版權葉題“大正十四年八月十五日印刷 大正十四年八月二十日發行”“發行所 古籀篇刊行會”等。函套裏皆鈐“株式會社 出版印刷”章，襯葉皆鈐“古籀篇刊行會之章”朱文方印。

日本明治三十五年（壬寅 1902）成齋重野繹序，清光緒二十八年（壬寅 1902）吳汝綸序，服部宇之吉序，明治二十六年（庚子 1900）撰者自叙、再叙。大正七年（戊午 1918）撰者建首系譜緒言，末卷附高田忠周《古籀篇學古發凡刊行顛末》；《補遺》首大正十三年（甲子 1924）撰者自叙，《篆文索引》首大正十四年（乙丑 1925）高田忠周緒言，《轉注假借説首》渡邊千冬序，末有明治三十二年（丙午 1906）高田忠周識。

卷首一卷（例言三十條，引用書目目錄，建首系譜四十三部六百二十四小部），標目一卷。附補遺十卷（2冊）、凡例三條及引徵書目，隸文索引上下二卷（2冊）、凡例四條及部目目次（上冊一至五畫，下册六至十七畫），篆文索引一百九十四部、凡例九條及部首目次，轉注假借説一篇。

　　按，高田忠周，號竹山逸人，未央學人，説文樓主人，有藏書樓曰"説文樓"。日本二松學社附屬圖書館、大阪大學綜合圖書館等藏有全本。

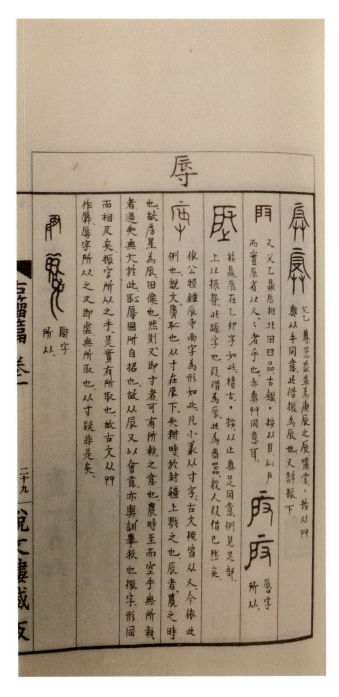

學古發凡　八卷，
附蔡先生寄古籀篇建首檢字一卷　　曼R10096

［日］高田忠周纂述

日本大正十四年（乙丑 1925）古籀篇刊行會石印本

7册1函

17.7×12.4。半葉七行，大小字不等，行大字行約四字或八字不等，小字雙行同，行六十二字，上欄另起空白一欄。四周單邊，白口，單黑魚尾。魚尾下記書名、卷次及葉數，下書口題“説文樓藏版”。卷端題“學古發凡卷一上　東京高田忠周編述”。每册襯葉鈐“古籀篇刊行會之章”朱文方印，裏封題“學古發凡”，外封題“學古發凡　卷幾”“蔡先生寄古籀篇建首檢字　完”，函套書籤題“學古發凡　全”。函套裏皆鈐“株式會社　出版印刷”章，襯葉皆鈐“古籀篇刊行會之章”朱文方印。

首日本大正八年（己未 1919）高田忠周自序，冬十一月又序；《檢字》首昭和二年（丁卯 1927）渡邊千冬序，蔡廷幹與高田忠周來往信件兩封。

此書有凡例四條，目録一卷。卷一、卷七又分上下兩子卷，末附商周金石龜版圖二十一幅。

按，日本二松學社附屬圖書館、大阪大學綜合圖書館等藏有全本。

學古發凡卷一上

東京　髙田忠周　編述

字原第一

西人曰六書之工夫眞是人間一大發明、如此者非依積
世之智識焉能得完成之、豈獨歸功于倉頡一人邪、此言
似有理而未是矣、蓋漢土文字其初萌于三三八卦文卦
文以前有算數術、有天文學其程度深淺、
固雖不可知其道啟發已久焉可疑者矣、余來遞代有文

朝陽閣字鑒　三十卷

曼Chinese　3

［日］高田忠周著

日本明治三十六年（癸卯 1903）七條愷金屬版合資會社刻本

16册3函

19.4×13.7。半葉六行，大小字不等。四周單邊，白口，單黑魚尾，魚尾下題“朝陽閣字鑒卷幾”及葉數。卷端題“朝陽閣字鑒弟一函篆部卷一”“東京　高田忠周篆”。首薰峰題籤書名。末版權葉題“明治三十六年六月二十日印刷　明治三十六年六月二十五日發行”。

日本明治三十四年（辛丑 1901）作者自序，明治三十四年（戊申 1908）田口乾三跋，大槻修如電跋。

凡例五則，附古籀篇首卷（序目葉）、説文字原譜、書體要覽（序目葉）。

按，據諸序跋可知，此書是在《古籀篇》的基礎上删併而成的，稿成於明治二十七年（辛丑 1894），因其供職於印刷局，且參用局中書而成，故名之曰“朝陽閣字鑒”。

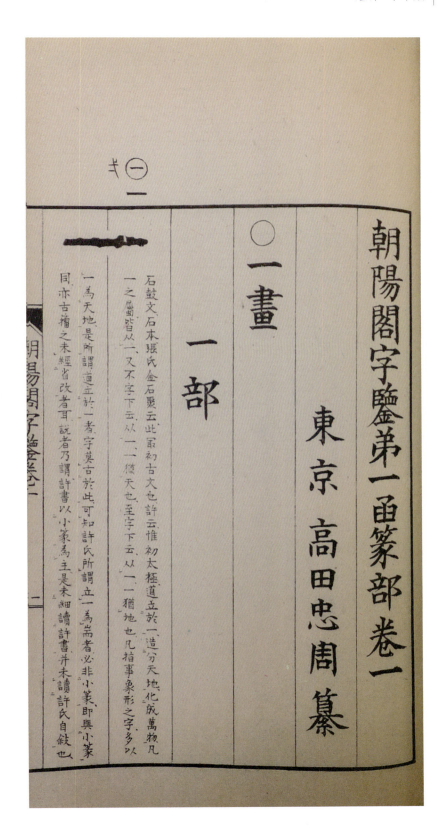

朝陽閣字鑑第一函篆部 卷一

東京 高田忠周 纂

○一畫

一部

一

石鼓文石本瑗氏金石聚云此最初古文也許云惟初太極道立於一造分天地化成萬物凡一之屬皆从一又不字下云从一一猶天也至字下云从一一猶地也凡指事象形之字多以

一為天地是所謂道立於一者字莫古於此可知許氏所謂立一為耑者必非小篆即與小篆同亦古楠之未經省改者耳說者乃謂許書以小篆為主是未細讀許書并未讀許氏自敍也

《朝陽閣字鑑卷一》   二

集韻　十卷

曼134

（宋）丁度等奉敕編，（清）顧廣圻校
清嘉慶十九年（甲戌 1814）顧廣圻重刻本

10册1本

16×11。半葉八行，大小字不等，行大字十二字，小字雙行同，行四十八字。左右雙邊，白口，上下各雙綫魚尾。上書口記大小字，依次爲書名及四聲，下書口記葉數，且題“甲戌重刊”。卷端題“集韻卷之一”“翰林學士兼侍讀學士朝請大夫尚書左司郎中知制誥判祕閣兼判太常禮院羣牧使柱國濟陽郡開國侯食邑一千二百户賜金魚袋臣丁度等奉敕脩定”，卷二、卷四末有牌記“棟亭藏本丙戌九月 重刻于扬州使院”。闕裏封。

每卷前皆附本卷韻目。

清嘉慶十九年（甲戌 1814）顧廣圻補刊集韻序，卷十入聲末附宋仁宗景祐元年（甲戌 1034）宋祁、鄭戬等奏折。

按，顧廣圻序：“秀水朱檢討彝尊從毛扆斧季家得其傳抄本，於康熙丙戌歲，屬曹通政寅刊之，由是與同時所刊《廣韻》各書並行於世。《集韻》以無他刻，學者尤重之，版存江寧権使署，百餘年來，漸已損泐，是誠不可不亟爲補完也。桐城方葆巖尚書謀之権使雙公，屬廣圻與同志諸君經營其事，今凡重雕者少半，而還舊觀矣。朱氏傳抄本未免筆畫小譌，俱仍而不改者，恐失其真也。其北宋槧本尚在扬州某家，又吳門有影抄宋本，陽湖孫淵如觀察、全椒吳山尊學士每欲訪借斯二者而別刊之，不更善之善者歟？”據此，該本乃據清康熙四十五年（丙戌 1706）曹寅扬州使院《曹棟亭五種》本重刊，而曹氏之底本爲毛扆傳抄本（今藏寧波天一閣）。《集韻》一書在當時尚有扬州某家所藏北宋本，吳門某氏藏影抄宋本，不知是指何人。但今存宋本有國家圖書館所藏南宋孝宗時潭州刻本，爲清内府舊藏；上海圖書館所藏南宋明州刻本，曾先後爲清代錢曾述古堂、怡府及常熟翁氏收藏；日本宮内廳書陵部所藏南宋孝宗淳熙十四年（丁未 1187）田世卿陝西安康金州軍重刻本。所存影宋抄，除了毛氏影抄外，尚有藏於上海圖書館的錢氏述古堂影抄宋本。

《四庫全書總目》"經部四十二·小學類三"收錄，可參看。

《藏園訂補郘亭知見傳本書目·經部》收錄此本，題作"嘉慶甲戌顧廣圻重修曹板"，云"曹氏刊本謬誤甚多，中有一卷全出改竄者，須用宋本校正"。而《中國古籍善本書目·經部》未收此本。

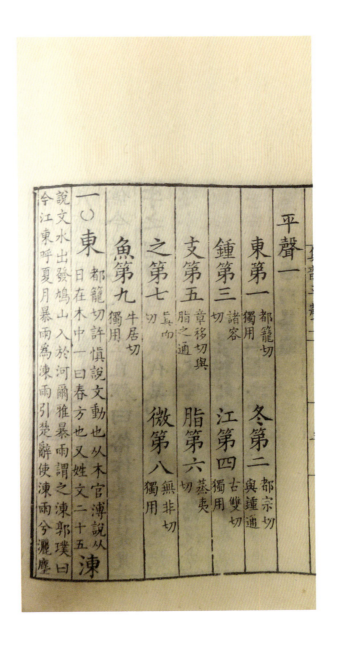

新增説文韻府群玉　二十卷　　　曼131

（元）陰時夫編，（明）王元貞校

清崇文堂刻本

10本

20.8×13.6。半葉十一行，大小字不等，行大字二十二字，小字雙行同，行四十四字。四周單邊，白口，單黑魚尾。魚尾上題“韻府群玉”，下記卷次及葉數。卷端題“新增説文韻府群玉卷之一　上平聲”“晚學陰時夫勁弦編輯　新吳陰中夫復春編註秣陵王元貞孟起校正”，裏封題“陰勁弦　王孟起兩先生輯註　重鐫韻府群玉原本　崇文堂藏板”。

凡例十四條，韻府群玉目録、韻府群玉事類總目。

明萬曆十八年（庚寅 1590）陳文燭序，韻府群玉序：滕玉霄序、姚雲序、趙子昂題、元成宗大德十一年（丁未 1307）陰竹埜序、元仁宗延祐元年（甲寅 1314）陰復春自序、陰時夫自序。

按，據陳氏序：“元人陰氏兄弟著《韻府群玉》，京師舊有梓本，歲久漶漫難讀，學士病焉。吾友王孟起，秣陵人也，家藏墳典……暇校而新之，洗魚魯、金根之謬。音釋既明，剞劂尤精，藝林争傳，幾於紙貴，請余引其端”云云，可知此本最早有元刻本，入明則有萬曆間王元貞（孟起）重刻本，北京師範大學圖書館等收藏。今據明王氏刻本與此本相校，雖然此本亦“玄”“弘”等皆不缺筆，但二本風格迥異，此本蓋清代翻刻。

此本陳序末所鈐“陳王叔印”之“叔”字右旁作“寸”，下一本則缺一點。而且其字迹亦不如下一本清晰，或爲覆刻之本。

《四庫全書總目》“子部四十五·類書類一”録有《韻府群玉》二十卷，未録此書。但其云：“是押韻之書盛於元初。時夫是編，蓋即作於是時。康熙中，河間府知府徐可先之婦謝瑛，又取其書重輯之，名‘增删韻玉定本’。今書肆所刊皆瑛改本。此本爲大德中刊版，猶時夫原書也。明成祖頗喜其書，故解縉大庖西封事，稱陛下好觀《韻府》雜書，抄輯穢蕪，略無文彩。"此諸語對瞭解該書之原委頗有參考。

　　《中國古籍善本書目・子部》收錄此本，但題作"明崇文堂刻本"，忻州市圖書館、黑龍江省中醫研究院、雲南省圖書館收藏。《藏園訂補郘亭知見傳本書目・子部》收錄有元大德本和明劉氏安正書堂刻本兩種。2012年，保利秋季拍賣會上展出的廣韻樓藏書中有全本的元至正十六年（丙申 1356）劉氏日新堂刻本。

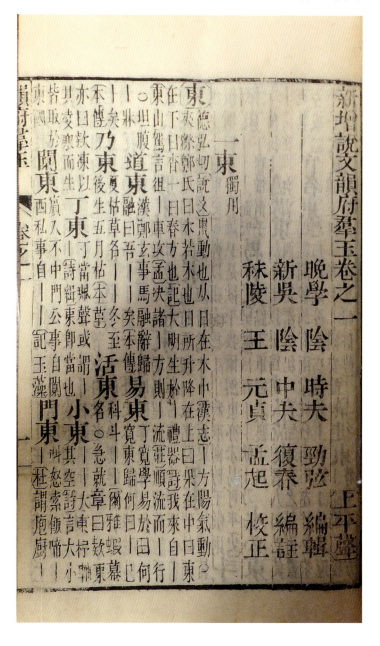

新增説文韻府群玉　二十卷　　　　　　　曼132

（元）陰時夫編，（明）王元貞校

清聚錦堂刻本

10册2本

20.8×13.6。半葉十一行，大小字不等，行大字二十二字，小字雙行同，行四十四字。四周單邊或左右雙邊，白口，單黑魚尾。魚尾上題"韻府群玉"，下記卷次及葉數，下書口題"聚錦堂"。卷端題"新增説文韻府群玉卷之一　上平聲""晚學陰時夫勁弦編輯　新吴陰中夫復春編註　秣陵王元貞孟起校正"，文内偶有墨釘，裏封題"陰勁弦　王孟起兩先生輯註　重鑴韻府群玉原本　聚錦堂梓行"。

凡例十四條，韻府群玉目録、韻府群玉事類總目。

明萬曆十八年（庚寅 1590）陳文燭序，韻府群玉序：滕玉霄序、姚雲序、趙子昂題、元成宗大德十一年（丁未 1307）陰竹埜序、元仁宗延祐元年（甲寅 1314）陰復春自序、陰時夫自序。

按，此本序文字體和正文板式與上一本同，惟裏封題字板式與字體不一，前一本字體較爲厚重開放，此本則緊凑秀氣。正文字體近似，但細查起來，如首葉引《説文》"東"之篆文，"活東"條小注"《急就章》曰款東"之"款"字等均有差别，又，此本末字"喋"下小注有墨釘，前本則無，可知兩本之中必有一本爲覆刻，此本字迹較爲清晰，應爲原刻本。

此本中國人民大學圖書館有藏，但題作"明末聚錦堂刻本"。今檢北京大學圖書館所藏《增訂廣輿記》，裏封題"康熙丁酉新鑴 聚錦堂梓行"；又，北京大學圖書館藏《來生福》，裏封題"同治九年重刊 聚錦堂梓行"，正文字體亦與此本相近，故可知此本爲清刻本。

《中國古籍善本書目・子部》收録此本，但題作"明聚錦堂等刻本"，中國人民大學圖書館、天津圖書館等7館收藏。

新增說文韻府羣玉卷之一

晚學陰　峙夫　勁弦　編輯
新吳陰　中夫　復春　編註
秣陵　王元貞　孟起　校正

上平聲

一東　獨用

一東

東〔德弘切〕〔說文〕東動也从日在木中漢志曰〔方陽氣動〕○夾漈鄭氏曰木若木也日所升降在上曰果在中曰東自東山駕言祖車攻〔諸孟〕在下曰杏一曰春方生於東禮器詩我來自東故東之升於田流雅順流行○東坦腹鄭玄事馬融曰易東歸何巴淋腹〔易東〕寬學易何東

乃東後生五月當枯草本草至活東名科斗○急就章曰大東枅

道東融曰丁寛丁寛學易於田何巴詩緡紛東郎或謂自閩公事記玉藻門東一杜謂庖廚

〔本傳〕鄭玄事亦曰欽東以其凌寒而生皆取於闌東西私事自記公事

頏府羣玉東國賓入不中門自闌東皆取於闌東西私事自

五車韻瑞　一百六十卷　　　　　　　　　　曼129

（明）凌稚隆纂輯
明萬曆間金閶葉瑶池刻本

20冊5本

22.8×15.3。半葉十行，大小字不等，行大字十六字，小字雙行同，行六十四字。四周單邊，白口，單黑魚尾。天頭下另有一欄記楷書字頭、某卷等，魚尾上題"五車韻瑞卷之幾"，下記韻目、葉數及刻工名。卷端題"五車韻瑞卷之一""吳興後學凌稚隆以棟父編輯"。裏封題"吳興凌以棟先生纂輯 五車韻瑞 金閶葉瑶池梓行"。此本有諸多鈐印，裏封鈐"本衙藏板"朱文方印，序下鈐"亦坡"朱文方印、"沈竟和印"白文方印等，目録及卷一前鈐"沈鑑""戒堂"二白文方印等，"沈竟和印"白文方印，"調元""收藏"朱文方印。

此本刻工有：陶、公、巽、元、守、貞公、伯、仲元、罗、信、发、江、仲、刘、云、公贞、彦、疋、子、禎、仁、美，等。

謝肇淛序。另附四聲目録、洪武正韻四聲韻目等。

按，金閶葉瑶池乃明代蘇州書坊主，其人還重刻過《第五才子書水滸傳》，活動時間已到清初。然此本是明刻無疑。

《四庫全書總目》"子部四十八·類書類存目二"有録，其叙該書體例云："是編因《韻府群玉》而稍變其體例。每韻之下，先列小篆一字，然後隨韻隸事。其排纂之序，曰經，曰史，曰子，曰集，曰雜。又以賦頌歌詩之類分體標名，綴列於後。其曰雜者，蓋仙經佛典之言。"又云："稚隆此書，名爲廣所未備，而舛謬彌滋。且往往杜撰增添，非本書所有"，對其評價頗低。

《中國古籍善本書目·子部》收録此本，北京大學圖書館等收藏。

tung

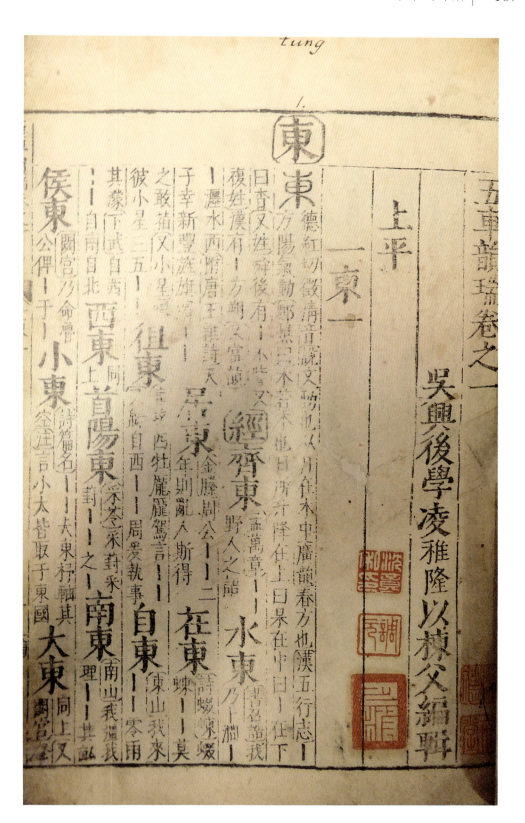

五車韻瑞卷之一

吳興後學凌稚隆以棟父編輯

上平

一東一

東

字學正韻通　五卷　　　　　　　　　曼103

（明）吕維祺撰，（明）吕維祜詮

明崇禎六年（癸酉 1633）刻崇禎七年（甲戌 1634）石渠閣修補印本

1册

21×14.4。無界，半葉大字八行，行十六字，每字右上角均注明"獨"或"衆"，四周單邊，白口，單魚尾。魚尾上題"韻母"，下記卷次及葉數，下書口或題"石渠閣補"，或題大小字數。卷端題"字學正韻通一之一""明新安豫石吕維祺著　泰石吕維祜詮""韻母　卷之一"，天頭注明所屬韻部和所收字數，右上角朱筆標注葉數，書内有朱筆標注注音。裏封題"韻瑞韻府删複補闕　吕豫石先生著　正韻通　一纂洪武正韻　一纂洪武通韻　本衙藏版"，右側版框外朱筆題"公諱維祺字介孺號豫石河南新安人也"，小字注"吕忠簡公傳"，左下角鈐"聚升堂記"朱文方印。

崇禎七年（甲戌 1634）鄭鄤序，崇禎六年（癸酉 1633）吕維祺自序，崇禎七年（甲戌 1634）吕維祜日月燈序、畢懋康序，撰者韻母引言。

按，此書五卷，原爲《音韻日月燈》之第一部分"韻母"，此改名爲"字學正韻通"。其自序云："予……始成書曰韻母，曰同文鐸，曰韻鑰，凡六十卷，而總繫之曰'日月燈'，蓋三書自相表里"云云，故知該書原名"音韻日月燈"。考《續修四庫全書》所收之本，版式字體與之均同，惟卷端題"音韻日月燈一之一"，此本則題"字學正韻通一之一"。又，吕維祜序云："家南司馬介孺先生著《韻學日月燈》，凡三種，曰：韻母，曰同文鐸，曰韻鑰，命其弟吉孺氏詮次之。癸酉告成，行於世。越明年甲戌，吉孺氏適來白下，復命重加訂正，兩閲月而定"，據此可知，《音韻日月燈》始成於明崇禎六年（癸酉 1633），再訂於明崇禎七年（甲戌 1634）。

《中國古籍善本書目·經部》收録有《音韻日月燈》六十四卷，題作"明崇禎年志清堂刻本"，北京大學圖書館、北京師範大學圖書館、天津圖書館等收藏。另收有此本的清丁丙跋本，南京圖書館收藏。

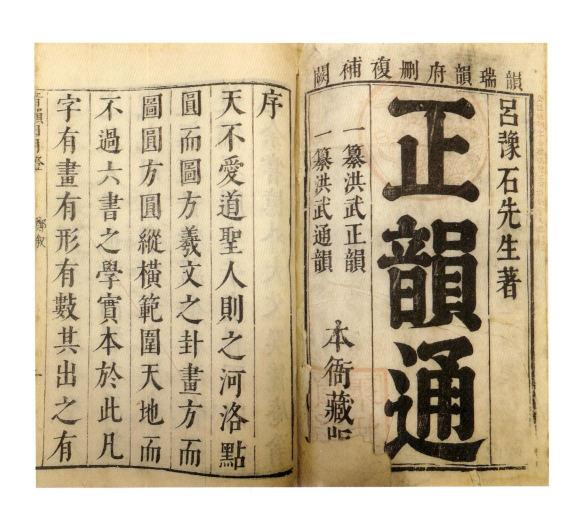

韻瑞韻府删復補闕

呂豫石先生著

一纂洪武正韻
一纂洪武通韻

本衙藏版

正韻通

序

天不愛道聖人則之河洛點
圓而圓方義文之卦畫方而
圖圓方圓縱橫範圍天地而
不過六書之學實本於此凡
字有畫有形有數其出之有

鄭叙

韻法直圖　不分卷，附韻法橫圖不分卷，（字彙）辨似不分卷　曼100

（明）李世澤等撰

明末翻刻本

1册

22×14.1。半葉八行，行十六字。左右雙邊，白口，雙對白魚尾。上魚尾上題“韻法直圖”“韻法橫圖”“字彙”，版口記葉數（或另題“卷末”）。無卷端，但前序題“韻法直圖 宣城梅膺祚誕生撰”。所附《韻法橫圖》不分卷，李世澤撰，無卷端，前序題“韻法橫圖 上元李世澤嘉紹識”；《辨似》不分卷，卷端題“辨似”，下小字注“此條舊本多訛謬今較正”，第二至三行小字“字畫之辨在毫髮間注釋雖詳豈能 徧覽兹復揭出點畫相似者四百七 十有奇比體並列彼此相形俾奮藻 之士一目了然無魚魯之謬也”。闕裹封。

《韻法直圖》前有梅膺祚序，《韻法橫圖》前有梅膺祚序，李世澤識。

按，該書與《字彙》版式同，當爲《字彙》之附。據《韻法直圖》前梅膺祚序云：“壬子春，從新安得是圖，乃知反切之學，人人可能者”，可知，此圖並非梅氏所作，而是其在明萬曆四十年（壬子 1612）在新安所得。然究竟其原撰者爲誰，終不可知。而《韻法橫圖》乃爲李世澤所撰。所以，此處題作“李世澤等撰”應該是無大問題的。

《韻法橫圖》前梅膺祚序云：“余先是得《韻法直圖》，其字從上而下也，其圖橫列，則以橫名。一直一橫，互相吻合，猶《易》卦。然先天、後天，其圖不同而理同也。《韻法》二圖，蓋倣諸此。甲寅春並屬之梓”，其中“甲寅”，蓋即明萬曆四十二年（甲寅 1614），是爲該書的初次刊刻。而此本之《辨似》下小字注云：“此條舊本多訛謬，今較正”，既云“舊本”，則可知其爲翻刻之本。然觀其字體版式，應爲明代翻刻，但也在明末了。

《中國古籍善本書目·經部》收録有《字彙》十二卷，首一卷，末一卷，附《韻法直圖》一卷，《韻法橫圖》一卷，其版本題作"明萬曆四十三年刻本"。蓋據書前所附明萬曆四十三年（乙卯 1615）梅鼎祚序題版本項。然此序云："二子士倩、士杰能讀父書而梓行之，請序于余"，顯然此書最初是由梅氏的兩個兒子刊行的，此序蓋爲該書刊刻後另加之序文，故不能據此定此書之版本。

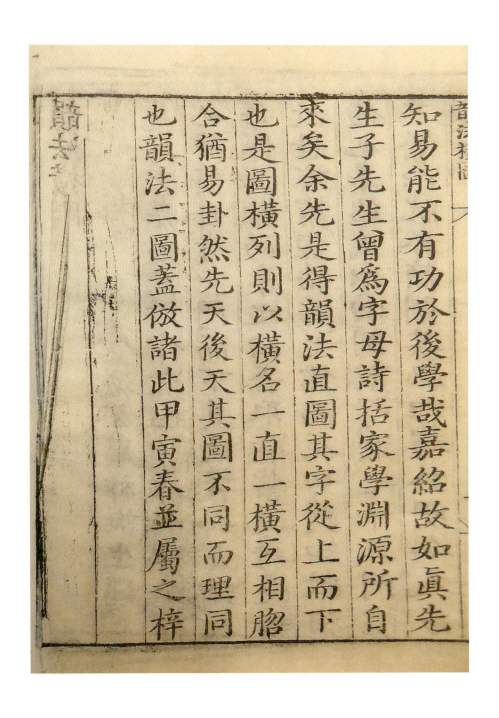

音學五書　三十八卷　　　　　　　　　　　　　曼98

（清）顧炎武撰

清康熙六年（丁未 1667）山陽張弨符山堂刻本

12册2本

子目：

1.音論上中下三卷；

2.詩本音十卷；

3.易音三卷；

4.唐韻正二十卷；

5.古音表上下二卷。

19.9×14。半葉八行，大小字不等，行大字十二字，小字雙行同，行四十八字。左右雙邊，白口，單黑魚尾。魚尾上記子目及書名，下記卷次及葉數。各子目卷端皆題“某書卷之幾 音學五書 幾”，目錄題“音學五書目録”，後序末“姓氏”題“東吴顧炎武亭林 纂著 秉義果亭 甥徐乾學健菴糸閲 元文立齋 後學張弨力臣較訂 男叶箕叶增 同書”，末行題“旌德周岳宣 瑾刻”，裏封題“東吴顧亭林著 音學五書 音論 詩本音 易音 唐韻正 古音表”。

顧炎武音學五書叙，明崇禎十六年（癸未 1643）曹雪佺顧氏音學五書叙，顧炎武後序，徐乾學識。另附答李子德書一通。

按，據顧炎武後序云：“日西方莫，遂以付之梓人。而《詩本音》十卷，則李君因篤不遠千里來相訂正，而多采其言。若夫本《説文》正字，體酌古今之間而手書之，則張君弨與其二子叶增、叶箕……其工費則取諸鹺産之直”云云，故知乃張氏所刻。此本《中國叢書綜録》《文字音韻訓詁知見書目》均著録爲“清康熙六年山陽張弨符山堂刻本”，北京大學圖書館、北京師範大學圖書館等28家單位收藏。

《中國古籍善本書目·經部》《藏園訂補郘亭知見傳本書目·經部》皆收録此本。

詩本音卷之一

國風

周南

關關雎鳩 唐韻之十八尤部也餘倣此 言十八尤者此字在 在河

之洲 尤 十八 窈窕淑女君子好逑 尤 十八 之窈窕淑

參差荇菜左右流 尤 十八 之 凡詩中語助之辭皆以上文一 字爲韻如兮也之只矣而哉此

女寤寐求 尤 十八 之

思焉我斯且忌猗之類皆不入韻又有二字不入韻者著之乎 而是也若特用其一則遂以入韻其君也哉誰管然矣人之爲

音學五書

四

佩文韻府 一百零六卷 曼263

（清）張玉書等奉敕纂
清翻刻康熙間武英殿刻本

127册51本

17.6×11。無界，半葉十二行，大小字不等，行大字二十五字，小字雙行同，行五十字。四周雙邊，白口，單黑魚尾。魚尾上記書名，下記卷次、韻類及葉數。卷端題“佩文韻府卷一”，次行低一格題“上平聲 一東韻”，卷末下書口皆題“卷幾終”。此本卷四上四支“師”之“載師”至“姬”韻，卷十五上平聲十五删目錄葉、卷首“删”字條至“關”字“三關”詞下注，“關”“灣”兩字下，“猨”字一條，卷十六上“氣遷”條至“情隨事遷”條，卷十八下平聲三肴韻目錄葉，卷三十四上“方軌”條，卷七十五十六諫“豣”字至“襻”字條，卷八十四去聲二十五徑韻目錄葉等處皆有抄配。闕裏封。

清康熙五十年（辛卯 1711）御製佩文韻府序。

按，此書最早爲清康熙五十年（辛卯 1711）武英殿刻本，之後陸續有翻刻。據沈津先生《康熙帝御纂的〈佩文韻府〉》稱：“《佩文韻府》玄燁序後鈐有‘體元主人’及‘萬幾餘暇’二印。此書有翻刻本，嶺南潘氏海山仙館本即是。潘本在卷一第一葉‘韻’的後半葉有牌記，刻‘嶺南潘氏海山仙館藏板’，又玄燁序後無鈐印，而代之以刻。而光緒十二年（丙戌 1886）上海同文書局有影印本，上海掃葉山房有石印本，1937年（丁丑）上海商務印書館又有排印本，日本明治四十一年（戊申 1908）有東京吉川弘文館排印本。”其中，光緒間刻本板式有變，但裝幀精良。此本序後無鈐印，且紙質較差，應非内府刻本，爲翻刻本。且檢卷一諸韻，無沈先生所云牌記，故不知何人所刊。該本“玄”字皆缺筆，“弘”等則不缺。

《藏園訂補邵亭知見傳本書目·子部》收錄有翻刻本三：蘇州翻本，廣東翻本，江西翻本。

佩文韻府卷一

上平聲

一東韻

東

東韻

東 德紅切 方動也從日在木中會意

佩文韻府　一百六卷，
韻府拾遺一百六卷

曼Chinese 6

（清）張玉書等奉敕纂

清康熙五十年（辛卯 1711）武英殿刻清道光間海山仙僊館翻刻本

160册40函（《佩文韻府》140册35函，《拾遺》20册5函）

16×11。無界，半葉十二行，大小字不等，行大字二十五字，小字雙行同，行五十字。四周雙邊，白口，單黑魚尾。魚尾上記書名，下記卷次、韻目及葉數。卷端題“佩文韻府卷一”“韻府拾遺卷一”“某聲 某韻”。該書無總目，每卷皆有分目録，背有牌記“嶺南潘氏海山僊館藏板”（《韻府拾遺》無）。闕裏封。書根記書名、韻部及册數。

清康熙五十年（辛卯 1711）御製序及校勘官員職名，康熙五十九年（庚子 1720）《韻府拾遺》序及校勘官員職名。

按，此書最早爲康熙五十一年（壬辰 1712）武英殿刻本，之後陸續有翻刻，據前條引沈津先生《康熙帝御纂的〈佩文韻府〉》一文稱：“《佩文韻府》玄燁序後鈐有‘體元主人’及‘萬幾餘暇’二印。此書有翻刻本，嶺南潘氏海山仙館本即是。潘本在卷一第一葉‘韻’的後半葉有牌記，刻‘嶺南潘氏海山仙館藏板’”，今據此核對此本，與其所説一般無二。但是潘氏牌記並非止出現在卷一，而是諸韻皆有。

此本“玄”“絃”“胤”等缺筆，“弘”“琰”“寧”等不缺筆。

《藏園訂補郘亭知見傳本書目·子部》《中國古籍善本書目·子部》收録此書，但未録此本。

佩文韻府卷一

上平聲

一東韻

東〔韻藻〕

也德紅切　動也從日在木中會意

在東　詩我言維服言其東又詩我東曰歸

大東　詩小東大東杼柚其空

小東　詩小東大東

自東　詩自東自西自南自北

侯東　左傳伊雒瀍澗之前事爾公事

祖東　又詩東門之墠

門東　州之東門詩出其東門

居東　書予惟以在予一人又周公居東

活東　爾雅科斗活東

河東　郡名漢河東郡

闕東　書西宮

易東　以易東王君

道東　漢宮在雲道西安

丁東　

膠東　漢書膠東

牆東　庭堅詩老夫直欲臥王君

鎮東　鎮東將軍

征東　征東將軍

韻府拾遺　一百六卷　　　曼446

（清）張玉書等奉敕纂

清康熙間武英殿刻本（白棉紙，後印）

20册5本

16.2×10.8。半葉十二行，大小字不等，行大字二十五字，小字雙行同，行五十字。四周雙邊，白口，單黑魚尾。魚尾上記書名，下記卷次及韻部，葉數等。卷端題"韻府拾遺卷一"。闕裹封。

清康熙五十九年（庚子 1720）韻府拾遺序及校勘官員職名。

按，此本玄、胤皆缺筆，而弘、曆二字皆不缺筆，琰作玫，參見"曼Chinese 6"。

《藏園訂補郘亭知見傳本書目·子部》所收有"内府刊本"，但題作"一百一十三卷"。《中國古籍善本書目·子部》題作"清康熙五十九年内府刻本"。

韻府拾遺卷一

上平聲

一東韻

東〇唐韻德紅切集韻都籠切並音蝀

〇補漢〇北東書導沇水又東迆北會于汶〇史記地理志

佩文韻府約編　二十四卷　　　　　曼133

（清）鄧愷輯，（清）任廷鑑、（清）鄧雲鶚校
清乾隆間刻本

20册3本

14.7×9.5。半葉六行，行十三字。四周單邊，白口，無魚尾。上書口題"韻府約編　卷幾"，中記韻部，下記葉數。卷端題"韻府約編卷一""錫山鄧愷霽嵋輯　壻任廷鑑象含　子雲鶚鶴汀　挍""洞學施龍淵躍衢　劉松苓雪坡　訂"，裏封題"遵照欽定原本　錫山鄧霽嵋輯　翻刻必究　佩文韻府約編　文成堂藏板"。

清乾隆二十四年（己卯 1759）任瑞序，鄧愷自序，沈德潛序。

按，此書附鄧氏例言，總目，各卷卷前皆附本卷韻字。

鄧氏序云："率諸生纂集《韻府》，並匯《韻綱》《韻略》《韻瑞》等書，采英删譌，亦既有年。歲丁丑會試，朝廷以詩，學校多士各省鄉試如之。坊人亟請授梓，爰輯成書二十四卷，體要悉遵御定，標分韻目爲三……"據此，該書是鄧氏托坊間刊刻的。

韻府約編卷一

錫山鄧　愷霽崏輯　　　　　　婿任廷鑑象含

　　　　　　　　　　　　　　子　雲翯鶴汀　校

洞學　劉松苓雪坡　訂

　　施龍淵躍衢

上平聲　一東韻

東方也

一春

〔韻典〕易東　漢丁寬學易歸田　何曰一已一矣

〔韻府句扁〕卷一一東　東

　　　　　　　　　　　　　　江東　南史袁淑謂謝莊曰

　　　　　　　　　　　　　　無我卿獨當秀

經懺直音增補切釋　不分卷，附反切字韻法　　曼59

（清）釋一鳩集，（清）傅度校

清乾隆十年（乙丑 1745）海幢寺經坊重刻本

1册

17.7×11。半葉八行，大小字不等，行大字十八字，小字雙行同，行三十六字。四周雙邊，白口，無魚尾。下書口有墨釘，版心題"增切直音"及卷次。卷端題"經懺直音增補切釋""鼎湖山司經菩薩戒比丘一鷟靈峻集　記室菩提心沙門傳檀越度校"，反切字韻法末題"乾隆十年歲次乙丑孟夏海幢寺經坊重梓"。闕裏封。

清康熙二十九年（庚午 1690）傅度序，《反切字韻法》首康熙二十九年（庚午 1690）一鳩識。

按，《反切字韻法》末題"乾隆十年歲次乙丑孟夏海幢寺經坊重梓"，據此可知該書版本年月，而其底本蓋即康熙間刻本。據傅氏序云："《五大部直音》宜刻以流通，但直音釋字祇録其前深者，而忽略於淺近。中之頗深者，恐未便初學，因潛心爲增補于直音之中，加以切釋"，則該書以《五大部經懺直音》爲底本進行增補，凡增釋十五經。

《藏園訂補邵亭知見傳本書目・子部》《中國古籍善本書目・子部》皆未録此書。

經懺直音增補切釋

鼎湖山
司經菩薩戒比丘一鷲靈峻集

佛母大孔雀明王經請法直音增補切釋
記室菩提心沙門傳檀越度校

怛	吒	挲	瑜
音當拔切	音丑亞切	音奴加切	音于俱切
魅	嗢	嚩	嚕
音眛	音烏骨切	音符約切	音力觀切
塢	噪	嚌	談
烏古切	音麗	音郎討切	音牛何切

塢 安古切上聲

敵 杜歷切音秋 仇也

欽定同文韻統　六卷　　　　　　　　　曼319

（清）允禄等奉敕纂

清乾隆十五年（庚午 1750）武英殿刻朱墨套印本

4册1本

21×14。半葉九行, 行二十字。四周單邊, 白口, 單黑魚尾。魚尾上記書名, 下記卷次篇名及葉數。卷端題“欽定同文韻統卷一”。首册裏封題“欽定同文韻統 御製序 奏議職名 目録 卷一之二”。

清乾隆十五年（庚午 1750）御製同文韻統序（末鈐“乾隆御筆”朱文方印,“惟精惟一”白文方印）, 乾隆十四年（己巳 1749）允禄奏議八通。

按,《四庫全書總目》“經部四十二·小學類三”收録, 其叙述該書内容云:“以西番字母參考天竺字母, 貫合其異同, 而各以漢字譯其音。首爲《天竺字母譜》, 凡音韻十六字, 翻切三十四字。次爲《天竺音韻翻切配合十二譜》, 以字母音韻十六字, 翻切三十四字, 錯綜相配, 成一千二百十二字。次爲《西番字母配合十四譜》, 其字母凡三十, 天竺所有者二十四。天竺所無, 西番所有者六。除與天竺同者所生之字亦同外, 其六母所生之字凡四百三十有四。蓋佛經諸咒, 皆天竺之音。惟佛號地名, 名用西番之語, 故別出以備用也。次爲《天竺西番陰陽字二譜》, 各分陰字、陽字、可陰可陽字、可陽可陰字四例。次《大藏字母同異譜》, 以欽定天竺字母爲經, 而以僧伽波羅等十二家所譯字母爲緯, 以互證其分合增減。次爲《華梵字母合璧譜》, 則中西諸音、新舊諸法, 一一條貫, 集厥大或焉, 其西域有是音, 中國無是字者, 悉以合聲之法取之。”

《藏園訂補郘亭知見傳本書目·經部》收録此本, 題作“内刊朱墨本”。《中國古籍善本書目·經部》收録此書, 但屬於稿本《韻學叢書》四十一種之子目。

同文韻統 卷一 目錄

江湖尺牘分韻撮要　四卷　　　　曼163

（清）温儀鳳編輯，（清）温繼聖訂

清道光十一年（辛卯 1831）振賢堂刻本

4册1本

14.2×9.8。二截版，分上下兩欄。四周雙邊，白口，單黑魚尾。魚尾上題"尺牘"，下記卷次，版心題"分韻撮要某集某韻"及葉數。上欄爲《江湖尺牘》四卷，附江湖尺牘總目，無界，半葉十三行，行十三字，卷端題"尺牘輯要"；下欄爲《分韻撮要》元亨利貞四卷，分三十三韻，附總目及諸集細目，有界，半葉九行，大小字不等，行大字八字，小字雙行同，行三十二字，卷端題"分韻撮要字彙"，小注"元集"，"武溪温儀鳳岐山甫編輯　姪繼聖端石甫同訂"。裏封題"道光辛卯年鐫 吴郡虞學圃 武溪温岐石仝輯 江湖尺牘分韻撮要合集 内附輓詩 振賢堂藏板"。

清道光十年（庚寅 1830）花港主人序。

序云："尺牘字韻諸編，書坊刊刻甚盛……虞山吴子與武溪温子合輯《分韻撮要》及《江湖尺牘》，可謂簡而括，確而當者也……兹特合爲☐☐一編，截分上下，以便攜帶。"據此可知，此書之上下欄合編始於花港主人。此本蓋即此合編分欄之本的最早刻本，以後諸本皆從此本出。如清道光十八年（戊戌 1838）福文堂重刻本，首有道光十三年（癸巳 1833）花港主人序，但觀其内容，與此本之序一般無二。

之交也。

毀譽中。防家奴誤主指其處恐稍
子利私。

顧工奴僕私圖口腹與其好未
爲真毀其短惡非是叱家私學
經紀賄賂推荐其家陌客喪本
皆由此輩不可信其言也

客應客須防有故牙譖牙。亦是常
情

容略吹噓主家邀我同投彼非
最厚心因欠賬欲扯我補經紀
彼此相賆不宜輕聽。
好多莫瞞牙儈交易多酌量。

又嶺

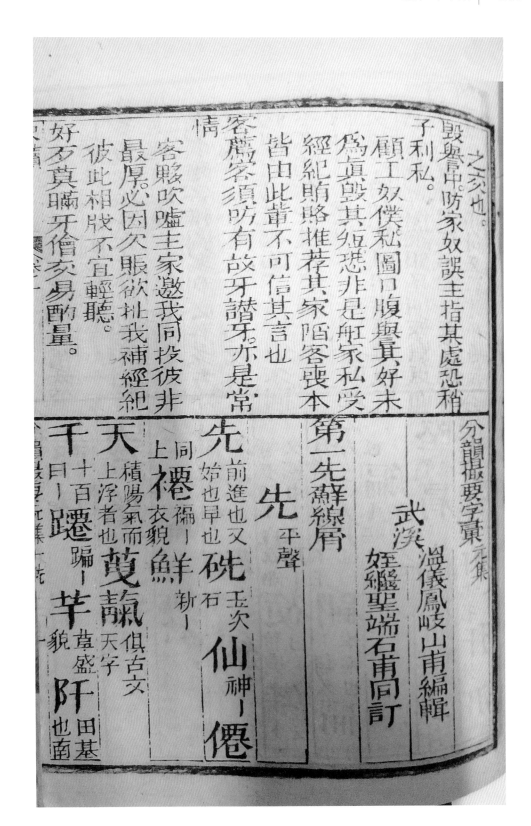

分韻撮要字彙　元集

武溪　漫儀鳳岐山甫編輯
姪繼聖端石甫同訂

第一先薜線屑

先　平聲

先　前進也早也又
　妌也早也
硊　石
　玉次　仙　神－僊
祆　同
　禪　福－
裩　衣貌
　鮮　羊新－
天　上浮氣而
　上浮者也　天字
黈　黰　俱古文
千　十百曰－
　躔　蹮蹀－
　芊　艸盛
阡　田基也南

全韻玉篇　二卷　　　　　　　　　曼Chinese 8

（朝鮮）佚名編

朝鮮刻本

　　2册1函

　　22.5×17.5。半葉十一行，大小字不等，行大字十五字，小字雙
行同，行六十字。四周雙邊，白口，單黑魚尾。魚尾上題"全韻玉
篇"，下記卷次、筆畫數及葉數。卷端題"全韻玉篇　上"。天頭處
或有墨筆批注。外封題"全韻玉篇　乾/坤"。

　　按，國内諸館多題"朝鮮不著撰人"，是。《北京圖書館普通古
籍總目·文字學門》所藏的兩個版本則題作"梁顧野王撰"，實有
誤，而《文字音韻訓詁知見書目》亦延續其誤。

　　按，據邢慎寶《〈全韻玉篇〉與宋本〈玉篇〉比較研究》一文
介紹（華東師範大學2010年碩士論文），該書原是附於韻書《奎章
全韻》之後，本爲供其檢索之用的，故全書部首全依筆畫多寡排
字，"筆畫少的部首排在前面，同部首的字再按去掉部首筆畫以
後的筆畫數目由少到多排列"。此書雖以"玉篇"爲名，但並非顧
野王《玉篇》。在韓國，"玉篇"一詞爲漢字字典的通稱。其成書
於1796年，"是朝鮮時代一部傳統意義上的字典"。全書分上下兩
卷，凡214個部首，2092個字頭，收字10908個。

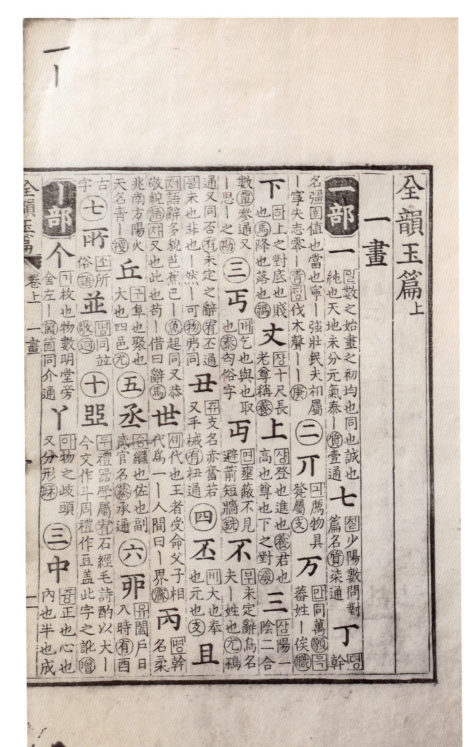

全韻玉篇上

一畫

一部

一　聖數之始畫之初均也同也誠也天地未分元氣泰也一純也強壯民夫相屬一寧失志零一晝伐木聲一一庚　少陽數問對

七　篇名柒通　丁幹

万　蕃姓一俟藏　丁幹

丌　薦物具　君也卷　三陰一合

上　高也尊也下之對　登也進也王者受命父子相繼也一人間曰一界

丏　避箭短牆　四

丈　十尺長　老尊稱　上

丑　手械有枉通　赤奮若

下　同上之對底也賤也　降也落也一馬降也

世　代也繼也佐也副承通

丞　貳官名　佐也副　六

並　立　並

丌　丐

十　物數明堂旁數　今文作斗周禮作豆盖此字之訛

亞　次也　十

丘　大也四邑　个枚也物之數丱丱同介通

个　枚也物之數

两　名栾

且　八時有酉日　兩名栾

中　內也半也成正也心也

古七　所俗語一枚也

二　二

西儒耳目資　不分卷，釋疑一卷

曼R73133

〔法〕金尼閣撰，（明）韓雲詮訂

民國二年（癸丑 1913）國立北平大學、國立北平圖書館據明天啓六年（丙寅 1626）王徵、張問達刻本影印

3册

子目：

1.譯引譜不分卷；

2.音韻譜不分卷；

3.邊正譜不分卷。

15.5×10。半葉十二行，行二十字。四周雙邊，白口，單黑魚尾。魚尾上記"某譜"，下記葉數。卷端題"西儒耳目資 某譜""泰西金尼閣撰述 晉絳韓雲詮訂 秦涇王徵校梓"。諸册扉葉均題"天啓丙寅孟春望日 了一道人良甫梓行"。上册裏封題"西儒耳目資""一譯引譜 一音韻譜 一邊正譜""自利西泰先生觀光 中國而有唐志景教重廣兹刻通會華夷字學以集大成爲後賢習字要 訣者徧考沈韻篇海諸書訂正字母翻切之謬法簡理精得是書也不惟 中國無難識之字誤讀之且補 中國有音無字之缺又通遠國奇異之字此 聖朝同文盛事而博雅者所樂觀也故因張太宰之刻而廣行之 景風館藏板""武林李衙藏板 翻刻必究 嚴少萱發行"，襯葉題"西儒耳目資 耶穌會教士金尼閣撰 國立北平圖書館藏本""國立北平大學、北平圖書館影印流通"，背面左下角題"實價夾連紙本四元六角 毛邊紙本三元二角"。分上中下三册，上册外封題書籤"西儒耳目資 上 譯引譜"，中册題"西儒耳目資 中 音韻譜"，下册題"西儒耳目資 下 邊正譜"。

明天啓六年（丙寅 1626）張問達序，天啓六年（丙寅 1626）王徵序，天啓五年（乙丑 1625）韓雲序，張緟芳刻西儒耳目資，天啓六年（丙寅 1626）金尼閣自序，民國二年（癸丑 1913）劉復識。

按，據該書張緟芳《刻西儒耳目資》云："再三請之家君，捐資亟刻以傳。"又，

劉復識云:"原書流佈無多,併此土及朝鮮、日本,卷帙完好者數不及十。偶書賈得其殘卷,亦復居爲奇貨,學者購置無從,每歎爲苦。國立北平圖書館藏有是書全帙,復因商之館長袁守和先生,又商之國立北京大學校長蔣夢麟先生,得由館、校合印五百部,藉便學人。"據此可知,此本之底本爲天啓六年(丙寅 1626)張氏刻本,爲原國立北平圖書館舊藏,即今之國家圖書館。

《中國古籍善本書目·經部》收録此書之底本,國家圖書館、北京大學圖書館收藏。

清文彙書　十二卷　　　曼265

（清）李延基編

清光緒間京都三槐堂書坊刻本

12册1本

20.7×14.5。半葉八行，大小字不等，單行滿文大字配雙行漢文小字。四周雙邊，白口，單黑魚尾。魚尾上題“清文彙書”，下記卷次及葉數。卷端題“清文彙書卷之一 □□堂藏板”，堂名已被剜改，而卷三卷端則題作“清文彙書之三 四合堂藏板”。裏封題“清文彙書 京都隆福寺胡同三槐堂書坊發行”。

首李延基序。

按，京都三槐堂書坊，據李致忠先生《古代版印通論》（上海古籍出版社，2006年，第324葉）介紹，其坊主名叫龔宜古，清道光十年（庚寅 1830）曾刻過《圓音正考》等，清光緒間刻有滿漢合璧的《翻譯小學》《清文彙書》《清文指要》《清語摘抄》《清文啓蒙》《清文接字》等，所以，據此我們可以確定此本之版刻年代。

《文字音韻訓詁知見書目》著録該本爲“清雍正京都三槐堂書坊刻本”，北京師範大學圖書館、上海圖書館、臺北故宮博物院等有藏。今上海圖書館數據庫即如此著録版本，不知何據。

清文彙書

京都槐堂書坊發行
隆福寺胡同三

清文補彙　八卷　　　　　　　曼266

（清）宜興撰

清嘉慶七年（壬戌 1802）法克精額刻本

1册

20×14.5。半葉八行，四周雙邊，白口，單黑魚尾。魚尾上題
"清文補彙"，下記卷次、葉數。卷一題"清文補彙　卷之壹"。此
書剜改過甚，墨釘隨處可見。

清乾隆五十一年（丙午 1786）編者自序，末清嘉慶七年（壬戌
1802）法克精額跋。

按，此書實爲《清文彙書》之附。但從字體上，此本楷體書寫，
前一本《清文彙書》則宋體書寫，故可證二書版本不同。此本末有
嘉慶七年（壬戌 1802）法克精額跋，云："己未（嘉慶四年 1799）冬
奉命鎮坤垣。公暇，復於各卷補録所遺，以期必醇必備，致書於余，
命司校刊。余不敏，未能窺測淺深，惟於甲乙丹黄間黽勉從事。閲數
月，校讎既竣，因書數語簡末用志。"據此，該書是在嘉慶四年（己未
1799）開始補遺，而刊刻蓋即法克精額跋之時，"致書於余，命司校
刊"似乎暗示刊刻者即法克精額，故據此著録。

下○話今定此漢名○青銅
同○
豆綠○上二句舊

水葫蘆○本舊話今
定此漢名與□話今同
青電刀此
刀光如電

狼狽
之狽
牝狼異獸山蛇山
狒狐尾白耳長

沙綠
○註
松綠色○
舊亦有

碧落篆○絳州碑文內有碧落
二字故名其字體曰——
璧○祭稷所用玉名方
而平兩端之中稍尖
牛宿旗幅紛牛宿像○見
牝○又註
投壺○又見他

水綠○舊話
今定此漢名
牛金牛○二
十八宿之一

書曰□

清文鑑　三十二卷，補編四卷，補編總綱一卷，總綱八卷（滿文）　　　　　曼287

（清）傅恒奉敕纂

清乾隆間武英殿刻本（白棉紙）

9册5本

22.2×16.6。半葉行字數不一，四周雙邊，白口，無魚尾。版心有滿文題名、漢文類目及葉數，下書口有時會題數字，如《補編》卷四第三、五、七、十一、十四、十五等葉題“四”等。卷端題“御製增訂清文鑑卷一”“御製增訂清文鑑補編卷一”（滿漢對譯），裏封襯葉書籤題“御製增訂清文鑑 卷幾”“御製增訂清文鑑補編 卷幾”“御製增訂清文鑑總綱 卷幾”。黃色外封。

清乾隆三十六年（辛卯 1771）御製增訂清文鑑序，乾隆五十一年（丙午 1786）宜興序。

按，該書是在《御製清文鑑》的基礎上增補、修訂並增加注音而成。該書據李雄飛《〈御製增訂清文鑑〉刻本初探》（《滿語研究》，2013年第1期）一文介紹，可知其刊刻不止一種。此書自乾隆三十六年（辛卯 1771）武英殿刊刻之後，陸續有翻刻，但版本之間差異很小。此本從紙張上看爲白棉紙，然字迹亦有不清之處，當爲後印本。

《藏園訂補郘亭知見傳本書目·經部》收錄此本，題作“内刊本”。

人 ᠨᡳᠶᠠᠯᠮᠠ

ᠨᡳᠶᠠᠯᠮᠠ ᠠᡳ᠌ᠮᠠ

人類第一

人部一 六類十九則

御製增訂清文鑑卷十

満洲 ᠮᠠᠨᠵᡠ

音漢清文鑑　二十卷

曼448

（清）明鐸編

清雍正十三年（乙卯 1735）刻本

1本

20.8×14。半葉八行，大小字不等，行大字八字，小字雙行同，行五十四字。左右單邊，白口，無魚尾。上書口題"第幾卷"，中記門類，下書口記葉數。卷端題"音漢清文鑑 第幾卷 某類"（音漢對譯）。文中行間有棕色筆拉丁文小注。卷前另附有數葉手寫拉丁文字，似後人所編索引。無裹封。

清雍正十三年（乙卯 1735）董佳明鐸自序（滿漢對譯）。

按，據序云："欽惟《清文鑑》，國語之大成……明鐸朝夕敬讀，豁曚開塞，欣情莫已。因於内廷供職之餘，手録紬繹時，復心融意得，輒以漢文音釋，證之經史，徵之見聞，折衷參酌，數易寒燠，竟尔録竣。"據此，該書是以《清文鑑》爲基礎而編纂的。

此書共二十卷二百八十類。大致每五卷有分卷目録：卷一至卷五共五十四類，卷六至卷十共七十七類，卷十一至卷十五共七十七類，卷十六至卷二十共十二類。

從字體版式上，此本最像北京大學圖書館所藏的"清雍正十三年（乙卯 1735）北京文瑞堂刻本"，該本裹封題"雍正乙卯年初刻 董佳氏明鐸敬註 音漢清文鑑 nikan hergen i ubaliyambuha manju gisun i buleku bithe 騎河樓文瑞堂藏板 翻刻必究"，今據此著録。

第一卷 天文類

昧爽 黎明

晨光

离明之前

晨光現

天明了　天亮了

蒼天　碧天

穹蒼　天肅　秋色惨淡

東方明　天山离明

昊天　指覆萬物者而言

上天　指覆萬物者而言

清天

氣之輕清上浮至高無上覆萬物者為天又包地轉旋于外化生萬物者又天無實形地之上空虚者皆天也又春為蒼天夏為昊天秋為旻天冬為上天又天有九野東方蒼天東南方陽天南方炎天西南方朱天西方顥天西北方幽天北方元天東北方變天中央鈞天.

天又天有九野東方蒼天東南方陽天南方炎天西南方朱天西方顥天西

又謂乾

天文類一類四段

音漢清文鑑第一卷

大清全書　十四卷，附清書指南三卷　　　曼384

（清）沈啓亮撰

清康熙五十二年（癸巳 1713）三義堂重刻本

15册2本

25.5×16。半葉五行，大字滿文，三至八字不等，注文漢字，一字至二十字不等。四周雙邊，白口，單黑魚尾。魚尾上記書名，下記卷次及葉數，皆滿漢對譯。卷端題"大清全書卷之一　婁東沈啓亮弘照氏輯"，裏封題"康熙癸巳重鐫 婁東沈弘照先生定本 三義堂藏板 大清全書 京都西河沿尊古堂書坊發兑"。所附《清書指南》三卷，26.2×17。半葉八行，行漢字三十八字。四周雙邊，上下粗黑口，雙對黑魚尾，版口題"清書指南 卷次及葉數"，滿漢對譯，黃色外封。

清康熙二十二年（癸亥 1683）沈啓亮識，《清書指南》（正文從左向右翻閲）末有清康熙二十一年（壬戌 1682）自序及清書指南説九條。

按，據該書自序云："余前梓行《清書指南》一書，乃解説虚字總要，使學者易明翻譯之理。如欲一覽了然，博涉無遺，必有如漢書中之《字彙》一書展卷即知，則萬緒千端，總不出其範圍，可以包羅萬象而無遺憾矣。予今照《字彙》之法，編集諸清字，彙成一書名曰'大清全書'，梓行於世，俾學者既能認連字，即可以自問於全書。"據此，我們可以明白以下三點：其一，該書所附《清書指南》刊刻在先，故而版式與之有異，且二書最初是單獨流行的。其二，該書仿《字彙》體例而作，故而每卷之首亦先列滿文筆畫目録，正文則於每筆畫下列諸字，每字先滿文，繼漢文。其三，此書爲撰者自刊之本，初刊於清康熙二十二年（癸亥 1683），此本則爲據此重刊之本。

此本紙張不佳，版框傾斜，字迹不清，書品較差。

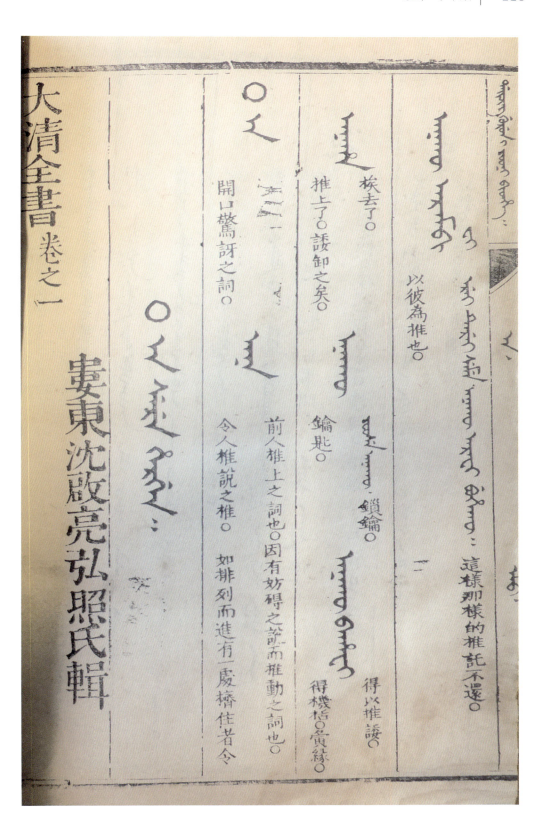

大清全書 卷之一　　　　　　妻東沈啟亮弘照氏輯

以彼為推也。

這樣那樣的推託不還。

摋去了。

推上了○諉卸之矣。

鑰匙。

鎖鑰。

得以推諉。

得機相○夤緣。

前人推上之詞也○因有妨碍之諉而推動之詞也。

開口驚訝之詞。

令人推說之詞。　如排列而進有一處橋佳者令

正 史 類

史記　一百三十卷　　　　　　　　　　曼201

（西漢）司馬遷撰，（宋）裴駰集解、（唐）司馬貞索隱、（唐）張守節正義

（明）徐孚遠、陳子龍測議

明崇禎間素位堂刻本

5本（原册數不明）

19.6×13.5。半葉九行，大小字不等，大字行二十字，小字雙行同，行四十字。四周單邊或左右雙邊，白口，單黑魚尾。魚尾上記書名，下記卷次及篇名，葉數。卷端題"史記卷之一""華亭 徐孚遠 陳子龍 測議"。目録葉題"史記目録""漢太史令 龍門司馬遷著 宋中郎外兵糸軍 裴駰集解 唐朝散大夫國子博士弘文館學士河内司馬貞索隱 唐諸王侍讀宣議郎守右清道率府長史張守節正義"。天頭處有批語，取楊慎、楊維祺、唐順之、鍾惺等諸家説，並加自己按語。裏封題"評林原本 陳卧子先生測議史記 素位堂梓行"（有鈐印），左上方有四行小字："評林原板久失行世近假名雜淆真本 卧子先生富史學且自任千古於龍門精研積葳悉遵評林一字不易間附論議同郡闇公先生互相糸覈無復遺惑讀者勿以魚目溷珠庶不没兩先生苦志云"。鈐"六宜"白文圓印、"書倉"朱文橢圓印。

此書附凡例五條，卷首一卷（即《史記補》），史記正義列國分野、史記正義論例，末附難字直音一卷。所附《難字直音》：半葉十行，行大字五字，下有直音，左右雙邊，白口，單黑魚尾，魚尾上題"史記"，下題"難字直音"及葉碼，裏封題"陳太史評閲史記"，鈐"素堂藏書之印"朱文方印。裏封左邊有二乙堂主人識語，崇禎元年（戊辰 1628）陳仁錫序。

明崇禎十三年（庚辰 1640）陳子龍序，徐遠符序，唐司馬貞史記索隱序、索隱後序及補史記序，宋裴駰史記集解叙，唐張守節史記正義序。

有複本一：索書號爲"曼413.1"，無《難字直音》一卷。

按，《中國古籍善本書目·史部》收録此本，爲"清朱駿聲批校"本，爲浙江省圖書館所藏。

評林原本

史記

陳臥子先生測議

評林原板久失行世近假名雜滄眞本　臥子先生
富史學自任千古於龍門精研積歲悉遵評林一字
不易間附論識同郡　闇公先生互相參駮無復遺
憾讀者勿以魚目潤珠嫌不没兩先生苦志云

素位堂梓行

史記　一百三十卷　　　　　　　　　　曼452

（漢）司馬遷撰，（宋）裴駰集解、（唐）司馬貞索隱、（唐）張守節正義

明萬曆二十四年（丙申 1596）南京國子監刻明崇禎七年（甲戌 1634）、

清順治十五至十六年（戊戌 1658—己亥 1659）遞修，

康熙二十年（辛酉 1681）、三十九年（庚辰 1700）江寧府儒學補刻本

20册

19.6×14.4。半葉十行，大小字不等，大字行二十一字，小字雙行同，行四十二字。左右雙邊，白口，單黑魚尾。魚尾上題“萬曆二十四年刊”，下記篇名篇次及葉數。卷端題“五帝本紀第一 史記一”“漢太史令龍門司馬遷撰 宋中郎外兵叅軍河東裴駰集解 唐國子博士弘文學士 河内司馬貞索隱 唐諸王侍讀率府長史張守節正義”。史記補（清康熙間補修葉）卷端題“三皇本紀 史記補”“唐國子博士弘文學士 河内司馬貞補撰并註”。無裏封。

此本補修葉版式如下：明崇禎七年（甲戌 1634）補修葉兩葉（“修史記”），四周單邊，白口，單黑魚尾，魚尾上題“崇禎柒年刊”，下題“修史記”及葉數，版框：19.5×14.6。清順治十五（己亥 1659）、十六年（庚子 1660）補修葉版式同萬曆刊葉，其中，前者魚尾上題“順治十五年刊”（《殷本紀三》第二葉、《孝景帝本紀十一》第五至六葉、《衛康叔世家七》第十一葉，末題“順治戊戌年十二月十一日 江寧府儒學教授朱謨校”（《五宗世家二十九》第六葉、《平準書八》第七至九凡三葉、《季布樂布列傳四十》第四葉、《盧綰列傳三十三》第五至六葉、《諸侯年表五》第一至四葉），字體略長而小，版框：19.5×14.5。後者魚尾上題“順治十六年刊”（《田世家十六》第十三、十五、十六葉、《萬石張叔列傳四十三》第五葉、《惠景間侯者年表七》第五至六葉），版框：20×14.4，字行同前，四周雙邊，白口，單黑魚尾。康熙二十年（辛酉 1681）補葉（《史記高祖功臣年表六》第六十一葉），四周雙邊，白口，雙順魚尾，魚尾上題“康熙二十年補刊”，下魚尾下題“江寧知府陳龍巖捐俸”，版框：20.8×14；康熙三十九年（庚辰 1700）補修葉三葉（《三皇本紀》前兩葉、《五帝本紀》第二十葉），版式與之同，魚尾上題“康熙三十九年刊”，版框：18.6×14.2，紙爲

白棉，字體周正，是清代典型字體。

明萬曆二十四年（丙申 1596）馮夢龍序，修史記序（魚尾上題"崇禎柒年刊"），唐張守節史記正義序，唐司馬貞史記索隱序，題小司馬氏補史記序，宋裴駰史記集解序。

按，此本以明萬曆二十四年（丙申 1596）刊葉爲主體，餘葉皆爲明清補刊之葉。

此本爲明清遞修官版《二十一史》之一。《中國古籍善本書目·史部》收錄此叢書，而於此書下題"明萬曆二十四年南京國子監刻明清遞修本"，《藏園訂補郘亭知見傳本書目·史部》則錄有"明萬曆二十四年南京國子監本"。

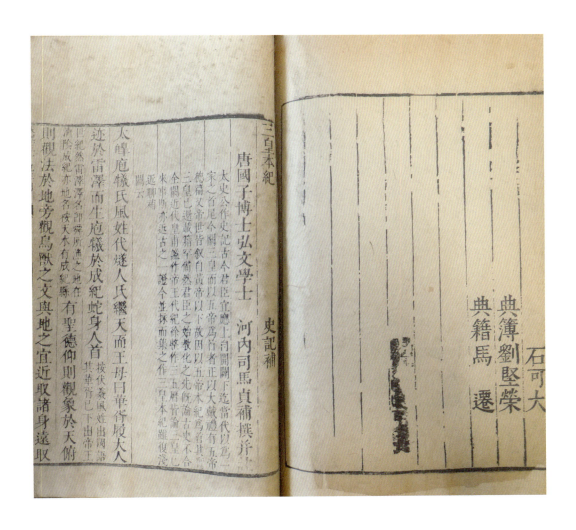

前漢書　一百二十卷　　　　曼208

（漢）班固撰，（唐）顏師古注

明崇禎十五年（辛巳 1642）毛氏汲古閣刻本

23册4本

21.2×15.2。半葉十二行，大小字不等，行大字二十五字，小字雙行同，行七十四字。左右雙邊，白口，單黑魚尾。魚尾下記"後漢幾"及葉數，每卷卷首末版口或題"汲古閣""毛氏正本"，卷末或牌記題"琴川毛鳳苞氏審定宋本"。首葉背面首行題"皇明崇禎十有五年歲在橫艾敦牂如月初吉琴川毛氏開雕　索隱曰橫艾壬也雅作玄黓今從史記歷書"。無卷端，開篇即篇名。無裏封。

按，版刻據首葉後題辭定。

此爲毛氏汲古閣刻本《十七史》之一。《藏園訂補郘亭知見傳本書目·史部》《中國古籍善本書目·史部》皆收録。

高帝紀第一　上

漢書一

正議大夫行祕書少監琅邪縣開國子顏師古注

高祖，沛豐邑中陽里人也。

姓劉氏。

母媼。

父大公往視，則見交龍於上。已而有娠，遂產高祖。

是時雷電晦冥。

母媼嘗息大澤之陂，夢與神遇。

隆準而龍顏，美須髯，左股有七十二黑子。

寬仁愛人。

前漢書　一百卷

曼413.2

（漢）班固撰，（明）陳仁錫評

明崇禎間刻本

24册5本

21.2×13.8。半葉十行，大小字不等，行大字二十字，小字雙行同，行四十字。四周單邊或左右雙邊，白口，單黑魚尾。魚尾上題書名及卷次，下記篇名及葉數。卷端題"前漢書卷之一""漢蘭台令史班固撰　明史官長洲陳仁錫評"，天頭處有批語。凡例末題"長洲後學夏璋識"。

明崇禎五年（壬申 1632）陳仁錫序，顏師古前漢書序。

按，此本前後皆無叙刊刻年月，惟有陳氏一序題"壬申"。今檢其字體，乃萬曆以後之風格，且清諱不缺筆，可知其爲明人所刊。而萬曆以後"壬申"年僅有崇禎五年（壬申 1632），故知該本刊刻在此前後。

《藏園訂補邵亭知見傳本書目·史部》《中國古籍善本書目·史部》收錄此書，但未錄此本。

前漢書卷之一

漢蘭臺令史班固撰

明史官長洲陳仁錫評

高帝紀第一上

師古曰紀理也綜理衆事而繫之於年月者也

高祖，荀悅曰諱邦字季邦之字曰國張晏曰禮謚法……高以爲功最高而爲漢帝之太祖故特起名……沛豐邑中陽里人也。應劭曰沛縣也師古曰沛者本秦泗水郡之屬縣豐者沛之聚邑耳方言高祖所生故舉其本稱以說之也此下言縣鄉邑告諭之故史官用故知邑繫於縣也○劉敞曰予謂沛豐郡縣名……師古曰邦之字曰國後沛爲郡而豐爲縣……

姓劉氏。師古曰本出劉累而范氏在泰者又爲劉因以爲姓母媼。文穎曰幽……

漢事記錄耳班氏得體……

前漢書卷一上 高帝紀 一

後漢書　八十卷　　　　　　　　　曼209

（漢）范曄撰，（唐）李賢注

明崇禎十六年（壬午 1643）毛氏汲古閣刻本

17册3本

21.2×15.2。半葉十二行，大小字不等，行大字二十五字，小字雙行同，行七十四字。左右雙邊，白口，單黑魚尾。魚尾下題“後漢幾”及葉數，每卷卷首末版口或題“汲古閣”“毛氏正本”，卷末或牌記題“琴川毛鳳苞氏審定宋本”。無卷端，開篇即篇名。無裹封。

按，版式與“曼208”同，當是同時之刻本。

此爲毛氏汲古閣刻本《十七史》之一。《藏園訂補邵亭知見傳本書目·史部》《中國古籍善本書目·史部》皆收録。

忠我勞民蹦滌貪穢旦祈休祥其令獄滿百石十歲上有殊才
異行延得察選蹴史子孫不得察墬社絕邪僞諳託之原令廉自
守道者得信其操古官各明守所司將觀厥後九月戊戌追尊皇
祖河間孝王曰孝穆皇夫人趙氏曰孝穆皇后皇考蠡吾侯曰孝
崇皇冬十月甲午尊皇母匽氏爲孝崇博園貴人

建和元年春正月辛亥朔日有食之詔三公九卿校尉各言得失
戊午大赦天下賜死罪以下一歲爲奇人二級爲父後及三老孝
悌力田人三級鰥寡孤獨篤癃貧不能自存者粟人五斛貞婦帛

者各一人又令刺侯將大夫御史謁者二千石六百石
又詔大將軍公卿郡國舉至孝篤行之士各一
入壬辰誚州郡不得追脅驅逐長吏亟其贓滿三十萬而不糾舉
論丙午詔郡國繫囚減死罪一等勿笞諧徒隸尤勤項兩澤不沾
詔曰比起陵塋珍歷時歲力役既廣徒作之費不
忠是復散儻或在兹
阜陵王兄兒勃遒亭侯便爲阜陵王
郡國六地裂水涌井溢
六月太尉胡廣能大司農杜喬爲太尉
芝草生

後漢書　九十卷，附志三十卷　　　　曼413.3a

（宋）范曄撰，（唐）李賢注、（明）陳仁錫評、（明）錢汝追訂

明嘉靖八至九年（己丑 1529—庚寅 1530）南京國子監刻，

明萬曆、天啓、崇禎間南京國子監遞修，

清順治十五年（戊戌 1658）至十七年（庚子 1660）江寧府儒學補刻本

24册5本

21.5×14.3。半葉九行，大小字不等，行大字二十字，小字雙行同，行四十字。四周單邊，白口，無魚尾。版心題“後漢書 某篇”。卷端題“後漢書卷之一 上”，無裏封。該本有諸多補修葉，依上魚尾上所題，依年代先後排列，依次爲“嘉靖八年刊、嘉靖九年刊、天啓二年刊、天啓三年刊、萬曆十年補刊、萬曆二十六年刊、崇禎三年刊、順治十五年刊、順治十六年刊、順治十七年刊”。其中，《後漢書第六》第十一葉（“順治十五年刊”），背題“順治戊戌年十二月十一日 江寧府儒學教授朱謨校”兩行。序下鈐“注氏定本”朱文方印，目錄下鈐“注氏定本”朱文方印，卷端鈐“注”“寅”白文連珠印。

所附《志》三十卷，（晋）司馬彪撰，（梁）劉昭注。

明天啓六年（丙寅 1626）陳仁錫序，天啓七年（丁卯1627）錢汝追序，宋景祐元年（甲戌 1034）余靖後漢書序，後漢書注補志序，范詹事自叙略，梁剡令劉昭傳。

按，該書第4册有補配，始於卷十二“後漢書志第二 律曆中”，止於卷十九“後漢書志第九 祭祀下”，爲明刊清遞補葉，半葉十行，大小字不等。四周雙邊，白口，單黑魚尾，版框21.2×14.2，刊刻較差。

余序稱：“景祐元年（甲戌 1034）九月，秘書丞相余靖上言國子監所印兩漢書，文字舛譌，恐誤後學。臣謹參括衆本，旁據他書，列而辯之，望行刊正。唐章懷太子賢招集當時學者：右庶子張太安，洗馬劉訥言，洛州司户參軍革希玄，學士許叔牙、成玄一、史藏諸、周寶寧等同注范曄《後漢書》，儀鳳初上之。詔付秘書省，傳之至今。靖洙悉取館閣諸本參校，二年九月校畢。”據此，此本之底本乃宋監本。

　　此本爲明清遞修官版《二十一史》之一。《中國古籍善本書目·史部》收錄此叢書，而於此書下題"明嘉靖七年南京國子監刻明清遞修本"，《藏園訂補邵亭知見傳本書目·史部》則錄有"明嘉靖八至九年南京國子監本""明萬曆二十四年北京國子監刊本"等。

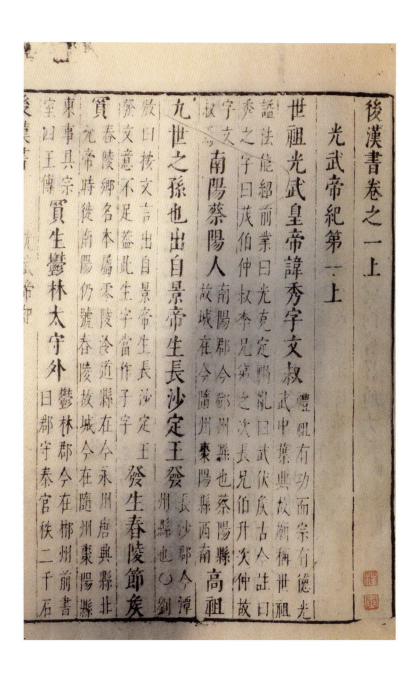

後漢書　原九十卷，殘存二十六卷　　　曼R100671

（宋）范曄撰，（唐）李賢注、（明）陳仁錫評、（明）錢汝追訂

明天啓二年（壬戌 1622）至三年（癸亥 1623）南京國子監刻本

8册1函

21.7×15。半葉九行，大小字不等，行大字二十字，小字雙行同，行四十字。四周單邊，白口，無魚尾。上書口題“後漢書”，次題篇名及卷數，下書口記葉數。天頭、行間或有批注。殘存卷卷端題“後漢書卷之六十九”。

此本原九十卷，殘存二十六卷：卷六十九至卷九十四（即列傳第二十九至五十四）。

序已佚。

按，此本與“曼413.3a”之天啓間補刻本版式相同，應爲同一版本。但後者配補葉太多，故將二本分列。

後漢書卷之六十九

劉趙淳于江劉周趙列傳第二十九

孔子曰夫大孝莫大于嚴父嚴父莫大于配天周公配天謂宗祀文王于明堂以配上帝其人也

養死無以葬子曰啜菽飲水孝也事見禮記

也夫鐘鼓非樂云之本而器不可去論語孔子曰樂云樂云鐘鼓云

言樂之所貴者移風易俗也非謂鐘三牲非致

孝之主而養不可廢言孝子者以和顏悅色為難也

然不可謂菲薄言孝經曰雖日用三牲猶為不孝

存器而亡本樂之道也飾鐘簴之器遺失也言盛

後漢書

劉平傳

續後漢書　九十卷（年表一卷缺），附札記四卷

曼413.3b

（元）郝經撰，（清）郁松年札記

清道光二十二年（壬寅 1842）上海郁氏刻本

24册5本

17.9×12.5。半葉十一行，大小字不等，行大字二十二字，小字雙行同，行四十四字。左右雙邊，白口，雙對黑魚尾。版口記書名、卷次及葉數，下魚尾下題"宜稼堂叢書"。裹封題"續後漢書九十卷"，裹封背面題"道光辛丑小春月　開雕慈谿盛悅書"。《札記》裹封題"續後漢書札記"，背面亦有如上題記。

御製題郝經續後漢書，郝經序，苟宗道序，馮良佐後序，目録末附《四庫提要》。《札記》首道光二十二年（壬寅 1842）郁松年序。

按，此書爲《宜稼堂叢書》之一，其刊刻始末見《札記》郁序。

續後漢書卷第二

帝紀第一

元　郝經　譔

義例曰魏晉自以為正統相繼故不舉昭烈之諡稱者而大夫稱蜀劣甚矣夫之辭也紀曰先主繼漢之子中山靖王之後日先主稱漢非先也先主傳昭烈之稱

蜀者而大夫稱蜀劣甚矣夫之辭也紀曰先主繼漢之子中山靖王之後

後為奔走徐州遂依劉表說操又不能于漢昭用及討曹操操不克出

遂始有劉表荊土定三酮劉璋殺漢章羽故其崩殂自維諸人從世之義孔

操壁既幽帝出玉篡獻帝在降廢漢統中絕遂中興以遂為高祖

初封及漢王死繼于是乎死則蔣琬費禕之倚偓爾豈

討操以祀漢魏與之俱獻帝自為爲蜀其承魏晉之間語

位以師討魏與之數十年與魏逐以自為蜀乎其稱漢吳為蜀者魏晉之間書

明出數十年與獻帝自為爲蜀乎其承魏晉之間

烈昭烈之與獻帝自為爲蜀乎其承魏

末昭烈之與獻帝自為爲蜀乎

可削漢之與魏逐以自為

三國志　六十五卷 曼413.4

（晋）陳壽撰，（宋）裴松之注

明崇禎十七年（甲申 1644）毛氏汲古閣刻本

　　10册2本

　　21.4×14.8。半葉十二行，大小字不等，行大字二十五字，小字雙行同，行七十四字。左右雙邊，白口，單黑魚尾。魚尾下題“三國幾”及記葉數，每卷卷首末版口或題“汲古閣”“毛氏正本”，卷末或牌記題“琴川毛鳳苞氏審定宋本”。目録末題“皇明崇禎十七年歲在閼逢涒灘 月琴川毛氏開雕”。卷端題“魏書一 三國志一”。無裹封。

　　此書六十五卷，包括：《魏書》三十卷，《蜀書》十五卷，《吳書》二十卷。

　　南朝元嘉六年（己巳 429）裴松之上表，末卷附晋書本傳和節録宋書裴松之傳。

　　按，此爲毛氏汲古閣刻本《十七史》之一。《藏園訂補邵亭知見傳本書目·史部》《中國古籍善本書目·史部》皆收録。

魏書一

武帝紀第一

太祖武皇帝，沛國譙人也，姓曹，諱操，字孟德，漢相國參之後。太祖一名吉利，小字阿瞞。王沈魏書曰：其先出於黃帝。當高陽世，陸終之子曰安，是為曹姓。周武王克殷，存先世之後，封曹俠於邾。春秋之世，與於盟會，逮至戰國，為楚所滅。子孫分流，或家於沛。漢高祖之起，曹參以功封平陽侯，世襲爵土，絕而復紹，至今。而騰紹繼先侯，國於容城。桓帝世，曹騰為中常侍大長秋，封費亭侯。養子嵩嗣，司馬彪續漢書曰：騰父節，字元偉，素以仁厚稱。鄰人有亡豕者，與節豕相類，詣門認之，節不與爭；後所亡豕自還其家，豕主人大慚，送所認豕，並辭謝節，節笑而受之。由是鄉黨貴歎焉。長子伯興，次子仲興，次子叔興，騰最少，字季興。少除黃門從官。永寧元年，鄧太后詔黃門令選中黃門從官年少溫謹者配皇太子書，騰應其選。太子特親愛騰，飲食賞賜與眾有異。順帝即位，為小黃門，遷至中常侍大長秋。在省闥三十餘年，歷事四帝，未嘗有過。好進達賢能，終無所毀傷。其所稱薦，若陳留虞放、邊韶、南陽延固、張溫、潁川堂谿典等，終皆致位公卿，而騰不伐其善。蜀郡太守因計吏修敬於騰，益州刺史种暠於函谷關搜得其箋，上太守，并奏騰內臣外交，所不當為，請免官治罪。帝不問。騰不以介意，常稱歎暠，以為暠得事上之節。暠後為司徒，語人曰：今日為公，乃曹常侍恩也。騰之行事，皆此類也。桓帝即位，以騰先帝舊臣，忠孝彰著，封費亭侯，加位特進。官至太尉，莫能審其生出本末。司馬彪續漢書曰：嵩字巨高。質性敦慎，所在忠孝。為司隸校尉，靈帝擢拜大司農、大鴻臚，代崔烈為太尉。曹瞞傳及郭頒世語並云：嵩，夏侯氏之子，夏侯惇之叔父。太祖於惇為從父兄弟。嵩生太祖。

太祖少機警，有權數

欽定晉書　一百三十卷，
音義三卷

曼413.5

唐太宗御撰，（唐）何超音義、（清）孫人龍等奉敕校

清乾隆四年（己未 1739）武英殿刻本（後印）

32册4函

21.8×14.5。半葉十行，行二十一字。左右雙邊，白口，單黑魚尾。魚尾上題“乾隆四年校刊”，下記書名、卷次及葉數。卷端題“晉書卷一”“唐太宗文皇帝御撰”，闕裏封。

晉書載記序，《音義》末有孫人龍跋語及校勘者姓氏。

按，此爲武英殿本《二十一史》之一。《藏園訂補郘亭知見傳本書目·史部》《中國古籍善本書目·史部》皆收録。

晉書卷一

唐　太　宗　文　皇　帝　御　撰

帝紀第一

宣帝

宣皇帝諱懿字仲達河內溫縣孝敬里人姓司馬氏其
先出自帝高陽之子重黎為夏官祝融歷唐虞夏商世
序其職及周以夏官為司馬其後程伯休父周宣王時
以世官克平徐方錫以官族因而為氏楚漢間司馬卬
為趙將與諸侯伐秦秦亡立為殷王都河內漢以其地
為郡子孫遂家焉自卬八世生征西將軍鈞字叔平鈞

欽定宋書　一百卷　　　　　　　　　　曼413.6

（梁）沈約撰

清乾隆四年（己未 1739）武英殿刻本（後印）

　　25册5本

　　21.8×14.5。半葉十行，大小字不等，行大字二十一字，小字雙行同，行四十二字。左右雙邊，白口，單黑魚尾。魚尾上題“乾隆四年校刊”，下題“宋書卷幾 某篇”及葉數。卷端題“宋書卷一”“梁沈約撰”，諸卷末皆有考證。

　　末附萬承蒼校刊宋書跋語及校勘者姓氏。

　　按，此爲武英殿本《二十一史》之一。《藏園訂補邵亭知見傳本書目·史部》《中國古籍善本書目·史部》皆收録。

宋書卷一

梁　　沈　約　　撰

本紀第一

武帝上

高祖武皇帝諱裕字德輿小名寄奴彭城縣綏里人漢

高帝弟楚元王交之後也交生紅懿侯富富生宗正辟

彊辟彊生陽城繆侯德德生陽城節侯安民安民生陽

城釐侯慶忌慶忌生陽城肅侯岑岑生宗正平平生東

武城令某某生東萊太守景景生明經洽洽生博士弘

弘生琅邪都尉悝悝生魏定襄太守某某生邪城令亮

南齊書　五十九卷　　　　　　　　　　　曼413.8

（梁）蕭子顯撰

明萬曆十六年（戊子 1588）至十七年己丑 1589）刻明崇禎七年（甲戌 1634）、

清順治十六年（己亥 1659）至十七年（庚子 1660），

康熙三十九年（庚辰 1700）補刻本

　　12册2本

　　20×15。半葉九行，行十八字。四周雙邊，白口，雙順黑魚尾。上魚尾上題“萬曆十七年刊”，下題“南齊書”，記篇類及卷次，下魚尾下記葉數。卷端題“本紀第一 南齊書一”“梁 臣 蕭子顯撰 大明南京國子監祭酒趙用賢 司業張一桂同校”。第1、4、12册末葉題“康熙庚辰年江寧府儒學訓導王奕章校”。第8册《南齊列傳》卷二十一第十三、十四葉，第11册《列傳》卷三十五第十六葉，第12册《列傳》卷三十七第七、八葉上魚尾上題“康熙三十九年刊”。第10册《南齊列傳》卷三十第五、六葉，《列傳》卷三十一第三、四葉等上魚尾上題“萬曆十六年刊”。第1册《南齊紀》卷三第三、四葉，第3册《南齊志》卷七第七葉，第6册《南齊列傳九》第三、四葉上魚尾上題“順治十六年刊”，第11册《列傳》卷三十五第十五葉上魚尾上題“順治十七年刊”。第12册《列傳》卷三十六第八、九葉上魚尾上題“崇禎七年刊”。

　　明萬曆十八年（庚寅 1590）張一桂“重刻南齊書題辭”。

　　此本爲明清遞修官版《二十一史》之一。《中國古籍善本書目·史部》收錄此叢書，而於此書下題“明萬曆十六年至十七年南京國子監刻明清遞修本”，《藏園訂補郘亭知見傳本書目·史部》題作“明萬曆十六年至十七年南京國子監刊《二十一史》本”。

本紀第一　　　　　　　　　　南齊書一

梁

　　　　　　　　　　　　　　臣　蕭子顯　撰

大明南京國子監　祭酒　趙用賢

　　　　　　　　　司業　張　　桂　同校

高帝上

太祖高皇帝諱道成字紹伯姓蕭氏小諱鬬將

漢相國蕭何二十四世孫也何子酇定侯延生

侍中彪彪生公府掾章章生皓皓生仰仰生御

史大夫望之望之生光祿大夫育育生御史中

北齊書　四十二卷　　　　　　　　　曼413.9

（隋）李百藥撰，（明）趙用賢、張一桂校

明萬曆十六年（戊子 1588）南京國子監刻，

清康熙三十九年（庚辰 1700）江寧府儒學補刻本

8册2本

20.5×14。半葉九行，行十八字。四周雙邊，白口，雙順黑魚尾。上魚尾上題"萬曆十六年刊"，版口記書名及卷次，下魚尾下記葉數。卷端題"帝紀第一　北齊書一""隋太子通事舍人李百藥撰""大明南京國子監祭酒趙用賢　司業張一桂同校"，第1册末（即"帝紀八・北齊書八"）及第8册末（即"列傳四十二・北齊書五十"）皆題"康熙庚辰年江寧府 儒學訓導王奕章校"兩行，無裹封。

明萬曆十七年（己丑 1589）趙用賢北齊書題及校勘姓氏（上魚尾上題"萬曆己丑年刊"）。

按，趙用賢序云："萬曆戊子秋，仲少司成玉陽張先生來蒞南雍。於時《北齊書》繕寫甫畢，先生遂總校讎之責，凡再閱月，中丞王公用汲、御史孫公鳴治、黃公仁榮各舉贖鍰來助，通得四十餘金，遂復以付梓。助教林君焌章日匡坐廳事，督諸梓人，又再閱月而刻始竟……余……故重加訂定，以續監本之剝落，無令爲全史之闕也。"據此，此書於萬曆十六年（戊子 1588）秋繕寫完，兩月之後刊刻完成，此序蓋後來添加進去的。

此本爲明清遞修官版《二十一史》之一。《中國古籍善本書目・史部》收錄此叢書，而於此書下題"明萬曆十六年至十七年南京國子監刻清順治重修本"。《藏園訂補邵亭知見傳本書目・史部》則收錄"明萬曆十六年南京國子監刊《二十一史》本"。

帝紀第一　　北齊書一

大明南京國子監祭酒趙川賢

　　　　　　　司業張一桂同校

隋太子通事舍人李百藥撰

神武上

高祖神武皇帝姓高名歡字賀六渾勃海蓨人
也六世祖隱晉玄菟太守隱生慶慶生泰泰生
湖三世仕慕容氏及慕容寶敗國亂湖率眾歸
魏爲右將軍湖生四子第三子謐仕魏位至侍

梁書　五十六卷　　　　　　　　　　曼453

（唐）姚思廉撰，（明）余有丁、周子義校

明萬曆三年（乙亥 1575）南京國子監刻清順治十五年（戊戌 1658）、十六年（己亥 1659）

江寧府儒學補刻本

　　8册

　　20.5×14.3。半葉十行，行二十一字。四周雙邊，白口，雙順黑魚尾。魚尾上題“萬曆三年刊”，下題“梁書幾”，下魚尾下記葉數。卷端題“紀第一　梁書一”“唐散騎常侍姚思廉撰　大明南京國子監祭酒余有丁校正　司業周子義同校”，無裏封。此本補配葉甚少，僅有“順治十五年刊”（如《梁書傳五》第二、三葉，《傳七》第七葉，《傳》第十第一、二葉，《傳》第十五第六葉等）、“順治十六年刊”（《傳十一》第二葉）。

　　目録末附明萬曆四年（丙子 1576）余有丁識，明萬曆五年（丁丑 1577）春周子義識。

　　按，此本補刊絶少，誠爲善本。

　　此本爲明清遞修官版《二十一史》之一。《中國古籍善本書目·史部》收録此叢書，而於此書下題“明萬曆三年南京國子監刻清順治遞修本”。《藏園訂補郘亭知見傳本書目·史部》則收録“明萬曆三年南京國子監刊《二十一史》本”。

紀第一　　梁書一

唐　散騎常侍　姚思廉　撰

大明南京國子監祭酒　余有丁校正

司業　周于義同校

武帝上

高祖武皇帝諱衍字叔達小字練兒南蘭陵中都里人

漢相國何之後也何生贊定贊定生侍中彪彪生公

府掾章章生皓皓生仰仰生太傅望之望之生光祿大

夫育育生御史中丞紹紹生光祿勳闓闓生濟陰太守

闡闡生吳郡太守冰冰生中山相苞苞生博士周

梁書　五十五卷　　　　　　　　　　　　　曼413.10

（唐）姚思廉撰，（清）孫人龍等奉敕校

清乾隆四年（己未 1739）武英殿刻本（後印）

8册1函

21.8×14.5。半葉十行，行二十一字。左右雙邊，白口，單黑魚尾。魚尾上題“乾隆四年校刊”，下記書名、卷次及葉數。卷端題“梁書卷一”“唐散騎常侍姚思廉撰”。闕裏封。

梁書序，末卷附孫人龍跋語及及校勘者姓氏。

按，此書爲武英殿本《二十一史》之一。《藏園訂補邵亭知見傳本書目·史部》《中國古籍善本書目·史部》皆收録。

梁書卷一

唐〈散騎常侍姚思廉撰〉

本紀第一

武帝上

高祖武皇帝諱衍字叔達小字練兒南蘭陵中都里人漢相國何之後也何生鄷定侯延延生侍中彪彪生公府掾章章生皓皓生仰仰生太傅望之望之生光祿大夫育育生御史中丞紹紹生光祿勳閭閭生濟陰太守闡闡生吳郡太守冰冰生中山相苞苞生博士周周生蚰丘長矯矯生州從事達達生孝廉休休生廣陵郡丞

陳書 三十五卷 曼413.11

（隋）李百藥撰，（明）趙用賢、余孟麟校

明萬曆十六年（戊子 1588）南京國子監刻清順治十六年（己亥 1659）

江寧府儒學補刻本

4册1本

20.5×14。半葉九行，行十八字。四周雙邊，白口，雙順魚尾。上魚尾上題"萬曆十六年刊"，版口記書名及卷次，下魚尾下記葉數。卷端題"紀第一 陳書一""唐散騎常侍姚思廉撰""大明南京國子監祭酒趙用賢校正 司業余孟麟同校"。第一册末（即紀第六 陳書六）及第四册末（即列傳第三十 陳書三十六）皆題"康熙庚辰年江寧府 儒學訓導王奕章校"兩行。闕裏封。卷七之後皆有墨筆句讀。部分書葉有順治十六年補刊，魚尾上題"順治十六年刊"，半葉九行，行十八字。四周雙邊，白口，單黑魚尾，魚尾上題"順治十六年刊"，下記書名、卷次及葉數。

明萬曆十六年（戊子 1588）趙用賢陳書序及校勘姓氏（上魚尾上題"萬曆十六年刊"），目録後附陳書目録序。

按，據陳序云："《陳書》刻遺自國初，再修於嘉靖十年。歲既久，雖數經補綴，然漫漶滋甚，至脱漏不可句讀。余至南雍，逾數月乃加檢閱諸史中，獨周、陳二部最弊，思愁重托之梓，而剞劂之費苦無所資……遂得授工鋟刻，更遍索古本，校定訛舛，續補闕失者凡數十百言，閱三月而工訖。"據此我們知道《陳書》在明萬曆以前凡三刻：一明初，二嘉靖十年（庚子 1540）補修，三即萬曆十六年（戊子 1588）重刊。而該書編纂經過，目録序所言甚詳。據其言，姚氏編纂完該書之後，一直深藏館閣，直到宋仁宗嘉祐六年（辛丑 1061）方詔令校讎，並與嘉祐八年（癸卯 1063）校訂完畢，且另加目録，通行於世。

按，此本爲明清遞修官版《二十一史》之一。《中國古籍善本書目·史部》收録此叢書，而於此書下題"明萬曆十五年至十六年南京國子監刻清順治重修本"。《藏園訂補郘亭知見傳本書目·史部》則收録"明萬曆二十二年至二十三年南京國子監刊《二十一史》本"。

紀第一

陳書一

大明南京國子監　祭　酒　趙用賢校正

唐　散　騎　常　侍　姚思廉　撰

司　業　余孟麟同校

高祖上

高祖武皇帝諱霸先字與國小字法生吳興長

城下若里人漢太丘長陳寔之後也世居潁川

寔玄孫準晉太尉準生匡匡生達永嘉南遷爲

丞相掾歷太子洗馬出爲長城令悅其山水遂

魏書　一百一十四卷　　　　　　　　　　曼413.7

（北齊）魏收撰

明萬曆二十四年（丙申 1596）南京國子監刻明天啓二年（壬戌 1622）、
清順治十六年（己亥 1659）、康熙二十年（辛酉 1681）江寧府儒學補刻本

　　24册5本

　　20×15。半葉十行，行二十一字。左右雙邊，白口，單黑魚尾。
魚尾上有刊刻年代（如第1册第1葉題"萬曆二十四年刊"，第11—
12葉上書口題"康熙二十年補刻"，下書口題"江寧知府陳龍巖捐
俸"。第4册第11—12葉、第10册第六6—7葉等上書口題"順治十六
年刊"。第17册第13—14葉上書口題"天啓二年刊"等），下記卷次
及葉數。卷端題"序紀第一 魏書一"，目録後題"大明萬曆二十四
年歲在丙申南京國子監鏤板 祭酒馮夢禎校閲 司業黃汝良 同
校……"卷後或附校語標識。第20、22册有朱筆點讀。第21册《魏
書志》卷五校語後有"順治己亥歲六月初六"字樣。

　　明萬曆二十五年（丁酉 1597）馮夢禎序，黃汝良重刻魏書序。

　　按，此本爲明清遞修官版《二十一史》之一。《中國古籍善本書
目·史部》收録此叢書，而於此書下題"明萬曆二十四年南京國子
監刻清順治重修本"。《藏園訂補邵亭知見傳本書目·史部》亦收
録，題作"明萬曆二十四年南京國子監刊《二十一史》本"。

魏書一

序紀第一

昔黃帝有子二十五人或內列諸華或外分荒服昌意

少子受封北土國有大鮮卑山因以爲號其後世爲君

長統幽都之北廣漠之野畜牧遷徙射獵爲業淳樸爲

俗簡易爲化不爲文字刻木紀契而已世事遠近人相

傳授如史官之紀錄焉黃帝以土德王北俗謂土爲托

謂后爲跋故以爲氏其裔始均入仕堯世逐女魃於弱

水之北民賴其勤帝舜嘉之命爲田祖爰歷三代以及

秦漢獯鬻獫狁山戎匈奴之屬累代殘暴作害中州而

始均之裔不交南夏是以載籍無聞焉積六十七世至

周書　五十卷 曼413.12

（唐）令狐德棻撰

明萬曆十六年（戊子 1588）刻明崇禎七年（甲戌 1634）、

清順治十六（己亥 1659）年、康熙二十年（辛酉 1681）江寧府儒學補刻本

8册2本

19.7×15。半葉九行，行十八字。四周雙邊，白口，雙順黑魚尾。上魚尾上題“萬曆十六年刊”，下題“周書”，並記篇類及卷次，下魚尾下記葉數。卷端題“紀第一　周書一”“令狐德棻撰　大明南京國子監祭酒趙用賢　司業余孟麟同校”。第1册《周書帝紀六》第三、四葉等上魚尾上題“順治十六年刊”，第十九、二十葉上魚尾上題“康熙二十年補刊”，下書口刻“江寧知府陳龍巖捐俸”。第2册《周書列傳》卷六第七、八葉上魚尾上題“崇禎七年刊”。第4册《周書列傳》卷十五第二十葉上魚尾上題“順治十六年刊”，葉末題“順治乙亥年十一月十一日儒學教授朱謨校”。

明萬曆十六年（戊子 1588）七月趙用賢書重刻周書後。

按，此本爲明清遞修官版《二十一史》之一。《中國古籍善本書目·史部》收錄此叢書，而於此書下題“明萬曆十六年南京國子監刻明清遞修本”。《藏園訂補郘亭知見傳本書目·史部》亦收錄，題作“明萬曆十六年南京國子監刊《二十一史》本”。

紀第一

周書一

大明南京國子監　祭　酒　令狐德棻　等撰

司　業　趙用賢校正

余孟麟同校

文帝上

太祖文皇帝姓宇文氏諱泰字黑獺代武川人

也其先出自炎帝神農氏為黃帝所滅子孫遯

居朔野有葛烏菟者雄武多筭畧鮮卑慕之奉

以為主遂摠十二部落世為大人其後曰普回

南史　八十卷　　　　　　　　　　　曼413.13

（唐）李延壽撰

明萬曆十年（壬午 1582）至十九年（辛卯 1591）刻明崇禎十一年（丁丑 1638）、
清順治十五年（戊戌 1658）至十六年（己亥 1659）江寧府儒學補刻本

20册4本

20×15。半葉九行，行十八字。四周雙邊，白口，雙順黑魚尾（卷一前兩葉爲單黑
魚尾）。上魚尾上題"萬曆十七年（刊）"，下題"南史"、篇類及卷次，下魚尾下記葉
數。卷端題"宋本紀第一　南史一　唐　崇賢館學士李延壽　撰　大明南京國子監祭酒趙
用賢　司業張一桂　校正"。第1册目録葉上魚尾上所題依次爲"順治十五年刊、萬曆
十七年刊、順治十六年刊、萬曆十九年刊、萬曆十年刊、萬曆十八年刊"。第2册（除
第八、十七、十八葉外）之後上書口題"萬曆十八年"。第二册《南史帝紀》卷六第六、
七葉上魚尾上題"東廂王　南廂周　同補"，下書口題"崇禎十一年　助廳韋較刊"。卷六
第二十二、二十三葉，第3册《南史帝紀》卷七第十七、十八葉上魚尾上題"順治十五
年刊"（單黑魚尾）。第4册《南史列傳》卷二第一葉上魚尾上題"崇禎十一年補"，下
書口題"助教蜀雒源韋調鼎校刊"（四周單邊）。第6册《南史列傳》卷九第七葉上魚
尾上題"萬曆十九年"，此後多有萬曆十九年（辛卯 1591）刊葉。第12册《南史列傳》
卷四十第十五、十六葉上魚尾上題"萬曆十六年刊"。

　　明張一桂等重刻南史題辭。

　　按，此本爲明清遞修官版《二十一史》之一。《中國古籍善本書目·史部》收錄
此叢書，而於此書下題"明萬曆十六年至十九年南京國子監刻明清遞修本"。《藏園
訂補郘亭知見傳本書目·史部》收錄有"明萬曆十六至十九年南京國子監刊《二十一
史》本"。

宋本紀上第一

南史一

唐　　崇賢館　學士李延壽　撰

大明　南京　國子監　祭酒趙用賢　校正

司業張一桂

宋高祖武皇帝諱裕字德興小字寄奴彭城縣

綏輿里人姓劉氏漢楚元王交之二十一世孫

也彭城楚都故苗裔家焉晉氏東遷劉氏移居

晉陵丹徒之京口里皇祖靖晉東安太守皇考

翹字顯宗郡功曹帝以晉哀帝興寧元年歲在

北史　一百卷

曼413.14

（唐）李延壽撰，（明）鄧以讚、劉應秋校

明萬曆十六年（戊子 1588）至二十一年（癸巳 1593）南京國子監刻，

清順治十六年（己亥 1659）江寧府儒學補刻本

30册6本

20.5×14。半葉九行，行十八字。四周雙邊，白口，雙順魚尾。上魚尾上題“萬曆十九年刊”，版口記書名及卷次，下魚尾下記葉數。首卷端前二葉爲順治十六年補刊，題“魏本紀第一　北史一”“崇賢館學士李延壽撰”“大明南京國子監祭酒鄧以讚　司業劉應秋校正”，單黑魚尾，版框略小。萬曆間所刊諸葉，上魚尾上有題作“萬曆十六年刊、萬曆十九年刊、萬曆二十年刊（或題作萬曆廿年刊、萬曆二十年、萬曆廿年”）、萬曆二十一年刊（或題作萬曆廿一年刊）。手寫上版，較精良，但爲後印。

馮夢禎刻北史跋及校勘姓氏，卷二十八之後諸卷卷末大多有馮夢禎校勘識語。

按，此本爲明清遞修官版《二十一史》之一。《中國古籍善本書目·史部》收録此叢書，而於此書下題“明萬曆十九年至二十一年南京國子監刻明清遞修本”。《藏園訂補邵亭知見傳本書目·史部》收録有“明萬曆二十六年北京國子監刊本”，未録此本。

以文武幹局沉毅過人臨難慨然奮斯大節蹈
忠履義沒而後已仁必有勇其斯人之謂乎劉
藻傳永豎眼文武器幹知名於時豎眼加以撫
邊導俗風化尤美方之二子固已優乎抑又魏
世良牧張烈早有氣尚名輩見知趣捨沉浮俱
至顯達雅道正路其殆病諸李路器尚所及俱
可觀者象風彩詞涉亦當年之俊乂房亮曹世
表潘永基朱元旭拔萃從官咸享名器各有由也

列傳第三十三　北史四十五

隋書　八十五卷 曼413.15

（唐）魏徵等撰，（明）季道統校

明萬曆二十二年（乙未 1595）至二十三年（丙申 1596）南京國子監刻，

清順治十五年（戊戌 1658）江寧府儒學補刻本

20册4本

20.5×14。半葉九行，行十八字。四周雙邊，白口，雙順魚尾。魚尾上題"萬曆二十二年刊"，版口題書名及卷次，下魚尾下記葉數。卷端題"帝紀第一 隋書一""特進臣魏徵上""大明南京國子監司業季道統 校閱"，"志第一 隋書六"卷端題"太尉揚州都督監修國史上柱國趙國公臣長孫無忌等奉勅撰 大明南京國子監司業季道統 校閱"，無裹封。該本萬曆版上魚尾上亦有不同題名，有"萬曆二十二年刊""萬曆二十三年刊"；清補刊爲單魚尾，版式同"曼413.14"，魚尾上題"順治十五年刊"，字體較小且精緻。

此本僅有校勘姓氏，末卷附天聖二年藍元用進表，末又題："聖旨齋禁中隋書一部付崇文院至六月五日敕差官校勘 仍内出版式雕造"，"校勘"字下小注"時命臣綏臣燁提點左正言直史館張觀等校勘觀尋爲度支判官讀命黄爐代之"。

按，此本爲明清遞修官版《二十一史》之一。《中國古籍善本書目·史部》於此叢書下收録之，題作"明萬曆二十二年至二十三年南京國子監刻明清遞修本"。《藏園訂補邵亭知見傳本書目·史部》收録其底本"明萬曆二十二年至二十三年南京國子監刊二十一史本"。

帝紀第一

隋書一

高祖上

特進臣魏徵　上

大明南京國子監司業李道統　校閱

高祖文皇帝姓楊氏諱堅弘農郡華陰人也漢

太尉震八代孫鉉仕燕爲北平太守鉉生元壽

後魏代爲武川鎮司馬子孫因家焉元壽生太

原太守惠嘏嘏生平原太守烈烈生寧遠將軍

萬曆三十□年刊

欽定舊唐書　二百卷　　　　　　　　　曼413.16b

（後晋）劉昫撰

清乾隆四年（己未 1739）武英殿刻本（後印）

30册10本

21.8×14.5。半葉十行，大小字不等，行大字二十一字，小字雙行同，行四十二字。左右雙邊，白口，單黑魚尾。魚尾上題“乾隆四年校刊”，下題“舊唐書卷幾 某篇”及葉數。卷端題“唐書卷一”“後晋司空同中書門下平章事劉昫撰”，諸卷末皆有考證。裏封題“舊唐書二百卷”，鈐“書屋出香”“鳴謙書眉”“丹陽賀氏從虛”三墨文方印。外封題“欽定舊唐書 卷幾之幾”。

明嘉靖十七年（戊戌 1538）楊循吉重刊舊唐書序，嘉靖十八年（己亥 1539）文徵明重刊舊唐書原序，聞人詮序，嘉靖十八年沈桐序，又附《四庫提要》、沈德潛等校刊進言。

按，此書爲武英殿本《二十一史》之一。

《藏園訂補郘亭知見傳本書目·史部》《中國古籍善本書目·史部》皆收録。

舊唐書卷一

後晉司空同中書門下平章事劉 昫撰

本紀第一

高祖

高祖神堯大聖大光孝皇帝姓李氏諱淵其先隴西狄道人

涼武昭王暠七代孫也暠生歆歆生重耳仕魏為弘農太守

重耳生熙為金門鎮將領豪傑鎮武川因家焉儀鳳中追尊

宣皇帝熙生天錫仕魏為幢主大統中贈司空儀鳳中追尊

光皇帝皇祖虎後魏左僕射封隴西郡公與周文帝及太

保李弼大司馬獨孤信等以功參佐命當時稱為八柱國家

唐書　一百五十卷　　　　　　　　　　　曼305

（宋）歐陽修、宋祁等奉敕纂

明崇禎二年（己巳 1629）毛氏汲古閣刻明末清初趙氏重刻本

36册6本

20.9×14.7。半葉十二行，行二十五字。左右雙邊，白口，單黑魚尾。每卷首葉魚尾下題“汲古閣 毛氏正本”，餘題“唐書幾”。卷端題“本紀第一　唐書一”，鈐“琴川毛鳳苞氏審定宋本”“古吳書業趙氏重鐫”兩墨文方印。進表末題“皇明崇禎二年歲在屠維大荒落鄒月上日琴川毛氏開雕”，裏封題“唐書”。

宋嘉祐五年（庚子 1060）曾公亮進新唐書表。

按，此爲汲古閣本《十七史》之一，《中國叢書綜録》《中國古籍善本書目·史部》皆有收録，《藏園訂補郘亭知見傳本書目·史部》收録於“汲古閣本”《唐書》。此本鈐有“古吳書業趙氏重鐫”，“玄”“弘”皆不缺筆，應爲明末清初趙氏重刊明汲古閣《十七史》本。但是這個版本的《十七史》很少爲諸目録所收。

本紀第一

高祖神堯大聖大光孝皇帝諱淵字叔德姓李氏隴西成紀人也

其七世祖暠當晉末據秦涼以自王是爲涼武昭王暠生歆歆爲

沮渠蒙遜所滅歆生重耳魏弘農太守重耳生熙金門鎮將成於

武川因留家焉熙生天賜爲幢主天賜生虎西魏時賜姓大野氏

官至太尉與李弼等八人佐周代魏有功皆爲柱國號八柱國家

周閔帝受魏禪虎巳卒乃追錄其功封唐國公諡曰襄襄公生昞

襲封唐公隋安州總管柱國大將軍卒諡曰仁仁公生高祖於長

安體有三乳性寬仁襲封唐公隋文帝獨孤皇后高祖之從母也

以故文帝與高祖相親愛文帝相周復高祖姓李氏以爲千牛備

身事隋譙隴二州刺史大業中歷岐州刺史滎陽樓煩二郡太守

召爲殿內少監衞尉少卿煬帝征遼東道高祖督運糧於懷遠鎮

唐書一

唐書 二百六十卷，唐書宰相世系表訂訛十二卷，唐書合抄補正六卷 曼413.16a

（清）沈炳震訂抄，（清）丁子復補正

清嘉慶十八年（癸酉 1813）海寧查世倓刻本

80冊17本

20.4×14.3。半葉十行，大小字不等，行大字二十一字，小字雙行同，行四十二字。左右雙邊，上下粗黑口，綫魚尾。版口題"唐書幾"及篇名、葉數等。卷端題"唐書卷第一 本紀一"，闕裏封。《訂訛》卷端題"唐書宰相世系表訂訛卷一""歸安 沈炳震 訂抄"，《唐書合抄補正》卷端題"唐書合抄補正卷一"。

《合抄新舊唐書》凡二百六十卷，其中，卷二百五十五至卷二百六十又分上下兩子卷；卷首一卷，包括：撰人姓名、進新唐書表、唐書合抄例、目錄。《唐書宰相世系表訂訛》十二卷，沈炳震撰；《唐書合抄補正》六卷，丁子復撰。

清雍正十一年（癸丑 1733）柯煜唐書合抄序，唐書合抄補正首丁子復識，末嘉慶十八年（癸酉 1813）查世倓跋。

按，此本房玄齡作"房元齡"，唐玄宗作"元宗"，田弘正作"田宏正"，弘農作"宏農"，棣王琰作"玹"，歷書作"厤書"。"旻""寧"二字皆不缺筆。

查氏跋云："余於都下購得抄本，乙丑南歸以屬丁君小鶴詳爲讐校，其訛字脱句曉然可見，或他本足據者輒爲更正，稍涉疑似，仍存其舊，以從闕疑之義。庚午冬開雕吳門，校正字樣則蔣明經於野之力爲多，爲剞劂者，失去《安史傳》一卷，據《新舊書》排次補之。丁君殫精考索，復采原案所未及者，著《補正》六卷，亦可爲沈氏之功臣矣。"據此，該本之底本爲抄本，其始刻於嘉慶十五年（庚午1810），凡四年刻成。

此本《續修四庫全書》第285—289冊收録，乃影印自中國科學院圖書館所藏。

《書目答問補正》《藏園訂補郘亭知見傳本書目·史部》收録。

唐書合鈔補正卷一

儋餘比部刻唐書將竣商於 子復 曰沈氏標舉闕譌

鮮有折衷所舉之外猶多疑義不加考證疏畧奈何

子盍從而訂正之乃討論羣籍逐字按剔義不鑒空

文必核實參以葉君石君所錄錢遵王影宋鈔本質

諸比部以定去取比部熟精史學明於體要其文字

異同義可兩存槩削不錄吳氏糾繆錢氏考異及各

家條辨非有發明悉不采入㽠志經吳門李君鋭校

閱亦不復置論脫漏不少尚俟續考所補新書詳畧

皆仍其舊無所增損橋李丁子復識

欽定舊五代史　一百五十卷　　　　　曼413.17b

（宋）薛居正等撰

清乾隆四十九年（甲辰 1784）武英殿刻本

12册4本

21.8×14.5。半葉十行，大小字不等，行大字二十一字，小字雙行同，行四十二字。左右雙邊，白口，單黑魚尾。魚尾上題"乾隆四十九年校刊"，下題"舊五代史卷幾 某篇"及葉數。卷端題"舊五代史卷一""宋門下侍郎參知政事監修國史薛居正等撰"，諸卷末皆有考證。裏封題"舊五代史百五十卷目録二卷"。

清乾隆四十七年（壬寅 1782）永瑢等奏摺。

《藏園訂補邵亭知見傳本書目·史部》《中國古籍善本書目·史部》皆收録此本，爲武英殿本《二十四史》之一。

舊五代史卷一

宋門下侍郎參知政事監修國史薛居正等撰

梁書第一

太祖紀一

太祖神武元聖孝皇帝姓朱氏諱晃本名溫宋州碭山
人其先舜司徒虎之後高祖黯曾祖茂琳祖信父誠帝
即誠之第三子母曰文惠王皇后五代會要梁肅祖宣
元皇帝諱黯舜司徒
虎四十二代孫開平元年七月追尊宣元皇帝廟號肅
祖葬興極陵敬祖光獻皇帝諱茂琳宣元皇帝長子母
曰宣僖皇后范氏開平元年七月追尊光獻皇帝廟號
敬祖葬永安陵憲祖昭武皇帝諱信光獻皇帝長子母
曰光孝皇后楊氏開平元年七月追尊昭武皇帝廟號
憲祖葬光天陵烈祖文穆皇帝諱誠昭武皇帝長子母

五代史記　七十四卷　　　　曼454

（宋）歐陽修撰，（宋）徐無黨注，（明）余有丁、周子義校

明萬曆四年（丙子 1576）至五年（丁丑 1577）南京國子監刻，

清順治十五年（戊戌 1658）、十六年（己亥 1659）遞修本

8册

20.9×1。半葉十行，大小字不等，行大字二十一字，小字雙行同，行四十二字。四周雙邊，白口，雙順黑魚尾。上魚尾上題"萬曆四年刊"或"萬曆四年""萬曆五年刊"（如卷七十一第六葉，卷七十三第五葉），版口題"五代史卷幾"，下魚尾下記葉數。卷端題"五代史記卷第一""歐陽脩撰　徐無黨注""大明南京國子監祭酒余有丁　司業周子義校刊"。此本有數葉補刊，上魚尾上題"順治十五年刊"（卷五十四第十三葉，卷五十五第一至三葉，卷五十六第五葉，卷六十七第二葉）、"順治十六年刊"（卷五十五第十三葉，卷末題"順治己亥年年十二月十一日　江寧府儒學教授朱謨校"，卷五十六第十葉）。

陳師錫五代史記序，末卷附明萬曆五年（丁丑 1577）周子義書重刻五代史記後及校勘姓氏（上魚尾上題"萬曆五年刊"）。

按，此本補刊絶少，誠爲善本。

此本爲明清遞修官版《二十一史》之一，《中國古籍善本書目·史部》收録此叢書，於此書下題作"明萬曆四年至五年南京國子監刻清順治遞修本"。《藏園訂補郘亭知見傳本書目·史部》收録此本，題作"明萬曆四年南京國子監刊本"，但未録清順治間補刊本。

五代史記卷第一

大明南京國子監祭酒　余有丁

司業　周子義校刊

歐陽修撰

徐無黨注

梁本紀第一

　本紀因舊以爲名本原其所始起所紀次其事興
　時也即位以前其事詳原本其所自來故曲而備
　之見其起之有漸有暴也即位以後其事畧而
　在重所責者大故所書者簡惟簡乃可立法

太祖神武元聖孝皇帝姓朱氏宋州碭山午溝里人也

其父誠以五經教授鄉里生三子曰全昱存溫

萬曆四年刊

五代史記　七十四卷　　　　　　　　　曼413.17a

（宋）歐陽修撰，（宋）徐無黨注

清道光八年（戊子 1828）刻本

15册5本

21.2×15.2。半葉十行，大小字不等，行大字二十一字，小字雙行同，行四十字。左右雙邊，白口，單黑魚尾。魚尾下題“五代史記卷第幾”，篇名及葉數。卷端題“五代史記卷第一 廬陵歐陽修撰 徐無黨原注 南昌彭元瑞注 劉鳳誥排次”。裏封題“道光八年鐫 五代史記注 李鴻賓謹題”。

陳師錫序，清嘉慶二十年（乙亥 1815）劉鳳誥識語。

《藏園訂補邵亭知見傳本書目・史部》《中國古籍善本書目・史部》皆收録此書，但未録此本。

五代史記卷第一

盧陵歐陽脩撰

南昌彭元瑞注

徐無黨原注

劉鳳誥排次

梁本紀第一

原注本紀因舊以爲名本原其所始起而紀次其事與時也卽位以前其事詳原本其所自來故曲而備之見其起之有漸有暴也卽位以後其事略而書者簡惟簡乃可立法居尊任重所責者大故所書者簡

太祖神武元聖孝皇帝姓朱氏宋州碭山午溝里人也其先舜司徒虎之後高祖黯

其父誠名温宋州碭山人其

五代史太祖神武元聖孝皇帝姓朱氏諱晃本

曾祖茂琳祖信父誠之第三子母曰文惠王皇后以唐大中六年歲在壬申十月二十一日夜生于碭山縣午溝里是夕所居盧舍之上有赤氣上騰里人望之皆驚奔而來曰朱家火發矣及至則盧舍儼然既入

之皆驚

宋史 四百九十六卷，目録三卷 　　曼413.18

（元）脱脱等奉敕修

明成化十六年（庚子 1480）朱英刻明清遞修本

100册22本

半葉十行，行二十字。四周雙邊，白口，雙順魚尾。上魚尾上題“萬曆一十八年刊”，版口題“宋史本紀卷一”，下魚尾下記葉數。卷端題“本紀卷第一 宋史一”（下有墨色鈐印），“開府儀同三司上柱國録軍國重事前中書右丞相監修國史領經筵事都總裁 臣 脱脱等奉 勅修”。此本配補之葉隨處可見，綜合其上書口所題，依年代排列，有“嘉靖丙辰年、嘉靖丁巳年、萬曆六年刊、萬曆一十五年刊、萬曆一十八年刊、萬曆二十五年刊、萬曆二十八年刊、萬曆三十五年刊、萬曆三十八年刊、萬曆三十九年刊、萬曆壬子年、萬曆四十四年刊、萬曆四十五年刊、崇禎二年春兩厢疾倪補刊、崇禎三年春兩厢疾倪補刊、順治十六年刊、康熙二十年補刊、康熙三十九年刊”等多種。另外還有數葉手寫抄配，這些葉儘管字體、版框尺寸不一，但大多皆爲半葉十行，行二十字。此本有墨印，如鈐“康觀濤字用于號海槎”（如卷四百九十六末、目録末）、“康綸鈞字鵬書號伊山”（如新刊宋史序下、卷一、卷四百七十三等）兩墨文方印。

明成化十六年（庚子 1480）朱英新刊宋史序（上魚尾上題“崇禎二年春兩厢疾倪補刊”），元至正五年（乙酉 1345）阿魯圖等進宋史目録表（上魚尾上題“嘉靖丁巳年、萬曆六年刊、萬曆二十八年刊”）及修史官員（上魚尾上題“萬曆二十八年刊、嘉靖丁巳年、崇禎三年春兩厢疾倪補刊”），元至正六年（丙戌 1346）準刻宋史聖旨（上魚尾上題“嘉靖丁巳刊”，末題“康熙庚辰年江寧府儒學教授荆子邁校”兩行）。

按，據朱英序稱“始於成化辛卯十月，刻成於庚子四月”，成化辛卯即成化七年（辛卯 1471），庚子即成化十六年（庚子 1480），凡10年，此當爲《宋史》在明代首次之刊刻。又據此序可知，該本之底本乃漳浦陳氏所藏抄明内府藏元刻本。又，“凡四百九十六卷，本紀四十七，志一百六十二，表三十二，列傳二百五十五"，而據阿魯圖上表云"本紀四十七卷，志一百六十二卷，表三十二卷，列傳、世家二百五十卷，裝潢四百九十二帙"，兩相比較，可知列傳較原書增加了五卷。此本諸朝刊葉及鈐印又見於"曼413.21"。

　　此本爲明清遞修官版《二十一史》之一。《藏園訂補邵亭知見傳本書目·史部》收錄此書，但未錄此本。《中國古籍善本書目·史部》所收明刻明清遞修本"二十一史二千五百六十七卷"有此本之祖本，題作"明成化十六年朱英刻南京國子監遞修本"。

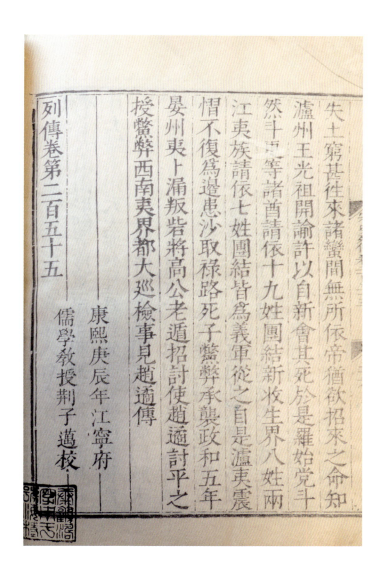

遼史　一百一十五卷，附欽定遼史語解十卷，欽定金史語解十二卷　　　曼413.19

（元）托克托等奉敕修

清道光四年（甲申 1824）刻本

　　18册3函（第三函爲《遼》、《金史語解》，各占2册）

　　20.6×13.8。半葉十行，行二十一字。四周雙邊，白口，單黑魚尾。魚尾上題“道光四年校刊”，下記書名、卷次、篇名及葉數。卷端題“遼史卷一”“元中書右丞相總裁托克托等修”。末附《欽定金國語解》，卷端題“欽定遼史國語解卷一”，下有按語。魚尾上題“道光四年校刊”，下題“遼史語解卷一”及類名、葉數等。《欽定金史國語解》版式與之同。

　　托克托進遼史表，末卷附陳浩跋。

　　按，此本之底本疑即武英殿刻本，今將其所附《欽定金史國語解》與武英殿本《金史》所附相較，内容大致一樣，但略有差異，如卷端題名，此本題“欽定金史國語解卷一”，下分十二卷，武英殿本則題“欽定金史語解”，不分卷。

　　《藏園訂補邵亭知見傳本書目·史部》收録此書，但未録此本。

遼史卷一考證　大祖紀上

伯父當國疑輒咨焉　按卷六十四皇子表德祖兄三

人長瑪魯早卒次揚珠為德哷部額爾奇木三寶嚕

為裕悅考百官志裕悅班百僚之上非有大功德者

不授此云伯父當國當卽實嚕也

以兵四十萬伐河東河北攻下九郡獲生口九萬五千

按河北永樂大典作代北考卷三十四兵衞志太

祖總兵四十萬伐代北克郡縣九俘九萬五千口是

河北係代北之譌

會克用于雲州宴酣克用借兵以報劉仁恭木瓜澗之

道光四年校刊　（遼史卷一）　　二

遼史　一百十六卷　　　　　　　　　　　　曼455

（元）脱脱等奉敕修，（明）張邦奇、江汝璧奉敕校

明嘉靖八年（己丑 1529）南京國子監刻明清遞修本

8册

20.9×15.1。半葉十行，行二十二字。四周雙邊，白口，雙順黑魚尾。魚尾上題“嘉靖八年刊”，下題“遼紀某”，下魚尾記葉數。卷端題“本紀第一　遼史一”“元開府儀同三司上柱國前中書右丞相監修國史都總裁臣脱脱修　大明南京國子監祭酒臣張邦奇　司業臣江汝璧奉旨校刊”，無裹封。有配補葉，魚尾上題“萬曆四年刊”（目録第十五葉，半葉十行，行二十字，四周雙邊，白口，雙順黑魚尾，20.7×15.1）、“崇禎七年刊”（卷二十二第三葉，半葉十行，行二十二字，四周單邊，白口，單黑魚尾，20.2×14.3）、“順治十五年刊”（國語解第四、二十三葉）、“順治十六年刊”（或題“順治拾陸年刊”），而以後者修版最多。

元至正四年（甲申 1344）脱脱進遼史表（有順治十六年和嘉靖八年補刊葉）及修史官員名士。

按，此本爲明清遞修官版《二十一史》之一，其第一百十六卷爲《國語解》一卷。但補刊葉很多，大體以明嘉靖八年（己丑 1529）刊葉爲主體，而參以明萬曆至清順治間補刊葉，故可以詳細點著録爲“明嘉靖八年（己丑 1529）南京國子監刊，萬曆四年（丙子 1576）、崇禎七年（甲戌 1634）補修，清順治十五、十六年（戊戌 1658、己亥 1659）補刊本”，但簡略點可以題“明嘉靖八年（己丑 1529）南京國子監刊，明清遞修本”。

《藏園訂補郘亭知見傳本書目・史部》收録有“明嘉靖八年南京國子監刊本”，爲此本的全本。《中國古籍善本書目・史部》收録有“明嘉靖八年南京國子監刻明清遞修本，清陳澧批校”，中山大學圖書館藏。又於明刻明清遞修本《二十一史》下著録此書此本。

本紀第一　　　　遼史一

元開府儀同三司上柱國前史□□□□□□監修國史□□□□□總裁臣脫脫修

大明南京國子監祭酒臣張邦奇司業臣江汝璧奉

旨校刊

大祖上

太祖大聖大明神烈天皇帝姓耶律氏諱德字阿保機小

字啜里只契丹迭剌部霞瀨益石烈鄉耶律彌里人德祖

皇帝長子母曰宣簡皇后蕭氏唐咸通十三年生初母夢

日墮懷中有娠及生室有神光異香體如三歲兒即能爬

蜀祖母簡獻皇后異之鞠爲己子常匿於別幕塗其面不

嘉靖八年刊

欽定金史　一百三十五卷，
附欽定國語解不分卷　　　　　　　　　曼413.20

（元）脱脱等奉敕修

清乾隆四年（己未 1739）武英殿刻本（後印）

24册5本

21.8×14.5。半葉十行，行二十一字。左右雙邊，白口，單黑魚尾。魚尾上題"乾隆四年校刊"，下記書名、卷次及葉數。卷端題"金史卷一""元中書右丞相總裁脱脱等修"，無裹封。每卷卷末附考證。卷一百三十四、一百三十五有朱筆句讀。末附《欽定金國語解》不分卷，版式同，卷端題"欽定金國語解"，魚尾上題"乾隆十二年校刊"，下題"金國語解"及葉數。

清乾隆十二年（丁卯 1747）上諭，目録後有元至正四年（甲申 1344）阿魯圖進金史表及修纂金史官員姓氏，末附王會汾識及校勘姓氏。

按，此書爲武英殿本《二十一史》之一。

《藏園訂補邵亭知見傳本書目·史部》《中國古籍善本書目·史部》皆收録。

欽定金國語解

官稱

都勃極烈　總治官名猶漢云冢宰都勃極烈即

都伯伊勒　索倫語謂高爲都

語版勃極烈　官之首且貴者語版勃極烈即

阿穆巴伯伊勒　此舊金國語與

本朝清語相同即不加注餘倣此

國論勃極烈　尊禮優崇得自由者國論勃極烈即

固嚕固伯伊勒

胡魯勃極烈　統領官之稱胡魯勃極烈即

欽定元史　二百一十卷　　　　　　　　　曼413.21

（明）宋濂等奉敕修

清乾隆四年（己未 1739）武英殿刻本

19册9本

21.8×14.5。首葉爲乾隆四年（己未 1739）刊，左右雙邊，白口，單黑魚尾，魚尾上題“乾隆四年刊”，下記書名卷次及葉數，卷端題“元史卷一”“明翰林學士亞中大夫知制誥兼脩國史宋濂等修”；此本卷一之前，卷二十之後有諸多配補，綜合諸葉魚尾上題字，依照年代先後排列，有“萬曆二十六年刊、萬曆二十七年刊、萬曆三十七年刊、天啓三年刊、崇禎二年刊、崇禎三年刊、崇禎七年刊、崇禎十年南廱刊、崇禎十一年刊、順治十五年刊、順治十六年刊、康熙二十年補刊、康熙三十九年刊”等多種，另外還有數葉手寫抄配，這些葉儘管字體、版框尺寸不一，但大多皆爲半葉十行，行二十字。從整體上看，此本以乾隆四年刊葉占絶對優勢，其他刊年葉則爲雜配。此本卷八十五至八十九、一百二十八至一百五十七、一百六十七、一百七十五、一百八十三等有朱筆句讀和批改，天頭處有墨筆校語，但筆迹較爲凌亂。卷一百七十八至一百八十三天頭處有輕微蟲蛀。此本鈐“康觀濤字用于號海槎”（如卷二十二）、“康綸鈞字鵬書號伊山”（如進元史表）兩墨文方印。

有凡例五條（魚尾上題“順治十六年刊、順治十五年刊”），目録上下兩卷（上魚尾上依次題“崇禎三年刊、康熙三十九年、康熙二十年補刊、崇禎三年刊、天啓三年刊”）。

明洪武二年（己酉 1369）李善長進元史表（魚尾上題“順治十五年刊、順治十六年刊”），末題“順治己亥十一月初二日　江寧府學教授朱謨校閲”。目録末附明洪武二年（己酉 1369）宋濂記（上魚尾上題“康熙三十九年刊”）。

按，此本雖然有諸多配補和抄配之葉，但總以乾隆四年（己未 1739）武英殿所刊之葉爲多。據此可知，此本原是乾隆四年（己未 1739）武英殿刊本之殘本，故而多方配補而成此書，並非收集衆版而成之百衲本，故據此確定版本。此本諸朝刊葉及鈐印又見於"曼413.18"。

此書爲武英殿本《二十一史》之一。

《藏園訂補邵亭知見傳本書目·史部》《中國古籍善本書目·史部》皆收録此本之原版。

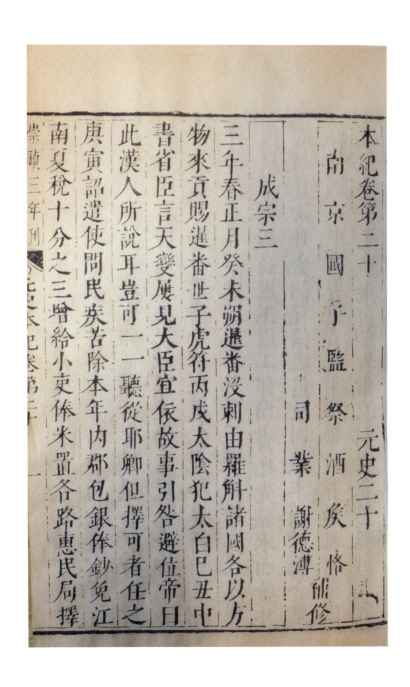

明史稿　三百十卷，目録三卷　　　　　　　曼413.22

（清）王鴻緒奉敕修
清雍正間敬慎堂刻本

　　30册10本

　　19.8×14.7。半葉十一行，行二十三字。左右雙邊，白口，單黑魚尾。魚尾下題“橫雲山人集 史藁”、葉數，下書口題“敬慎堂”。卷端題“明史藁 本紀第一”“光禄大夫 經筵講官明史總裁户部尚書加七級臣王鴻緒奉敕編撰”。

　　清康熙三十六年（丁丑 1679）上諭（朱字），王鴻緒奏疏二通。

　　按，此書一名“橫雲山人明史稿”。《藏園訂補郘亭知見傳本書目·史部》《中國古籍善本書目·史部》皆收録，但前者題作“清乾隆敬慎堂刊初印本”，後者題作“清雍正敬慎堂刻本，清姚椿批並録清杭世駿批”。今檢此本，“慎”字缺筆，而“弘”不缺筆，當非乾隆時所刊。再據王氏於雍正元年（癸卯 1723）奏疏可知，此書是王氏於雍正元年（癸卯 1723）進呈的，所以其刊刻應在此時左右，今從《中國古籍善本書目》所題著録。

　　此本版心題“橫雲山人集”，下小字注“史稿”，似乎它原屬於《橫雲山人集》之《史稿》部分。但今存清康熙間刻本《橫雲山人集》（《續修四庫全書》第1416—1417册），無論從字體版式，還是具體内容上看，都與此本有異。所以，倘若《續修四庫全書》本的底本是《橫雲山人集》的初刻本的話，那麽此本應該是其重刻本了。

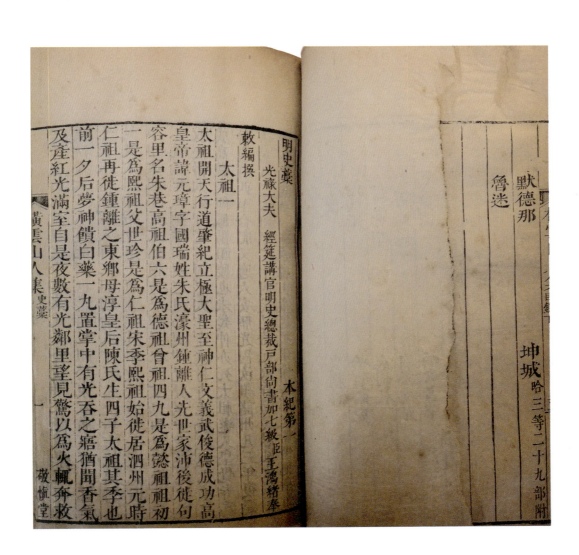

默德那

嚕迷

坤城哈三等二十九部附

明史藁

光祿大夫　經筵講官明史總裁戶部尚書加七級臣王鴻緒奉

敕編撰

太祖一　　　　　　　　　　　　　　　　本紀第一

太祖開天行道肇紀立極大聖至神仁文義武俊德成功高
皇帝諱元璋字國瑞姓朱氏濠州鍾離人先世家沛後徙句
容里名朱巷高祖伯六是為德祖曾祖四九是為懿祖祖初
一是為熙祖父世珍是為仁祖宋季熙祖始徙居泗州元時
仁祖再徙鍾離之東鄉母淳皇后陳氏生四子太祖其季也
前一夕后夢神饋白藥一九置掌中有光吞之寤猶間香氣
及產紅光滿室自是夜數有光鄰里望見驚以為火輒奔救

黃雲山人集史藁

破愁堂

一

弘簡録 二百五十四卷　　　　　　曼314

（明）邵經邦撰，（清）邵遠平校

清康熙二十七年（戊辰 1688）邵遠平重刻明本

48册8函

23×14.5。半葉十二行，行二十四字。四周單邊，白口，單黑魚尾。魚尾上記書名，下記卷次、葉數及篇名。卷端題"弘簡録卷之一""明刑部員外郎仁和邵經邦弘齋學皇清翰林院侍講學士四世孫遠平校閱"，裏封題"邵弘毅先生遺集 仁和邵戒三學士重訂 弘簡録""是編續鄭樵通志起唐五代迄宋遼金合九史共爲一書明末板燬於火遂失其傳兹特重加較梓以供好古者之采覽所謂綱目出而羣書廢是編出而諸史可不設也識者珍之"，外封墨筆題"肆拾捌本 弘簡録 一"。書根有墨筆記録册數。

此書附徐乾學史傳，汪琬史傳，讀史筆記七條，邵遠平撰凡例十二則。

清嘉靖三十六年（丁巳 1557）邵經邦序，邵遠平重刻弘簡録序，清康熙二十七年（戊辰 1688）邵錫蔭重刻弘簡録後序。

按，邵經邦，字仲德，號弘齋，仁和人。邵遠平，字戒三，邵經邦四世孫。據邵氏序云："重刻弘齋先生所輯《弘簡録》既成，曾孫遠平敬爲之序……大清康熙十有八年己未，遠平奉詔預修明史，會時方求遺書於閩中，購得舊本，頗有脱誤。後七年以請假歸，始得重加校録。"又後序云："《弘簡録》二百五十四卷藏於家，天啓間燬於火，家大人嘗有意求之而不能即得也。會康熙己未以督學報竣，仍回館閣奉詔纂脩明史。時方下郡縣求遺書，購得閩中原本一册。後乙丑請假返里門，乃復手自校正，閱三歲而訖工。"據此兩序可知，此本之底本爲明刻閩本（《中國古籍善本書目・史部》收録，題作"明嘉靖三十六年至四十年刻本"），是邵遠平於康熙十八年（己未 1679）所購並重加校刊的。其刻始於清康熙二十四年（乙丑 1685），成於清康熙二十七年（戊辰 1688）。《續修四庫全書》第304—308册收録此本，爲復旦大學圖書館所藏。

弘簡錄

部弘毅先生遺集

仁和邵戒三學士重訂

弘簡錄

是編續鄭樵通志起唐五代迄宋遼金合九史共爲一書明末板燬於火遂失其傳茲特重加校梓以供好古者之采覽所謂綱目出而羣書廢其編出而諸史可不廢也識者珍之

弘簡錄原序

序曰夫簡載之職也載該莫該於史史失載之職也愚其得已哉有宋鄭夾漈先生感會同之義總合班馬陳范之書晉南北之史作爲通志以正斷代之儒敎各膏之失其立例用心可謂勤矣悉得而繼覯之則衡夫故也何也所經歷數千百年者彼其遠廓也中夏皇王帝畧皆賢否若彼其浩繁也一人一乎安能委曲詳盡其至大者三皇太古初也有爲神農之言者依托附會於其間而一切不遺孔子大聖人也有爲齊東之譜者祗列野合二字而他無所攷顏曾思孟大賢人也仍於舊貫不能剗道綫

續弘簡録　原書四十二卷，殘存三十卷　　曼371

（清）邵遠平撰

清康熙間刻本（厚白棉紙，精刻）

　　15冊3函

　　20.2×14.5。半葉十二行，行二十四字。四周單邊，白口，單黑魚尾。魚尾上題"續弘簡録"，下記卷次、葉數及篇次。正文缺首卷，所存卷十三卷端題"續弘簡録元史類編卷十三""皇清詹事府少詹事仁和邵遠平戒山學"。

　　殘存三十卷：卷十三至卷四十二。

　　闕序跋。

　　按，此書一名"續弘簡録元史類編"或"元史類編"。

續弘簡錄元史類編卷三十五

皇清詹事府少詹事仁和邵遠平戒山學

文翰一

楊奐　楊果　牟應龍　鄭滁孫　危復之中附何陸文圭

附梁益　姚燧　趙孟頫　陳孚于振附馮韓性　鄧文原

戴表元　李之紹　貫雲石海涯　楊載剛中附楊元明善

虞集弟樊范梈　揭傒斯　周仁榮憂恂附孟　宇文公諒附

李洞　曹鑑　黃溍　柳貫　吳萊　歐陽玄　陳旅程附

文附陳劉詵附龍仁夫李孝光孫轍定翁杜本張樞張

釋會

蓰天爵　貢師泰　周伯琦　張翥　朱震亨　李杲

楊奐字煥然乾州奉天人生之夕母憂東南日光射其身旁一

神人授之以筆其父謂文明之象因名曰奐金末舉進士不中

續弘簡錄　卷三十五　一　文翰一

元史類編　四十二卷　　　　　　　　曼251

（清）邵遠平撰

清乾隆六十年（乙卯 1795）席氏掃葉山房重刻本

18册3本

21.6×14。半葉十二行，行二十五字。左右雙邊，白口，單黑魚尾。魚尾上記書名，下記卷次及葉數，下書口題“掃葉山房”。卷端題“元史類編卷第一”“仁和邵遠平戒山學　南沙席世臣郢客氏校刊”，闕裏封。

此書有邵遠平凡例十七條，附朔漠圖考、海運圖考等。

清乾隆六十年（乙卯 1795）四月席世臣序，清康熙三十八年（己卯 1699）邵遠平進元史類編表。

按，席序云：“舊典《宏簡錄》並行，今重梓之，以爲别史之殿。”據此可知，該書爲《宋遼金元四史》這一叢書之最後一種，且確爲清乾隆六十年（乙卯 1795）所刊。但席氏序末題四月，《東都事略》席氏序末則題九月，很顯然，至少《東都事略》之席序是後加的。並且該叢書應該在乾隆末已經刻成，而至嘉慶三年（戊午 1798）方裝幀成書，故《東都事略》裏封有總題名且有謝、阮二序。

此爲《宋遼金元四史》之一。

《中國古籍善本書目·史部》收録此本，爲“清劉佳批校並跋，清劉履芬抄補並跋”，國家圖書館藏。

元史類編卷之一　　仁和邵遠平戒山學　南沙席世臣郭客氏校刊

世紀一

太祖皇帝諱鐵木眞姓奇渥溫氏蒙古部人其先世有曰脫奔咩
理健麦曰阿蘭果火夜寢帳中夢白光自天而下化金色神人趨
臥楊遂驚覺有娠生子曰孛端乂兒其李也大方通鑑云阿蘭夜寢帳襄有光明照其腹一乳三子長曰孛完合答吉欠曰孛合撒赤學
狀貌奇異沉默寡言家人謂之癡阿蘭獨曰此兒非癡後世
子孫當有大貴者歷四世曰海都家爲押剌伊兒部所破止海都
存其季父納眞率八剌忽怯谷諸民共立爲君長海都既立轉攻
押剌伊兒部役屬之形勢寖大列營帳于八剌合黑河上跨河爲
梁以便往來由是隣部歸者漸衆其後子孫蕃衍各自爲族曰哈
答吉曰散只兒曰吉狎又謂之札郎剌氏彼此不相統屬傳五世

聖武記　十四卷　　　　　　　　　　　　曼380

（清）魏源撰

清道光二十六年（丙午 1846）揚州刻本

12册1板

17.5×12.8。半葉十行，大小字不等，行大字二十一字，小字雙行同，行四十二字。四周雙邊，白口，單黑魚尾。魚尾上記書名，下記卷次及葉數。卷端題"聖武記卷一""邵陽魏源撰"，裏封題"聖武記 古微堂藏版"，外封題"聖武記 幾"，夾板背面題"聖武記 全函十二本"。

清道光二十二年（壬寅 1842）魏源序，目録末有道光二十六年（丙午 1846）魏源識。

按，魏氏跋云："是記當海疆不靖時，索觀者衆，隨作隨刊，未遑精審，閱二載重訂於蘇州，又二載復重訂於揚州……《聖武記》第三次重訂本。"據此可知，該書共修訂過三次，此即第三次重訂於揚州。

《藏園訂補郘亭知見傳本書目·史部》收録。

聖武記卷一

開國龍興記一

邵陽魏源譔

維帝軒轅畫井始遼粵及有虞州剖十二而遼以西則

剖冀東北境是為幽州遼以東則剖青海外境是為營

州于是有古孤竹之虛有古肅慎氏之國古孤竹國在

府地肅慎國在今遼東吉林寧古塔地肅慎鄙女眞之

韓音楛矢肇騎射之本俗至漢分為三韓蓋三汗並治

徵之天官書曰中國山川其維首在隴蜀其尾沒于碣渤

蓋東方出震天地所以成終而成始旁薄鬱積數千年

以有

　大清國

　　大清國之興也肇有金遼部落

編 年 類

竹書紀年　二卷　　　　　　　　　　　　　　曼193

（梁）沈約附注，（明）張遂辰閲

精抄本（棉紙）

1册

19.5×13.6。墨格紙，半葉九行，行二十字。四周單邊，白口，單白魚尾。魚尾上題"竹書"，下記"卷上/下"及葉數。卷端題"竹書紀年卷上""梁 沈約附註 明張遂辰閲"。無裏封。文内偶有主筆句讀。

無序跋，前有英文説明一葉。

按，張遂辰，民國李格《（民國）杭州府志》卷一百四十八云："張遂辰，字卿子，錢塘人。少穎異，於書無所不窺，尤工詩。明萬歷中以國子生游金陵，才名鵲起，華亭董其昌傾倒之。崇禎季年潛名里衖，以醫自給，能起人死，遠近争迎。致卜築城東，詩格益澄澹孤峭，多自得之語，於西泠十子外，自成一家。享上壽。"又，"張遂辰閲"本《竹書紀年》、《善本書室藏書志》卷七史部二、《八千卷樓書目》卷四史部並著録爲"明刊本"，今中國人民大學圖書館、清華大學圖書館皆有收藏，此抄本之底本蓋即此本。

《四庫全書總目》"史部三・編年類"收録，可參看。

竹書紀年卷上 〔子部三〕

梁 沈約附註 明張邃展閱

黃帝軒轅氏

母曰附寶見大電繞北斗樞星光照郊野感而孕

二十五月而生帝於壽丘弱而能言龍顏有聖德

劾百神朝而使之應龍攻蚩尤戰虎豹熊羆四獸

之力以女魃止淫雨天下旣定聖德光被群瑞畢

臻有屈軼之草生於庭佞人入朝則草指之是以

佞人不敢進

竹書紀年集證　五十卷 曼337

（清）陳逢衡撰

清嘉慶十八年（癸酉 1813）裦露軒自刻本

22册4函（第4函占4册）

17.9×12.2。半葉九行，大小字不等，行大字二十二字，小字雙行同，行四十四字。四周雙邊，白口，單黑魚尾。魚尾上記書名，下記卷次和葉數。卷端題“竹書紀年集證卷一”“江都陳逢衡學”，裦封題“嘉慶癸酉春鐫 竹書紀年集證 裦露軒藏板”。

附凡例十四條，附叙略十一條和集説。

清道光二十三年（癸卯 1843）陳逢衡汲冢三書總序。

按，此書版本不僅可以根據裦封而定，而且據《逸周書補注》末識云“予於嘉慶癸酉刊《紀年》，今《周書》又卒業”，亦可知其刊刻年代。又據《穆天子傳注補正》之陳氏後序可知此書成於嘉慶九年（甲子 1804）。

據該書陳氏序云“予刻汲冢三書畢，不覺喟然嘆曰”云云，此三書即《穆天子傳注補正》《逸周書補注》及此書，三書刻成最晚的即《穆天子傳注補正》，且非裦露軒藏板，此書則爲其中最早刊成者。

此書之凡例有論述該書版本者，可參考。

此爲《江都陳氏叢書》之一，與《協律鈎元》合函。

《藏園訂補邵亭知見傳本書目·史部》收録。

竹書紀年集證卷一　　　　江都陳逢衡學

黃帝　帝摯

黃帝軒轅氏

原註母曰附寶　衡案拾遺記作昊樞宋志作符寶路史作符葆孝經鉤命訣云附寶出降○河圖

帝軒　黃帝名軒轅黃神之精母地祇之女附寶之郊野大電繞樞斗星耀感附寶生軒轅胸文曰黃帝子○

大靈生見大電繞北斗樞星光照郊野感而孕握矩

星傳北斗七星在紫微二十五月而生帝於壽邱經

西垣外第一曰天樞

渭水注又西北軒轅谷水出南山軒轅溪南

姚瞻以為黃帝生於天水在上邽城東七十里軒轅

元朝名臣事略　五卷　　　　　　曼354

（元）蘇天爵撰

清末紅格紙抄本

12册2函

16.7×11.5。紅方格紙（卷十五改用此無界白棉紙）抄寫。半葉九行，行二十一字。四周雙邊，白口，單紅魚尾。魚尾上題書名，下記卷次及葉數等。卷端題“元朝名臣事略卷幾　元蘇天爵撰”。第二函套書籤上題“元朝名臣事略”，無裏封。

元天歷二年（己巳 1329）歐陽元序，元至順二年（辛未 1331）王理序。

按，此本諸葉皆有襯葉，所抄爲《欽定四庫全書總目》的内容，筆迹與此本同，蓋同一人所抄，内容始於“別集類存目八・卷一百八十一”“嬾齋別集”“涑水編五卷”至“存目九”等，“別集四・卷一百五十一”（大致始於《元氏長慶集》《白氏長慶集》，見該書卷五第九葉襯紙）至“別集二十、卷一百六十七”（有《傅與礪詩文集》等）。半葉九行，行二十字。四周雙邊，白口，單紅魚尾，魚尾上題“欽定四庫全書總目”，下題“別集類幾　卷幾”及葉數，紅格紙抄寫（無橫格），較此本抄寫更爲工整。

此本抄寫較爲工整，但有多塗抹修改處，與《文淵閣四庫全書》本相校，抄録多有錯誤，時有增字，多用俗字，故不可稱之爲善本。該書原名《國朝名臣事略》，乾隆間刊武英殿聚珍版時改今名，《影印文淵閣四庫全書》史部第451册第497—687葉所收該書，題“元名臣事略”，無“朝”字，且各卷末並無校對人姓氏。此本諸卷末則有校官姓氏，一般題作“臣　恭校”，尤其是卷十五末題“臣　蔡共武恭校”。考蔡氏，曾經爲纂修《四庫全書》繕書處179名分校官之一，但似乎並未校閲過此書。今檢《影印文淵閣四庫全書》本該書《提要》前所列諸人，有“詳校官庶吉士臣瑚圖禮　刑部郎中臣許兆椿覆勘”“總校官編修臣　王燕緒　校對官中書臣鮑之鐘　謄録監生臣許紹錦”等五人，並無蔡氏，此本或抄録有誤。此本每葉每行字數均大致同《文淵閣四庫全書》本，史載《四庫全書》七閣中，僅文瀾閣允許學子閲讀抄録，蓋此本源於此。

《四庫全書總目》“史部十四・傳記類二”收録，可參看。

諸藩王欲入侍疾王拒之勳德碑

丁未春正月宸御晚駕時武宗撫兵居止王封府庫桶

疾卧闕下理幾務如故中聞以奸臣謀絕止道驛欲行

祔廟理王格其事密記授使間走蹻兩驛使得傳馳報

武宗諸懷詐者數欲害王王不為動內外懍懍視王以

安會仁宗擒滅其黨發使迎武宗

武宗即位加太保錄軍國重事碑勳德乃

和林控止過始置宣慰時諸部落降者百餘萬口乃罷

宣慰詔王以太傳為左丞相行省事賜楮幣十五萬黃

全邊略記　十二卷

曼AC20

（明）方孔炤撰

民國十九年（庚午 1930）國立北平圖書館據明崇禎刻本鉛印

6册

16.6×11。半葉十二行，行三十五字。四周單邊，上下細黑口，單黑魚尾，魚尾下記"全幾"及葉數。卷端題"全邊略記卷之一""桐城方孔炤潛夫父輯"。目録末題"門壻孫臨克咸　曹臺岳梁父全較"，自序末題"皖城姚文選鑴"，裏封題"全邊略記十二卷"，下鈐"沈尹默印"朱文方印，背面題"民國十九年六月國立北平圖書館印行"。封底版權書票題"全邊略記十二卷　明方孔炤撰　十九年六月國立北平圖書館據明崇禎刻本排印　每部六册實價六元"。

方孔炤自序，目録末有孫臨識，大明神勢圖首序。

有複本一：索書號爲"曼R73127"。

按，此爲《北京圖書館珍本叢書》之一，其所據底本"明崇禎刊本"見録於《藏園訂補郘亭知見傳本書目·史部》，半葉九行，行二十二字，四周單邊，白口。北京大學圖書館藏有明抄本一部。

全邊略記卷之一　　　　桐城方孔炤潛夫父輯

薊門略　居庸紫荊倒馬三關在內

時維大明洪武元年。歲在戊申六月。高帝命大將軍達徐等議取元都。先是一歲平定中原。
諭遣諸將馳檄齊魯河雒秦晉燕薊之人曰自古帝王臨御天下者中國居內以制夷狄夷狄
居外以奉中國未聞以夷狄居中國治天下者也。自宋祚傾頹元以北狄入主中國四海內
外罔不臣服此豈人力實乃天授然達人志士尚有冠裳倒置之嘆。自是以後元之臣子不
遼祖訓廢壞剛常。有如大德廢長立幼泰定以臣弒君天曆以弟酖兄至于弟收兄妻子烝
父妾上下相習恬不爲怪其於父子君臣夫婦長幼之倫濁亂甚矣夫人君者斯民之宗主。
廟廷者天下之根本禮義者御世之大防其所爲如彼其可爲訓于天下後世哉及其後嗣
沈荒失君臣之道又加以宰相專權憲臺報怨。有司毒虐於是人心離叛。天下兵起使我中
國之民死者肝腦塗地生者骨肉不相保雖因人事所致實天厭夷德而棄之之時也古云

甲子會紀　五卷　　　　　　　　　曼191

（明）薛應旂編，（明）陳仁錫評

明嘉靖三十八年（己未 1559）序刻本

1册

21.8×15。半葉（或無界）八行，大小字不等，行大字十八字，小字雙行同，行約三十六字。四周單邊，白口，單黑魚尾。上書口題 “甲子會紀”，魚尾下記卷次、葉數。天頭注帝王年代。卷端題 “甲子會紀卷之一　明賜進士前中憲大夫浙江按察司提學副使兩京吏禮郎中武進薛應旂編集　史官長洲 陳仁錫評閱”，下鈐 “貞芳私印” 白文方印、“荔園” 朱文方印。無裏封。

明嘉靖三十八年（己未 1559）許穀序。

按，版刻年據序題。

《四庫全書總目》“史部四·編年類存目” 收録，云：“前四卷以六十甲子紀年，上自黄帝八年，下至嘉靖四十二年，爲七十二甲子。又每年之下，亦略紀大事，以備檢閲。第五卷則取邵子以元經會之語，略論洪荒以來，而以邵子觀化詩附焉。”

《中國古籍善本書目·史部》收録此書，題作 “明嘉靖三十七年玄津草堂刻本”，上海圖書館等六館可能即此本。

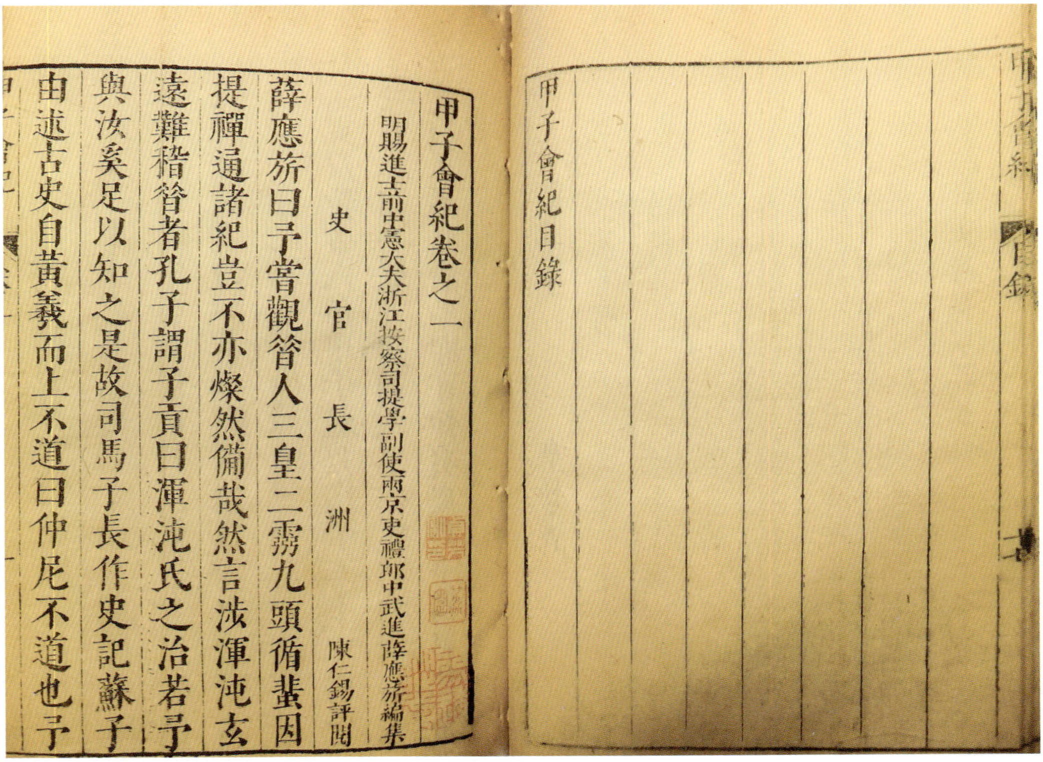
甲子會紀目錄

甲子會紀卷之一

明賜進士前中憲大夫浙江按察司提學副使兩京吏禮部郎中武進薛應旂編集

史官長洲　陳仁錫評閱

薛應旂曰予嘗觀晉人三皇二靈九頭循蜚因提禪通諸紀豈不亦燦然備哉然言涉渾沌玄遠難稽晉者孔子謂子貢曰渾沌氏之治若予與汝奚足以知之是故司馬子長作史記蘇子由述古史自黃義而上不道曰仲尼不道也予

少微家塾點校附音通鑑節要　五十卷，附資治通鑑總要通論一卷

曼Chinese 54

（宋）江贄撰

日本翻明刻本

14册2函

21.5×18。無界，半葉十二行，大小字不等，行大字二十一字，小字雙行同，行四十二字。四周單邊，白口，雙對黑魚尾。上魚尾上題“通鑒”，下記卷次及葉數。卷端題“少微家塾點校附音通鑒節要卷之一”。書末牌記題“庚申孟春京中開刊”。卷三十二起版式爲：23×18。半葉十行，行十七字，小字雙行同。版口題“通鑑幾”及葉數。

宋嘉熙元年（丁酉 1237）江鎔序。

按，據此本前附《歷代帝王傳授總圖》末有“大明萬萬世”，且清諱如“弘”“玄”字皆不避，可知其底本明刻本。但字體、版式不類明刻，應該屬於日人翻刻明本。

《中國古籍善本書目·史部》收録了此書，附“增注附音資治通鑑外紀增義五卷，宋劉恕撰，明王逢訂正，明劉剡纂輯”，爲明刻本，上海圖書館收藏，不知是否即此本之底本。若然，則此本還闕其附刻書。

少微家塾點校附音通鑑節要卷之一

周紀

五世共十八主　自武王至赧王所滅王

威烈王　王名午　考王之子　在位二十四年

戊寅二十三年初命晉大夫魏斯趙籍韓虔爲諸侯

臣光曰臣聞天子之職莫大於禮禮莫大於分分莫大於名何謂禮紀綱是也何謂分君臣是也何謂名公侯卿大夫是也夫以四海之廣兆民之衆受制於一人雖有絕倫之力高世之智莫不奔走而服役者豈非以禮爲之紀綱哉是故天子統三公三公率諸侯諸侯制卿大夫卿大夫治士庶人貴以臨賤賤以承貴上之使下猶心腹之運手足根本之制支葉下之事上猶手足之衛心腹支葉之庇本根然後能上下相保而國家治安故曰天子之職莫大於禮也

鼎鍥趙田了凡袁先生編纂古本歷史大方綱鑑補
五十五卷，卷首一卷

曼219

（明）袁黃編

明末余象斗刻清康熙三十七年（戊寅 1698）燕詒齋重刊刻本

5本（原册數不明）

22.5×13.9。半葉十二行，大小字不等，大字二十八字，小字雙行同，行五十六字。左右雙邊，四周單邊，白口，單黑魚尾。魚尾上題“了凡綱鑑補”，下記篇名、某卷及葉數。卷端題“鼎鍥趙田了凡袁先生編纂古本歷史大方綱鑑補卷之一”“宋京兆劉一恕外紀 蘭谿金履祥前編 明趙田袁一黃編纂 潭陽余象斗刊行”，末題“人方了凡綱鑑補一卷終”。卷三、卷五卷端題“宋涑水司馬光通鑑 考亭朱熹綱目 明趙田袁黃編纂”（卷十一有“潭陽余象斗梓行”），末題“三卷終”。卷二十八卷端題“元四明陳桱通鑑 明淳安商輅綱目 趙田袁黃編纂”，以後諸卷或無撰者姓名，或題名不一，如卷端題“人鍥趙田了凡袁先生編纂古本歷史大方綱鑑卷之三十九”，卷末題“鼎鍥趙田了凡袁先生編纂古本歷史大方綱鑑十卷終”“綱鑑十一卷終”“新刻了凡袁先生綱鑑補卷之二十七終”“了凡袁先生大方綱鑑補卷之二十八終”“了凡袁先生綱鑑補卷之三十八終”“了凡袁先生綱鑑卷之三十九大尾終”。卷二十九末蓮花牌記題“康熙戊寅歲仲秋燕詒齋梓”。卷四十至卷五十五共十六卷，其卷四十卷端題“通綱鑑補卷之四十”，下小注“擬編”魚尾上題“明紀綱鑑補”。天頭另起一欄注釋，文内有大量墨釘。裏封題“袁衙藏板 歷史綱鑑補 金閶梅園發行”，外封書籤鈐“元/貞”朱字及“文錦堂藏書”白文方印。

熊明遇歷史綱鑑補序。

此本卷首一卷，包括目録、圖四幅、歷代國號歌、凡例十三條、先儒名公姓氏、讀通鑑要法、資治合編通鑑總論等。

按，熊氏序云：“至我明商素菴輅有《續編宋元綱目》，而萬曆間檇李袁君黃世稱了凡先生者，高第甲科，爲郎司馬門，枕經籍史，黼黻河漢，和合諸公之所纂記，聯

集于涑水考亭之前後，名曰'歷史綱鑑補'。"據此可知該書編纂情況。

此本"元朝傳授之圖"中末有"大明萬萬世"，卷端或題有"潭陽余象斗刊行"，且文內"玄""弘""淳""寧"皆不缺筆，可知該書爲翻刻明刻本。其底本見《四庫禁毀書叢刊》"史部"第67—68册。

此本鈐印有"文錦堂藏書"白文方印，蓋即李文藻舊藏。

《中國善本書提要》第98葉著録了其底本"明萬曆刻本"。

《藏園訂補郘亭知見傳本書目·史部》《中國古籍善本書目·史部》未録此書。

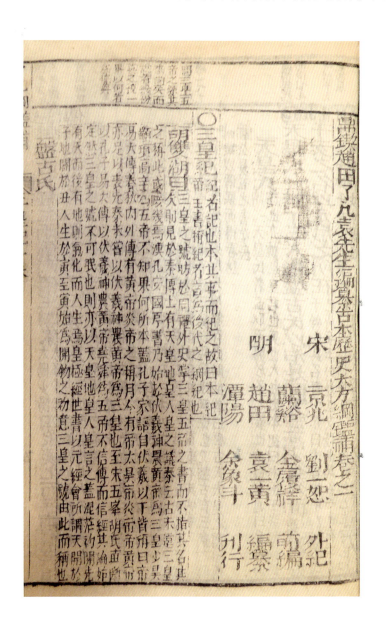

重訂王鳳洲先生會纂綱鑑　四十六卷，
宋元綱鑑二十三卷，御撰資治通鑑綱目三編二十卷

曼200

（明）王世貞纂，（明）陳仁錫訂、吕一經校

清末翻刻本

44册11本

13.7×9.7。半葉十行，大小字不等，行大字二十字，小字雙行同，行四十字。四周單邊，白口，單黑魚尾。魚尾上題"鳳洲綱鑑會纂"，下記卷次、某帝紀及葉數。上欄另起一欄注批語。卷端題"重訂王鳳洲先生綱鑑會纂卷之一""瑯琊　王世貞元美父纂　吳郡　陳仁錫明卿父　訂　吕一經非菴父　較"，裏封題"子通鑑綱目定本　鳳洲綱鑑會纂真本"，左邊小注云"鳳洲先生綱鑑會纂輯諸家之妙諦成一己之真詮學者宗之流傳廣矣然歷年已久原板漸蒙而漁利於非以顧錫疇之約　編即將袁了凡之綱鑑補冒稱渠名圖可售世更有坊間遴選各集亦皆效尤俱一淆混今依真本以鐫梨棗俾購此書者得知真假攸分是非迥別也爰弁數語以剖深心"。《綱目三編》：半葉十一行，大小字不等，行二十二字，小字雙行同，行四十四字。四周單邊，白口，單黑魚尾，魚尾上題"御撰資治通鑒綱目三編"，下記卷次、某帝紀及葉數。卷端題"御撰資治通鑑綱目三編卷一"，裏封題"御撰　資治通鑑明紀綱目"。

此本共四十六卷，凡例五條，附宋元綱鑑二十三卷。又附御撰資治通鑑綱目三編二十卷，清張廷玉等奉敕纂，有清乾隆四年（己未 1739）諭旨、通鑑綱目三編總目、乾隆十年（乙丑 1745）進表及纂修校勘職名。

王世貞鳳洲綱鑑會纂原序，《綱目三編》首乾隆十一年（丙寅 1746）御製通鑑綱目三編序。

按，此本《綱鑑》中，"玄"缺筆，"弘"則或缺筆，或不缺筆，而"大曆"作"大厯"。同樣，《綱目三編》中，"弘"或作"宏"，或不缺筆，蓋乾隆以後翻刻本，故避諱並不嚴格。

又，《中國古籍善本書目·史部》收録"重訂王鳳洲先生綱鑑會纂四十六卷，續宋元紀二十三卷，明王世貞撰，明陳仁錫訂，明末刻本"，故宮博物院圖書館等6館收藏。此爲該書之早期刊本。

資治通鑑綱目　一百一十二卷　　　　曼204

（明）陳仁錫評

清嘉慶八年（癸亥 1803）敬書堂重刻本

100册18本

20×14。半葉七行，大小字不等，行大字十八字，小字雙行同，行三十六字。四周單邊，白口，單黑魚尾。魚尾上題“通鑑綱目”，下記卷次、朝代名、帝名及葉數，下書口題“某編”。卷端題“資治通鑑綱目某編卷之幾”“明史官陳仁錫評閱”，裏封題“朱子原本 陳明卿先生評定 通鑑綱目 敬書堂藏板”。前編：裏封題“嘉慶癸亥年重鐫 陳明卿先生評定 前編 敬書堂梓行”，鈐“是書刻工告蕆隨即校對但卷帙浩繁不無遺漏兹復細加考核捻使錯謬全無讀者庶得了然心目矣謹述”朱文方印（内鈐“文”［圓］、“江”［方］朱文連珠印）；正編：卷端題“資治通鑑綱目卷之一 上/下册”（前十卷），下書口題“正編”，裏封題“嘉慶癸亥年重鐫 陳明卿先生評定 正編 敬書堂梓行”，有鈐印，見前；《正編》卷末一卷爲《五代史補編》：卷端題“資治通鑑綱目續編卷之末 元陳桱拾遺”，魚尾下題“卷之末”，下書口題“五代續編”，裏封題“五代史補編”；續編：卷端題“續資治通鑑綱目卷之一”，裏封題“朱子原本 陳明卿先生評定 續

編　敬書堂藏板"，有鈐印，見前。天頭加書耳批注。

　　此本共一百一十二卷，分別爲：前編二十五卷、義例十條、前編原始一篇、明萬曆二十三年（乙未 1595）前編引一篇、辨體一篇、辨疑一篇；正編五十九卷附評鑑十八法、凡例十八條，劉友益凡例十例、汪克寬考異凡例、資治通鑑綱目編集諸儒姓氏，正編卷末一卷；續編二十七卷、凡例八條。

　　前編：明成化九年（癸巳 1473）御製通鑑綱目序，楊光訓資治通鑑綱目前編序。

　　正編：宋孝宗乾道（壬辰 1172）朱熹資治通鑑綱目序，崇禎三年（庚午 1630）史應選重刻通鑑綱目序，宋度宗咸淳二年（乙丑 1265）王柏凡例後語、文天祐凡例識語、李方子後序，嘉定十二年（乙卯 1219）尹起莘發明序，元文宗天歷二年（己巳 1329）揭傒斯綱目書法序，元寧宗至順三年（壬申 1332）賀善後序，元惠宗至元二年（丙子 1336）劉楽書法後跋，至正二年（壬午 1342）倪士毅凡例序，至正三年（癸未 1343）汪克寬考異凡例序，元泰定帝泰定元年（甲子 1324）王幼學集覽序，至正十九年（己亥 1359）徐昭文考證序，明永樂二十年（壬寅 1422）陳濟集覽正誤序，宣德四年（乙卯 1429）楊士奇集覽正誤序，宣德七年（壬子 1432）劉寬資治通鑑綱目合刻各注引，成化元年（乙酉 1465）馮智舒質實序，弘治九年（丙辰 1496）黃仲昭合注後序，弘治十一年（戊午 1498）余以能合注叙，諸儒姓氏末附正德八年（癸酉

1513）姚有麟、劉繼善識。

續編：首明成化十二年（丙申 1476）御製續通鑑綱目序，弘治九年（丙辰 1496）周禮續資治通鑑綱目發明序，弘治十八年（乙丑 1505）杭仰儒發明序，明成化十二年（丙申 1476）商輅、萬安等進資治通鑑綱目表及纂修校刊職名，弘治元年（戊申 1488）聖旨，弘治十一年（戊午 1498）周禮進續資治通鑑綱目發明表。

按，正編、前編裏封皆題“乾隆癸亥年重鐫”，且諸編版式一致，故知該書之刊刻年代，但文内“玄”“弘”字或缺筆或不缺，避諱並不嚴。

此本是將明代南軒所撰《資治通鑑綱目前編》二十五卷、宋代朱熹所編《資治通鑒綱目正編》五十九卷、明人商輅所撰《續資治通鑑綱目》二十七卷等3部著作合編而成的。《藏園訂補邵亭知見傳本書目·史部》第242葉收録了“陳仁錫本”的《資治通鑑綱目》五十九卷，爲該書之一部分而已。《中國古籍善本書目·史部》未録此本。

“曼262”爲其滿文版。

資治通鑑綱目前編卷之一

明　史官陳仁錫許閱

太昊伏羲氏　以木德王

外紀曰太昊之母居於華胥之渚生帝於成
紀以木德繼天而王故風姓有聖德象日月
之明故曰太昊○釋義曰華胥未詳何謂按
一統志西安府藍田縣西三十里有華胥氏
陵乃上古國君或疑即此又按一統志成紀
地名伏羲生於此漢置成紀縣屬天水郡音
以後皆因之今省入泰州屬鞏昌府○家語
云古之王者易代改號取法五行更旺相生

湯睡菴先生歷朝綱鑑全史　原七十卷，殘存四十七卷　　　　曼210/213

（明）湯賓尹會纂，（明）陳繼儒注釋

明萬曆間刻本

11册2本

21.7×12。無界，半葉十一行，大小字不等，行大字二十六字，小字雙行同，行五十二字。四周單邊，白口，無魚尾。上書口題“歷朝綱鑑全史幾卷”及朝代帝王名，下書口記葉數。此本殘存四十七卷：卷十七至卷三十二，卷四十至卷七十。卷十七卷端題“湯睡菴先生歷朝綱鑑全史卷十七”，下小字注“北監藏板”，末題“綱鑑全史十七卷終”（卷四十九題“歷朝綱鑑全史四十九卷終”）。卷四十七有撰者姓氏“元四明陳桱通鑑 明淳安商輅綱目 宣城湯賓尹編纂 雲間陳繼儒注釋”。天頭處另加一欄用來作注，文内有墨釘。闕裏封。

原有陳繼儒序，今闕。

按，全書原有七十卷，今殘存四十七卷。曼大將之分列兩個編號“曼210”和“曼213”，其中，曼210殘存三十一卷：卷四十至卷七十，始於唐代宗，止於元順帝，5册1本；曼213殘存十六卷：卷十七至卷三十二，始於漢成帝，止於唐高祖，6册1本。

末附《三皇五帝三王十一代皇帝至今歌》一首，云：“穆莊隆慶開萬曆，聖運無疆與天並。萬曆甲午算至秦，一千八百四二實。堯至萬曆甲午秋，三千九百五十一”，其所云萬曆甲午秋，即明萬曆二十二年秋（甲午 1594），由此可知該書撰寫即此年。

《中國善本書提要》第98葉收録此本，云有卷首一卷，卷端題“宋京兆道原劉恕外紀 蘭谿仁山金履祥前編 明宣城湯賓尹會纂 雲間陳繼儒注釋”。北京大學圖書館收藏。

《中國古籍善本書目·史部》收録此本，爲名家批校本。

湯睡菴先生歷朝綱鑑全全　二四十卷　北監藏板

代宗皇帝

綱巳酉四年春正月。郭子儀入朝。寺元載恐其相結密使告子儀曰朝恩邀之遊章敬寺

請東甲以從者三百人子儀曰我國之大臣彼無天子之命安敢害我若受命而來汝曹欲何為朝恩從家僮數人而徃朝恩驚問其故子儀以所聞告且曰恐煩公㝷盤耳朝恩撫膺流涕曰非公長者能無疑乎

致堂胡氏曰道有要事而不當族處家庭本無所處而不違乎忠則臣道得矣元載設友間子儀處之何其盡也人裕然有餘也子儀所以輕見朝恩而不服惡我者安得不平從有以感動其心者也

御撰資治通鑑綱目三編　二十卷　　　曼206

（清）張廷玉等修

清末翻刻本

6册1本

17×13。半葉十一行，行二十二字。左右雙邊，下粗黑口，順雙黑魚尾。上魚尾上題“御撰資治通鑑綱目三編卷幾”，上魚尾下記某帝某年，下魚尾下記葉數。天頭記干支紀年。卷端題“御撰資治通鑑綱目三編卷一”，裏封題“御撰資治通鑒明紀綱目”。

清乾隆十一年（丙寅 1746）御撰通鑑綱目三編序、張廷玉等進表。

按，此本“弘”字不缺筆，與“曼200”《御撰資治通鑑綱目三編》不同版。

御撰資治通鑑綱目三編卷一

元順帝至正二十八年明太祖洪武五年　春正月吳相國李

善長等尊吳王朱元璋爲皇帝國號明。○是歲閏七月元帝出奔

元璋先世家沛徙句容再徙泗州父世珍始徙濠之鐘

離妤陳氏元璋始生室中數有光起比長姿貌雄傑志

意廓然年十七父母相繼歿孤無所依乃於皇覺寺爲

僧至正十二年從郭子興於濠州子興奇其狀貌留爲

親兵戰輒勝明年收里中兵得七百人子興署爲鎮撫

與徐達湯和等略定遠下滁州得李善長與語大悅之

留掌書記十五年子興卒劉福通立韓林兒於亳檄元

尺木堂綱鑑易知録　九十二卷，附御撰資治通鑑綱目三編二十卷

曼220

（清）周之炯、吳乘權、周之燦輯

清康熙五十年（辛卯 1711）吳乘權尺木堂刻本

40册7本

19.5×12.8（所附《三編》：17×12.3）。半葉九行，大小字不等，行大字二十字，小字雙行同，行四十字。四周單邊，白口，單黑魚尾。魚尾上題“綱鑑易知録”，下記卷次、篇名及葉數。卷端題“尺木堂綱鑑易知録卷之一”“通鑑前編定本 山陰 周之炯靜專 吳乘權楚材 周之燦星若 同輯”，天頭處另加一欄注釋，裏封題“吳大中丞鑑定 山陰 周靜專 吳出材 周星若 同輯 綱鑑易知録 尺木堂藏版”。《三編》：半葉十一行，大小字不等，行二十二字，小字雙行同，行四十四字。左右雙邊，下黑口，上白口，雙順魚尾。魚尾上題書名、卷次，版口記篇名，下魚尾下記葉數。卷端題“御撰資治通鑒綱目三編卷一”，天頭處記干支紀年，裏封題“御撰資治通鑑明紀綱目”。

清康熙五十年（辛卯 1711）吳乘權序，《三編》首乾隆十一年（丙寅 1746）御撰通鑑綱目三編序，乾隆四年（己未 1739）上諭，乾隆十一年（丙寅 1746）張廷玉進御撰通鑑綱目三編告竣表及編纂校刊職名。

按，吳乘權，字楚材，山陰人，尺木堂爲其寓所。其序云：“適予友朱子聖懷亦寄予《明紀抄略》一編，遂續輯而并付之梓，再閱歲工始竣。”而此本玄字缺筆，胤、弘字不缺筆，據此可知，該本即吳氏於康熙間所刊之本。又據此序可知，此書原爲周氏書，吳氏於康熙四十四年（乙酉 1705）重新加以編輯，六年之後即康熙四十九年編成，故知此“閱歲”即康熙五十年（辛卯 1711）。後附《綱目三編》蓋後人所附，非吳氏所刊。

北京大學圖書館藏有此本，但題作“清末尺木堂刻本”，蓋其已佚去吳序，故不知尺木堂乃吳氏之寓所。山東大學圖書館題“清尺木堂刻本”，並云書前有清康熙五十年（辛卯 1711）立庵氏叙和吳楚材序，曼大此本則僅有後面的吳序。此書有題

作"大文堂綱鑑易知録""大文堂藏板"（遼寧大學圖書館、香港中文大學圖書館）"緯文堂綱鑑易知録""雙門底緯文堂藏板"（遼寧大學圖書館、蘇州大學圖書館）等，皆爲翻刻之本，非康熙五十年（辛卯 1711）刻本。

《綱鑑易知録》，姚覲元《清代禁毀書目四種》（清光緒刻咫進齋叢書本）收録。

《中國古籍善本書目·史部》未録此書。

後樂堂纂集歷朝綱鑑　五十四卷，
附鑑斷彙集三卷，明紀全載十六卷　　　曼221

（清）裘陳佩編

清雍正間博古堂重刻本

30册3盒

21.8×14.2。半葉十一行，行二十五字。左右雙邊，白口，單黑魚尾。魚尾上題“後樂堂綱鑑”，下記篇名、帝王名及葉數。卷端題“後樂堂纂集歷朝綱鑑卷一”“太倉王鳳洲 原本 錢塘裘陳佩厚齋氏編纂”，裏封題“太倉王鳳洲原本”“錢塘裘厚齋定本”“歷朝綱鑑”“是編繁簡悉當論斷精核字畫既免魯魚語句尤無鶻突初學讀之開拓心胸 耆宿見之貫串前後誠史乘之盛觀紀載之鴻寶也識者辨之”。《鑑斷彙集》：版式同前，卷端題“後樂堂裘厚齋先生鑑斷彙集 卷上/中/下”，“檇里裘邦彦浦村氏錢塘施裕貞宷唐氏錢塘何玉柯慎言氏 彙輯”；《明紀全載》：版式同前，卷端題“明紀全載卷之一”，裏封題“覈正新鐫 錢塘裘厚齋定本 明紀全載 博古堂藏板”。

裘陳珮序，清康熙五十四年（乙未 1715）徐文駒序，康熙五十五年（丙申 1716）何喬雲序。

此書附《鑑斷彙集》上中下三卷，始於外紀三才首居，終於元紀，（清）裘邦彦、施裕貞、何玉柯彙輯。《明紀全載》十六卷。

按，此本“玄”“胤”字皆缺筆，“弘”字不缺，據此可知乃雍正間重刻本。

徐序云：“先生之綱鑑已付棗梨，不日公之宇内”，據此可知該書首刊於康熙五十四年左右，此本爲重刊，故《明紀全載》裏封題“覈正新鐫”。

此書日本内閣文庫收藏。

《中國古籍善本書目·史部》未録此書。

後樂堂裘厚齋先生鑑斷彙集 卷上

傍里裘邦彥浦村氏

錢塘施裕貞辰唐氏 纂輯

錢塘何玉柯慎言氏

自通鑑全 至宋元止無論斷者不載

綱目

秦紀總斷

厚齋曰湯武弔伐非容心於天下也、有罪既得、天與人歸然
後大一統、以君天下、千古聖人故不可及、後世如秦人鯨食
并吞攘奪神器及魏晉五代篡弑竊位者皆爲亂臣賊子史

後樂堂鑑斷彙集 卷上 鑑目斷 一

通鑑全載明紀輯略　十六卷　　　　曼211

（清）朱璘撰

清康熙間書林養元堂重刻本

6册1函

22.2×15。半葉十二行，大小字不等，行大字二十八字，小字雙行同，行五十四字。左右雙邊，白口，單黑魚尾。魚尾上題"明紀綱鑑補"或"明紀全載輯略"，下記帝王名、卷次及葉數。卷四十卷端題"通綱鑑補卷之四十 擬編""明紀"，卷四十一卷端題"通鑑全載卷之四十一 擬編""明紀"，卷四十二卷端題"明紀綱鑑卷之四十二""擬編""明紀"，卷五十五卷端題"通鑑全載輯略卷之五十五""擬編""附明紀"。目録下書口題"萬卷堂"。天頭另起一欄批注。目録題"通鑑全載明紀輯略"，裏封題"古虞朱青巖編定 通鑑全載明紀輯略 書林養元堂重梓"。

此書凡十六卷，首尾完整，但卷次爲卷四十至卷五十五。

清康熙三十五年（丙子 1696）張英通鑑明紀全載序。

按，此本開篇即"卷之四十"，顯然另有別書。其題名不一，今據目録及裏封定其正題名。

張英序云："余友青巖朱君先世與婺源全沠其尊人凝齋公講學東山，發明紫陽之旨，家學淵源有自來矣。青巖守南陽，首葺書院，延師教郡人子弟。從遊者數百人，爲選刻古今人文字，遍給諸生。復手定《綱鑑輯略》一書，追蹤《綱目》，芟繁就簡，學者稱便。又慮明季以來事多湮没，爰廣搜文獻，記載詳核，顏曰《明紀全載》，附諸篇末，問序于余。"據此，《綱鑑輯略》《明紀全載》似爲兩書。

《中國古籍善本書目·史部》未録此書。

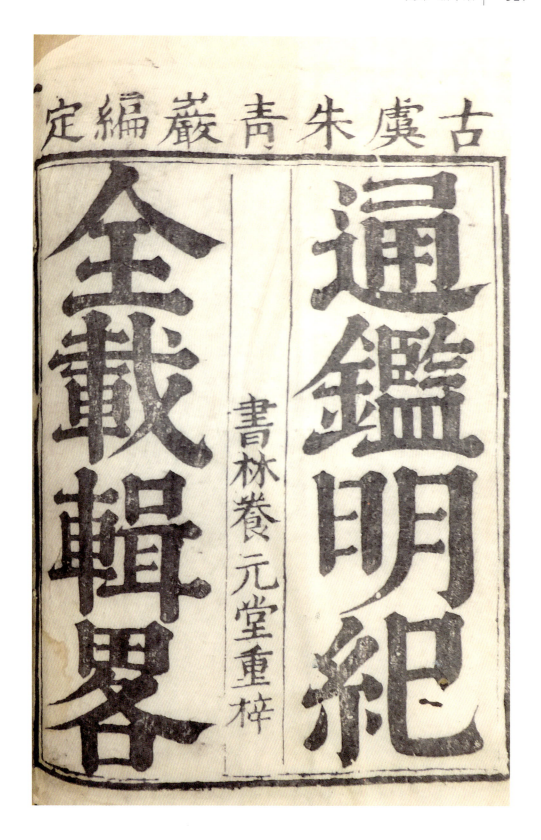

古虞朱青巖編定

通鑑明紀

全載輯畧

書林養元堂重梓

八旗滿洲氏族通譜　八十卷　　　　　曼357

（清）鄂爾泰、訥親等奉敕纂

清乾隆九年（甲子 1744）武英殿刻本（白棉紙）

　　24册4本

　　20×13.5。半葉十行，大小字不等，行大字十八字，小字雙行同，行三十六字。四周雙邊，白口，單黑魚尾。魚尾上記書名，下記卷次及葉數等。卷端題"八旗滿洲氏族通譜卷之一"。無裏封。

　　此書有凡例二十三條，目錄上下二卷，奉敕纂修親王大臣官員職名。

　　清乾隆九年（甲子 1744）御製序（該序又收入《八旗通志》卷首六），雍正十三年（乙卯 1735）《敕纂修八旗滿洲氏族通譜》聖旨。

　　按，《四庫全書總目》"史部十四・傳記類二"，可參看。

　　《藏園訂補郘亭知見傳本書目・史部》收錄。

八旗滿洲氏族通譜卷之一

瓜爾佳氏

瓜爾佳。本係地名。因以爲姓。其氏族甚繁。散處
於蘇完。葉赫。訥殷。哈達。烏喇。安褚拉庫。蜚悠城。
尼馬察。嘉木湖。尼馬察。
輝發。長白山。及各地方。

蘇完地方瓜爾佳氏

瓜爾佳爲滿洲著姓。而居蘇完者尤著。其先有
同胞兄弟三人。長曰佛爾和。次曰尼雅哈齊三
日珠察。後離居蘇完。尼雅哈齊遷
席北珠察。再遷西爾希昂阿濟哈渡。
口。珠察生素爾達素爾達生二子。長曰王沙魯
次曰王扎拉達。王扎拉達生二子。長曰王沙魯
羅尼墨爾根。羅墨爾根生二子。長曰尼堪。次曰索爾果索
喀尼墨爾根。羅墨爾根生常喀尼墨爾根。常
子爾果爲蘇完部長。有
子十人。其族最盛。

東華録　十六卷　　　　　　　　　　　　　　　　曼222

（清）蔣良騏撰，佚名朱筆校並句讀

清抄本

16册4本

13.3×8.9。半葉八行，行十六字。四周雙邊，白口，單黑魚尾。魚尾上記書名，下記卷次及葉數。卷端題"東華録卷之一　湘源蔣良騏千之父"，闕裏封。天頭和行間有朱筆圈點和批校。

無序跋。

按，《續修四庫全書》"史部"第368册所收録之本首有蔣氏自序，其底本爲上海古籍出版社所藏。其版式爲半葉九行，行二十二字。四周雙邊，細黑口，單黑魚尾。觀之不類乾隆所刊，應該是在此之後的刻本。

《藏園訂補郘亭知見傳本書目·史部》收録有此書的四個本子，分别爲：三十二卷本的"道光年間刊本""群玉山房活字本""清同治十一年聚錦堂刊本"和十六卷本的"清寫本"。今檢諸館所藏，第二種吉林大學圖書館收藏（半葉十行，行二十三字，下書口題"羣玉山房"）；第三種復旦大學圖書館、吉林大學圖書館等收藏。此外，北京師範大學圖書館還藏有三十二卷本"清如不及齋活字本"，十六卷本"日本天保四年刻本""清抄本"等；吉林大學圖書館、清華大學圖書館等藏有"清光緒間善成堂刻本"（半葉十一行，行二十四字，下書口題"善成堂"）；北京大學圖書館、遼寧大學圖書館等藏有十六卷本的清抄本。其版本流傳情況參見陳捷先《蔣良騏及其〈東華録〉研究》（中華書局，2008年）一書相關章節和婁明輝《〈東華録〉版本述略》（《圖書館界》，2011年第1期）一文等。

故地生子二長克善次褚宴克善生子三

長安羅次安義謨次錫寶齊篇古錫寶齊

篇古生子一即

興祖直皇帝〔諱福滿都督〕生子六長德世庫次

劉闡次索長阿次即

景祖翼皇帝〔諱覺昌安〕次包郎阿次寶實德世

庫居覺爾察地劉闡居阿哈河洛地索長

阿居河洛嚕善地

景祖居赫圖阿喇地與五城相距近

者遠五里遠者二十里包郎阿居尼麻喇

地寶實居彰甲地六人各築城分居稱為

寧古塔貝勒是為六祖

景祖生子五長禮敦巴圖魯次額爾袞次

界堪次即

顯祖宣皇帝〔諱塔克世〕次塔察篇古

顯祖嫡妃喜塔喇氏乃阿古都督女是為

東華録　原一百八十四卷，殘存一百八十卷

曼Chinese 2

（清）王先謙編，（清）周潤蕃、周瀹蕃校
清光緒間上海圖書集成印書局鉛印本

27冊7函

此本有殘，具體如下：

1.天命四卷（佚）、天聰十卷、崇德八卷（3冊1函）；

2.順治三十六卷（4冊1函）；

3.康熙一百卷（12冊3函）；

4.雍正二十六卷（8冊2函）。

15.7×10.5。半葉十三行，行四十字，四周單邊，白口，雙對黑魚尾。上魚尾上題“東華録”，下記年號及篇次，下魚尾下記葉數。卷端題“東華録 天聰/崇德/順治/康熙一”“臣 王先謙敬編 臣周潤瀹蕃恭校”。闕裏封。

無序跋。

按，《藏園訂補邵亭知見傳本書目·史部》收録此書，但未録此本，而著録了其所據底本“光緒五至十四年長沙王氏刊本”。

東華錄

臣王先謙敬編

臣周潤賡恭校

聖祖仁皇帝 世祖第三子也 母孝康章皇后佟氏太子太保定南將軍都統一等公贈少保諡勤襄

佟圖賴之女賦性端凝居心淑慎勤嫺內則德合坤儀年十五誕 上於景仁宮順治十一年甲午三月

十八日巳時也先是 孝康章皇后詣 慈寧宮問安將出衣裾若有龍繞 太皇太后見而異之問知

有娠顧謂近侍曰朕裣裪間有龍盤旋赤光燦爛後果誕生聖子統一寰區今

妃亦有此祥徵異日生子必膺大福至 上誕降之辰合宮異香經時不散又五色光氣充溢庭戶與日

並耀是時宮人以及內侍無不見者咸稱奇瑞云 上天裘奇偉神采煥發雙瞳日懸隆準岳立耳大聲

洪徇齊天縱稍長輒止端肅志量恢宏語出至誠凡中事理讀書十行俱下略不遺志自五齡後好學不

倦內夜披閱每至宵分凡帝王政治聖賢心學六經要旨無不融會貫通洞徹原委至孝性成繼志述事

仰承 太祖 太宗肇造鴻基以守兼祧追念 世祖章皇帝耿光大烈孺慕終身奉事 太皇太后

皇太后鶵誠盡敬歷久彌殷大德好生民物在宥勵精求治日理萬幾六十餘年孜孜如一日戶口繁增

東華錄

康熙一

康熙一

二

東華續錄編　二百九十九卷　　　曼Chinese 2

（清）王先謙、潘頤福編

清光緒間上海圖書集成印書局鉛印本

52册12函

該書具體分卷如下：

1.（乾隆）東華續録一百二十卷，（清）王先謙編，24册6函；

2.（嘉慶）東華續録五十卷，（清）王先謙編，6册2函；

3.（道光）東華續録六十卷，（清）王先謙編，6册2函；

4.（咸豐）東華續録六十九卷，（清）潘頤福編，16册2函。

15.7×10.5。半葉十三行，行四十字。四周單邊，白口，雙對黑魚尾。上魚尾上題“東華續録”，下記年號及篇次，下魚尾下記葉數。卷端題“東華續録　乾隆一（嘉慶一/道光一/咸豐一）”“臣王先謙敬編　臣周潤　瀹蕃恭校”（按，《（咸豐）東華續録》題“臣潘頤福敬編　臣盧秉政恭校”）。裏封題“東華續録　問潮館主人　沈錦垣題”，《（乾隆）東華續録》背牌記題“上海圖書集成印書局印”，《（同治）東華續録》背牌記題“光緒十有八年上海圖書集成印書局印”。

《（乾隆）東華續録》卷末附清光緒五年（己卯 1879）王先謙跋。

按，《藏園訂補郘亭知見傳本書目·史部》未録此本，但收録了其底本“光緒五至十四年長沙王氏刊本”。

東華續錄 目錄

（同治）東華續録　一百卷　　曼Chinese 2

（清）王先謙編，（清）張式恭校

清光緒二十四年（戊戌 1898）文瀾書局石印本

　　24册3函

　　15.7×10.5。半葉二十二行，行五十四字。四周雙邊，白口，單黑魚尾。魚尾上題“東華續録”，下題“同治幾、年份、月份”。卷端題“同治東華續録一 ”“臣王先謙敬編 臣張式恭恭校”。裏封題“同治朝 東華續録”，背牌記題“光緒戊戌孟冬文瀾書局石印”。

　　無序跋。

　　按，《藏園訂補郘亭知見傳本書目·史部》收録此書，但未録此本。

穆宗毅皇帝　文宗長子也　聖母慈禧端佑康頤昭豫莊誠壽恭欽獻皇太后那拉氏前任安徽徽寧池太廣道追封承恩

公惠徵之女稟粹通門延釐天室事　文宗顯皇帝柔嘉維則淑愼其儀化佐坤元祥符遘索以咸豐六年丙辰三月二十三

日未時誕　上於御園之儲秀宮時　孝貞顯皇后方切祈禳之禱適符主器之占　聖懷懋悅撫育恩勤同一致焉　上之

生也　文宗以　天恩　祖佑喜溢丹毫見麟孫慰　母思而且喜音之額彤炳　在天六年望更欣率土萬祈人之詠由是　鴻禧

幼子千春慶滋靜升香則又云喜見麟孫慰　璇題周歲之章煌煌宸翰固不待誕膺厥洪祥早

知世德克承巳　上聰明天賢氣度煒如英毅外流沈潛內蘊六齡就傅　文宗特命受書於翰林院編修李鴻藻厥後大

學士祁寯藻翁心存倭仁檢討徐桐修撰翁同龢諸臣同心納誨輔導　聖功　盛德大業富有日新逮乎繼序之初　思齊

作則　上稟承　懿訓念典逾勤主善爲師則　殿開弘德以古爲鑑則書　賜敬心　聖學既充　皇猷斯續承　謨烈

簡任賢親　文教誕敷　武功奮定巍巍蕩蕩崚以加巳　上生有聖德純孝性成奉事　文宗賢雨宮　皇太后承顏

養　志式治　聖心恭讀　御製詩有云繞膝堂前助笑顏益雖在幼齡而　庭闈拜舞極　天家樂事烏歲在

庚申　文宗三旬萬壽　賜宴臣工時　上甫五齡稱觥祝　壽儀度備嫻　宸懷彌暢　特命　上出見廷臣凡瞻仰

衰者莫不擡首歡呼益信　聖相承篤膺　天春無疆之休基諸此矣是年八月　文宗舉行秋獮　駐蹕灤河　上奉

兩宮　天虔禱問視維謹壬寅　文宗疾大漸召御前大臣載垣端華景壽肅順軍機大臣穆蔭匡源杜翰焦祐瀛承寫　硃諭

立皇長子　爲皇太子越翌日寅刻　文宗升遐　上稽顙大慟擗踊無算扈從諸臣遵奉　遺旨讀　上郎正尊位辰刻

上恭視小殮畢奉安　大行皇帝靈駕於煙波致爽殿東間　○諭內閣朕受　皇考大行皇帝鞠育顧復深恩昊天罔極　聖

壽甫逾三旬朕躬庭侍奉正幸愛日方長期頤可卜上年夏間偶患痰嗽旋即調攝就痊秋開　巡幸灤陽　聖體康彊猶昔

乃因各省寇氛未靖　宵旰焦勞至本年春間風寒感發舊疾六月間復患暑瀉以致元氣漸虧本月十六日子刻力疾　召

見載垣端華景壽肅順穆蔭匡源杜翰焦祐瀛　特命立朕爲皇太子朕痛哭受　龍馭上賓搶地呼天　虈莫及敬思　皇考御

危爲安常承　恩誨詎意親奉　顧命後病勢增劇遂至大漸十七日寅刻　命哀迫戰就方冀　慈躬轉

字十有一年　惕厲憂勤　萬幾鮮暇無日不以敎　天法　祖勤政愛民爲急務蠲綏賦稅簡拔人材國計民生時塵　聖

東華續錄　（司台一）

咸豐十一年　七月

一

（光緒）東華續録　一百二十卷　　　曼Chinese 2

（清）朱壽朋編，（清）潘鴻鼎校

清宣統元年（己酉 1909）上海圖書集成圖書公司鉛印本

64册11函

15.7×10.5。半葉十三行，行四十字。四周雙邊，白口，雙對黑魚尾。上魚尾上題“東華續録”，版口題“光緒幾”，下魚尾下記葉數。卷端題“東華續録 光緒一”“臣朱壽朋敬編 臣潘鴻鼎恭校”。裏封題“光緒朝 東華續録”，背牌記題“宣統紀元之歲上海集成圖書公司恭纂”，外封書籤題“東華續録 光緒朝 幾（册）”。

無序跋。

按，《藏園訂補郘亭知見傳本書目·史部》收録，題作“清宣統元年上海集成圖書公司排印本”，較爲籠統。

佑康頤昭裕莊誠壽恭欽獻榮熙皇太后疾增劇○甲戌未刻

慈禧端佑康頤昭豫莊誠壽恭欽獻

熙皇太后崩○豫遺誥曰予以薄德祗承文宗顯皇帝冊命備位宮闈迨穆宗毅皇帝

亂未平討伐方殷之際時則豎捻交訌回苗俶擾海疆多故民生凋敝滿目瘡痍予與孝貞顯皇后同心

撫視夙夜憂勞秉承文宗顯皇帝遺謨策勵內外臣工曁各路統兵大臣指授機宜勤求治理任賢納諫

救災卹民遂得仰承天庥傳危為安及穆宗毅皇帝即世今大行皇帝入嗣大統時年尚幼

生愈困內憂外患紛至杳來不得不再行訓政前年宣布預備立憲詔書本年頒示預備立憲

待理心力俱殫幸予氣體素強尚可支持不期本年夏秋以來時有不適政務殷繁無從靜攝眠食失宜

遷延日久精力漸憊猶未敢一日服逸未月二十一日後遭大行皇帝之喪悲從中來不能自克以重病

勢增劇遂致彌留念五十年來變患經集棄之心無時或釋今舉行新政漸有端倪嗣皇帝方在冲

齡正資啟迪攝政王及內外諸臣尚其協心翊贊固我邦基嗣皇帝以國事為重勉節哀思勤修典

學他日光大前謨有厚望焉喪服二十七日而除布告天下咸使聞知○乙亥大殮畢奉安 大行皇帝

梓宮於 壽皇殿○十一月內甲定萬年吉地於金龍峪名曰 崇陵○丁酉恭上 大行皇帝尊諡曰

同天崇運大中至正經文緯武仁孝容智端儉寬勤景皇帝 廟號 德宗○戊戌泰移 德宗景皇

日本書紀　三十卷

曼Chinese 18

〔日〕舍人親王撰

日本慶長十五年（庚戌 1610）重刻本

15册3函

22.3×16.2。無界，半葉八行，行十八字。四周單邊，上細黑口，下白口，雙對黑魚尾，版口記卷次及葉數。卷端題“日本書紀卷第一”。行間注假名。清原朝、國賢識末小字題“以 敕本板行”。末版權葉題有發行書房凡七家。外封書籤題“日本書紀 再刻 幾”。册首葉右上鈐“天禦學都可佐文庫”朱文方印，右下鈐“賣却之證”朱文方印。

末附日本慶長十五年（庚戌 1610）洛汭野子三白識語，慶長四年（己亥 1599）清原朝、國賢識語。

按，洛汭野子三白識云：“此寫本者，當初安貞二年兼賴挍讎諸本……今據内相公本鏤梓，廣傳于世。”清原朝、國賢識云：“惟陛下寬惠睿智之餘，後世惜其流布之不廣，遂命鳩工，於是始壽諸梓矣。”據此可知，此本最初於日本慶長四年（己亥 1599）奉敕刊行，此本蓋據之重刊。

日本書紀卷第一

神代上

古天地未剖陰陽不分渾沌如雞子溟涬而含
牙及其清陽者溥靡而爲天重濁者淹滯而爲
地精妙之合搏易重濁之凝竭難故天先成而
地後定然後神聖生其中焉故曰開闢之初洲
壤浮漂譬猶游魚之浮水上也于時天地之中
生一物狀如葦牙便化爲神號國常立尊

日本略史　原三卷，殘存二卷　　曼Chinese 30

〔日〕石村貞一編

日本明治十四年（辛巳 1881）文玉圃刻本

殘存2册1函

15.7×10.8。二截版，分上下兩欄。上欄注釋，下欄半葉十行，行二十字。四周單邊，白口，單黑魚尾。魚尾上題“日本略史”，下記卷次及葉數，下書口題“文玉圃藏板”。行間注假名。卷端題“日本略史卷之上　長門石村貞一編次”。裏封題“桐陰石邨貞一編次　小學科本　日本略史　版權免許　明治十四年六月廿二日　文玉圃藏”。

原上中下三卷，今殘存上中二卷。

明治十五年（壬午 1882）從六位依田百川序，大槻文彦序，作者自序。

日本略史卷之上

長門 石村貞一編次

國常立尊實始垂皇統次國狹土尊次豐雲野尊次宇
比地邇尊須比智邇尊男女二神次意富斗能地尊
大斗乃邊尊次淤母陀琉尊阿夜訶志古泥尊次伊
弉諾尊伊弉冊尊二尊奉天神之命從事於治國始
定夫婦之禮以開化育之源晩年得天照大神也授
之御頸玉厚托後事而老蓋爲世界元祖矣

諾冊二尊是謂神代七世

紀事本末類

元史紀事本末　二十七卷　　　　　曼Chinese 13

清光緒二十一年（乙未 1895）上海積山書局石印本
（明）陳邦瞻撰，（明）張溥論正

　　1册

　　14.5×10。無界，半葉十七行，大小字不等，行大字三十七字，小字雙行同，行七十四字。四周單邊，白口，單黑魚尾。魚尾上記書名，下記卷次及葉數。卷端題"元史紀事本末卷之一""高安陳邦瞻德遠編輯　明大倉張溥天如論正"，天頭處有校勘記。裏封題"元史紀事本末"，背牌記題"光緒乙未季夏上海積山書局石印"。外封書籤有題，但殘缺不識。

　　按，此本爲清光緒二十一年（乙未 1895）上海積山書局石印本《歷朝紀事本末》之一。此版本的叢書，《中國叢書綜録》失收，浙江師範大學圖書館收藏，50册2函。

　　《藏園訂補邵亭知見傳本書目・史部》收録此書，但未録此本。

元史紀事本末卷之十三

治河窮河源附

太倉

高安

陳邦瞻　德遠　輯

張溥　天如　論正

尚文奏浦口不塞便成宗不從後果如其言

世祖至元二十三年十月河決開封祥符陳留杞太康通許鄢陵扶溝洧川尉氏陽武延津中牟原武睢州十五處調民夫二十餘萬分築隄防

二十五年五月河決汴梁太康通許杞三縣陳潁二州皆被其害

成宗元貞元年七月河決杞縣蒲口先是河決汴梁發丁夫三萬塞之至是蒲口復決乃命康

訪使尚文相度形勢為久利之策文言長河萬里西來其勢湍猛至盟津而下地平土疏率從

不常失禹故道為中國患不知幾千百年矣自古治河處得其宜則用力少而患遠事失其宜

則用力多而患速此不易之定論也今陳留抵雎東西百有餘里南岸舊河口十一已塞者二

自潰者六通川者三岸高於水計六七尺或四五尺北岸故隄其水比田高三四尺或高下等

大樂南高於北約八九尺則隄安得不壞水安得不北也蒲口今決千有餘步迅疾東行得河

舊瀆二百里至歸德橫隄之下復合正流或強漬過上決下潰功不可成揆今之計河西郡縣

宜順水性遠築長垣以禦泛溢歸德徐邳民避衝潰聽從安便被患之家量於河南退灘地內

給付頃畝以為永業異時河決他所者亦如之亦一時救患之良策也蒲口不塞便時河朔郡

縣及山東憲部爭言不塞則河北桑田盡化魚鱉之區塞之便帝從之是後蒲口復決障塞之

役無歲無之而水北入河復故道竟如文言

遼史紀事本末　四十卷，卷首一卷　　曼Chinese 12

（清）李有棠撰

清光緒二十五年（己亥 1899）慎記書莊石印本

2册

14.5×10。無界，半葉十七行，大小字不等，行大字三十七字，小字雙行同，行七十四字。四周單邊，白口，單黑魚尾。魚尾上題書名，下記卷次、篇名及葉數。卷端題“遼史紀事本末卷一 江西峽江訓導萍鄉李有棠編纂”。裏封題“萍鄉李莳生廣文編纂 遼金紀事本末”，背牌記題“光緒己亥季秋 慎記書莊石印”，外封書籤題作“明史紀事本末 四十二册（殘）/四十三册”。

清光緒十九年（癸巳 1893）李有棻新刻遼金紀事本末叙。

卷首一卷：李有棠凡例十一條。

按，李序云：“伯氏茲编，不加斷論。作史之道，誠在彼不在此。伯氏方由優選官峽江訓導督學，盛公見其書，深用褒許，趣付剞劂。其時從事參訂者，諸弟有棨、有榘、有榮、有架。校對者，余四子：豫、復、益、㸒。全校者，伯氏三子：履、臨、晋也。督刊者，伯氏僚壻、現官上海令黃君承暄，上舍程君嘉彬。繕寫者，伯氏門人澌江德清，茂才蔡震剛，洗馬平上舍楊霽、楊霖也。”據此，我們可以理出該書的校勘姓氏：李有棨、李有榘、李有榮、李有架參訂，李豫、李復、李益、李㸒校對，李履、李臨、李晋全校，黃承暄、程嘉彬督刊，蔡震剛、楊霽、楊霖繕寫。

此爲清光緒二十五年（己亥 1899）慎記書莊石印本《歷朝紀事本末》之一，《中國叢書綜録》（上海古籍出版社，1982年，第639葉）收録了這個版本的叢書。

《藏園訂補郘亭知見傳本書目·史部》收録此本，題作“清光緒十九年刊本”，蓋據序題。

龍化州攻下九郡九月城龍化州於潢河之南故
州即唐幽州北京之北也其地在太原府北三千五百里
克用遣兵克河東
祖裕悦劉仁恭還子山北衆破之沂州
木少間之役許之遂進兵擊仁恭拔歙州徙其民而歸
劉仁恭詐稱其酋長帥衆以叛
月復擊仁恭還子山北衆破之沂州
章人摩哩原用兵敗衆救霸至武州九月討黑車子室韋降其部
約為兄弟之盟冬十月會克用於雲州方與祖盟
祖用兵克用於雲州方與祖盟
明年春下復攻克河東
明年春二月

七月幽州通鑑作盧龍節度使劉仁恭來告
仁恭目稱節度使
冬十月討黑車子室韋破之
二月征黑車子室韋降其部
夏四月唐朱全忠陷其主章斌
夏五月遣皇弟薩喇
原作薩噶喇
冬十月建明王璋

二年春正月河東李克用遣通鑑
南宰相即律阿保機為部落

三年春二月遣郎公遠來聘
築長城於鎮東海口遣兵取托歡

二月滄州
原作滄州方
兵討之命皇弟錫里
師會守文於北淖口進至橫海軍近淀一鼓破之守光遣去因名北淖口為會盟王
節度使劉守文為弟克所攻乞

金史紀事本末　五十二卷，卷首一卷　　曼Chinese 12

（清）李有棠撰

清光緒二十五年（己亥 1899）慎記書莊石印本

4册

14.5×10。無界，半葉十七行，大小字不等，行大字三十七字，小字雙行同，行七十四字。四周單邊，白口，單黑魚尾。魚尾上題書名，下記卷次、篇名及葉數。卷端題“金史紀事本末卷一 江西峽江訓導萍鄉李有棠編纂”。外封書籤題作“明史紀事本末四十四册/四十五册/四十六册”，略有殘闕。

卷首一卷：李有棠凡例十一條。

按，此爲清光緒二十五年（己亥 1899）慎記書莊石印本《歷朝紀事本末》之一。據《遼史紀事本末》前面裏封可知，此書與《遼史紀事本末》合印。

《藏園訂補郘亭知見傳本書目‧史部》收録此本，題作“清光緒十九年刊本”。

金史紀事本末卷一

帝基肇造

江西峽江訓導萍鄉李有棠編纂

先出靺鞨氏號勿吉肅慎氏地也元魏時勿吉有七部曰粟末部隋時猶存至唐初祇有黑水靺鞨粟末靺鞨二部粟末靺鞨始附高麗姓大氏李勣破高麗粟末靺鞨居肅慎氏地東牟山韛祖禹方興紀要云在後為渤海稱王傳十餘世有五京十五府六十二州黑水靺鞨居肅慎氏地亦附高麗嘗以兵十五萬助高麗拒唐太宗敗於安市方漢紀要云在京師東北六千餘里開元中入朝置府拜都督致元十年二月安東都督府其酋為都督置長史一人監領之賜姓名李獻誠其後服屬渤海朝貢遂絕五代時遼滅渤海而黑水靺鞨亦附之其地有混同江即黑龍江攷異通鑑輯覽云混同江即松花江在今吉林烏剌城東南發源長白山北流會鄂諾河今攷邊史聖宗紀太平四年改鴨綠江又東合黑龍等江入於海接鄂諾河舊作鄂嫩河長白山所謂白山黑水是也在江南者入遼籍號熟女直云名曰合蘇欵在江北者不入遼籍號生女直始祖諱函普年六十餘從高麗徙居完顏部父之其部人與他部相惡謂始祖曰若能解此怨我部有賢女年六十未嫁當以相配仍為同部始祖為約和部眾悅服因

西夏紀事本末　三十六卷，卷首二卷　　曼Chinese 14

（清）張鑑撰，（清）朱記榮校

清光緒二十一年（乙未 1895）上海積山書局石印本

2册

14.5×10。無界，半葉十七行，大小字不等，行大字三十七字，小字雙行同，行七十四字。四周單邊，白口，單黑魚尾。魚尾上記書名，下記卷次、篇名及葉數。卷端題“西夏紀事本末卷一”“烏程張鑑春治甫著　華亭閔萃祥頤生校定”（卷十九以後題“烏程張鑑春治甫著　吳縣朱記榮槐盧校”）。裏封題“西夏紀事本末”，背牌記題“光緒乙未季夏上海積山書局石印”。外封書籤題作“明史紀事本末 四十七册/四十九册”，略有殘闕。

卷首上下二卷，上卷西夏紀事年表，下卷有圖2幅，歷代疆理節略和西夏堡寨兩篇。其中，卷首上卷《西夏紀事年表》題“烏程張鑑春治編輯　華亭閔萃祥頤生點勘”，下卷《歷代疆理節略》小注“馬端臨地理通志震澤沈華植增輯本”。

首徐郙序。

按，此本爲清光緒二十一年（乙未 1895）上海積山書局石印本《歷朝紀事本末》之一。

云之職一曰天馬七匹匹不知平時費幾何而致是甯
不惜歲或十緡萬人云城下涉境中大小國茶可拾也乃
買人頭者乙丑詔隰州事臣徐禧等舉
年級高永能高品張禹勤官疇舉與益論思懸以忠州刺史
六年春二月丁未夏人數十萬兵圍蘭州已擄内關李浩開城下
時以文卿方尉德敬德搖如州事已月帝賜李憲詔永能下世亮錄為
所以戰士七百餘人縋城而下持短刀之既泉管清永能嘗人
卿夏人寇蘭州副總管李浩以衛城有功復龍西賊首領最為兇點奮惟仁又咳丁而
嶺已亥河東將軍戡以夏人於真卿流部夏人于己嵗夏五月夏人
慈蘭州圍九日甲午大戰侍紫奪定宛之尋又入寇麟州鹿將卽忠詔敗之又寇蘭州柏堂岩
如州嘗虎野兵出戰賊之詔虎自今毋得輕易出入過有寇壘之止令卹將以擇遷處史利
州嘗以張虔勢擾草日近麟府延環慶涇原路探事人言西賊已點集河南河北諸
摧威以將慮勢復罕李憲詔延環慶涇原路探事人言西賊已點集河南河北諸之十三
活日城中縣兵不滿幾百安可戰文郁曰賊泉我寡正當折其鋒以圍緱客部自安撫都總管之丙辰賊李文郁為經客安撫都總管之間門使代李浩知蘭州三月辛卯十二月十五日蘭盧河畔敗高遵作遇賊馬軍大
之人令密結景死倚類惡愚聚生擒致之不然斬首首前卒嘗以圍緱客部分遣委方道委斬佐虞廣季方咳丁而
識之人令密結景死倚類惡愚聚生擒致之不然斬首首前卒嘗以圍緱客部分遣委方道委斬佐虞廣季方咳丁而

不意安人詭聞是特起大兵侵奪疆土城紫園益搆功文兵乞朝廷示以大兵特
揭乃盡遣匣田卿臣自從乞以來貢奉
禮恭惟仍開國政悉撰咸常犯心釋然深所嘉納已戊遺城岩無輒出兵朝其違守先盟永勵臣
臣職貢之修歲時與忿劫逋邊追使遇思禮加隆項以權強行廢奪違討有罪義卒挈已馬令者遺使造延
所侵備至開納別效忠勤通退域之貢輸土城紫園益搆虜生民之康常賜詔日朕以爾屬受封世萬當
州就職仍罪閒國政悉撰故常懷心釋然深所嘉納其新復城岩徹退母出
禮恭惟仍開國政悉撰咸常犯心釋然深所嘉納已戊遺城岩無輒出
節永綏竈祿庸副春懷帝令錄本付李憲戊寅復詔陝西河東經署司其新復城岩徹退母出
二三里夏之歲賜卷如其舊惟乞遷侵疆不許冬十月癸西朔夏國主秉常遣使上表請復
修職貢乞還舊賜帝賜東常詔日惟爾祖考介居遊陸家國延享有爵土拊循備履歷年潛
多昔者王師出征義存拯惡詔宣慶命惟懷以參功盡慶雅思弟喻志投罕吏士擇
拒甲兵問罪正名方圍府舉造使辭之復順闋國政之復常被納懇誠許爹貢被米基倫
詩故疆服惟示過資於故實匪爾其寨恩嚴終海體至至意所言地界乞

令鄰延路移朧宥州施行其歲賜依地界了日依舊
七年春正月癸丑夏人寇蘭州甲寅賜李憲詔日西賊雖已傷敗蓋去
往義深應恥於儓殘不快所欲忠不思難出我不意其如犬鼠乘隙恐有侵
指鄰延路移朧宥州施行其歲賜依地界了日依舊
令鄰延路移朧宥州施行其歲賜依地界了日依舊兇禽人多咳丁遇隆

明朝紀事本末　八十卷　　　　　　　　曼212

（清）谷應泰編，（清）谷際科、谷際第訂

清順治間刻本

9册2本

18×14。半葉九行，行二十字。左右雙邊，白口，單黑魚尾。魚尾上題"通鑒紀事"，下記卷次及葉數。卷端題"通鑒紀事本末卷之一 提督浙江學政僉事豐潤谷應泰編著 男 際科 際第 訂"。裏封題"豐潤谷應泰編著 明朝紀事本末 本衙藏板"。

清順治十五年（戊戌 1658）傅以漸明朝紀事本末序及谷應泰自序。

按，題名據裏封題而定。

又，《中國叢書綜録》（上海古籍出版社，1982年，第639葉）收録有《紀事本末五種》《紀事本末彙刻》《歷朝紀事本末》三種叢書，皆收有此書，但非此本。《藏園訂補郘亭知見傳本書目・史部》收録，題作"清初刊本"。《中國古籍善本書目・史部》收録，題作"清順治十五年刻本"，北京大學圖書館、清華大學圖書館等16家館收藏。今檢此本，"玄""弘"等字皆不缺筆，蓋爲清初刻本。北京大學圖書館藏有一本，索書號爲SB/916.0918/8005.2/C2。觀其字體略長，與此本有異，但谷應泰自序却有"谷應泰印""霖蒼"二墨方印，此本則無。所以，二本有初刻與翻刻之别，但究竟孰早孰晚，尚需進一步探討。

通鑑紀事本末卷之一

提督浙江學政僉事豐潤谷應泰編著

男 際科
 際第 訂

太祖起兵

元順帝至正十二年閏三月甲戌朔明太祖起兵濠
梁太祖之先故沛人徙江東句容為朱家巷宋季大
父再徙淮家泗州父又徙鍾離太平鄉母陳生四子
太祖其季也太祖生於元天曆戊辰之九月丁丑其

親征平定朔漠方略　四十八卷，
附親征朔漠紀略一卷　　　　　　　曼345

（清）温達等奉敕纂

清康熙四十七年（戊子 1708）武英殿刻本

24册4函

24.5×16.8。半葉七行，行二十字。四周雙邊，上下粗黑口，雙對黑魚尾，魚尾下題“親征平定朔漠方略卷之某”及記葉數。卷端題“親征平定朔漠方略卷之一”。

清康熙四十七年（戊子 1708）御製序。

按，《四庫全書總目》“史部五·紀事本末類”收録，題作“親征朔漠方略四十卷”，云：“康熙四十七年大學士温達等撰進，聖祖仁皇帝御製序文，深著不得已而用兵之意。蓋噶爾丹凶頑爽誓，寖爲邊患，因於康熙三十五年二月，親統六師往征……書中所紀，始於康熙十六年六月厄魯特噶爾丹奉表入貢，及賜敕諭令與喀爾喀修好以爲緣起，訖於三十七年十月策妄阿拉布坦獻噶爾丹之尸而止。”

《藏園訂補邵亭知見傳本書目·史部》《中國古籍善本書目·史部》皆收録。

親征平定朔漠方略卷之一

欽惟

皇上統御萬邦爲中外生民主文德誕敷武功不顯。

仁育義正久道化成聲教訖乎退荒太和洽

於宇宙比自削平三逆十數年來定臺灣海

外之區郡邑其地窮西北塞察哈爾部落平

羅刹來俄羅斯之貢收服七旗喀爾喀數十

撫苗録　不分卷，附新撫苗寨路程，
紅苗歸化恭紀詩不分卷

曼215

（清）鄂海撰

清康熙五十二年（癸巳 1713）拳石堂刻本（白棉紙，精刻）

　　8册1本

　　16×11。半葉十行，行二十字。左右雙邊，白口，單黑魚尾，魚尾下記書名、葉數，下書口題“拳石堂”。卷端題“撫苗録”“總督湖廣等處地方軍務兼理糧餉兵部右侍郎兼都察院右副都御史加九級紀録十七次臣鄂海謹奏”，裏封題“撫苗録 拳石堂藏板”，黄色外封，書籤題“撫苗録”等。《紅苗歸化詩》無卷端題名，裏封題“紅苗歸化詩 拳石堂藏板”，外封書籤題“紅苗歸化詩”。

　　清康熙五十二年（癸巳 1713）鄂海撰聖德撫苗碑銘並序、宋犖撫苗録序，末附康熙五十二年屠沂後序；《紅苗歸化詩》首康熙五十二年王掞序及紅苗歸化詩編次。

　　按，所附《紅苗歸化恭紀詩》不分卷，共六十九首，清達禮善輯。

　　此本刊刻精良，版刻據序和跋題。正文皆奏折，始於康熙五十年七月（辛卯 1711），止於康熙五十一年八月（壬辰 1712）。

　　此本北京大學圖書館收藏。

撫苗録

總督湖廣等處地方軍務兼理糧餉兵部右侍

郎兼都察院右副都御史加九級紀錄十七次

臣鄂海謹

奏為訪查鎮筸紅苗情形以固地方以靖邊隅陳

　請

睿鑒事臣蒙

皇上天恩陛授湖廣總督到任以來徧訪通省地方

事務及萬民生理皆賴我

皇上洪福家給人足歡呼樂業即湖北彝陵湖南永

平定兩金川方略　一百三十六卷，卷首八卷，紀略一卷，藝文八卷

曼308

（清）舒赫德、阿桂等奉敕纂

清嘉慶五年（庚申 1800）武英殿刻本（白棉紙，精刻）

64册8本

23.3×15.5。半葉七行，行二十字。四周雙邊，上下粗黑口，雙對黑魚尾，版口題“平定兩金川方略卷之幾”。卷端題“平定兩金川方畧卷之一”。黃色外封，書籤題“平定兩金川方畧”及卷次；黃色函套，書籤題“平定兩金川方畧 第幾函”。

卷首八卷：《天章》。前有阿桂進平定兩金川方略表及纂修諸臣職名。

按，《四庫全書總目》“史部五·紀事本末類”有録，題作“欽定平定兩金川方略一百五十二卷”，云：“乾隆四十六年大學士阿桂等恭撰奏進。凡《御製序文紀略》一卷，《天章》八卷冠於前，臣工詩文八卷附於末。所紀平定兩金川事，自乾隆二十年六月癸亥起，至乾隆四十四年十一月壬午止。”

《藏園訂補邵亭知見傳本書目·史部》《中國古籍善本書目·史部》皆收録。

平定兩金川方畧卷之一

乾隆二十年乙亥六月癸卯。

上諭內閣曰開泰著調補四川總督新任大學士黃

廷桂著調任陝甘總督將川督應辦事務交明開

泰郎赴蕭州。

巳巳。四川總督黃廷桂提督岳鍾璜奏言四川

打箭爐外孔撒麻書兩土司本屬嫡堂叔姪近

平定金川方略　二十六卷，
　御製詩文一卷，諸臣紀功詩文五卷　　曼309

（清）來保等撰

清乾隆十七年（壬申 1752）武英殿刻本

12册2函

23.5×16.5。半葉七行，行二十字。四周雙邊，上下粗黑口，雙對黑魚尾。版口題“平定金川方略卷之某”，兼記葉數。卷端題“平定金川方略卷之一”。

清乾隆十七年（壬申 1752）御製序。

《四庫全書總目》“史部五・紀事本末類”收錄，題作“欽定平定金川方略三十二卷”，云：“乾隆十三年大學士來保等恭撰奏進。凡二十六卷。後恭錄御製詩文一卷，又附載諸臣紀功詩文五卷。”具體來看，此書首附金川圖、金川圖説、平定金川方略表、御製詩、御製平定金川告成太學碑文、平定金川雅、平定金川頌、平定金川歌、平定金川賦、平定金川詩等。

《藏園訂補邵亭知見傳本書目・史部》《中國古籍善本書目・史部》皆收錄。

平定金川方略卷之一

欽惟

國家重熙累洽久道化成

烈聖相承功德隆盛薄海內外罔不率俾我

皇上以神聖嗣服勤求治理宵旰孜孜盛德大業日

起有功謨烈紹乎

祖宗膏澤罩乎黎庶聲教所被凡雕題鑿齒之倫窮髮

平定準噶爾方略 一百七十一卷，卷首一卷，總目一卷

曼372

（清）傅恒等奉敕纂

清乾隆間武英殿刻本（白棉紙，精刻）

100册12本

23.3×15.8。半葉七行，行二十字。四周雙邊，上下粗黑口，雙對黑魚尾，版口題"平定準噶爾方略某編卷之幾"。卷端題"平定準噶爾方略前/正/續編卷之一"。黄色外封，書籤題"平定準噶爾方略某編卷幾"。

清乾隆三十五年（庚寅 1770）御製序，傅恒進平定準噶爾方略表及纂修官銜。

按，此書一百七十一卷，包括：《前編》五十四卷，《正編》八十五卷，《續編》三十二卷。卷首一卷，爲《紀略》。

《四庫全書總目》"史部五·紀事本末類"收録，可參看。

《藏園訂補邵亭知見傳本書目·史部》《中國古籍善本書目·史部》皆收録。

平定準噶爾方略續編卷之一

乾隆二十五年三月庚戌

命犒凱旋之索倫等官兵

上諭軍機大臣曰兵部奏稱凱旋之索倫吉林察哈

爾等官兵經過京城請於德勝門外教場暫為休

息再行起程等語所奏甚是伊等俱軍前効力之

人咫尺京師若卽令遄行非所以示體恤現在各

欽定平定臺灣紀略　六十五卷，卷首五卷　　　　曼373

（清）佚名等奉敕纂

清乾隆五十三年（戊申 1788）武英殿刻本（白棉紙）

　　　　32册4函

　　　　22.3×16。半葉七行，行十八字。四周雙邊，白口，單黑魚尾。魚尾上記書名，下記卷次及葉數。卷端題"欽定平定臺灣紀署卷一"。闕目錄及序跋。

　　　　卷首五卷，包括御製詩三卷，御製文二卷。

　　　　按，此本裝幀較差。

　　　　《四庫全書總目》"史部五·紀事本末類"有錄，可參看。

　　　　《藏園訂補郘亭知見傳本書目·史部》《中國古籍善本書目·史部》皆收錄。

欽定平定臺灣紀略卷首一

御製詩一

命免臺灣府本歲正供詩以誌事

　本歲蓋歲
　在丁未
　福建臺灣逆匪
　林爽文等創立
無端孳種聚苟萑刧掠村莊害及官　知府
孫景燧知縣俞峻等往捕轉被戕害當此光天化日
之下聚眾猖獗不法已極不
可不大加懲剿以靖海疆　不得已而用兵勤莫非
勤以俾民安因思亂後閭閻困合令當前賦稅寬　據
總

欽定剿平三省邪匪方略　原四百卷，殘存三百八十三卷，卷首六卷　　曼339

（清）慶桂等奉敕纂

清嘉慶十五年（庚午 1810）武英殿刻本（白棉紙，精裝）

原246册41函，每函6册，今存240本40函

21.9×16。半葉七行，大小字不等，大字行二十字，小字雙行同，行四十字。四周雙邊，單黑魚尾，上下粗黑口，版口處題"剿平三省邪匪方畧"。卷端題"欽定剿平三省邪匪方畧正/續/補編卷一某年"。闕裏封，黄色外封和函套。

清嘉慶十五年（庚午 1810）御製剿平三省邪匪方略序及纂修校刊職名。

按，此書原三百八十三卷，其中，《正編》原三百五十二卷，今存三百三十五卷（卷八十一至九十七闕），《續編》三十六卷，《附編》十二卷。

欽定剿平三省邪匪方畧卷首

御製詩 六

天章

同樂園茶宴諸王大學士及內廷翰林用平定三

省教匪聯句復成詩二首以下癸亥

三年

瑩捷未聯吟七載方酬

皇清開國方略　三十二卷　　　　曼376

（清）阿桂、梁國治、和珅等人奉敕撰

清乾隆五十一年（丙午 1786）武英殿刻本

16册2函

28×20.5。半葉八行，行二十一字。四周雙邊，白口，單黑魚尾。魚尾上題"皇清開國方畧"，下記卷次、葉數。卷端題"皇清開國方畧卷一"。

清乾隆五十一年（丙午 1786）御製序。

按，《四庫全書總目》"史部三‧編年類"收録，可參看。

《藏園訂補邵亭知見傳本書目‧史部》收録此本，題作"内刊本"。

皇清開國方畧卷一

太祖高皇帝 癸未年譜
丙戌年

癸未年夏五月征尼堪外蘭克圖倫城。

初蘇克素護河部圖倫城有尼堪外蘭者陰搆

明寧遠伯李成梁引兵攻古哷城主阿太章京

及沙濟城主阿亥章京成梁授尼堪外蘭兵符。

率遼陽廣寧兵二路進成梁圍古哷城遼陽副

將圍沙濟城城中見兵至逃者半被圍者半遂

皇朝武功紀盛　四卷，附簷曝雜記六卷　　曼375

（清）趙翼撰

清乾隆五十七年（壬子 1792）湛貽堂刻《甌北全集》本

4册1函

18×13.3。半葉十一行，行二十一字。左右雙邊，白口，單黑魚尾。魚尾上題書名，下記卷次及葉數。卷端題“皇朝武功紀盛卷一”“陽湖趙翼 雲崧”，裏封題“皇朝武功紀盛 湛貽堂藏板”。《簷曝雜記》版式同之，裏封題“簷曝雜記”，卷端題“簷曝雜記卷一”“陽湖趙翼 雲崧”。

清乾隆五十七年（壬子 1792）趙翼序和盧文弨序。

按，《藏園訂補郘亭知見傳本書目·史部》《中國古籍善本書目·史部》收録此書，爲清乾隆五十七年湛貽堂刻《甌北全集》之零種。

皇朝武功紀盛卷一

陽湖 趙翼 雲崧

平定三逆述略

國朝定鼎中原將三十年因三逆之叛又用兵十年而

後天下大定三逆者吳三桂耿精忠尚之信也

太宗文皇帝時明登州叅將耿仲明隨副將孔有德航

海來歸已而廣鹿島副將尚可喜亦降二人與有德皆

遼人仲明則精忠祖可喜則之信父也時仲明封懷順

王與恭順王有德同封可喜亦封智順王三桂山海衞

人明末爲總兵官鎮山海關聞京師陷乞兵於我朝

適睿親王多爾袞兵至翁後遂降於軍前封平西王三

繹史　一百六十卷，
##　　附世系圖一卷，年表一卷　　　　　　　曼344

（清）馬驌撰

清康熙間刻本

48册6本

19×14.5。半葉十一行，大小字不等，行大字二十四字，小字雙行同，行三十六字。左右雙邊，白口，無魚尾。上書口題“繹史”，下記卷次、篇名（各卷首葉）、葉數。卷端題“繹史卷一　太古第一”。

清康熙九年（庚戌 1670）李清序，馬驌“徵言”。

按，此本國内多館收藏，題“清康熙間刻本”，今據此著録。

《四庫全書總目》“史部五·紀事本末類”收録，可參看。

《藏園訂補郘亭知見傳本書目·史部》《中國古籍善本書目·史部》皆收録。

繹史卷一　　　　　太古第一

開闢原始

列子　昔者聖人因陰陽以統天地夫有形者生於無形則天地

安從生故曰有太易有太初有太始有太素太易者未見氣也

太初者氣之始也太始者形之始也太素者質之始也氣形質

其而未相離故曰渾淪渾淪者言萬物相渾淪而未相離也視

之不見聽之不聞循之不得故曰易也易無形埒易變而為一

一變而為七七變而為九九變者究也乃復變而為一一者形

變之始也清輕者上為天濁重者下為地沖和氣者為人故天地含精萬物化

生　白虎通始起先有太初後有太始形兆既成各曰太素混沌相連視之不見聽之不聞然後

剖判清濁既分精出曜布度物施生精者為三光號者為五行行生情情生汁中汁中生神

明神明生道德道德生文章　團練太初氣之始也生於酉仲清濁未分也太始形之始也生

於戌仲清者為精濁者為形也太素質之始也生於亥仲已有素朴而未散也三氣相接至於

繹史　卷一　　開闢原始

別 史 類

逸周書補注　二十二卷，
卷首一卷，卷末一卷

曼336

（晋）孔晁注，（清）陳逢衡補注

清道光五年（乙酉 1825）修梅山館自刻本

12册2函

17.7×12.3。半葉九行，行二十二字。左右雙邊，上下粗黑口，雙對黑魚尾，版口記卷次及葉數。卷端題“逸周書卷一”“晋孔晁注 江都陳逢衡補注”，末卷末行題“揚州磚街青蓮巷內柏華陞刻”，裏封題“道光乙酉年栞修梅山館藏板 逸周書補注”。

清道光五年（乙酉 1825）陳逢衡序，清康熙八年（己酉 1669）汪士漢序，清道光五年（乙酉 1825）顧千里序，元至正十四年（甲午 1354）黄玠序，清乾隆五十一年（丙午 1786）謝墉序、又序，明嘉靖元年（壬午 1522）楊慎序，姜士昌序（誤裝入《漢詩統箋》內），《補遺》末有清道光五年（乙酉 1825）陳逢衡識。

卷首一卷：叙略、集説，卷末一卷：補遺、讀書誤引、附録。

按，此爲《江都陳氏叢書》之一。據《穆天子傳注補正》之陳氏後序可知，該書成於清嘉慶十九年（甲戌 1814）。又據諸序可知，該書最初刊本爲元至正十四年（甲午 1354）劉廷榦重刻本，次爲明《漢魏叢書》諸本，次爲清乾隆五十一年（丙午 1786）盧文弨抱經堂刻本，陳氏即據盧氏本補注，故諸序一仍其舊。

據《江都陳氏叢書》中所收《屈辭精義》所附嘉慶十七年（壬申 1812）陳本禮跋（誤入《漢詩統箋》內）及陳氏竹書紀年集證凡例末題字可知，修梅山館亦是陳氏之寓所。

《藏園訂補郘亭知見傳本書目‧史部》收録此本。

逸周書卷一

晉孔晁注　　　　　江都陳逢衡補注

度訓解第一

天行有度而四象正皇極有度而萬民順紂失度故

以亡文秉度故曰昌度也者所以整齊萬物之具也

斯篇命名立義與大學絜矩之說相符故於好惡特

詳言之

天生民而制其度

孔注聖人爲制法度

東都事略　一百三十卷　　　　　　　　　曼252

（宋）王偁撰

清乾隆六十年（乙卯 1795）席氏掃葉山房重刻本

12册2本

21.6×14。半葉十二行，行二十五字。左右雙邊，白口，單黑魚尾。魚尾上記書名，下記卷次及葉數，下書口題“掃葉山房”。卷端題“東都事略卷第一”“宋王偁撰 掃葉山房校刊”，裏封題“東都事略 南宋書 契丹國志 大金國志 元史類編 宋遼金元四史 掃葉山房藏板”。

清嘉慶三年（戊午 1798）謝啓昆宋遼金元別史序、阮元序，乾隆六十年（乙卯 1795）九月席世臣序，洪邁、王偁札子。

按，此爲《宋遼金元四史》之一。《元史類編》爲該叢書之最後一種，刊刻於乾隆六十年，此書則爲其第一種，應該在此之前。《中國叢書綜録》（上海古籍出版社，1982年，第641葉）收録該叢書，題作“宋遼金元別史（一名四朝別史）”，題《東都事略》版本爲“清乾隆六十年（1795）刊”，是。

此書諸序頗有價值，如謝序云：“近代刻書家毛氏最盛，以經史有功於藝林甚鉅。今毛氏《十七史》板，席氏既購藏之，又將廣搜別史開雕，爲諸正史之附庸。吾知掃葉山房之名與汲古閣並壽於世。”阮序云：“五書皆別史之最佳而世罕傳者，今得席君彙刊之，有補史家，誠非淺顯。讀宋遼金元四朝正史者，其尚參考於斯歟？席君，元丙午同年友也，家多藏書，復屬元抄録浙江文瀾閣諸秘籍，擇經史子集之佳者，將以次第付梓。”此兩序對席氏掃葉山房之研究提供了不少資料，亦見録於《掃葉山房史研究》（2005年復旦大學博士論文）第23葉。但該論文脚注認爲《東都事略》爲嘉慶三年（戊午 1798）刻本，尚有待商榷。

《藏園訂補郘亭知見傳本書目·史部》收録此本，《中國古籍善本書目·史部》收録此書，但未録此本。

東都事略卷第一

宋　王偁撰

壜棸山房校刊

本紀一

太祖啓運立極英武睿文神德聖功至明大孝皇帝其先出于帝
高陽氏之後造父爲周穆王御破徐偃封趙城因氏焉自漢京兆
尹廣漢居涿郡遂爲涿郡人至唐而高祖僖祖皇帝生僖祖仕
至文安令曾祖順祖皇帝仕歷藩府從事兼御史中丞皇祖翼祖
皇帝少有大志仕至涿州刺史贈左驍衛上將軍皇考宣祖皇帝
少驍勇善騎射而雅好儒素起家事趙王王鎔時梁晉爭天下晉
求援於鎔鎔命宣祖以五百騎赴之莊宗嘉其勇敢因留之命學
禁軍爲飛捷指揮使自同光至開運逾二十年不遷而宣祖亦未
嘗以介意漢乾祐中王景崇以鳳翔叛宣祖與征討樂之於寶雞

鴉片事略　二卷　　　　　　　　　　曼AC20

（清）李圭撰

民國二十年（辛未 1931）國立北平圖書館據清光緒刻本鉛印

1册

17.2×9.8。半葉十一行,行三十五字。四周單邊,白口,單黑魚尾。魚尾上記書名,下記卷次及葉數。卷端題"鴉片事略卷上""江寧李圭小池"。裏封題"鴉片事略二卷",下鈐"沈尹默印"朱文方印,背面題"民國二十年一月北平圖書館印行"。封底版權票題"鴉片事略二卷 清李圭著 二十年一月國立北平圖書館據清光緒刻本排印 每部一册實價一元"。

有複本一:索書號爲"曼R73130"。

按,此爲《北京圖書館珍本叢書》之一。

《藏園訂補邵亭知見傳本書目·史部》收録了此本的底本,即"清光緒刊本"。

鴉片事略卷上

江寧 李圭 小池

鴉片爲中國漏巵爲百姓鴆毒固盡人知之而其於郡縣流行之本末禁令弛張之互用與

夫英人以售鴉片而與戎乞撫又以惡鴉片而設會勸禁三百年來之事則未必盡人知之

用就見聞所及或采自他書或錄諸郵報薈萃成此附以外國往來文牘曰鴉片事略致亞

細亞洲（西人分地球爲五洲亞細亞五洲之一也）南境有國曰印度漢書所謂身毒又稱天竺者也廣袤四千餘

里東界緬甸西界阿富汗俾路芝南際大海北迄蔥嶺東北界廓爾喀哲孟雄（一名西金一稱錫金）

魯克巴諸部落密邇三藏國區爲五地形入海之處爲南印度溫都士坦古稱中印度其厄

納特爲四方適中之地孟加剌（音近邦格拉明史爲榜葛剌音顏近）爲東印度其會城曰加爾格達西印度跨

恆河與阿富汗俾路芝接壤克什米耳爲北印度即古之罽賓國西北距英吉利水程約二

萬里東南距粵省不及萬里 國朝見據於英吉利英設總督（英制印度總督位最尊權最大駐焉印度屬）

御定歷代紀事年表　一百卷，
附歷代三元甲子編年　　　　　　　　　　曼313

（清）王之樞等奉敕纂

清康熙五十四年（乙未 1715）武英殿刻本（白棉紙，有配補）

　　48册10本

　　22×12.6。無界，半葉二十行，大小字不等，行小字四十字，大字則不等，或有分欄，四周雙邊，白口，無魚尾。上書口題“歷代紀事年表卷幾”，版口記朝代帝王年號及葉數，下書口或有題“附”者。卷端題“御定歷代紀事年表卷一”。無裏封。

　　清康熙五十四年（乙未 1715）御製歷代年表序，《三元甲子編年表》末附康熙五十一年（壬辰 1712）王之樞進歷代紀事年表及纂修校刊官職名。

　　按，此本白棉紙印本，但卷四至卷六，卷十七第十五葉至卷二十前二十四葉，卷九十八第三十葉至第四十七葉，卷九十九第三十八葉至第五十二葉，紙色發黃，且字爲手寫，當爲配補。而如卷八前十三葉，卷十四至卷十六卷，卷十七前十四葉等，雖然爲刻字，但紙質發黃，可能是水浸之故。

　　《四庫全書總目》“史部六・別史類”收録，可參看。

　　《藏園訂補郘亭知見傳本書目・史部》《中國古籍善本書目・史部》皆有收録。

御定歷代紀事年表卷一

起甲辰帝堯元載○止
乙酉帝堯一百有二載凡一百有二年

表例說

　臣之樞謹按史記黃帝以來紀世爲世表共和以後紀年爲年表之例以年爲經以國爲緯
今紀事年表例本此○金履祥通鑑前編本郎雍經世歷起堯元載甲辰是紀年起於堯時不侯
共和始見也今從金氏前編自堯元載始○南軒綱目前編不敢以經爲史凡見於書詩者止提
其綱註云詳某篇今從之但唐虞二代道統皆垂法於萬古南氏所輯尚有未備今採先儒
論說有與二典相發明者悉爲增入○年表分格次第書甲子於上首王朝次侯國今帝堯之世
分侯國爲三格曰虞曰夏諸國今附商郎於夏格之内○羅泌路史所載侯國可以世考者備書於某世之下如伊耆富宜等國附入帝堯元載之
類虞及夏商郎同

歷代紀事年表卷一

歷代帝王年表　十四表　　　　　　曼428

（清）齊召南撰

清道光四年（甲申 1824）小琅嬛僊館刻本

4册

19×13。半葉八行，大小字不等，行大字約二十四字，小字雙行同，行約四十字。左右雙邊，上下粗黑口，雙對黑魚尾。魚尾間記“歷代帝王年表”、葉數，下書口記字數。裹封黄紙題“道光四年冬刊 歷代帝王年表 小琅嬛僊館藏”，目録葉後牌記題“大清道光太歲在閼逢涒灘冬仲長至日小琅嬛僊館開雕”。

清乾隆四十二年（丁酉 1777）齊召南自序，胡天游序。

按，《藏園訂補邵亭知見傳本書目·史部》收録。

帝王表

史官天台齊召南編

上古帝王世次難以徵信孔子贊易敘庖犧炎帝黃帝序

書起自帝堯問官郯子言少昊在黃帝後顓頊前則知史

記五帝本紀未核也今編如左

太皞伏羲氏 生於成紀以木德王風姓都於陳 敎民佃漁養犧牲 始畫八卦造書

契 制嫁娶 以龍紀官 造琴瑟 在位百十五年崩葬於陳州陵在陳州城比

三 或曰傳十五世 八卦易姓

炎帝神農氏 育於姜水姜姓以火德王亦曰烈山氏都陳遷曲阜 始藝五穀嘗百草

日中爲市 以火紀官 在位百四十年崩於長沙之茶鄉陵在茶陵

靖逆記　六卷　　　　　　　　　　　曼218

（清）盛大士撰

清道光元年（辛巳　1821）刻本

　　　　　2册1本

　　　12.8×9.7。半葉九行，行二十一字。四周單邊或左右雙邊，白口，單黑魚尾。魚尾上題“靖逆記”，下記卷次及葉數。卷端題“靖逆記卷之一　蘭簶外史纂”。裹封題“靖逆記”，版框上題“道光元年春鐫”。

　　　蘭簶外史（盛大士）自序。

　　　按，辛德勇《盛大士〈靖逆記〉版本源流考》（《故宫博物院院刊》，2006年第2期）云：“行世《靖逆記》諸本，均未署作者真實姓名，僅題作‘蘭簶外史纂’。此所謂‘蘭簶外史’，乃時任山陽教諭之盛大士自號，見近人李濬之撰《清畫家詩史·己集》。”此書首刊於清嘉慶二十五年（庚辰　1820），辛氏所見有三種，裹封皆題“嘉慶庚辰春鐫”，第三種即1987年上海書店影印本，但無曼大此本。

靖逆記卷之一　　　　　　　　　蘭簃外史纂

平定林逆

嘉慶十八年癸酉七月

駕幸木蘭行秋獼禮　皇子尼從八月癸丑

上至布克崖口時天氣晴爽

上命進哨行十三圍二十九月戊辰出哨回蹕是夕忽暴

雨歷三晝夜溪水驟溢沙漬泥淖人馬皆不得前丙辰

雨霽僅行五圍節從中哨門伊瑪圖口回駐山莊　皇

雜 史 類

國語 二十一卷，
附校刊明道本韋氏國語札記一卷 曼Chinese 10

（三國吳）韋昭解，（清）黃丕烈札記

清光緒二十七年（辛丑 1901）煥文書局石印本

3册（與《戰國策》合1函）

16×12.3。半葉十六行，大小字不等，行大字約三十一字，小字雙行同，行約五十字。四周單邊，白口，單黑魚尾。魚尾上題"國語"，下記卷次及葉數。卷端題"國語卷第一""周語上 韋氏解"，末卷題"天聖七年七月二十日開印""江陰軍鄉貢進士葛惟肖再刊正""鎮東軍權節度掌書記魏庭堅再詳""明道二年四月初五得真本几刊正增成"。裏封題"天聖明道本國語"，背面題"光緒辛丑七月 煥文書局石印"。

清嘉慶五年（庚申 1800）段玉裁序，錢大昕序。《札記》首清嘉慶四年（己未 1799）黃丕烈序。

按，段序云"乾隆己丑，予在都門，時東原師有北宋《禮記注疏》及明道二年《國語》，皆假諸蘇州滋蘭堂朱丈文游。所照校者，予復各照校一部。嗣奔走四方，無讀書之暇。辛丑乃自蜀歸金壇，又遇横氻侵擾，不能讀書。壬子乃避居於蘇，頗多同志，黃君蕘圃其一也。常熟錢氏從明道二年刻本影抄者在其家，顧君千里細意校出。讀之，始知外間藏書家《國語》皆自謂明道二年本，而譌踳奪扇，參縒乖異，皆傳校而失其真者也。今年蕘圃用原抄付梓，以公同好，此書之真面目始見。"又，黃序云："金壇段先生玉裁，嘗謂《國語》善本無逾此，其知此爲最深，今載其校語。惠氏棟閱本，借之同郡周明經錫瓚家，亦載之以表微參管見者，以某案別之。旁述見聞則標姓名，諸注疏及類書援引殊未可全據，故多從略，摁如干條爲一卷。"據此，此本之底本爲清嘉慶五年（庚申 1800）黃丕烈仿刻本，而黃氏之底本爲錢大昕所影抄宋仁宗明道二年（壬申 1032）刻本。此宋本爲朱文游所藏，戴震及段玉裁皆曾據之校勘。黃氏作《札記》之時，即對段氏之校語有所過録，同時又過録了周錫瓚所藏惠棟批校本中惠棟之校語。

　　《四庫全書總目》"史部七·雜史類"收録，可參看。

　　《藏園訂補郘亭知見傳本書目·史部》《中國古籍善本書目·史部》皆收録此書，但未録此本。所收者爲其底本。

1755

校刊明道本韋氏解國語札記

國語自宋公序取官私十五六本校定爲補音世盛行之後来重刻無不用以爲祖

有未經其手如此明道二年本者乃不絶如線而巳前輩取勘公序本皆謂爲勝然

省覧每病不盡傳臨又屢失真終未有得其要領者不爲深懼此本之遂亡用所收

影鈔者開雕以餉世其中字體前後有歧不改畫一闕文壞字亦均仍舊無所添足

以懲妄也讎字之餘頗涉補音及重刻公序本綜其得失之凡而札記之金壇段先

生王裁嘗謂國語善本無逾此其知此爲最深今載其校語惠氏棟閱本借之同郡

周明經錫瓚家載之以表微參管窺者以某葉別之旁述見聞則標姓名諸注疏

及類書援引殊未可全據故多從畧摠如干條爲一卷至於勝公序本者文句煩簡

偏旁增省隨在皆是既有此本自當尋桉而得苟非難憭不復悉數矣嘉慶四年十

月二十七日吳縣黃丕烈書

敍

憭口矣　別本憭下不空不刻按此本開附舊音亦是音印／本稍軸影寫迄闕後詳此別本書重刻宋公序本

卷第一

解楯也　補楯作廙　揆正　字宋公序之失在此録字意然

瞿德　惠三史記燿不烈

解障壅　補音作雝　鄭摭　昔我先王世后稷　曾　補音

戎狄　補音作　暨後同　慕　惠云史記道至烈枝徐廣曰一作選皆聲相近　敦篤　作惇　解弈弈前

國語　二十一卷　　　　　　　　　　曼197

（三國吳）韋昭解，（宋）宋庠補音、（明）張一鯤、李時成閲

清雍正間文盛堂刻本

4册1本

20×13.4。半葉十行，大小字不等，大字二十一字，小字雙行同，行四十二字。四周單邊，白口，單黑魚尾。魚尾上題"國語"，下記卷次及葉數。卷端題"國語第一""吳高陵亭侯 韋昭解 宋鄭國公 宋庠補音 明侍御史 蜀張一鯤 楚李時成 閲 虞部郎豫章郭子章 選部郎東粤周光鎬校"，裏封題"宋鮑彪原本 國語國策合注 文盛堂藏板"。

宋庠國語補音叙録，張一鯤國語解叙，校補國語凡例七條。

按，此本"玄""胤"皆缺筆，而弘不缺筆。且其字體類康、乾之字，當爲雍正刻本。

此書原與"曼216"《戰國策注》合訂，今將之分爲兩書著録。

北京大學圖書館有1部，版式同此，惟裏封題"高陵韋弘嗣解 國語注解 文盛堂藏板"，背面牌記題："乾隆壬午重刊。"

國語第一

吳高陵亭侯　韋昭解　　宋鄭國公　宋庠補音

周語上

明侍御史　杜預及世族譜云黃帝之後虞部郎章郭子章東粤周光子鎬章校

於李時成閔

按舊音每國始末之前特於他皆倣此下

孫曰大下至王幽王為犬戎所殺文王東遷乃居王城今

有天下至王幽王為犬戎所殺平王東遷乃居王城今

穆王將征犬戎

祭公謀父諫曰不可

先王耀德不觀兵

荒祭公謀父諫曰不可

穆王，周康王之孫，昭王之子穆王滿也

征犬戎，正也，康王下討界之孫稱大王之子

犬戎，西戎之別名也，經史別名唯

祭公，周公之胤也，祭國周公之後為王卿士

才故切　傳並引信之　丈

字名也，皆音甫　祭畿內之國

人名皆音甫　蔣邢茅胙之

服名傳曰甫蔣

在傳曰匕　耀明也明德觀示也

切匕傳曰匕　耀德不觀兵示也明

國語　二十一卷　　　　　　　　　　　　　　曼196

（明）陳仁錫、鍾惺合評

清雍正二年（甲辰 1724）三元堂重刻本

4册1本

20.2×13.7。半葉九行，大小字不等，行大字十八字，小字雙行同，行三十六字。左右雙邊，白口，單黑魚尾。魚尾上題"國語"，下記卷次及葉數。行間有細字批語。卷端題"國語卷一""史官陳仁錫明卿竟陵鍾惺伯敬合評"，裏封題"雍正二年新鐫 陳明卿 鍾伯敬 兩先生輯注 國語國策詳注 三元堂藏板"。

宋庠國語序，三國吴韋昭國語解序，附二乙堂凡例九條、總目，諸卷前皆有分卷目録。

按，據其凡例和裏封所題可知，此書曾與《戰國策》合刊。

《藏園訂補邵亭知見傳本書目·史部》《中國古籍善本書目·史部》收録此書，但未録此本。

國語卷一

史官陳仁錫明卿竟陵鍾惺伯敬合評

周語〔此西周也。至犬戎殺幽王。而平王東遷居王城。爲東周。〕

周語

穆王將征犬戎。〔穆王昭王子也。犬戎西戎〕祭公謀父諫曰。不可。〔祭畿內之國。周公先王〕先王耀德不觀兵。〔耀明德示也〕夫兵戢而時動。動則威。〔戢聚也〕觀則玩。玩則無震。是故周文公之頌曰。〔文公周公旦謚也。頌周頌載戢戢〕載戢干戈。載櫜弓矢。〔載既也。櫜弓矢。示不輕用干戈。我求懿德〕我求懿德。肆於時夏。〔肆陳也。時是也。夏大也。王常求美德也。肆陳也。時是也。故陳其功。於是夏而歌〕

國語

戰國策　十二卷　　　　　　　　　　　曼231

（漢）劉向輯，（明）陳仁錫、鍾惺評

明末刻本

　　5册1本

　　20.5×14.5。半葉九行，大小字不等，行大字十八字，小字雙行同，行約三十六字。左右雙邊，白口，單黑魚尾。魚尾上題"國策"，下記卷次、葉數。各卷前（卷一除外）有本卷目録。卷端題"戰國策卷之一　史官陳仁錫明卿竟陵鍾惺伯敬合評"。劉向序首葉下書口題"周明徵書"四字。

　　戰國策序，劉向序。

　　按，《四庫全書總目》"史部七·雜史類"收録，可參看。

　　《藏園訂補邵亭知見傳本書目·史部》未録此本，而《中國古籍善本書目·史部》則收録之，題作"明末刻本"，清華大學圖書館、首都師範大學圖書館等10館收藏。

戰國策卷之一

史官陳仁錫明卿竟陵鍾惺伯敬合評

西周 河南洛陽穀城平陰偃師鞏氏皆周
地周公營河南以爲都營洛陽爲下都
東周者、東都也、威烈王以後、西周者、豐鎬也、而
河南也、東周者、洛陽也、何以稱河南爲西
周自洛陽下都視王城也、則在西也、何以稱
洛陽爲東周、自河南王城也、則在東也、
城視下都則在東也、

安王 賊一條、亦烈王時事、
威烈王子、事紀嚴氏爲
嚴仲殺嚴氏爲
嚴氏爲賊韓相俠
而陽豎與焉。使也。
小道周周君
留之十四日載以乘車駟馬而遣之一車駕四
乘四馬也。

戰國策　三十三卷，
附重刻剡川姚氏本戰國策札記三卷　　曼Chinese 10

（漢）高誘注，（清）黃丕烈札記

清光緒二十七年（辛丑 1901）焕文書局石印本

5册（與《國語》合1函）

16.4×12。半葉十六行，大小字不等，行大字三十字，小字雙行同，行約五十字。四周單邊，白口，單黑魚尾。魚尾上題“國策”，下記卷次及葉數。卷端題“戰國策卷第一”“東周　高誘注”。裏封題“剡川姚氏本戰國策”，背面題“光緒辛丑七月　焕文書局石印”。外封書籤題“剡川姚氏本戰國策”。

清嘉慶八年（癸亥 1803）錢大昕序，顧廣圻序，重校戰國策叙序録，包括曾子固序、李文叔書戰國策後、王覺題戰國策、孫元忠書閣本戰國策後、孫元忠記劉原父語、宋紹興十六年（丙寅 1145）姚宏伯序後。《札記》收清嘉慶八年（癸亥 1803）黃丕烈重刻剡川姚氏本戰國策並札記序。

按，錢序云：“剡川姚氏本刻於紹興十六年，校勘精審，最爲藝林所珍。近雖重槧揚州，而於文句可疑者往往轉取鮑本羼入，殊爲不知蓋闕之義。黃君蕘圃乃取家藏宋槧本重鋟諸堅木，行款點畫壹仍其舊，其於烏焉亥豕審知譌踳者別爲《札記》，綴于卷末。”又，黃氏序云：“曩者顧千里爲予言：曾見宋槧剡川姚氏本《戰國策》，予心識之。厥後遂得諸鮑淥飲所，楮墨精好，蓋所謂梁溪高氏本也。千里爲予校盧氏雅雨堂刻本一過，取而細讀，始知盧本雖據陸敕先抄校姚氏本所刻而實失其真，徃徃反從鮑彪所改。及加字並抹除者，未知盧、陸誰爲之也……今年命公織悉影橅宋槧而重刊焉，並用家藏至正乙巳吳氏本互勘，爲之《札記》，凡三卷，詳列異同，推原盧本致誤之由，訂其失，兼存吳氏重校語之涉於字句者，亦下己意，以益姚氏之未備……吳氏校每云‘一本’，謂其所見浙建括蒼本也，今皆不可復得，故悉載之。宋槧更有所謂梁溪安氏本，今未見，見其影抄者，在千里之從兄抱冲家，其云經前輩勘對疑誤，采正傳補注標舉行間，惜乎不並存也。”據此，此本之底本爲清嘉慶間黃丕烈仿刻宋紹興十六年（壬子 1132）剡川姚氏刻本，亦即《士禮居叢書》所收之本也。此宋本，《藏園訂補郘亭知見傳本書目·史部》云其："卷首題'新雕重校戰國策目錄'，目後接劉向序。有黃丕烈跋四則，又鈕樹玉、夏文燾、袁廷檮、顧廣圻題詩。顧氏又跋。"今據《蕘圃藏書題識》卷二所收諸跋可知，黃氏得之鮑廷博（號淥飲），鮑氏得之桐鄉金得輿（號雲莊），金氏奪自毛榕坪，毛氏得自馮秋鶴（有鈐"馮氏秋鶴"印），馮氏輾轉得之吳郡張士俊澤存堂（有鈐"澤存堂藏書印"），此爲宋本之大致遞藏經過。黃氏書散，後相繼歸汪士鍾藝芸書舍、松江韓應陛讀有用書齋、潘宗周寶禮堂，今存國家圖書館，見《中國古籍善本書目·史部》。

此書之底本爲《士禮居叢書》之零種，《中國古籍善本書目·叢部》收錄之。

戰國策注　十卷　　　　　　　　　　　　曼216

（宋）鮑彪校注，（元）吳師道補正

清乾隆三十年（乙酉 1765）文盛堂重刻本

6册1本

19.5×14。半葉十行，大小字不等，行大字二十一字，小字雙行同，行四十字。四周單邊，白口，單黑魚尾。魚尾上題“戰國策”，下記卷次及葉數。卷端題“戰國策卷第一　縉雲鮑照　校注　東陽吳師道　重校”。裏封題“乾隆乙酉重刊”，背面題“東陽吳師道重校戰國策注　文盛堂藏板”。

明萬曆九年（辛巳 1581）張一鯤刻戰國策序、劉向戰國策序、曾鞏校戰國策序、鮑彪戰國策序，元泰定二年（乙丑 1325）吳師道戰國策校注序，元至正十五年（乙未 1355）陳祖仁戰國策校注序，宋紹興四年（甲寅 1134）耿延禧蒼刻本序、王廷相校戰國策序、王篆張陸二先生批評戰國策抄序。凡例八則。李文叔書戰國策後序，王覺題戰國策序，宋紹興十六年（丙寅 1146）姚宏題戰國策並至順四年吳師道識，宋紹興三十年（庚辰 1160）姚寬戰國策後序並吳師道識。

按，張氏序云：“頃與豫章郭相奎氏、莆陽林朝介氏、吉陽王元甫氏悉取諸家本，參考讐校，至十數過，標張陸二先生批評於上方，而篇中亦稍裁其冗複，具校例中。庶乎開卷明析，刻成書其端云爾。”據此，此本之底本爲明萬曆九年（辛巳 1581）張一鯤刻本，《中國古籍善本書目·史部》云中國人民大學圖書館、首都師範大學圖書館等21館收藏。

戰國策卷第一

縉雲鮑彪校注

東陽吳師道重校注

西周

漢志河南洛陽，周地也。正曰：河南洛陽，按大事記，平陰貞定王城，河南二十八年，皆考周。

郤郊所，武王封其弟揭於此。遷九鼎，遷都以為敬民，徙是為貞定王，河南是為貞定。

周公所營，王城故地，東周者，首東周都也，王城則在西東也。何以烈王東遷，都之後，所至平王，是為成周。

都王城，視王下都，則在西東也。何以河南都也，東視王城，視下都則在西東也。

豐鎬也，東都王城，視王下都，則在西東也。何以稱河洛陽為西東周，自洛者。

河南都也，視王城，視下都則在西東也。桓公卒，惠公子威復，自公自。

陽下都，視王城，都則在西東也。何以稱河洛陽為卒為西東周，自洛者以。

河南王城，都則在西東也。何以河南洛陽為卒為西子復，威公自洛。

立威公卒，子班於惠公立，考王十五年，河南沒。河南惠公卒，子威公復，自。

封其少子班，分治河南，奉惠公號東周，奉王者諡為惠東周，是時周。

東西周雖未分治之一，河南惠公號東周，奉王者諡為東周，是時周。

國策評林　十七卷　　　　　曼232

（清）張星徽評點

清初春暉堂刻本

9册1本

19.5×12.8。無界, 半葉九行, 行二十五字。四周雙邊, 白口, 單黑魚尾。魚尾上題 "天下要書", 下記卷次篇名及葉數, 下書口題 "塞翁亭"。行間夾小字批注。各卷前或有本卷目録。卷端題 "戰國策卷之一　溫陵張星徽北拱評點"。裏封黄紙題 "溫陵張北拱評點 國策評林 春暉堂藏板"。

清雍正五年（丁未 1727）張星徽序。附參校姓氏, 歷朝名公評論戰國策六家之説（劉向、劉勰、曾鞏、朱熹、吳師道、陳祖仁）, 張星徽厄言七則。

按, 此本卷端題名無法反映該書全貌, 今據裏封所題而定其正題名。

《厄言》第七則云: "是《戰國策》者, 童而嗜之, 評注有年, 凡幾經易稿, 以次就緒。節衣縮食, 竭蹶付梓。" 據此, 此書之首刻爲張氏之自刻本。今諸本下書口皆題 "塞翁亭", 大概即此自刻之本。今觀此本, 手寫上板, 極爲精美。華東師範大學圖書館藏有 "清雍正七年（己酉 1729）漁古山房刻本"。今將二本相校, 版式字體皆同, 惟後者裏封題 "溫陵張北拱書 國策評林 何德純記 漁古山房藏板", 二本應該皆爲塞翁亭刻本之翻刻。吉林大學圖書館藏本題作 "清雍正塞翁亭刻本", 不知是否爲初刻。

《藏園訂補郘亭知見傳本書目·史部》《中國古籍善本書目·史部》皆未録此本。

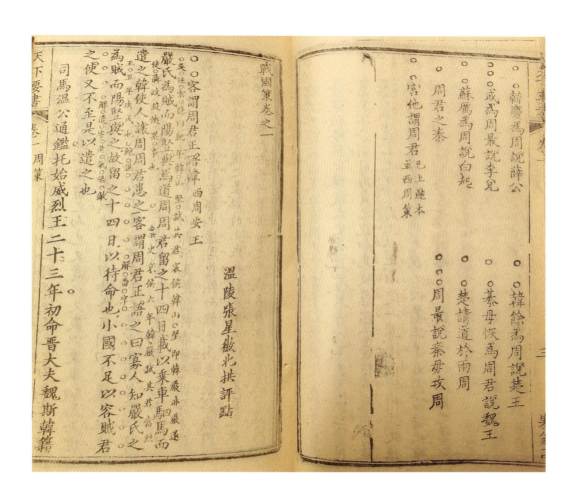

○韓慶為周說薛公

○韓餘為周說楚王

○○○或為周最說李兌

○韓珉為周君說魏王

○蘇厲為周說白起

○秦母懷為周君說魏王

○楚請道於兩周

○周君之秦

○○○周最說秦母攻周

○宮他謂周君 並西周策

已上皆西周策

戰國策卷之一

溫陵張星徽北拱評點

○客謂周君正語韓西周安王

嚴氏為賊而陽堅與之為道周君窗之十四日藏以乘車駟馬而
遣之韓使人讓周君惠之客謂周君正語之曰寡人知嚴氏之
為賊而陽堅與之故留之十四日以待命也小國不足以容賊君
之使又不至是以遣之也

天下要書 卷一 周策

司馬溫公通鑑托始威烈王二十三年初命晉大夫魏斯韓籍

重訂路史全本　三十七卷　　　　　　曼203

（宋）羅泌撰，（明）吳弘基等訂

明武林化玉齋刻本

24册3本

18.6×11.5。半葉八行，大小字不等，行大字二十字，小字雙行同，行四十字。左右雙邊，白口，無魚尾。上書口題“路史”，中記某紀卷次及葉數，目録題“重訂路史前紀目次”“宋廬陵羅泌著 明仁和吳弘基訂”。外封題“路史 某紀”。正文天頭處有墨筆評語和注音，偶有朱筆評注（如前紀附賦秋山覽史隨筆，後紀卷三第14葉等）。前紀目次下鈐“芙陂”白文方印。

此書分《前紀》九卷附賦秋山覽史隨筆十九條、吳弘基路史刻政四條及總目；《後紀》十四卷，附總目；《國名紀》八卷，《路史發揮》六卷，《餘論》十卷，每卷前皆有分目録而無總目。

《前紀》：卷端題“重訂路史全本”“廬陵羅泌輯 男苹注 雲間陳子龍閱 仁和吳弘基 西湖金堡 余 錢唐吳思穆 仁和童聖麒 仝訂”，諸卷卷端不一，如：卷二題“廬陵羅泌輯 男苹注 雲間陳子龍 西湖金堡 仝閱 仁和 吳弘基 會稽 王谷 武林 吳百朋 仝訂”，卷四題“廬陵羅泌輯 男苹注 雲間 陳子龍 閱 西湖 金堡余 仁和 吳弘基 長洲 周之標 仝訂”，卷十四題“廬陵羅泌

輯 男苹注 楚中 王臣縉 閲 西湖金堡 粂 仁和吴弘基 俞長民 仝訂”，裏封題“路史前紀全本 摹宋本計九卷 武林化玉齋鐫”。

《後紀》：卷端題“重訂路史全本 廬陵 羅泌輯 男苹注 雲間 吴培昌閲 西湖 金堡粂 仁和吴弘基 沈自駉 仝訂”，諸卷卷端或有異，如卷三題“重訂路史全本 廬陵 羅泌輯 男苹注 舜水邵秉節 西湖 金堡 仝閲 仁和 吴弘基 武林 嚴于鉽 仝訂”，裏封題“賦秋山彙評 路史後紀全本 摹宋本計十四卷 化玉齋鐫行”。

《國名紀》：卷端題“重訂路史全本 廬陵 羅泌輯 雲間 吴培昌閲 仁和吴弘基 舜水 余應旂 仝訂”“國名紀”，裏封題“賦秋山彙評 路史國名紀全本 摹宋本計八卷 武林化玉齋鐫”，外封題“路史 國名”。

《發揮》：卷端題“重訂路史全本 廬陵 羅泌輯 西湖 金堡 閲 仁和 吴弘基 郎斗金 仝訂”（卷二改題“仁和 吴弘基 周夢鰲 仝訂”），裏封題“賦秋山彙評 路史發揮全本 摹宋本計六卷 武林化玉齋鐫”。

《餘論》：闕裏封，卷端題“重訂路史全本 廬陵 羅泌輯 雲間 陳子龍閲 仁和 吴弘基 赤城陳巽之 仝訂”。

金堡序（下鈐“長宜”白文方印），宋淳熙三年（丙申 1176）費煇路史别序，宋乾道六年（庚寅 1170）羅泌路史序，羅泌路史後紀小序，羅泌路史國名紀小序，發揮末附路史絶筆，淳熙九年（壬寅 1182）魯大鼎路史發揮跋。

按，此本天頭處有墨筆評語和注音，評論

者如丘瑗山、鍾伯敬、陳卧子、楊升庵、譚友夏、陶石簣、黄石齊、真西山、顧瑞屏等，亦有編者按語及注音，偶有朱筆，如《前紀》首附的《賦秋山覽史隨筆》天頭處有"史由氏"之朱筆評語等。

按，《四庫全書總目》"史部六·別史類"收録，可參看。

《藏園訂補邵亭知見傳本書目·史部》《中國古籍善本書目·史部》收録此書，但未録此本。

重言路史全本

盧陵　羅泌　輯　　仁和、吳弘基

雲間　吳掞昌　閱　　舜水　余應旂　　仝訂

國名紀

風

太昊後風姓國

上世弍國於風而為姓○故帝之後有風后○

佐黃帝威　尤者○
光誅大風禹訪風后皆其稱云○

大風吞大○元和郡縣圖志云一源
地當汊水州寛陵縣城○本古風

夏大封熊○圖□□□卷之一

欽定蒙古源流　八卷　　　　曼449

清乾隆四十二年奉敕譯

清紅格紙抄本

4冊1函

19.2×13.7。紅格紙。半葉七行, 行十八字。四周雙邊, 白口, 無魚尾, 版心記卷次及葉數。卷端題 "欽定蒙古源流"。闕裏封。

末有自序。清乾隆五十五年（庚戌 1790）四庫提要。

按, 此書收入《影印文淵閣四庫全書》史部第410冊。原《文淵閣四庫全書》本半葉八行, 四周雙邊, 單魚尾, 此本則半葉七行, 四周雙邊, 綫魚尾, 二本不同。但此本字迹工整, 亦屬精抄。

《四庫全書總目》"史部七 • 雜史類" 收録, 可參看。

《藏園訂補邵亭知見傳本書目 • 史部》《中國古籍善本書目 • 史部》皆收録此書。

欽定蒙古源流卷一

額特納特珂克土伯特蒙古汗等源流

納摩沽嚕嘛 尼 雅 租 鍋 卡 阿 雅

頂禮三寶

三世諸佛

普度三界

三恩喇嘛

明季稗史彙編　二十七卷　　　　　曼Chinese 11

（清）佚名輯

清光緒十三年（丁亥 1887）上海圖書集成印書局鉛印本

6册1函

15.6×11.5。半葉十三行，行四十字。四周單邊，白口，雙對黑魚尾。上魚尾上題"明季稗史彙編"，下記卷次及書名，下魚尾下記葉數。卷端題"明季稗史彙編卷一"。裏封題"明季稗史彙編　共之沈錦垣署檢"，背面牌記題"光緒十三年秋九月上海圖書集成印書局印"。

文秉烈皇小識序。

按，此書爲明代史料彙編，共收録《烈皇小識》（卷一至八）、《聖安本紀》（卷九至十）、《行在陽秋》（卷十一至十二）、《嘉定屠城紀略》（卷十三）、《幸存録》（卷十五）、《續幸存録》（卷十六）、《求野録》（卷十七）、《也是録》（卷十八）、《江南見聞録》（卷十九）、《粤游見聞》（卷二十）、《賜姓始末》（卷二十一）、《兩廣紀略》（卷二十二）、《東明聞見録》（卷二十三）、《青燐屑》（卷二十四至二十五）、《吴耿尚孔四王全傳》（卷二十六）、《揚州十日記》（卷二十七）等十六種晚明野史資料。

此本首有清康熙十年（辛亥 1871）計六奇自序，其上書口上題"明季南略"，乃知其本爲《明季南略》一書之前所附之序，非此書之序也。

《藏園訂補邵亭知見傳本書目·史部》收録此書，題作"明季稗史彙編十六種二十七卷 題留雲居士輯"，版本則收録"清京都琉璃廠刊本"，今北京師範大學圖書館、華東師範大學圖書館、吉林大學圖書館、遼寧大學圖書館等多館藏有此本。半葉九行，行十九字，左右雙邊，白口，單黑魚尾，魚尾上記篇名，下記卷次及葉碼。卷端題篇名，裏封題"明季稗史彙編""都城琉璃廠留雲居士排字本"。諸館蓋見其裏封題"留雲居士"，故以爲亦是其所輯。但此書實無輯録者，故今題作"佚名輯"。

　　此本今遼寧大學圖書館等少數館收藏。上海圖書集成印書局除了在清光緒十三年（丁亥 1887）鉛印此本之後，又於清光緒二十二年（丙申 1896）重印過一次，今復旦大學圖書館等多藏有後者。

平寇志　十二卷　　　　　　　　　　　　　曼AC20

（清）彭孫貽撰

民國二十年（辛未 1931）國立北平圖書館據清初刻本鉛印

　　3册

　　17.2×9.8。半葉十一行，行三十五字。四周單邊，上下細黑口，單黑魚尾，魚尾下記書名、卷次及葉數。卷端題"平寇志卷之一 管葛山人編"，裏封題"平寇志十二卷 尹默"，下鈐"沈尹默印"白文方印，背面題"民國二十一年一月北平圖書館印行"，封底版權書票題"平寇志十二卷 清彭孫貽撰 二十年一月國立北平圖書館據清初刻本排印 每部三册實價三元"。

　　李確序。

　　有複本一：索書號爲"曼R73132"。

　　按，此爲《北京圖書館珍本叢書》之一，《讀書月刊》第二卷第六至八號連續三期末附《北平圖書館珍本叢書》子目及售價，即有此書。

　　《四庫全書總目》"史部十·雜史類存目三"收録，可參看。

平寇志卷之二

管 葛 山 人 輯

崇禎八年乙亥正月壬子朔秦賊盡入宛雒河南巡撫玄默飛章告急　張獻忠東走掠盧

鳳安慶　秦賊出關分爲三一自陝州上平陽入山西一自武關向襄陽入湖廣一自盧氏

東向分犯河南北河南北諸盜復分爲二一趨伊關汝水破滎陽氾水滎陽知縣楊守節棄

城走賊斬關入舉人張治載馬德茂率家丁巷戰殺賊三十餘人賊愈衆不能支爲所害氾

水知縣劉通與邑紳御史禹好善嬰城守內外殺傷相當暮日賊發檄子手穴城城陷屠

之東掠至鄭州知州趙世用與敎官呂涵炳邑紳魏尙賢設守賊知有備不敢犯遂逼朱仙

鎭分道犯商州陳州一自葉奔鄧城上蔡南圍汝寧守將陳邦治力却之一自懷慶東渡河

掠歸德睢汝陳郟等州縣　陝賊陷靈臺河南賊犯南陽別部復逸入漢中陷寧羌轉入靈

羣先是賊陷泰安知縣朱呈瓘被執敗縛之詣寧羌郭下令說降呈瓘大呼曰我泰安知縣

詔令奏議類

御製聖諭廣訓　不分卷　　　　　　　　　　　曼42

（清）康熙皇帝御製

清嘉慶二十年（乙亥 1815）禪山福友堂刻本

1册

16.8×11.8。半葉九行，行十九字。四周單邊，白口，單魚尾。魚尾上題“聖諭廣訓”，下記葉數。無卷端，首篇爲“敦孝弟以重人倫　第一條”，末篇小注“六百四十四字共一萬言”，裏封題“嘉慶乙亥年頒行　御製聖諭廣訓　禅山福友堂藏板”。

聖諭廣訓序。

按，卷端無總題名，今據裏封定正題名。

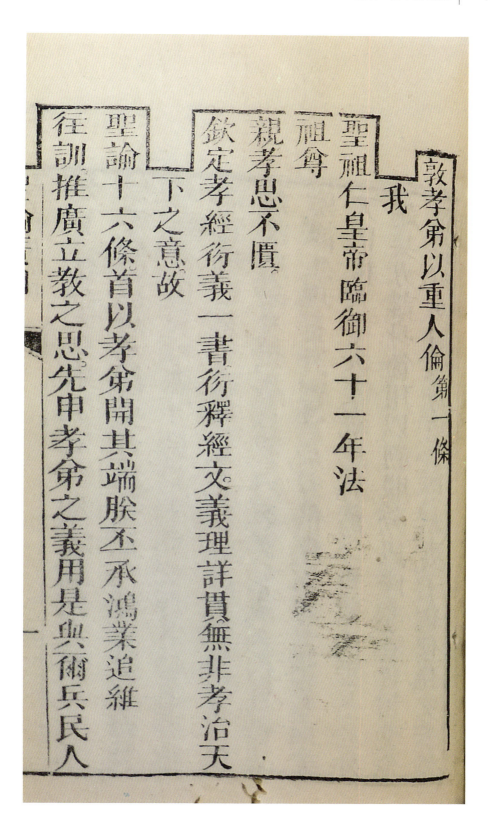

敦孝弟以重人倫第一條

我

聖祖仁皇帝臨御六十一年法

祖尊

親孝思不匱。

欽定孝經衍義一書衍釋經文義理詳貫無非孝治天下之意故

聖諭十六條首以孝弟開其端朕丕承鴻業追維

徃訓推廣立教之思先申孝弟之義用是與爾兵民人

滿漢訓旨十則　不分卷　　　　　　　　曼43

（清）查郎阿奉敕編

清中期敬修堂刻本

1册

18.6×12.6。無界，半葉十二行，滿漢文相間，漢文行十九字，滿文行字數不一。四周雙邊，白口，單黑魚尾。魚尾上記葉數，下題“敬修堂”，上書口題“滿漢訓旨十則”。無卷端題名及裏封。

清雍正五年（丁未 1727）八月敕纂訓旨序。

按，此書無卷端題名，今依上書口所題而定其正題名。從内容上看，此書凡十則，依次爲：當孝順父母、當愛敬兄長、當和睦鄉里、當教訓子弟、當盡力農務、當演習騎射、當崇尚省儉、當撙節飲酒、當戒止賭博、當戒止鬥毆，每則自爲起止。

訓旨序：“朕即以《訓旨》一書著長壽查郎阿編爲十則……今將《訓旨》一書刊刻刷印，宣諭各省駐防滿洲官兵大小官員等……”據此可知該書是查郎阿奉敕編。

“敬修堂”曾刻過很多滿漢合璧之書，如《滿漢合璧名賢集》一卷，北京大學圖書館藏；《滿漢合璧千字文》，北京大學圖書館藏等，版式字體均同，故大致推斷其爲雍乾嘉時期刻本，但可能不是雍正序中所説的版本。

《全國滿文圖書資料聯合目録》第77葉收録該書，題作“清雍正五年（1727）敬修堂刻本”，中央民族圖書館收藏。

為父母者　察其音聲

飢不能自食　寒不能自衣

人子乳幼時

豈不少念父母愛子之心乎

爾等雖孫兵丁　未習經史

當孝順父母

皇朝道咸同光奏議　六十四卷　　曼Chinese 28

（清）王延熙、王樹敏編

清光緒二十八年（壬寅 1902）上海久敬齋石印本

28册4函

16.4×11.9。無界，半葉二十行，行三十八字。四周雙邊，白口，單黑魚尾。魚尾上題"皇朝道咸同光奏議"，下記卷次、類別及葉數。卷端題"皇朝道咸同光奏議卷一""秀水王延熙翼亭王樹敏政聲編輯"。裏封題"皇朝道咸同光奏議　秀水王樹敏署檢"，背面牌記題"光緒壬寅秋上海久敬齋石印"。

清光緒二十八年（壬寅 1902）聶緝槼序，秦綬章序，王延熙序，王樹敏序。

治法類通論

綠核名實疏道光十四年

戶科給事中黃爵滋

秀水王鳳生寶山毛嶽生編輯

臣聞嘗罰出於是非非出於名實自古有治人無治法者非謂有人可無法也蓋有人然後有法開創之初固不振作由
振作而周詳永平既久漸即固循而廢弛馴至官府皆同傳舍語總屬虛文而吏治不可問矣人心不可知矣夫聖道法天
天心受民天有四時聖有四德氣感於虛事徵於實有名無實者天下之大患也故名實嘗罰公嘗罰
公則民志安民志安則天心順臣伏見我
朝
宗審皇帝訓諭百官時時以因循為戒故化澤之敷布益廣元氣之培植益深
聖相承二百年來典章法令至為詳備我
皇上以整頓之權託之大吏大吏以整頓之事皆之有司令之軍有日邪教可慮也會匪可憂也烖
黎可憫也歲荒可懼也兵多無用也海洋多奧測外之鮮愛民之官而內之鮮愛民之士以標準之無詩書之愚民自謂衣食安何知犯
易耳自古學校常經也而以絕令之會匪則尤宜水利農桑之本修水利以除水患則
烖黎復矣積貼地方之命廣積貼以備振施則荒歲裕矣兵能治兵則武有備矣海嚴防禁使緝姦者務
能去奸則吏無惠矣育材者　　皇上所與共治天下者也使奉職者均能盡職則人在政舉矣夫正則為正則為邪禍
福者民所趨避也正道之禍福乃熾無禮義之士以告誠之愚民自謂衣食安何知犯
福者民所趨避也正道之禍福乃熾無禮義之士以告誠之愚民自謂衣食安何知犯
法一人圖圖頹廢產業荒發耕作竟有蠹禁多年而不目知其為何罪者聖人以神道設教鄉民禮神拜佛事所常有虞不能
到之處抄洗一空其驚為慣情形固不待言而邪榰難犬亦受其累是則禮神拜佛之人又不若瞽教傳建者之可以安坐無事
也此何異驅之以入邪教乎臣以為此不在臨時之查察而在平日之化導而所謂化導之術則當分寄之士士者四民之首

勞末嘗稍息此京畿內外望澤孔殷　　皇上一念誠感甘澍立沛民氣遂蘇百穀用成雖堯舜之用心無以加此惟是天
下至大民生至眾　　皇上出理萬幾入懷
仁　　奧訓宵旰憂

載 記 類

華陽國志　十二卷，
補三州郡縣目録一卷　　　　曼Chinese 25

（晋）常璩撰

清嘉慶十九年（甲戌 1814）題襟館刻清光緒四年（戊寅 1878）二酉山房重刻本

4册1函

18.2×12.3。半葉十行，行二十字。四周雙邊，上下粗黑口，單黑魚尾，魚尾下記卷次及葉數。卷端題“華陽國志卷第一”。裏封正面牌記題“光緒戊寅仲秋月重刊於二酉山房”，背面題“嘉慶十九年歲在甲戌刊成　華陽國志 題襟館藏”。

北宋元豐四年（戊午 1078）吕大防序，南宋嘉泰四年（甲子 1204）李㙛序，清嘉慶十九年（甲戌 1814）廖寅序。

按，《四庫全書總目》“史部二十二·載記類”收録，其論版本源流云：“宋元豐中，吕大防嘗刻於成都，大防自爲之序。又有嘉泰甲子李㙛序，稱：吕刻刓闕，觀者莫曉，所謂嘗博訪善本以證其誤，而莫之或得。因摭《兩漢史》、陳壽《蜀書》、益部《耆舊傳》互相參訂，以決所疑。凡一事而前後失序、本末舛迕者，則考正之；一意而詞旨重複、句讀錯雜者，則刊而去之。又第九卷末有㙛《附記》，稱《李勢志》傳寫脱漏，續成以補其闕，則是書又於殘闕之餘，李㙛爲之補綴竄易，非盡璩之舊矣。㙛刻本世亦不傳，今所傳者惟影寫本。又有何鏜《漢魏叢書》，吴琯《古今逸史》及明何宇度所刊三本。何、吴二家之本多張佳允所補《江原常氏士女志》一卷，而佚去《蜀中士女》以下至《犍爲士女》共二卷。蓋㙛本第十卷分上、中、下，鏜等僅刻其下卷也。又惟《後賢志》中二十人有讚，其餘並闕。㙛本則蜀郡、廣漢、犍爲、漢中、梓潼女士一百九十四人各有讚，宇度本亦同。蓋明人刻書，好以意爲刊削。新本既行，舊本漸泯，原書遂不可觀。宇度之本，從㙛本録出。此二卷偶存，亦天幸也。惟㙛本以《序志》置於末，而宇度本升於簡端。考㙛序稱：‘首述巴中、南中之風土，次列公孫述、劉二牧、蜀二主之興廢，及晋太康之混一，以迄於特雄壽勢之僭竊。以西漢以來先後賢人、梁益寧三州士女《總讚》、《序志》終焉’。則《序志》本在後。宇度不知古例，始誤移之。又《總讚》相續成文，㙛序亦與《序志》並稱，宜別爲一篇，而㙛本亦割冠各傳之首，殊不可解。殆如毛公之移《詩序》，李鼎祚之分《序卦傳》乎？今姑從㙛本録之，而附著其改竄之非如右。其張佳允所續常氏士女十九人，亦併從何鏜、吴琯二本録入，以補璩之遺焉。”據此可知，此書在宋代大致有兩刻，一爲北宋元豐四年

（戊午 1078）呂大防成都刻本，一爲南宋嘉泰四年（甲子 1204）李塈補刻本。明代有三種刻本，即何鏜（當爲何允中，《提要》有誤）《漢魏叢書》本、明萬曆吳琯刻《古今逸史》本、明何宇度刻本。據《中國古籍善本書目·史部·雜史類》所録，除上述三種刻本外，明代尚有嘉靖四十三年（甲子 1564）楊經刻本和天啓六年（丙寅 1626）李一公等多種刻本。其詳細版本流傳情況，可參看任乃强《華陽國志校補圖注》（上海古籍出版社，1987年版）一書。

　　《藏園訂補郘亭知見傳本書目·史部》收録，《中國古籍善本書目·史部》著録了此本的兩個名家批校本。

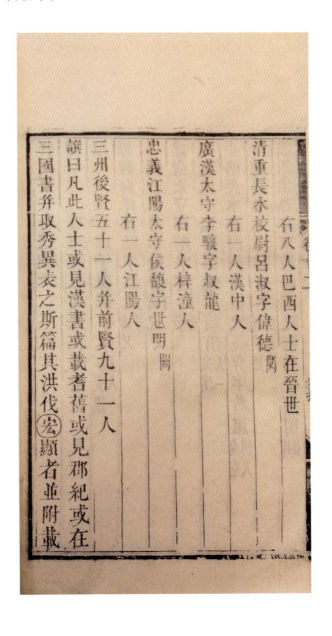

十六國春秋　一百卷　　　　　　曼207

（北魏）崔鴻撰，（清）汪日桂重訂

清乾隆四十六年（辛丑 1781）欣託山房重刻本

18册4本

20.7×14.7。半葉九行，行十八字。左右雙邊，白口，單黑魚尾。魚尾上題“十六國春秋”，下記卷次、葉數。裏封褐色紙張題“汪氏正本十六國春秋 欣託山房重刊”。

附崔鴻本傳一篇，十六國春秋總目。每國之前皆附本國目録。

清乾隆四十六年（辛丑 1781）汪日桂重刊十六國春秋序。

按，《四庫全書總目》“史部二十二·載記類”收録，可參看。

《藏園訂補郘亭知見傳本書目·史部》《中國古籍善本書目·史部》皆收録此書，但未録此本。

前趙錄一

魏 散騎常侍 崔 鴻 撰

春秋卷第一

劉淵

劉淵字元海新興匈奴中人先夏后氏之苗裔
曰淳維世居北狄千有餘歲至冒頓襲破東胡
西走月氏降服丁零內侵燕代控弦之士四十
餘萬漢祖患之使劉敬奉公主以妻冒頓約爲
兄弟故子孫遂冒母姓爲劉氏建武初烏珠留
若鞮單于子右奧鞮日逐王比自立爲南單于

十國春秋　一百一十六卷　　　　曼Chinese 43

（清）吳仕臣撰，（清）周昂校刊

清乾隆五十八年（癸丑 1793）周昂此宜閣重刻本

12册3函

20.5×13.2。半葉十行，行二十一字。左右雙邊，白口，單黑魚尾。魚尾上記書名，下記卷次、篇目及葉數。卷端（吳一）題“十國春秋卷第一”“仁和吳仕臣志伊氏譔　鄞城牛奐潛子氏閱　昭文周昂少霞重校刊”；諸篇卷端閱者或有異，如卷十五“南唐一”下題“真定梁允植冶湄氏閱”，卷三十“南唐十六”下題“崑山徐焵章仲氏閱”，卷三十五“前蜀一”下題“吳江潘耒次耕氏閱”，卷四十八“後蜀一”下題“門人姚廷益贊師氏閱”，卷五十八“南漢一”下題“嘉善柯維楨翰周氏閱”，卷六十七“楚一”下題“弟農祥慶百氏閱”，卷七十五“楚九”下題“錢塘關仙渠查度氏閱”，卷九十“閩一”下題“杭州沈佳昭嗣氏閱”，卷九十三“閩四”下題“錢塘顧之璿在衡氏閱”，卷一百“荊南一”下題“錢塘諸匡鼎虎男氏閱”，卷一百四“北漢一”下題“門人周霖雨三氏閱”，卷一百九“十國紀元表”下題“秀水宋瑾豫菴氏閱”。《拾遺》下題“十國春秋拾遺卷一百十五 海虞周昂少霞氏輯”。裏封題“乾隆癸丑年鐫 昭文周少霞校刊 十六國春秋 此宜閣藏板”，首册墨筆外封題“十六國春秋一 徐氏勑書堂”，餘諸册皆題“十六國春秋幾”。此書有諸多鈐印，依次爲：序下鈐“聖秋經眼”白文方印、“黄氏立生”朱文方印，目録下鈐“衡”亞形朱印、“北☒”白文方印，卷一、卷七下鈐“徐聖秋讀書記”白文方印，卷十九、卷三十、卷三十九、卷四十九、卷六十、卷七十五、卷八十三、卷九十三、卷一百十五下鈐“徐聖秋讀書記”白文方印、“黄氏立生”朱文方印。

清康熙十一年（壬子 1672）魏禧十國春秋序，康熙十六年（丁巳 1677）吴農祥題辭，康熙八年（己酉 1669）吴仕臣序，乾隆五十三年（戊申 1788）周昂跋，周昂十國春秋拾遺備考序，清嘉慶四年（己未 1799）周昂跋。

按，周昂跋云：“吴氏《十國春秋》……余最心愛之。漁獵時，輒丹黄其佳處，惜外間印本甚少，嘗欲重鋟以廣流傳，鹿鹿一生恨未果也，疾亟以剞劂之役囑家人。”據此，此本之刊刻時間爲清乾隆五十三年（戊申 1788）。又據吴農祥題辭所云，可知此書首刊於清康熙十六年（丁巳 1677）。

此書一百一十六卷，包括：吴十四卷：卷一至卷十四；南唐二十卷：卷十五至三十四；前蜀十三卷：卷三十五至四十七；後蜀十卷：卷四十八至五十七，南漢九卷：卷五十八至六十六；楚十卷：卷六十七至七十六；吴越十三卷：卷七十七至八十九；閩十卷：卷九十至九十九；荆南四卷：卷一百至一百零三；北漢五卷：卷一百零四至一百零八；表六卷：卷一百零九至一百十四；拾遺一卷：卷一百十五；備考一卷：卷一百十六。

　　此書有多方鈐印，爲徐衡藏書印。衡，字聖秋，徐乃昌之子。此本蓋即積學樓舊藏。

　　《四庫全書總目》“史部二十二·載記類”收録，可參看。

　　《藏園訂補郘亭知見傳本書目·史部》《書目問答補正》收録。《中國古籍善本書目·史部》收録“清康熙彙賢齋刻本，清段又襄批點”，乃天津圖書館所藏。

虞周 昂少霞氏輯

吳

吳太祖性儉約曁卒遺令毅葛為衣桐无為棺夜葬山

谷人不知所在

吳太祖入廣陵張守一為諸將合大還丹本就時發運

使院胥伍颯發運使康知柔臧罪二十餘事颯及知柔

俱繫於獄守一為知柔請於太祖曰願入財以贖罪太

祖以三人罪狀皆不可原殺之

吳太祖時孫儒攻宣州有黑雲如山漸下墜儒營上狀

地 理 類

大唐西域記　十二卷

曼Chinese 48

（唐）玄奘譯，辯機撰，佚名朱筆校

日本后光明天皇承應二年（癸巳 1653）秋田屋平左衛門刻本

6册1函

22.3×16.6。無界，半葉十行，行二十字。四周單邊，白口，無魚尾，版心題“西域記幾”及葉數。卷端題“大唐西域記卷第一”“三藏法師 玄奘奉 詔譯”“大揔持寺沙門 辯機 撰”，序下題“大唐西域記序 轉”“尚書左僕射燕國公製”。末卷牌記題“兼應二曆 癸巳 仲春 日 京極通圓福寺前町 秋田屋平左衛門行板”。外封書籤題“大唐西域記 （卷）幾”（第1、6册外封書籤缺，第4册則有殘）。卷一、卷七末題“福州等覺禪院主持傳法沙門普明牧郎經板頭錢 恭爲 今上皇帝祝延 聖壽闔郡官僚同資禄位 雕造 大藏經印板計五百餘函 特崇寧二年 十月日謹題”。此書諸字旁有假名，各卷皆有分目録，且卷末附本卷音義。各卷行間或天頭處有朱筆批校。

大唐西域記序。

按，此本卷十一有抄配一葉。

據卷一、卷七末識語可知，此刻本之底本即崇寧藏之千字文“轉”“疑”兩個編號。

此本用日本紙刊刻，手寫上板，墨色如漆，確爲精刻，惜校勘不精，觀朱筆所校便知。

《四庫全書總目》“史部二十七·地理類四”收録，可參看。

《書目問答補正》《藏園訂補郘亭知見傳本書目·史部》《中國古籍善本書目·史部》收録此書，但未録此本。

絕纓殊風土著之宜人備之序正朔所暨聲教所覃

著大唐西域記勒成一十二卷編錄典奧綜藪明審

立言不朽其在茲焉

大唐西域記卷第一

三藏法師　玄奘奉　詔譯

大惣持寺沙門　辯機　撰

三十四國

阿耆尼國　屈支國

跋禄迦國　赤建國

赭時國　㤄捍國

大唐西域記　十二卷　　　　　　　　　曼311

（唐）玄奘述，辯機撰

清康熙三十九年（庚辰 1700）包顯貴重刻本

3册1函

22.8×15.5。半葉十行，行二十字。四周雙邊，下粗黑口，無魚尾。上書口題"支那僎述"，版心中部題"大唐西域記卷幾"及記葉數。卷端題"大唐西域記卷第一 三藏法師玄奘奉詔譯 大總持寺沙門辯機僎"。無裹封，末襯葉蓮花型牌記題"大清康熙三十九年仲秋吉旦奉 佛信女誥封一品夫人包門趙氏暨男特進光禄大夫世襲精奇尼哈番官佐領事 包顯貴及妻趙氏同發心印造"。卷十末附題"嘉興府楞嚴寺經坊餘貲刻此大唐西域記以上十卷計字八萬七千七百四十該銀四十三兩八錢七分 乙酉年季冬月般若堂識"。卷十二末題"嘉興府楞嚴寺經坊餘貲刻此大唐西域記十一十二卷計字二萬四百八十該銀十兩二錢四分 丙戌年季春月般若堂識"（據此知其底本爲嘉興藏）。外封書籤題"支那撰述 大唐西域記一之四/五之八/九之十二全 執上/中/下"。函套書籤題"大唐西域記"。

首張説序。

按，《藏園訂補邵亭知見傳本書目·史部》《中國古籍善本書目·史部》收録此書，但未録此本。

七月絕筆殺青文成油素塵顒聖鑒詎稱天規然則

冒遠窮遐定賞朝化懷奇纂異誠賴皇靈逐日八荒

匪專夸父之力鑿空千里徒聞博望之功鷟山從于

中州鹿苑掩于外囿想千載如目擊覽萬里若躬遊

复古之所不聞前載之所未記至德嘉覆殊俗來王

淳風逞扇幽荒無外庶斯地志補闕山經頒左史之

書事備職方之遍舉。

大唐西域記卷第十二 終

嘉興府楞嚴寺經坊餘貨刻此 大唐西域記

十二卷 計字二万四百八十 該銀十

兩二錢四分

丙戌年 季春月般若堂識

元豐九域志　十卷 曼256

（宋）王存等撰

清乾隆四十二年（丁酉 1777）福建翻刻本

6冊1函

18.8×12.5。半葉九行，行二十一字。四周雙邊，白口，單黑魚尾。魚尾上題"元豐九域志"，下記卷次及葉數。卷端題"元豐九域志卷一 宋王存等撰"。前"提要"首行下題"武英殿聚珍版"，下鈐"皖江丁氏藏書"朱文方印。第四、五、六冊外封貼"四庫全書"標籤。

首四庫提要，王存序。

按，此本書前《提要》下題"武英殿聚珍版"，可知其爲《武英殿聚珍版叢書》之零種。但是該叢書除了武英殿活字刊印外，清乾隆四十二年（丁酉 1777）之後又被頒發至東南五省（浙江、江西、江蘇、福建、廣東），先後進行過翻刻，是爲"外聚珍"。此書作爲該叢書之一種，若要斷定其到底屬於哪個版本，尚需進行一番考辨。今檢《中國叢書綜録》（上海古籍出版社，1982年，第129葉）著録的《武英殿聚珍版書》，有殿本、福建本、廣東本三個版本。楊之峰《〈武英殿聚珍版叢書〉零種的鑒定》（《圖書館學刊》，2009年第1期）一文云："福建、江西、廣東本在目録或提要首葉首行下端刻'武英殿聚珍版'，少數刻'武英殿聚珍板'，與殿本相同……既刻'武英殿聚珍版'，又無校對者的，只有廣東本。"今檢此本，卷一末題"臣王坦修恭校"，卷二末題"臣徐立綱恭校"等，可證此本非廣東本。又，"福建本是影刻本，字有大小，行列不齊，與殿本惟妙惟肖，但刻鋒畢露。"今檢此本，雖外封、紙張考究，但字迹不清，時有不齊，故應非殿本，當爲福建翻刻本。據馬月華《論福建本"外聚珍"》（《中國典籍與文化》，2010年第2期）一文介紹，福建本始刊於乾隆四十二年（丁酉 1777），共123種，之後又分別於道光、同治、光緒間先後重印過四次，《中國叢書綜録》所録福建本即第五次印本。今檢此本，"寧"字不缺筆，似非道光間所印，故暫時定爲乾隆所刻。

又，《四庫全書總目》"史部二十四·地理類一"收録。云其所據版本："其書最爲當世所重。民間又有別本刊行，内多'古迹'一門，故晁公武《讀書後志》有新舊《九域志》之目。此爲明毛晉影抄宋刻，乃元豐間經進原本，後藏徐乾學傳是樓中，字畫清朗，譌闕亦少，惟佚其第十卷，今以蘇州朱焕家抄本補之，仍首尾完具。案，張淏《雲谷雜記》稱南渡後，閩中刊書不精，如睦州，宣和中始改嚴州，而《新刊九域志》直改爲嚴州。今檢此本内，睦州之名尚未竄改，則其出於北宋刻本可知。近時馮集梧校刊此書，每卷末具列考證，其所據亦此本也。"

又，《書目問答補正》收録。《藏園訂補邵亭知見傳本書目·史部》《中國古籍善本書目·史部》收録此書，但未録此本。

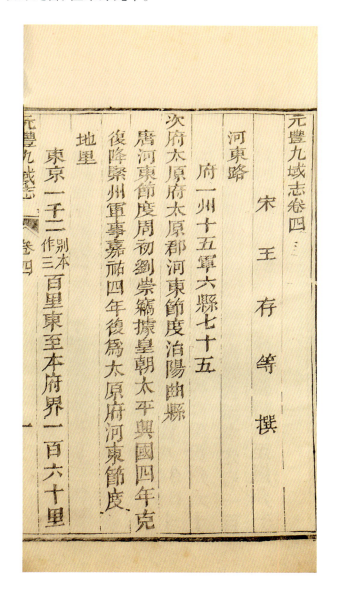

長安志　二十卷，
附長安志圖三卷　　　　　　　　曼260

（宋）宋敏求撰

清乾隆四十九年（甲辰 1784）畢沅靈巖山館刻本

　　1册4本

　　19.5×15。半葉十一行，大小字不等，行大字二十二字，小字雙行同，行約四十四字。四周單邊，上下粗黑口，雙對黑魚尾。上魚尾下題“長安志卷第幾”，下魚尾上記葉數。卷端題“長安志卷第一　龍圖閣直學士右諫議大夫修國史特贈尚書禮部侍郎常山侯宋敏求撰　兵部侍郎兼都察院右副都御史巡撫陝西西安等處地方贊理軍務兼理糧餉　欽賜一品頂帶畢沅新校正”。書首長安志圖卷端題“河濱漁者編類圖説　前進士頻陽張敏同校正　兵部侍郎兼都察院右副都御史巡撫陝西西安等處地方贊理軍務兼理糧餉　欽賜一品頂帶畢沅新校正”。裹封題“乾隆甲辰校刊　長安圖志　靈巖山館藏板”。

　　清乾隆五十二年（丁未 1787）王鳴盛序，北宋熙寧九年（丙戌 1076）趙彦若序。

　　按，《四庫全書總目》“史部二十六·地理類三”收録，可參看。

　　《藏園訂補邵亭知見傳本書目·史部》收録，《中國古籍善本書目·史部》收録此書，但未録此本。

長安志圖卷上

河濱漁者編類圖說

兵部尚書兼都察院右副都御史巡撫陝西安等處地方贊理軍務兼理糧餉 欽賜一品頂戴畢沅新校正

前進士頻陽張敏同校正

太平寰宇記　二百卷，目錄二卷（上下），附太平寰宇記補闕不分卷　曼281

（宋）樂史撰，（清）樂之箎、樂蕤賓校

清乾隆五十八年（癸丑 1793）年化龍池重刻本

47册6本

16.8×12.8。半葉十行，行大字二十字，小字雙行同，行四十字。左右雙邊，白口，單黑魚尾。魚尾上記書名，下記卷次及葉數。裏封題"乾隆癸丑重梓 崇仁樂子正公著 太平寰宇記 詩集嗣出 化龍池藏版"，卷端題"太平寰宇記卷之一""宋兵部侍郎崇仁樂史撰 裔孫之箎宜仲、蕤賓律陽校刊"。

所附《太平寰宇記補闕》，清陳蘭森撰：17.6×11.1。半葉十行，行大字二十二字，小字雙行同，行四十四字。四周雙邊，上下粗黑口，雙順魚尾。上魚尾上題"某道"，下記書名及某地，下魚尾下記葉數。外封書籤、裏封及卷端皆題"太平寰宇記補闕"。該篇共補樂氏書之卷四、卷一百一十三至一百一十九凡八卷的内容。

樂史太平寰宇記表，末清乾隆五十八年樂邑（字斯盛）跋；《太平寰宇記補闕》首乾隆五十八年徐午序，末陳蘭森自識。

按，據樂邑跋云："乾隆壬戌秋，先伯邑庠諱淑奮志捐貲剞劂，將半，以力孤未果。今族叔郡庠之箎與吾長男邑庠蕤賓，戮力同心，相助爲理，閱兩歲月告厥成功，庶可公諸同好矣。"據此可知，此書先由樂淑於乾隆七年（壬戌 1742）刊刻，但未果，後由樂之箎、樂蕤賓兩人共同校理刊刻而成此本，惜不知其底本。末附《補缺》，版式與之大異，字體却與之相同，不知後人所附，還是當時即如此。

據卷端及樂邑跋可知，樂之箎字宜仲，郡之庠生；樂蕤賓字律陽，樂邑之子，邑之庠生。

《四庫全書總目》"史部二十四·地理類"收錄，可參考。

《藏園訂補郘亭知見傳本書目·史部》有錄，《中國古籍善本書目·史部》收錄此書，但未錄此本。

太平寰宇記卷之二十九

關中道五

華州

華州理華陰郡 今禹貢雍州之域今州境兼有豫州之
域周禮職方氏云豫州其山鎮曰華山地理志華
山古以爲敦物在華陰縣南周時爲畿内之國鄭
桓公友所封采邑一名咸林故國語曰鄭桓公爲
周司徒采地咸林也春秋時爲秦晉地左傳曰晉
侯許奉秦伯以河外列城五南及華山拔華山記
云此山分秦晉之地鄙晉之西則曰陰晉邊秦之

諸蕃志　二卷　　　　　　　　曼Chinese 36

（宋）趙汝适撰

日本大正三年（甲寅 1914）日本東京民友社鉛印本

　　　1册1函

　　　18.8×14。半葉十行，行二十字。四周雙邊，白口，單黑魚尾。魚尾上題“諸蕃志”，下記卷次及葉數。卷端題“諸蕃志卷上 宋趙汝适撰 綿州李調元雨村校”。裏封題“諸蕃志”，外封背面題“大正三年五月一日日本東京民友社刊行”。

　　　李調元序，宋寶慶元年（乙酉 1225）趙汝适序，末附大正三年（甲寅 1914）W.W.Rockhill 刊後語。

諸蕃志卷上

宋　趙汝适　撰　綿州　李調元〔雨村〕　校

志國

交趾國

交趾古交州東南薄海接占城西通白衣蠻北抵欽
州歷代置守不絕賦入至薄守禦甚勞皇朝重武愛
人不欲宿兵瘴癘之區以守無用之土因其獻欵從
而羈縻之王係唐姓服色飲食略與中國同但男女
皆跣足差異耳每歲正月四日椎牛饗其屬以七月
十五日爲大節家相問遺官寮以生口獻其酋十六

籌海圖編　十三卷　　　　　　　　　　　曼79

（明）鄭若曾編，（明）胡維極校

明天啓四年（甲子 1624）胡維極刻本

10册1本

19.6×14.7。半葉十二行，大小字不等，行大字二十一字，小字雙行同，行四十二字。四周單邊，白口，單白魚尾，魚尾下記書名、卷次及葉數。卷端題“籌海圖編卷之一”“明少保新安胡宗憲輯議 曾孫庠生胡維極重校”“孫舉人胡燈 舉人胡鳴岡 階慶全删”，裏封題“新安少保胡宗憲編輯 茅鹿門先生鑒定 籌海圖編 本衙藏板”。

明嘉靖四十一年（壬戌 1562）茅坤刻籌海圖編序，天啓四年（甲子 1624）思伸序。

有複本一：索書號爲“曼422”。

按，思序云：“少保公曾孫維極以是編原板毀於隣焰，不忍泯先澤，獨捐金重梓。”據此，此本則胡氏所刊。

據李致忠先生《肩樸集》（北京圖書館出版社，1998年，第143葉）之《〈籌海圖編〉的作者與版本》一文研究，此書編輯者非胡宗憲，乃鄭若曾。此書在明代凡四刻，胡維極所刻乃第四刻，爲最通行之本，亦最爲失真，現知全國64個單位收藏。

《四庫全書總目》“史部二十五·地理類二”收録，可參看。

《藏園訂補邵亭知見傳本書目·史部》《中國古籍善本書目·史部》皆有録。

籌海圖編卷之一

明少保新安胡宗憲輯議　曾孫庠生胡維極重校

孫庠人胡燧———庠人胡鳴剛

玄孫胡階慶全刪

輿地全圖

廣東沿海山沙圖

福建沿海山沙圖

浙江沿海山沙圖

直隸沿海山沙圖

山東沿海山沙圖

遼陽沿海山沙圖

修攘通考　六卷　　　　　　　　曼330

（明）何鏜編

明萬曆七年（己卯 1579）沈維龍刻本

12册

20.5×14.3。半葉十行，大小字不等，行大字二十二字，小字雙行同，行四十四字。四周單邊，白口，單黑魚尾。魚尾上記書名，下記卷次及葉數，下書口記刻工名。

此書分四部分，子目如下：

1.歷代輿圖上下兩卷（卷一、卷二），（宋）蘇軾撰；

2.皇明輿圖一卷（卷三），凡例七條，（明）桂萼撰；

3.九邊圖論一卷（卷四），（明）許論撰；

4.廣輿圖記上下兩卷（卷五、卷六），（明）羅洪先撰。

其中，《歷代輿圖》目録題“修攘通考卷之一”，無卷端。《皇明輿圖》首題“脩攘通考卷之三”，次行題“大明一統輿圖奏稿”，卷末題“少保兼太子太傅吏部尚書武英殿大學士臣桂萼撰”“一統輿圖終”。《九邊圖論》序前題“脩攘通考卷之四”，卷端無題名，末題“九編論終”。《廣輿圖紀》序前題“脩攘通考卷之五”，目録題“皇明廣輿圖紀目録”，無卷端，末題“廣輿圖紀卷之上終”。無裹封。何鏜序下鈐“潢川吳氏藏圖書”朱文方印。

明萬曆六年（戊寅 1578）何鏜修攘通考序，宋孝宗淳熙十二年（乙巳 1185）趙亮夫修攘通考序（上書口題“歷代輿圖”，下書口題“余仕刊”），蘇軾歷代輿圖序。《皇明輿圖》首明嘉靖八年（己丑 1529）桂萼進奏及聖旨，《九邊圖論》首嘉靖十七年（戊戌 1538）謝少南刻九邊圖論序，許論奏稿，嘉靖十六年（丁酉 1537）張瓚題稿，九邊圖論叙，末附嘉靖十七年（戊戌 1538）馬從謙刻九邊圖論後序、宋宜刻九邊圖論跋、劉希簡刻九邊圖論跋。《廣輿圖記》首羅洪先廣輿圖記序，末附末萬曆七年（己卯 1579）沈維龍跋。

按，《廣輿圖記》末萬曆七年（己卯 1579）沈維龍跋云：“圖有四，分爲六：曰歷代上下，曰皇明輿圖，曰九邊圖論，曰廣輿上下，刻於海內諸君子，彙於栝蒼何先生，總以脩攘通考名篇，先憂之志也。”又，何鏜序云：“余從大梁人士得蘇氏書，遠觀數千載安危之故，遂以桂公所上《輿圖》合梓之……有羅公《廣輿圖》在焉，侯曰：統一四撰，是謂大備，合梓之何如？余曰：唯唯……廼題其端曰‘脩攘通考’，以命梓人。”據此兩序跋，可知該書爲何氏所編、沈氏所刊。

趙亮夫序云：“東坡先生嘗取地理代別爲圖，目之曰‘指掌’。上下數千百載離合分併，增省廢置，彌不該備……余假守桐汭觀書籍中，舊有此圖，字畫漫，不可考，廼加校勘命工鋟木。”據此知《歷代輿圖》首刻在宋孝宗淳熙十二年（乙巳 1185）。

此書之諸册刻工甚多，且有些爲俗字，今照實錄之，依次爲：刘智（刘）、葉以倫（葉倫、倫）、余仕（余、仕）、余林、張汝德（汝、汝德）、蔡昴（蔡、昴）、張友生（生、友）、丁鴻儒（丁、儒、丁二）、張汝羙（汝羙）、范成恩（范、范成、范三、三）、文八（文）、七十字高（高）、陳等。

此本《廣輿圖記》中“漕河”一篇，目錄題作河運圖紀二十、海運圖紀二十一，而正文則首題“古今治河要略”。另外，其目錄無“大同外三關邊圖”和“莊寧凉永邊圖”兩圖，而正文有之。可能刊刻時便有誤。

此書諸册皆或多或少有襯紙，爲《御製文二集》殘葉。

《四庫全書總目》“史部三十一·地理類存目四”收錄。云：“此編以偽蘇軾《地理指掌圖》與桂萼《明輿地圖》、許論《九邊圖》三書合而刊之，別立此名，更無一字之論著。恐鏜之陋，未必至是，或坊賈所託歟？”按，此處云此編由三書合編而成，且有四卷，故可推知四庫館臣所見之本僅有此三書，而未及見《廣輿圖記》上下兩卷（卷五、卷六）。又其云“或坊賈所託歟”，今從此本可知，其大概並未見到明萬曆七年（己卯 1579）沈維龍跋，不然用不著使用“或”這樣的推斷之詞了。

此書收入《北京圖書館古籍珍本叢刊》第23册。

《中國古籍善本書目·史部》收録“明萬曆六年自刻本”和“明抄本”兩個本子，前者蓋即此本，爲國家圖書館、北京大學圖書館、北京師範大學圖書館和中國社會科學院歷史研究所4館所藏。其大概是根據明萬曆六年（戊寅 1578）何氏序而題版本的，所以應該也没注意到沈維龍跋。

俯攘通考卷之一

司馬遷南遊江淮上會稽探禹穴窺九疑浮沅湘北涉

汶泗講業齊魯觀遺風鄒嶧阨戹困蕃薛彭城過梁楚以

歸始作史記蓋其筆力全在名山大川間也八書上極

天官獨於地理闕焉至今使人恨東坡先生嘗取地理

代別為圖目之曰指掌上下數千百載離合分併增省

廢置靡不詼備此編胷中元自有名山六川是以直寄

筆墨如此易也余假守桐汭觀書籍中舊有此圖字畫

漫不可考迺加校勘命工鋟木續有陞改亦併足之輒

有意於好子雲者因紀歲月云

增訂南詔野史　二卷　　　　　曼Chinese 17

（明）楊慎編，（清）胡蔚訂

清光緒六年（庚辰 1880）雲南書局刻本

2册1函

19.5×15。半葉九行，大小字不等，行大字二十二字，小字雙行同，行約四十字。四周雙邊，白口，單黑魚尾。魚尾上題"南詔野史"，下記卷次及葉數。卷端題"增訂南詔野史上/下卷""明四川新都楊慎升菴編輯 大清湖南武陵胡蔚羨門訂正"。裏封題"南詔野史"，背面牌記"光緒庚辰春雲南書局刊"。外封題"南詔野史 雲南大理志"。

清嘉靖二十九年（庚戌 1550）楊慎南詔野史原序，乾隆四十年（乙未 1775）胡蔚南詔野史原序。

增訂南詔野史上卷

明四川新都楊　慎升菴編輯

大清湖南武陵胡　蔚羨門訂正

南詔之稱

蠻夷稱王曰詔先時滇有六詔各據其地六詔中蒙舍詔最強後併吞五詔故獨稱南詔

六詔考 六詔之地東西四千里南北三千九百里

蒙舍詔　蒙細奴邏立國在蒙舍川地在永昌姚州之間後奴邏曾孫皮邏閤併吞五詔獨稱南詔今滇望欠蒙化廳是

邆賧詔　大理府鄧川州是

施浪詔立國居

蒙舍詔處五詔之南後奴邏豐咩立國居鄧川今施望欠

稱南詔今

欽定滿洲源流考　二十卷　　　　曼253

（清）阿桂、于敏中等奉敕纂

清乾隆四十二年（丁酉 1777）武英殿刻本（後印）

　　8册1函

　　18.9×13.2。半葉九行，行二十一字。四周雙邊，白口，單黑魚尾。魚尾上記書名，下記卷次、篇名及葉數。卷端題“欽定滿洲源流考卷一”，闕裏封。

　　清乾隆四十二年（丁酉 1777）上諭，阿桂、于敏中、和珅等奏摺。

　　按，此本函册、紙質皆不佳，且字迹不清，當爲後印之本。

　　《四庫全書總目》“史部二十四·地理類一”收録，可參看。

　　《中國古籍善本書目·史部》收録。

吉林之譌而新羅百濟諸國亦皆其附近之地顧

昔人無能考証者致明季狂誕之徒尋摘字句肆

為詆毀此如桀犬之吠無庸深較而舜憪之甚者

則不可以不辨若夫東夷之說因地得名如孟子

稱舜東夷之人文王西夷之人此無可諱亦不必

諱至于尊崇本朝者謂雖與大金俱在東方而非

其同部則所見殊小我朝得姓曰愛新覺羅氏國

語謂金曰愛新可為金源同派之証蓋我朝在大

金時未嘗非完顏氏之服屬猶之完顏氏在今日

欽定滿洲源流考　二十卷　　　　曼450

清乾隆四十三年奉敕纂

清紅格紙抄本

14册2函

19.2×13.7。紅格紙,半葉七行,行十八字。

四周雙邊,白口,無魚尾。版心記卷次及葉數。

卷端題"欽定滿洲源流"。

清乾隆四十二年(丁酉 1777)上諭,阿桂等奏摺。

欽定四庫全書

欽定滿洲源流考卷一

部族一

謹按我

國家誕膺

景命肇啟大東毓瑞凝祥同符雅頌皇皇乎元

鳥之生商高禖之啟稷矣恭考

卷一 一

欽定皇輿西域圖志　四十八卷，卷首四卷　　　曼254

（清）傅恒等奉敕纂

清乾隆四十七年（壬寅 1782）武英殿刻本（白棉紙，精刻）

28册4函

19.5×13.2。半葉九行，大小字不等，行大字二十字，小字雙行同，行四十字。四周雙邊，白口，單黑魚尾。魚尾上記書名，下記卷次、篇名及葉數。卷端題“欽定皇輿西域圖志卷之一”，闕裏封，外封書籤題“欽定皇輿西域圖志 （篇名） 卷幾之幾”，函套書籤題“欽定皇輿西域圖志 第幾函”。

御製皇輿西域圖志序，欽定皇輿西域圖志諭旨七道（乾隆二十一年二月及四月［丙子 1756］、乾隆二十六年［辛巳 1761］、乾隆二十七年［壬午 1762］、乾隆四十二年三月及六月［丁酉 1777］、乾隆四十七年［壬寅 1782］）。

卷首四卷，分別爲：乾隆二十七年傅恒進表，乾隆四十七年英廉進表，凡例十五條，纂修校刊職名，總目，天章四卷，天章總目。每卷皆有分目録。

按，此書卷四十八“雜録二·字書”録有維吾爾文字，可以參考。

《四庫全書總目》“史部二十四·地理類一”收録，可參看。

《藏園訂補邵亭知見傳本書目·史部》《中國古籍善本書目·史部》收録。

欽定皇輿西域圖志卷首二

天章二

　恭奉

皇太后啟蹕幸避暑山莊之作 有序

　溯豐鎬發祥之地靈萃萬年憶椒庭躬薦之秋星

周一紀載瞻

祖烈祗謁

丹丘愛諏日至之上旬適度天中之令節敬扶

安輦暫駐山莊時則準噶爾部策凌策凌烏巴什等率

大清一統志　三百五十六卷　　　　曼250

（清）王安國等奉敕纂

清乾隆九年（甲子 1744）武英殿刻本（後印）

108册25本

22.2×14.5。半葉十行, 行二十一字。左右雙邊, 白口, 單黑魚尾。魚尾上記書名, 下記卷次、篇名及葉數。卷端題 "大清一統志卷之一", 闕裏封, 黃色外封, 書籤題 "大清一統誌", 御製序末鈐 "惟精佳式"（白文）、"乾隆宸翰"（朱文）兩方印。

清乾隆九年（甲子 1744）御製序, 陳惠華進纂修大清一統志告竣表及纂修校刊職名。

按, 此本首附總目及詳細目錄一卷。正文除京師、牧廠、察哈爾、蒙古等外, 每部皆附有總圖和總表, 每府皆附有一圖。

此本紙質不佳, 當爲後印。此本御製序末兩印, 據學者研究爲乾隆九年之後所刻, 但印在此處, 實爲不類, 且印色亦不佳, 或爲後人所鈐。

此書始於康熙二十四年（乙丑 1685）, 終於乾隆八年十一月（癸亥 1743）, 前後歷經三代, 共59年, 其刊刻過程詳見牛潤珍、張慧《大清一統志纂修考述》（《清史研究》, 2008年第1期）一文。

《四庫全書總目》"史部二十四・地理類一" 收錄, 可參看。

《藏園訂補郘亭知見傳本書目・史部》《中國古籍善本書目・史部》等皆收錄。

大清一統志

目錄

京師

卷一

卷二

直隸統部

卷三

順天府一

卷四

順天府二

〔目錄〕

盤山志　十六卷，卷首五卷　　　曼324

（清）蔣溥、汪由敦、董邦達等奉敕纂

清乾隆二十年（乙亥 1755）武英殿刻本（後印）

　　10册1函

　　18.6×12.8。半葉九行，行二十一字。四周雙邊，白口，單黑魚尾。魚尾上題"盤山志"，下記卷次及葉數。卷端題"盤山志卷之一"，卷十六末小字題"候選州同知臣蔣仙根恭校"，裏封題"御定盤山志"，黃色外封，書籤題"盤山志 卷之幾"，函套書籤題"盤山志 十本"。

　　清乾隆二十年（乙亥 1755）御製序，清乾隆十九年（甲戌 1754）蔣溥、汪由敦、董邦達進表。

　　卷首五卷：巡典一卷，天章四卷。

　　按，此本紙質較差，顏色發黃發暗，應爲後印之本。

　　《四庫全書總目》"史部二十六·地理類三"收錄，可參看。

　　《藏園訂補邵亭知見傳本書目·史部》《中國古籍善本書目·史部》等皆有收錄。

盤山志卷之一

圖考

周官職方氏大司徒掌土訓之地圖天下險要阨

塞具焉後世工畫者遂迲模寫山水及宮宇之制

非僅備觀覽而已將以辨脈絡正方位也盤山舊

有圖畧大勢於尺幅簡率已甚今茲繪事有總有

分以

行宮為標準而內外諸景曁峰巖寺觀之著名者以

次布列復為說以考證之清華水木造物閟此奧

盤山志　卷之一　一

宸垣識略　十六卷　　　　　　　　　曼374

（清）吳長元撰

清乾隆五十三年（戊申 1788）池北草堂刻巾箱本

8册1本

12.7×9.2。半葉九行，行二十一字。左右雙邊，白口，單黑魚尾。魚尾上記書名，下記卷次及葉數。卷端題"宸垣識略卷一""仁和吳長元太初氏輯"，裏封題"乾隆戊申冬 宸垣識略 池北草堂開彫"，右下角鈐"池北艸堂"白文方印。

邵晋涵序，清乾隆五十三年（戊申 1788）余集序。

《藏園訂補邵亭知見傳本書目·史部》收錄，《中國古籍善本書目·史部》則未錄。

天施昭垂海寓久為士林所誦法兹局于篇帙恭就已

勒石者敬識其目云

一

郊壇　太廟　三殿等謹據會典詳錄其、

特行曠典如千叟宴九老圖辟雍四庫全書恭識于按

語用彰　本朝典章制度之隆

一城市敘次朱氏據明代五城編列坊巷尚屬整齊

舊聞考據　本朝定制合内外城通編五城則大

牙參錯干游覽之倒未符合令内城據八旗居址分

清十八省輿圖　十九幅　　　　曼AC18

（清）錢俊選編

清中期刻本

1册

45×22.5（兩摺一圖）。無版心界欄，經摺裝。

金匱錢俊選（字宗企）題記。

按，此圖除首附全國總圖1幅外，共18省，具體包括：盛京省、江南省、江西省、浙江省、福建省、廣東省、廣西省、山東省、直隸省、山西省、西安省、甘肅省、河南省、湖北省、湖南省、四川省、雲南省、貴州省。

考錢俊選，《清詞綜補》卷十九有記載。

此圖册無總題名，今據内容暫定此名。

讀書者必驗於圖乃寔學也而輿地為重

第沿革廢置古今不同欲詳古今地在今

其所先刊今圖以便注記云　地圖必準

天度則位置無訛此圖南起崖州直赤道

北一十八度北暨百都訥直赤道北四十

五度每二格准一度為地二百五十里又

準南北極線過京城中分之西畫十八度

至嘉峪關東過十三度至寧古塔赤二

為一度其格如准南北而方之則六二百

五十里也今考圖必綜全勢然大則不便

小則不詳今冠全圖識其崖略分則十

八幅於後內略外殊域之圖姑從其緩

八幅為一冊合則十八幅為一片也　春

秋之法詳內略外方幅不縣標出以圈點

府州縣等字限於城邑定準所在也諸府從

識之其識處則城邑定準所在也諸城徙從

州徙。其廣西貴州之□徙□□諸城徙從。

湖南北金匱錢俊選宗企氏題

皇朝輿地略　一卷，附皇朝輿地韻編　　　曼AC23

（清）六承如撰

清道光二十一年（辛丑 1841）金陵邵樹榮刻本

2册

12.8×10.4。半葉十三行，行二十四字。四周單邊，白口，單黑魚尾。魚尾上題“皇朝輿地略”，下記地名及葉數。後跋文末題“金陵邵樹榮刊”。

清道光二十一年（辛丑 1841）六承如跋。

有複本一：共1册。

按，河南大學圖書館藏有此本。

伊犂將軍駐惠遠城在甘肅省西五千五百里至京師一萬九千里將軍本屬城九所屬城十二天山以北惠遠城惠寧城熙春城綏定城廣仁城瞻德城拱宸城塔爾奇城寧遠城庫爾喀喇烏蘇城塔爾巴哈台城天山以南回疆喀喇沙爾城庫車城賽哩木城拜城阿克蘇城烏什城和闐城葉爾羌城喀什噶爾城英吉沙爾城伊犂東至甘肅之迪化州鎮西府界東北至科布多界北至哈薩克界西北至霍罕界西南至博羅爾巴達克山界南踰大戈壁至西藏界。

青海

西寧辦事大臣駐西寧城在甘肅省西南六百七十里至京師四千六百七十四里所屬青海和碩特部二十一旗綽羅斯部二旗輝特部一旗土爾扈特部四旗喀爾喀部一旗凡二十九旗環青海而居焉其西南為玉樹等土司凡三十九族西寧

大清一統輿圖　三十二卷　　　　　　　　曼377

（清）鄒世詒、晏啓鎮繪製

清同治二年（癸亥 1863）湖北撫署景桓樓刻本

32册2本

22.8×17.5。半葉九行。四周雙邊，下黑口（序葉），單黑魚尾。魚尾上題"大清一統輿圖"，下記卷次及葉數。無卷端，裏封題"同治二年鐫 皇朝中外一統輿圖 板藏湖北撫署景桓樓"。

清乾隆二十一年（丙子 1756）朱文御製詩，官文序，嚴樹森序，首卷後同治二年（癸亥 1863）嚴樹森跋。

按，此書共三十二卷，其中含首卷一卷，爲大清總圖，下分圖三十一卷。

大清一統輿圖序

古今來地理之書惟圖爲最要周官數言天下
土地之圖九州之圖漢班固氏撰地理志一則
曰秦地圖再則曰秦地圖書此於圖爲最古至
晉裴秀氏繪圖則以周秦地圖秘書殆僅有
漢氏及括地諸雜圖粗具形似不爲精審圖又
於地理爲最難我

國家幅員之廣數倍前代而欲海內外數千萬里
於一圖約之則尤難之難顧吾謂成書之難又

羅浮山志會編 二十二卷，卷首一卷（圖說）

曼278

（清）宋廣業撰

清康熙五十五年（丙申 1716）宋志益刻本（白棉紙）

　　5册2本

　　18.3×12.8。半葉九行，行二十字。左右雙邊，白口，單黑魚尾。魚尾上記書名，下記卷次、篇目及葉數。卷端題"羅浮山志會編卷之一""長洲宋廣業澄溪纂輯"，目録題"羅浮山志會編目録""分守山東濟東道僉事加八級長洲宋廣業纂輯 廣東肇慶府加五級男宋志益校鍥 翰林院檢討鳳城鄭際泰糸訂"，外封書籤題"羅浮山志 卷幾之幾"。

　　清康熙五十五年（丙申 1716）趙弘燦序、楊琳序，康熙五十六年（丁酉 1717）陳元龍序，康熙五十五年（丙申 1716）王朝恩序、武廷適序、鄭際恭序、宋廣業自序、鄭晃序，末附康熙五十五年（丙申 1716）屠孝義跋、謝有煇跋，康熙五十六年（丁酉 1717）仲春吳中和跋、宋志益跋。

　　按，趙序云："今日者澄溪彙爲是編，付之剞劂，以垂不朽。"又王序云："先生得優游翰墨，至老不倦。端守又較刊是志，以垂不朽。"宋氏自序云："子益曰：是可以惠粤人之未遊者，請而付之剞劂氏。"宋志益跋云："因付剞劂，而敬及之。"據此可知，該書乃其子宋志益刊於清康熙五十五年。又據謝跋可知，該書前後共花了八個月編成。

　　《中國古籍善本書目·史部》收録此書，但未録此本。

羅浮山志會編卷之一

長洲宋廣業澄溪纂輯

天文志

　星野

天文牛女之次

廣東通志南越在揚州之域牛女分野牽牛六星

天之關梁其北二星一曰道路二曰聚火又上一

星主道路次二星主關梁三星主南越須女四宿

天之少府也離珠在須女北須女之藏府也　明一

統志

西湖志　四十八卷　　　　　　　　　　曼225

（清）李衛等修

清雍正十二年（甲寅 1734）程元章刻本

　　20册4本

　　19.6×13.6。半葉九行，大小字不等，行大字二十一字，中字二十一字，小字雙行同，行四十二字。四周雙邊，白口，單黑魚尾。魚尾上記書名，下記卷次、篇目及葉數。卷端題“西湖志卷之一”。裏封題“雍正九年新纂 西湖志 兩浙鹽驛道庫藏板”。卷四第44葉，卷四十八第48—49葉有抄配。

　　清雍正十三年（乙卯 1735）李燦序，雍正十二年李衛序，程元章序，雍正十三年郝玉麟序，王紘序，張若震序，吳敬義序，顧濟美序，卷四十八末有雍正十一年（癸丑 1733）郝玉麟識。

　　有複本一：索書號爲“曼439”。

　　按，李燦序云：“甲寅，臣重膺簡命提督全浙水陸軍務再至西湖。適前督臣因纂《通志》之餘，別輯《西湖志》一編。齡商以湖水之利有裨鹽莢，爰付開雕。既訖工，屬臣叙諸簡端。”又，李衛序在雍正十二年，末云：“梓成，謹識其緣起如此。”又，程序云：“臣元章至浙三年，鏤板始成。”三序相比較，可知該書刊成在雍正十二年。

　　《藏園訂補邵亭知見傳本書目·史部》《中國古籍善本書目·史部》皆收録此書，但未録此本。

當日吾死埋骨西湖題曰詩人張員外墓足矣後如

其言海昌胡虛白作詩以弔云二仙坊裡張員外頭

白相逢只論詩今日過門君不見小樓春雨燕歸遲

西子湖頭碧草春天留山水葬詩人老逋泉下應相

見爲說梅花寫得真二仙坊在杭之壽仙坊西

〈西湖遊覽志〉長春菴在相安巷元延祐間有姚真人者

錢塘人家溫飽其妻蔡氏一旦語其夫云欲脫俗修

真以家業二分畀夫娶妾爲成家之計自以其一建

菴爲修養之需夫曰汝既修真吾無子女何忍獨墜

靈巖志略　不分卷　　　　　　　　曼424

（清）王鎬撰

清乾隆間刻本

1册

18.2×13.8。半葉九行，行十八字。左右雙邊，白口，單黑魚尾。魚尾上題書名，下記葉數。卷端題“靈巖志略”“太倉州知州臣王鎬編輯”。

清乾隆二十一年（丙子 1756）王鎬紀靈巖志略。

按，觀其字體版式似清中期風格。

靈巖志畧

太倉州知州臣王鎬編輯

靈巖發脈於陽山由王晏嶺歷鹿山賀九嶺及

天池華山從千步廊左轉讓原山車廂嶺泰臺

石林越兩重嶺分支開嶂於大尖山中間突起

一巘名琴臺西產佳石可爲硯一名硯山山有

石鼓一名石鼓山南列峭壁如城一名石城山

山形如象一名象山離城三十里高三百六十

丈廣一千八百畝館娃宮遺址在焉其南麓爲

曹谿通志　八卷　　　　曼Chinese 51

（明）释憨山禪師撰，（清）馬元、釋真樸重修

清道光十六年（丙申 1836）懷善堂重刻本

4冊1函

19.7×14.5。半葉九行，行二十字。四周雙邊，白口，單黑魚尾。魚尾上題“曹谿通志”，下記卷次及葉數。卷端題“曹谿通志卷第一”“吳門汪永瑞緘庵 毗陵史樹駿庸庵 訂正 三韓馬元子貞 古閩釋貞樸雪煴 重修 曲江劉學禮修五重鐫”。裹封題“道光十六年冬月 板藏韶城大鑒寺内 曹谿通志 懷善堂重鐫”。

清康熙十年（辛亥 1671）馬元序，康熙十一年（壬子 1672）史樹駿序，明萬曆二十六年（戊戌 1598）陳大科序，萬曆二十七年（己亥 1599）楊起元序，萬曆三十二年（甲辰 1604）周汝登序，清道光十六年（丙申 1836）劉學禮重刊曹谿通志跋。

按，劉學禮跋云：“爰蒐訪再三，於友人處得家藏舊本，雖中多剥蝕，幸卷帙尚完，借録成抄，重加校對，補殘正僞，然後開雕。其編次、卷數一遵原刻，工竣，裝訂翻閲一過，覺本來面目。”據此可知，此本爲重刊清康熙間刻本。

《中國古籍善本書目·史部》收録有“清康熙十一年刻本”，爲此本之底本。據苗儀、張曉虎《南華禪寺〈曹谿通志〉源流考略》（《韶關學院學報》社會科學版，2011年第11期）一文考證，康熙刻本是據天啓間釋德清重修本重加訂正的，天啓本的底本則是此書的第一個刻本即萬曆間刻本。

曹谿通志卷第一

毘陵史樹駿庸庵 訂正　曲江劉學禮修五重鐫

吳門汪永瑞緘庵　　古閩釋眞樸雪樵 重修

　　　　　　　　　三韓馬 元子貞 重修

山川形勢第一

經云、一切世界草芥微塵、因心成體、易曰、乾坤立、而
易行乎其中矣、是知大地山河皆吾圓妙明心之所
融結、但鍾氣厚薄、而質有精粗、故山水不在高深、而

韶州府志　四十卷　　　　　　曼Chinese 20

（清）歐樾華、楊模、侯遇南等修

清同治十二年（癸酉 1873）刻本

24册9函

19.7×13.9。半葉十一行，行二十一字。四周雙邊，上下粗黑口，雙對黑魚尾，版口記書名、卷次、篇名及葉數。卷端題“韶州府志卷一”，裏封題“韶州府志”。此本書根記書名册數。竹紙刊印。

清同治十三年（甲戌 1874）林述訓序，光緒二年（丙子 1876）重修韶州府志序，同治十二年（癸酉 1873）額哲克序，歐樾華序，修志職名。

按，額哲克序云：“壬申之七月，設局開修，諸紳咸踴躍從事，不數月綱舉目張，大端已具，竊幸得樂觀厥成也……今春三月，歐君函來，謂郡志將脱稿告成，付之剖劂。”“壬申”爲清同治十一年（壬申 1872），“今春三月”即清同治十二年（癸酉 1873），則此書修成前後花費八個月。又歐序云：“觀察林公敦延、吾師單藻林夫子爲總纂，而委樾以主文……復隨楊曙洲、何雲臣、侯紹周三同年，參互考訂，創爲草稿，彙質於單夫子而報之郡守。”據此，此書實爲歐氏等執筆，林、額等人並未參與。

韶州府志卷一

訓典

順治三年

上諭朕惟

太祖

太宗創業東方民醇法簡大辟之外惟有鞭笞朕仰荷

天庥撫臨中夏人民既眾情僞多端每遇奏讞輕重出入

頗煩擬議律例未定有司無所稟承爰敕法司官廣集

廷議詳繹明律參以國制增損劑量期於平允書成奏

進朕再三覆閱仍命內院諸臣校訂妥確乃允刊布名

曰大清律集解附例爾內外有司官吏敬此成憲勿得

衛藏圖識　五卷　　　　　　　　　曼379

（清）馬揭、盛繩祖撰

清乾隆末刻巾箱本

　　4冊1本

　　13.9×8.7。半葉八行，行二十字。左右雙邊，上下粗黑口，綫魚尾，版口記某卷某篇及葉數。卷端題"衛藏圖識""圖考上卷"，裏封題"衛藏圖識"。《識略》首《御製平定西藏碑文》，卷端題"衛藏圖識""識略上卷"；《蠻語》卷端題"衛藏圖識""蠻語一卷"，分天文、地理、時令等十七門。

　　清乾隆五十七年（壬子 1792）魯華祝序，撰者自序。

　　按，此書共五卷，分別爲：圖考上下二卷，識略上下二卷，蠻語一卷，前有例言九條。此本華東師範大學圖書館、復旦大學圖書館、南京大學圖書館、北京大學圖書館、遼寧圖書館等收藏。

　　《藏園訂補邵亭知見傳本書目·史部》收録，《中國古籍善本書目·史部》收録此書，但未録此本。

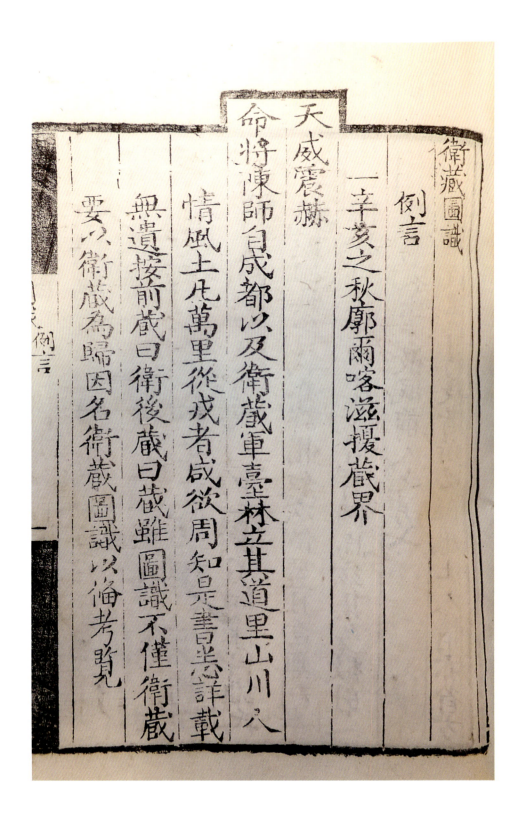

衛藏圖識

例言

一辛亥之秋廓爾喀滋擾藏界

天威震赫

命將陳師自成都以及衛藏軍臺林立其道里山川八

情風土凡萬里從戎者咸欲周知是書出詳載

無遺接前藏曰衛後藏曰藏雖圖識不僅衛藏

要以衛藏為歸因名衛藏圖識以備考覽

西藏圖考　八卷，卷首一卷　　　　曼Chinese 22

（清）黄沛翹輯，（清）但祖蔭校

清光緒十二年（丙戌 1887）李培榮刻本

　　6册1函

　　18.4×12。半葉十行，行二十二字。四周雙邊，上白口下黑口，單黑魚尾。魚尾上記書名及卷次，下記篇名及葉數。卷端題“西藏圖考卷之一”“楚南黄沛翹壽菩甫手輯 滇南李培榮華廷甫付梓 蒲圻但祖蔭籽英重校刊”，目録題“西藏圖考全集目録”，闕裏封。

　　清光緒十二年（丙戌 1887）顧復初序、崔廷璋序、丁士彬序、黄錫燾序，末附黄沛翹跋，黄雲鵠跋。

　　卷首一卷，爲宸章四篇：聖祖仁皇帝御製平定西藏碑文、乾隆五十七年御製十全記、嘉慶十三年御製普陀宗乘之廟瞻紀事碑等三篇，光緒十二年黄沛翹例言四條。

　　按，《藏園訂補郘亭知見傳本書目·史部》收録此本。

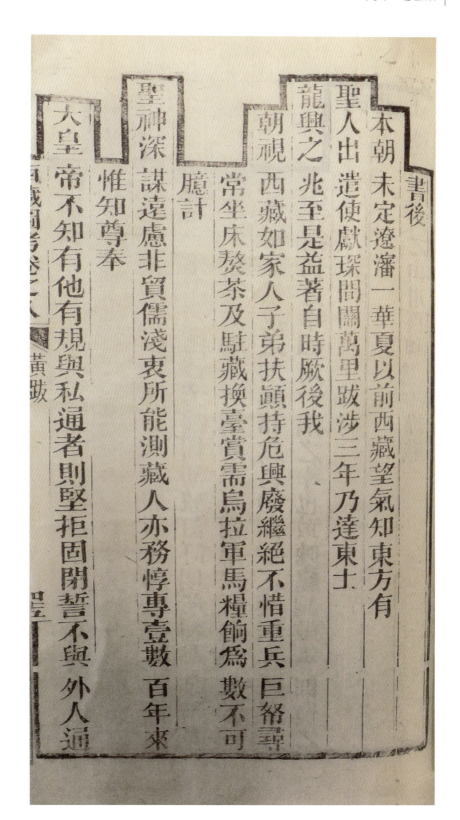

書後

本朝未定遼瀋一華夏以前西藏望氣知東方有

聖人出遣使獻琛間關萬里跋涉三年乃達東土

龍興之兆至是益著自時厥後我

朝視西藏如家人子弟扶顛持危興廢繼絕不惜重兵巨餉常坐床熬茶及駐藏換臺賞需烏拉軍馬糧餉爲數不可

聖神深謀遠慮非賈儒淺衷所能測藏人亦務惇專壹數百年來惟知尊奉

大皇帝不知有他有規與私通者則堅拒固誓不與外人通

西藏圖考卷之八　黃跋　四五

西藏通覽　二編二十一章　　　　　曼Chinese 23

［日］山縣初男編，［日］三原辰次校閲

清宣統元年（己酉 1909）成都文倫書店鉛印本

4册1函

15.2×11.5。半葉十一行，行二十七字。四周單邊，白口，單黑魚尾。魚尾上題"西藏通覽"，下記葉數。卷端題"西藏通覽 日本陸軍步兵大尉山縣初男編著 日本陸軍步兵少佐三原辰次校閲"。裏封題"西藏通覽 桐城方旭署"，下鈐"方旭煦印"朱文方印。末版權葉題"宣統元年二月 初版""編譯者四川西藏研究會 改正者井研吳季昌 校閲者温江楊棣賢 重校者井研吳季昌 印刷者成都文倫書局 發行者四川西藏研究會"。外封題"西藏通覽 元/亨/利/貞（朱字）"。

凡例四條，清光緒三十四年（戊申 1908）吳季昌諸印西藏通覽凡例六條。唐碑一篇，聖祖仁皇帝御製平定西藏碑文一篇。末附圖12幅，另有一葉白紙補抄藏文發音拼音之法。

日本明治三十九年（丙午 1906）作者自序，明治四十年（丁未 1907）黑澤主一郎序。

按，據其目次可知，此書分兩編，第一編分十六章，叙西藏之地理、人口、風俗、宗教等；第二編分五章，探討歷史沿革等。

此書的索書號在其卡片上爲"University 23"，依本書體例，即録作"曼Chinese 23"，這樣與《徐文定公集》一書共用了一個索書號。

聖祖仁皇帝御製平定西藏碑文

昔者

太祖文皇帝之崇德七年班禪額爾德尼達賴喇嘛固始罕謂東土有

聖人出特遣使自人跡不到之區經仇敵之國越數年始達

盛京至今八十載同行善事俱為施主頗極安寧後達賴喇嘛之

殁弟巴隱匿不奏者十有六年任意妄行拉藏滅之復興黃教

因而允從拉藏庫庫腦兒輩眾之請中間策旺阿拉布坦妄生

事端勸準噶爾之眾肆行奸詐滅壞達賴喇嘛並廢第五輩達

賴喇嘛赫之塔辱蠛班禪毀壞寺廟殺戮喇嘛名為興法而實

滅之且欲竊據圖伯特國朕以其所為非法爰命皇子為大將

軍王又遣朕子孫等調發滿洲蒙古綠騎兵各數萬歷煙瘴之

西招圖略　不分卷 曼393

（清）松筠撰

清嘉慶三年（戊午 1798）刻本（白棉紙）

　　1册

　　19.9×10.1。半葉六行，大小字不等，大字行二十二字，小字雙行同，行四十四字。四周雙邊，白口，單黑魚尾。魚尾上記書名，下記葉數。卷端題"西招圖略"，闕裏封。

　　清嘉慶三年（戊午 1789）松筠自序。

　　此書不分卷，凡二十八篇，附圖説十五幅及解説，自成都府至後藏路程一篇及前藏至西寧路程一篇。

　　按，《中國叢書綜録》（上海古籍出版社，1982年，第679葉）著録，爲"西招五種"之一。

　　《藏園訂補郘亭知見傳本書目・史部》收録此書，但未録此本。

遂督兵前進而卡北有橋為敵折斷時已天晚而澗水洶
湧未可輕渡公意以既近賊營緩之恐致奔逸因暫營東
山飯畢乘夜身先率兵渡澗會明至卡奮勇攻擊敵竟無
一得脫者用挫敵鋒於是福惠二帥乃得並進每戰克捷
寔公決意渡
澗之功也

若夫阿文成公收金川固（乾隆癸巳大兵進征金川至木果聖命督剿既）

聖主之德威所致亦公之持志精忠奮感而成者

前軍於木果木失事時文成公奉命督剿
本泣而誓之曰如不生擒賊首不名阿某遂凜遵
訓設法進討卒克搗穴擒渠是能持志堅
定遂成大功宜平錫爵誠謀英勇也至於平伊犁定

苗防備覽　不分卷　　　　　　　　　　　　曼425

（清）嚴如熤撰

清嘉慶二十五年（庚辰 1820）漵浦嚴氏自刻本

1册

23.5×14.3。半葉十行，行二十五字。左右雙邊，白口，單黑魚尾。魚尾上記篇名，下記葉數。卷端題"苗防備覽 漵浦嚴如熤炳文氏撰"。闕裏封。

清嘉慶二十五年（庚辰 1820）嚴如熤苗防備覽引。

按，據嚴序可知，該書成稿於嘉慶四年（己未 1799），刊於嘉慶二十五年（序云："庚辰春，男正基自家攜本，至幸完好，乃重校而梓之"）。之後又有道光二十三年（癸卯 1843）紹義堂重刻本，凡二十二卷，爲該書通行之本，北京師範大學圖書館、南開大學圖書館等多館收藏；光緒八年（壬午 1882）漵浦嚴氏三魚書屋《方伯公三防備覽全函》重刻本，共二十二卷，北京大學圖書館等藏；光緒十七年（辛卯 1891）上海著易堂鉛印本《小方壺齋輿地叢鈔》，收錄了該書的若干卷次，但版式字體均與此本異。其版本流傳情況詳見趙正一先生《嚴如熤〈苗防備覽〉成書和版本考述》（《黑龍江史志》，2014年第9期）一文。

上面的紹義堂重刻本共二十二卷，此本則僅有《輿圖》、《苗防備覽·道路考》、《苗防備覽·風俗考》、《苗防備覽雜識》四個部分，並非《苗防備覽》之全書。如果將二本的相同卷次進行比較，可以發現，其内容也有差異。如《風俗考》這卷，此本末云："以上繫三廳生苗風俗，其永保土人、乾瀘犵狫並各縣猺民風俗，又自各別。另輯一卷，俟續付梓。" 紹義堂重刻本則將此卷分作上下二卷，其中上卷末止於"又自各別"句，而下卷便是"永保土人風俗""瀘溪乾州犵狫風俗""猺民風俗"等。可見，此本是早於紹義堂重刻本的一個本子，而非其節抄本。所以，我們認爲，此本才是該書的最早刻本。而且，該書在嘉慶間初刊時應該是諸卷分別刊行的，原無順序，所以我們看到此本在版面上並無注明卷次，而是獨立爲卷。據前面趙正一先生文轉引張

振興先生《〈苗防備覽·風俗考〉研究》的資料介紹, 貴州省圖書館另有清光緒四年長
沙八角亭馬豐裕店刻本, 僅有"道路考""風俗考""傳略""雜識"四部分。

　　《藏園訂補邵亭知見傳本書目·史部》收錄。

琉球國志略 十六卷，卷首一卷，附海東集二卷

曼258

（清）周煌輯

清乾隆二十四年（己卯 1759）漱潤堂刻本

8册1本

18.8×14.5。半葉九行，大小字不等，行大字二十一字，小字雙行同，行約四十字。四周雙邊，白口，單黑魚尾。魚尾上題"琉球國志略"，下記卷次、篇名、葉數。卷端題"琉球國志略卷之一 翰林院侍講臣周煌恭輯"。裏封題"乾隆己卯年刊 琉球國志略 漱潤堂藏板"。所附《海東集》上下二卷，共1册，版式同前，卷端題"海東集卷上"，裏封題"乾隆壬午年刊 海東集 漱潤堂藏板"。

清乾隆二十二年（丁丑 1757）周煌進書。《海東集》首清乾隆三十四年（己丑 1769）陳兆崙序。

按，《藏園訂補邵亭知見傳本書目·史部》《中國古籍善本書目·史部》收録此書，但未録此本。

翰林院侍講臣周煌謹

奏為恭

進琉球志略仰求

聖鑒事竊臣西蜀單寒毫無學識由進士業

恩拔置史館造就多年幸窺中秘之書粗習編摩之役

伏念臣自奉使之初親承

聖訓以前此使臣類有紀錄意存潤飾傳聞異辭茲當

就耳目所及加以訂正務求徵信無事鋪張臣衘

命戰兢每懷靡及遵郎於往返途次及使館餘閒隨時

使琉球記　六卷　　　　　　曼301

（清）李鼎元撰

清嘉慶七年（壬戌 1802）李鼎元師竹齋自刻本

　　2册1本

　　19.2×14。半葉十行, 行二十一字。四周雙邊, 白口, 單黑魚尾。魚尾上題 "使琉球記", 下記卷次及葉數。卷端題 "使琉球記卷一 欽命册封琉球副使賜正一品麟蟒服内閣中書前翰林院檢討綿州李鼎元撰", 裏封題 "使琉球記 師竹齋藏板"。

　　清嘉慶七年（壬戌 1802）法式善序, 楊芳燦序。

　　按, 版刻年據序題。南開大學圖書館、南京大學圖書館、鄭州大學圖書館等收藏此本。

昔鶩英鑿空未聞著撰之工酈桑好奇徒囿方隅之見

若夫出宙合之外覽瀛濱之勝以今方古殆過之矣是

記也王會有篇職貢有志彰

國家之盛美歸義有表樂德有歌嘉遠人之賓服輶軒

有采皇華有述勤使臣之職業三善既備九能其推公

之藝林永以傳信不揣檮昧敬爲序引自知淺見甘貽

測海之嗤徒罄編詞終媿懸河之日嘉慶七年季春金

匱楊芳燦序

海國聞見録　上下二卷　　　　曼378

（清）陳倫烱編

清乾隆五十八年（癸丑 1793）石門馬氏刻本

2册1函

15×11。無界，半葉八行，行二十字。左右雙邊，白口，單黑魚尾，上書口題“海國聞見録上/下卷”。無卷端題名，開篇即篇名。裏封黃紙題“海國聞見録”，有鈐印。

清乾隆五十八年（癸丑 1793）馬俊良重刻海國聞見録（末題“石門馬俊良重訂 蛟川林秉璐校字”），乾隆九年（甲子 1744）蘇圖拜序，清乾隆八年（癸亥 1743）納蘭常安序，乾隆九年（甲子 1744）彭啓豐序，清雍正八年（庚戌 1730）陳倫烱序。

按，據馬序“今晴蘭林先森復訪得原本校正貽予，重刻以廣其傳”，可知，此本乃馬俊良所刻。馬氏曾刊有《龍威秘書》十集，此書不在其中。

按，《四庫全書總目》“史部二十七‧地理類四”收録此書，可參看。

《藏園訂補郘亭知見傳本書目‧史部》《中國古籍善本書目‧史部》收録此書，但未録此本。

重刻海國聞見錄

陳資齋先生海國聞見錄圖說爲防戍經商必用之
書曩前忝任香山明府彭竹林以是出大洋礮海寇子
見而愛之摹繪手卷藏諸行篋今晴蘭林先生復訪
得原本校正貽子重刻以廣其傳俾有事洋者咸
知趨避子老矣如淵明之讀山海經不過藉以推搪
見聞世有偉人立勛滇渤安知功名富貴不卽在不
齟手之藥也哉

瀛環志略　十卷　　　　　　　　　　　曼356

（清）徐繼畬撰，（清）陳慶偕、鹿澤長訂，（清）霍明高采譯

清道光二十八年（戊申 1848）刻本

6册1本

25.2×17.4。無界，半葉十行，大小字不等，行大字二十五字，小字雙行同，行五十字。左右雙邊，上白口，下粗黑口，單黑魚尾。魚尾上記書名，下記卷次、篇名及葉數等。卷一附總目，首題“瀛環志畧”“五臺徐繼畬松龕輯箸 會稽陳慶偕慈圃 福山鹿澤長春如糸訂 沁水霍明高蓉生採譯”，末題“崞縣續新德 堂弟繼壎 甥薄于逵校字”。卷十末題“福省東街口宋鐘鳴刻字”。裏封題“道光戊申年鐫 壁星泉先生 劉玉坡先生鑒定 瀛環志畧 本署藏版”。

清道光二十九年（己酉 1849）劉韻珂瀛環志略叙，道光二十八年（戊申 1848）彭藴章序、陳慶偕跋、鹿澤長序、撰者自序。

按，觀諸序跋時間，大多作於道光二十八年（戊申 1848）秋七月至八月之間，而劉韻珂序最晚，在道光二十九年（己酉 1849）夏四月方才完成，應該是在道光二十八年（戊申 1848）該書刻成之後又加上去的。而據卷十末所題“福省東街口宋鐘鳴刻字”可知，該書是在福建所刊。而其所參考之資料，其凡例所云很詳，可參看。

《藏園訂補郘亭知見傳本書目·史部》收録此書，但未録此本。

瀛環志畧

五臺徐繼畬松龕輯箸

會稽陳慶偕慈圖叅訂
福山鹿澤長春如
沁水霍明高蓉生採譯

目錄

目錄

西域聞見録　八卷，首一卷　　　　　曼227

（清）尼瑪查·七十一撰

清乾隆四十二年（丁酉 1777）刻本

1册

9.8×12.5。半葉九行，行二十一字。左右雙邊，上下粗黑口，無魚尾。版口題“西域聞見録”，兼記卷次及葉數。卷端題“西域聞見録卷一　長白七十一椿園著”。

清乾隆四十二年（丁酉 1777）尼瑪查·七十一自序。

按，此書撰者，據李雅茹《清人七十一與〈西域聞見録〉》（《新疆大學學報》哲學·人文社會科學版，2008年第5期）、王志强《〈西域聞見録〉之版本著者考述及史料價值論略》（《伊犁師範學院學報》社会科學版，2008年第1期）等文考證，七十一，字椿園，姓尼瑪查氏，滿洲正藍旗人，乾隆十九年進士，曾任職於新疆。又，清文廷式《純常子枝語》卷二十三（民國三十二年刻本）云：“國朝滿洲人生子，每以祖父母現存之年藏名之。余所見甚多，七十一著《西域聞見録》，題‘椿園氏著’，而‘七十一’實其名也。洪文卿《元史譯補》乃以爲椿園自記其年，誤矣。”

此書題名衆多，除“西域聞見録”一名外，尚有“西域瑣談”“異域瑣談”等名稱，而且版本亦有很多。此本與南開大學圖書館、中國人民大學圖書館所藏大成堂刻本版式一致，但字迹較之清晰。北京大學圖書館、清華大學圖書館等館亦有收藏。

《藏園訂補郘亭知見傳本書目·史部》收録此書，但未録此本。

西域聞見錄卷一　　　　　長白七十一椿園著

新疆紀略上

卷一

雪山

雪山自嘉峪關起龍蟠蜿蜒而西或起或伏或斷或續或

析而三或聚而一或崖然炭聳于插雲天或散漫平岡

迴環千里山南為哈密為闢展為哈喇沙拉為庫車為

阿克蘇為什為葉爾羌為和闐為喀什噶爾其餘小

城無算皆回人聚居所謂南路也山北為巴里坤為烏

魯木齊為伊犁為塔拉巴哈台其餘小城亦無算為準

西域水道記　五卷　　　　　　　　　　曼257

（清）徐松撰

清道光三年（癸未 1823）京都本立堂刻本

　　4册1函

　　21.7×15.2。半葉十一行，大小字不等，行二十八字，小字雙行同。左右雙邊，上下粗黑口，單黑魚尾，魚尾下題“西域水道記”及記葉數。卷端題“西域水道記卷一”。裏封篆文題“西域水道記 京都本立堂藏版”。

　　吉林英和、葉紹本、彭邦疇題詞，鄧廷楨序，清道光三年（癸未 1823）龍萬育序。

　　按，版刻年據序題。南京大學圖書館、北京大學圖書館、鄭州大學圖書館收藏。

　　《中國古籍善本書目・史部》收録此書的三個本子，其中有“清道光三年刻本，清張穆校”，爲上海圖書館所藏。

西域水道記卷一

羅布淖爾所受水上

羅布淖爾者黃河初源所停潴也

爾雅曰河出崑崙虛色白河圖始開曰崑崙之墟河水出四維崑崙者
岡底斯也里又凡山國語曰阿林蒙古語曰鄂拉回語曰塔克西番語曰
此合西番語梵語以名之也國語謂雪為呢蟒依西番語謂之岡梵語謂之底斯
凡言山者皆質言山不用方言一統志西藏有岡底斯山在阿里藏
地名之達克喇城東北三百十里直陝西西寧府西南五千五百九十
極西
餘里其山高五百五十餘丈周一百四十餘里四面峯巒陡絕高出乎
眾山者百餘丈積雪如懸崖皓然潔白頂上百泉流注至山麓卽伏流
地下前後環繞諸山皆巉巖峭峻奇峯拱列卽阿耨達山也域記云西贍
部洲之中地者阿那婆荅多池也在香山之南大雪山之北周八百里
注云阿那婆荅多池唐言無熱惱舊曰阿耨達池訛然則阿耨達山亦

廣輿記　二十四卷　　　　　　　曼229

（清）蔡方炳增輯

清嘉慶七年（壬戌 1802）聚文堂刻本

2册10本

20.5×15。半葉十行，大小字不等，行大字十九字，小字雙行同，行約三十八字。左右雙邊，白口，單黑魚尾。魚尾上題“廣輿記”，下記卷次、葉數，下書口記省府名。卷端題“廣輿記卷之一　平江蔡方炳九霞增輯”。裏封題“增補直省詳注　平江蔡九霞增輯　重訂廣輿記　聚文堂藏板　嘉慶七年新鐫”。

蔡方炳增訂廣輿記凡例，增訂廣輿記提要，增訂廣輿記全圖。

清康熙二十五年（丙寅 1686）蔡方炳序。

廣輿記卷之一

平江蔡方炳九霞增輯

直隸

京畿總畧按直隸爲王畿之地左環滄海右擁太

行南襟河濟北枕燕然所謂勢拔地以崢嶸氣

摩空而崛勞者也順天爲金元明建都地

國朝仍定鼎於此地理家謂從崑崙發源其地爲

比幹之正結或云鴨綠江外尚有大幹爲護其

地爲崑崙之中脈婺其綿亘萬餘里始入中國

廣輿記　　　卷之一　　　一　　　直隸

讀史方輿紀要　一百三十卷，附輿圖要覽四卷

曼440

（清）顧祖禹

清嘉慶間敷文閣刻本

30册10本

19×13。半葉十行，大小字不等，行二十一字，小字雙行同，行約四十字。四周雙邊，白口，單黑魚尾。魚尾上題“讀史方輿紀要”，下記卷次、篇名、葉數，下書口題“敷文閣”。卷端題“讀史方輿紀要卷一”“崑山顧祖禹景范輯著”。

讀史方輿紀要總叙三篇，原序二篇：吴興祚序、熊開元序，凡例二十六則，讀史方輿紀要目次，歷代州域形勢紀要序。

魏禧序，彭士望序。

按，《藏園訂補郘亭知見傳本書目·史部》收録。

讀史方輿紀要卷一

崑山顧祖禹景范輯著

歷代州域形勢一 唐虞三代 春秋戰國 秦

昔黃帝方制九州列爲萬國 州周公職錄横黃帝方制萬里畫 帝王世紀黃帝方制萬里畫九 州

或曰九州顓帝所建帝嚳受之 徐揚荊豫梁兗觀青 通典亦云 州顓帝所建帝嚳受之

堯遭洪水天下分絕舜攝帝位命禹平水

土以冀青地廣分冀東恒山之地爲幷州 恒山在西隸 曲陽縣西北

之地爲幽州 今直隸永平府及遼東寧等 州今直隸之順天永平府及遼東寧等 衛西五里幽州 醫無

閭之地爲幽州 醫無閭山在遼東廣寧衛西五里幽州 醫無

皆是其境又分青州東北遼東之地爲營州 遼水東也

衞以西北又分青州東北遼東之地爲營州 遼東地在

百四十里詳見山西之太原大同等府皆是 之直定保定山西之太原大同等府皆是

野分 形勢一 一攺文引

水經注釋　四十卷，卷首一卷，
附錄兩卷，水經注箋刊誤十二卷　　　　曼293

（清）趙一清編訂

清乾隆五十一年（丙午 1786）趙一清小山堂刻本

20册2函

20×14.5。半葉十行，大小字不等，行大字二十二字，小字雙行同，行約四十字。左右雙邊，白口，單黑魚尾。魚尾上題"水經注釋"，下記卷次及葉數，下書口題"東潛趙氏定本"。卷端題"水經注釋卷一 仁和趙一清誠夫録"，裏封題"水經注釋 小山堂雕"，外封書籤題"水經注釋 卷幾之卷幾"。

卷首一卷：水經注原序及趙一清識，水經注釋參校諸本，北史本傳，水經注釋目録。

清乾隆五十一年（丙午 1786）畢沅序，全祖望序，清乾隆十九年（甲戌 1754）趙一清自序。

按，此本版刻年據序題，國内多館藏此本。

《水經注箋刊誤》凡十二卷6册，其封面題作"水經注朱箋刊誤"。

《四庫全書總目》"史部二十五・地理類二"收録，可參看。

《書目問答補正》《藏園訂補郘亭知見傳本書目・史部》《中國古籍善本書目・史部》等皆收録。

水經注釋卷一

仁和趙一清誠夫錄

河水一

崑崙虛在西北

三成為崑崙邱崑崙說曰崑崙之山三級下曰樊桐一

名板松二曰元圃一名閬風上曰層城一名天庭是謂

太帝之居

去嵩高五萬里地之中也

禹本紀與此同高誘稱河出崑山伏流地中萬三千里

禹導而通之出積石山按山海經自崑崙至積石一千

水經注釋　　卷一　　　　　　　　　　　一　東譬趙氏定本

地理問答　八十一回　　　　　　　　　曼AC44

佚名編

清光緒十五年（己丑 1889）英浸會鉛印本

　　1册

　　20.8×17.3。二截版，分上下兩欄。無界，半葉二十行，上下欄行各十五字。四周雙邊，白口，單黑魚尾。魚尾上題"地理問答"，下記國名及葉數。闕首葉及裏封等。

　　無序跋或已佚。

　　按，此本有大清全圖，皆爲清代行政劃分，且爲朱墨套印，很有欣賞性。

　　此書原有裏封，題"光緒己丑仲秋刊 救主降生後一千 八百八十九年 地理問答 山東青州府英浸會藏板"，今已佚。今據此題版本。

復喿問歐羅巴州各城河湖島灣角

六十九回

【各國京城省城】
問佛蘭西、西班牙、蔔萄牙、嗹國、
曹碦士、奧地利亞、日耳曼回
瑞士、以大利、瑞頤共挪耳回
比利時、俄羅斯、土耳其、希臘、
荷蘭、英倫、蘭裕崗、阿耳蘭。
此各國之省城京城何名在於何處

【各國洋海海股海灣】
問大西洋、北冰洋、地中海、黑海、
亞得亞海、希臘海、裏海、白海、
阿爾蘭海、馬馬拉海、波的海、
亞連海、北海、波的尼海股、
利板多股、分蘭股、黎恒士股、
比斯加灣各在何處。

【各國海岔海腰】
問英倫岔、三若岔、加的牙岔、
北岔、加荅拉岔、
日巴拉大海腰。
阿坂多海腰、墨塞內腰、多非腰、
君士但丁腰、他大尼里腰各在於
何處。

【各國江河湖泊】
問烏拉江、眼拉加、唐江、
土伊拿、德大、北配拉、地尼伯、
波江、西尼、羅尼、
多惱河、伊拉皮河、
斗羅、達迷斯、仰倫、盧爾河、
拉多牙河、
來尼河、靴尼瓦湖、
阿尼牙湖各在於何處流入於何處

【各國山嶺海島土角】
問亞卑斯山、必你尼斯、亞卑尼奴、
加阿伯旦、巴翰瑞頤、高加索山、
烏拉山、非薛末由火山、
火山、大不列顛島、阿爾蘭島的、
義斯蘭島、西西里、哥羅馬國的、
沙力尼島、居伯路、哥塞牙、
干地亞島、羅馬國的、馬大板角、
蘭森角、合及角、北角此各山嶺島角各
於何處。

歐羅巴

職 官 類

大清搢紳全書　元亨利貞四卷　曼77

（清）榮覲堂編

清嘉慶二十五年（庚辰 1820）榮覲堂重刻本

　　4册1本

　　13.1×10。無界，半葉十四行，大小字不等，行大字二十九字，小字雙行同，行六十四字。四周單邊，白口，雙對黑魚尾。上魚尾上記省及單位名，版口記葉數，下魚尾下題"元/亨/利/貞"。卷端無題名，開篇即"宗人府衙門"，序末題"嘉慶庚辰年夏月新鐫"，裏封題"日新月易校對無譌 欽遵 本朝會典一統志各省奏銷部册紀載疆理民風學校土産錢糧倉貯驛站夫役雜税養廉 每月職官陞除授姓氏里居詳補辯舛訂譌瞭如指掌 台號籍貫隨到隨補 賜顧一覽便知"。紅色外封，黃色書籤，第1册外封書籤題"大清搢紳全書 庚辰秋季榮覲堂梓""京都琉璃廠榮覲堂專辦四季進呈較準大小搢紳 第一本 叙文 凡例 封典品級儀注 憑限路程京官 盛京 奉天"；第2册外封書籤題"大清搢紳全書 庚辰秋季榮覲堂梓""第二本 直隸 江蘇 安徽 江西 浙江 福建"；第3册外封書籤題"大清搢紳全書 庚辰秋季榮覲堂梓""第三本 湖北 湖南 河南 山東 山西 陝西 甘肅"；第4册外封書籤題"大清搢紳全書 庚辰秋季榮覲堂梓""第四本 四川 廣東 廣西 雲南 貴州"。

　　清嘉慶二十五年（庚辰 1820）大清搢紳書序。

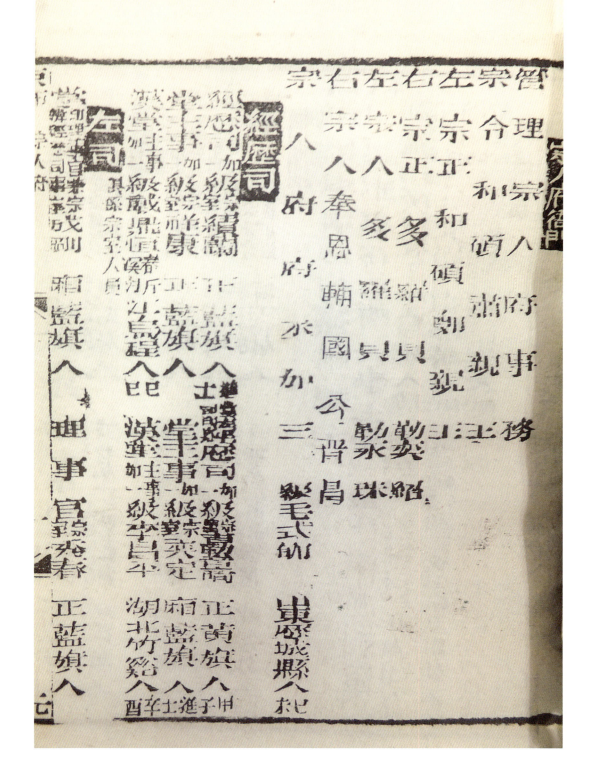

大清搢紳全書　原元亨利貞四集，
殘存元亨二集
曼R72295

（清）榮華堂編

清光緒九年（癸未 1883）榮華堂張氏重刻本

2册1函

11.4×9.6。半葉十四行，大小字不等，行大字三十字，小字雙行同，行六十字。四周雙邊，白口，雙對黑魚尾。上魚尾上記某地某官職，下題"元/亨"及葉數，下魚尾下題"榮華堂"。無卷端，裏封題"日新月易校對無譌 欽遵 本朝會典一統志各省奏銷部册紀載疆理民風學校土産錢糧倉儲驛站夫 役雜税養廉每月職官升遷除授姓氏里居詳補辦舛訂譌瞭如指掌 台號籍貫隨到隨補 榮華堂張氏鐫 大清搢紳全書"，粉紅外封，書籤題"大清搢紳全書 癸未夏季 榮華堂梓""京都琉璃廠東門 内路北榮華堂四 季校準大小搢紳 第一本 叙文 凡例 封典 品級儀注 憑限 路程 京官 盛京 奉天""第二本 直隸 江蘇 安徽 江西 浙江 福建"。函套書籤原有題名，但已漫漶。

清光緒九年（癸未 1883）榮華堂重鐫序（粉紅字）。

按，此本在裝訂時與榮華堂本《大清中樞備覽》和文蔚堂《大清搢紳全書》合函，且共用一個索書號。

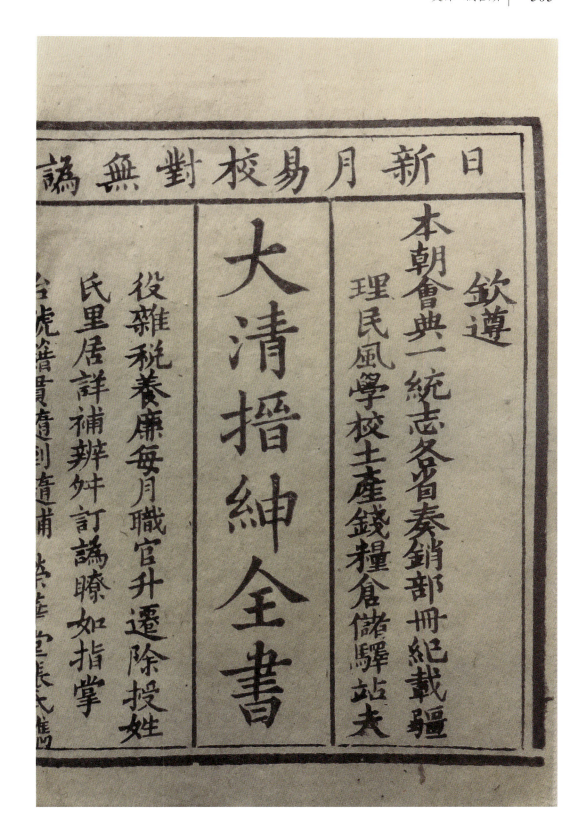

日　新　月　易　校　對　無　譌

大清搢紳全書

本朝會典一統志各省奏銷部冊紀載疆
理民風學校土產錢糧倉儲驛站夫

欽遵

役雜稅養廉每月職官升遷除授姓
氏里居詳補辦奸訂譌瞭如指掌

大清搢紳全書　原上下二卷，殘存下卷　　曼R72295

（清）文蔚堂編

清光緒七年（辛巳 1881）文蔚堂刻本

1册

11.4×9.6。半葉十四行，大小字不等，行大字三十字，小字雙行同，行六十字。四周雙邊，白口，雙對黑魚尾。上魚尾上記某地某官職，下題“下”，下魚尾下記葉數，首卷及裏封已佚。粉紅外封，書籤題“大清搢紳全書 辛巳冬季 文蔚堂梓”。文中有大量塗抹。

序跋不明。

按，此本正文中曆字或作厤、或作歷，寧作甯。故可推知，此本刊行於道光之後。又，其外封書籤題有“辛巳冬季”。今檢萬年曆可知，道光之後，“辛巳”年有兩個時間段，即清道光元年（辛巳 1821），清光緒七年（辛巳 1881）。今再檢該書“廣東省”有張樹聲，任職兩廣總督，始於清光緒五年（己卯 1879）至清光緒九年（癸未 1883）；“浙江省”有譚鐘麟，在光緒五年（1897）方出任浙江。故而可推知此“辛巳”即清光緒七年（辛巳 1881）。

此本在裝訂時與榮華堂本《大清搢紳全書》《大清中樞備覽》合函，且共用一個索書號。

廣東省

督標中軍副將兼管……張樹聲　安徽合肥縣人　生員

管理京省塘務兼轄……嘉槐　漢軍旗人　武進士

中營事……唐元安　廣東……人

……省塘務……梁烈光　廣東……人　武舉

……省塘務……劉……　廣東南海人　武舉

右哨千總……熊安邦　廣東……人

二司總……劉……　漢軍旗……人

二司把總……劉沖　廣東……人　行伍

中軍守備……鄧明　廣東高要人　行伍

頭司千總……何兆熊　廣東……人　行伍

右哨把總……　廣東……人　行伍

二司把總……　廣東……人　行伍

頭司把總……謝雄光　廣東……人　行伍

右營千總……陳繼　廣東……人　行伍

中軍守備……鄭光謙　廣東……人　行伍

左營守備杜……　廣東……人

署把總……　廣東……人　行伍

署千總……龍朝興　廣東增城人　行伍

左營守將……　廣樂平人　舉人

習把總李朝光　廣東……人　行伍

習把總李成貴　廣東……人　行伍

署千總李長福　廣東……人　行伍

署把總蕭開福　廣東……人　行伍

大清搢紳全書　八卷　　　　　曼Chinese 46

（清）榮寶齋編

清光緒二十六年（庚子 1900）京都榮寶齋刻本

8冊1函

此書具體可以分爲三部分：

1.大清搢紳全書元亨利貞四卷；

2.新增搢紳全書二卷，附凡例三十條，官階品級、赴任憑限、驛站路程、職官總目、相見禮儀、加級紀録、例給封典、終養丁憂、額中舉人；

3.大清中樞備覽上下二卷，附官階品級、題補銓選、職制總缺、相見儀注。

12.5×10。半葉十四行，大小字不等，行大字三十二字，小字雙行同，行六十四字。四周雙邊，白口，雙對黑魚尾。上魚尾上記行政官所，下題“元/貞/利/亨”或“卷幾”，下魚尾下題“榮寶齋”。無卷端題名。

《大清搢紳全書》無裏封，但有粉紅外封，書籤題“大清搢紳全書 光緒庚子春季京都榮寶齋栞”“京都琉璃廠橋西路北榮寶齋校準四季大小文武搢紳 第一冊 叙文 凡例 京官 盛京 奉天 吉林 黑龍江”“第二冊 直隸 江蘇 安徽 山東 山西 河南”“第三冊 陝西 甘肅 新疆 福建 浙江 江西 湖北 湖南”“第四冊 四川 廣東 廣西 雲南 貴州 分發”，末附“光緒二十五年新舊海防籌餉事例十一月分發各省試用人員”“光緒二十六年新舊海防籌餉事例正/二月分發各省試用人員”。《新增搢紳全書》：“官階品級”上魚尾下題“元”字；裏封題“日新月異校對無譌”“欽遵本朝會典一統志各省奏銷部冊紀載疆理民風學校土產錢糧倉儲驛站夫 役雜税養廉每月職官升遷除授姓氏里居詳補辨舛訂譌瞭如指掌 台號籍貫隨到隨補 榮寶齋鐫版”，小字“書出三日 槩不退換 辰月 拾肆日售”。李序末題“京都正陽門外琉璃廠橋西榮寶齋刊板”，榮寶齋序末題“光緒二十六年 榮寶齋鐫板”，外封題“新增搢紳全書 一/二卷 光緒庚子春季 京都榮寶齋梓”“官階品級 赴任憑限 驛站路程 職官總目 接見

禮儀 加級紀錄 例給封典 終養丁憂 各省中額 京師城池""軍機處 會典館 總理衙門 神機營 八旗都統"。《大清中樞備覽》：榮寶齋序末題"光緒二十六年 榮寶齋鐫板"，裏封題"日新月異校對無譌 謹遵 中樞政考紀載官階品級頂服俸祿 並載各營鎮題調選補等缺詳確無 譌一覽便知 台號籍貫隨到隨補 榮寶齋鐫版"，粉紅外封，書籤題"大清中樞備覽 光緒庚子春季 京都榮寶齋梓""卷上 官階品級 頂服俸祿 題補銓選 相見儀注 侍衛 京營 直隸 山西 陝西 甘肅 新疆 四川 雲南 貴州""卷下 廣東 廣西 福建 浙江 江南 長江 江西 湖北 湖南 河南 河標 山東"。函套書籤題"袖珍爵秩全函"。

《新增搢紳全書》：首清光緒二十四年（戊戌 1988）李鍾豫序（粉紅色），光緒二十六年（庚子 1900）榮寶齋序；《大清中樞備覽》：首光緒二十六年（庚子 1900）榮寶齋序。

按，《大清搢紳全書》與《新增搢紳全書》疑即一書，因爲後者版心有題"元"者，且二書諸官職不重複，今暫分二書看待。

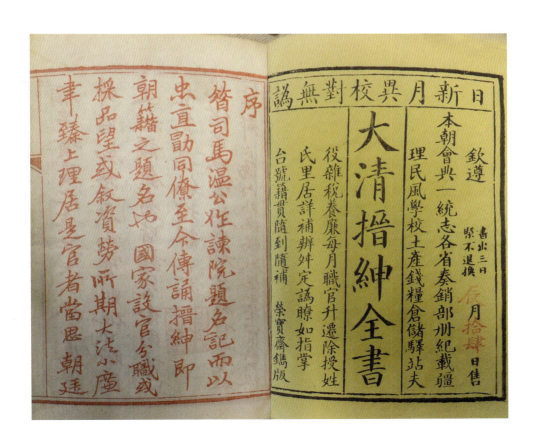

大清中樞備覽　二卷

曼R72295

（清）榮華堂編

清光緒九年（癸未 1883）榮華堂張氏重刻本

2册1函

11.4×9.6。半葉十四行，大小字不等，行大字三十字，小字雙行同，行六十字。四周雙邊，白口，雙對黑魚尾。上魚尾上記某地某官職，下題"上/下"及葉數，下魚尾下題"榮華堂"。無卷端。裏封題"日新月異校對無訛 大清中樞備覽 台號銜名隨到隨補 榮華堂鐫板"，背面題"欽定中樞政考紀載官階品級 頂服俸禄並載京營各省及水師營鎮題調選補等缺詳確無譌本堂主人精校重刊"，粉紅外封，書籤題"大清中樞備覽 癸未夏季 榮華堂梓""上本 官階 品級 頂服 俸禄 題補 銓選 相見儀注 京營 直隸 山西 陝西 甘肅 四川 雲南 貴州""下本 廣東 廣西 福建 浙江 江南 江西 湖北 湖南 河南 山東"。

清光緒九年（癸未 1883）榮華堂序（末題"光緒九年榮華堂謹鐫"）。

按，此本在裝訂時與榮華堂本和文蔚堂本《大清搢紳全書》合函，且共用一個索書號。

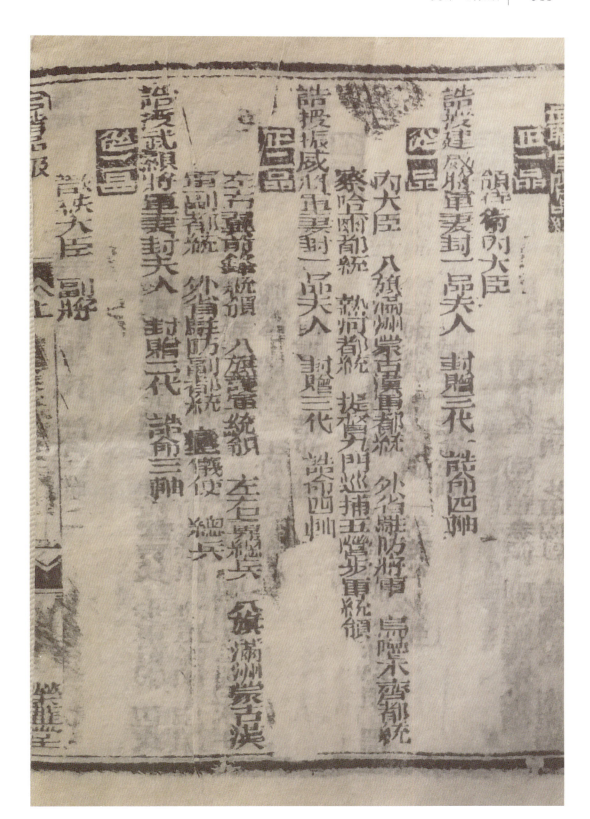

職官階品

正一品

誥封　　衛內大臣

誥授建威將軍妻封一品夫人　封贈三代　誥命四軸

從一品

內大臣　八旗滿洲蒙古漢軍都統　外省駐防將軍　烏嚕木齊都統

察哈爾都統　熱河都統　提督九門巡捕五營步軍統領

誥授振威將軍妻封一品夫人　贈三代　誥命四軸

正二品

左右翼前鋒統領　八旗護軍統領　左右翼總兵

八旗滿洲蒙古漢軍副都統　外省駐防副都統　鑾儀使　總兵

從二品

散秩大臣　副將

誥授武顯將軍妻封夫人　封贈三代　誥命三軸

職員録　不分卷

曼Chinese 33

（民國）印鑄局編校科編

民國十年（辛酉 1921）印鑄局鉛印本

4册1函

16.3×11.5。無界，半葉約十二行。四周雙邊，白口，雙對黑魚尾。上魚尾上記部門，版口記葉數。無卷端題名，裏封題"中華民國十年第四期 職員録 印鑄局刊行"。外封題"職員録 中華民國十年第四期"。

首有第四期職員録告白。

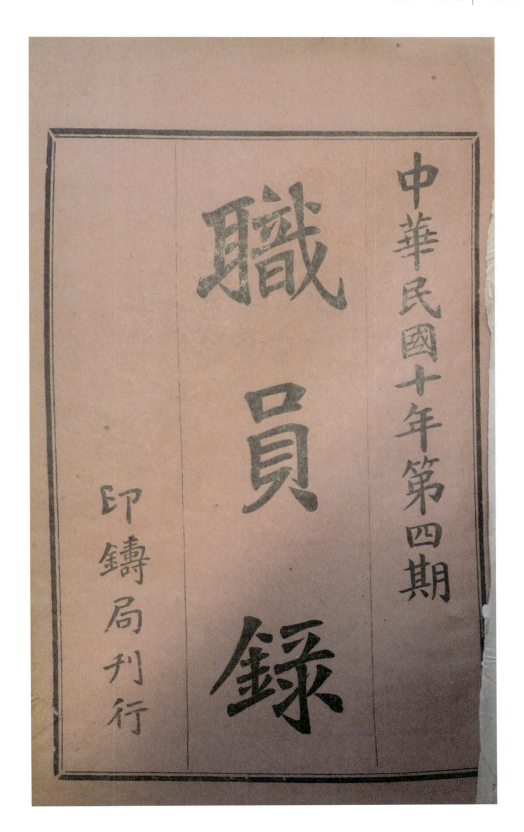

中華民國十年第四期

職員錄

印鑄局刊行

政 書 類

通制條格　原三十卷，殘存二十二卷　　　曼AC20

（元）完顏納丹等奉敕纂

民國十九年（庚午 1930）國立北平圖書館據內閣大庫明初墨格寫本影印

　　　　6册

　　　16.5×10.7。半葉九行，行十八字。四周雙邊，上下粗黑口，雙對黑魚尾，版口題“通制條格　幾”及葉數。首卷已佚，卷二題“通制條格第二”，裏封題“通制條格 存卷二至九卷，十三至廿二，卷二十七至三十 尹默”，下鈐“沈尹默印”朱文方印，背面題“原書匡高七寸三分寬四寸七分 民國十九年國立北平圖書館影印”。封底版權票題“通制條格二十二卷 十九年八月國立北平圖書館據內閣大庫明初墨格寫本影印每部六册實價六元”。

　　　字术鲁翀大元通制序（版口題“國朝文類卷三十六”）。

　　　殘存二十二卷：卷二至卷九，卷十三至卷二十二，卷二十七至卷三十。

　　　有複本一：索書號爲“曼R73128”。

　　　按，此爲《北京圖書館珍本叢書》之一。

大元通制序　　　　　　　　　　　字术魯耶

至治二年冬十有一月

皇帝以故丞相東平忠憲王之孫中書左丞相

右丞相總百官新廢務徵用老成開明治道

皇元聖聖相繼百有餘年宸斷之所予奪廟謨之

所可否禁頑戢暴仁恤黎元緯有成憲然簡書所

載歲益月增散在有司既積既繁莫知所統挾情

之吏用譎行私民恫政蠹臺憲屢言之鼎軸大臣

恒患之

仁廟皇帝御極之初中書奏允擇老臣舊之賢明練

文獻通考　三百四十八卷　　　曼187

（元）馬端臨撰

明末映旭齋刻本

100册12本

21.5×14.7。半葉十行，大小字不等，行大字二十字，小字雙行同，行約四十字。四周單邊，白口，單黑魚尾。上書口題"文獻通考"，魚尾下記卷次及葉數。卷端題"文獻通考卷之一　鄱陽　馬端臨　貴與　著"。裏封黃紙題"馬貴與先生纂輯　文獻通考全書　映旭齋藏板"。此本卷八第1至28葉、卷一百一十三第1葉闕，以手抄本配補。

明嘉靖三年（甲申　1524）御製重刊文獻通考序，文獻通考自序，元至治二年（壬戌　1322）抄白，元延祐六年（己未　1319）壽衍進文獻通考表，文獻通考目錄。

按，御製序云"乃命司禮監重刻之以傳稱朕表章之意焉"，據此可知，此本之底本爲明嘉靖三年（甲申　1524）司禮監刻本。

南京大學圖書館題作"清映旭齋刻本"，四川大學圖書館題作"明末映旭齋刻修補印本"，著錄有所差異。今觀其字體，亦似明末所刊。

《藏園訂補郘亭知見傳本書目·史部》《中國古籍善本書目·史部》皆收錄此書，但未錄此本。

恩本路築平州儒人馬端臨前宋丞相雙

梧先生之子作蒙

都省咨發再任衢州路柯山書院山長見

類各路儒學教授選內創目開居聽除本

儒行纗端純詞章雅麗家傳聞鄰之譜切

繕館閣之儲知前代之典章識當世之體

要以所見聞著為成書名目文獻通考凡

二十四類三百四十八卷天文地理禮樂

兵刑財用貢賦官職選舉學校經籍郊祀

封建戶口征後之屬凡於治道有關者無

續文獻通考　二百五十四卷　　　曼348

（明）王圻撰

明萬曆三十一年（癸卯 1603）松江府刻本

80册10本

20×14.8。半葉十一行，行二十二字。左右雙邊，白口，單黑魚尾。魚尾上題“續文獻通考”，下記卷次及葉數，下書口記刻工姓名及字數。卷端題“續文獻通考卷之一 皇明進士雲間王圻纂輯”。

明萬曆三十年（壬寅 1602）周家棟序，萬曆三十一年（癸卯 1603）溫純序，曹時聘序，萬曆（癸卯 1603）許維新序，王圻續文獻通考引，萬曆十四年（丙戌 1586）王圻凡例三條。

按，此本卷端撰者姓氏前題作“皇明”，可證其爲明代刻本。又溫純序云：“《考》凡二百五十四卷，授諸剞劂者，督撫南畿曹公時聘、按吳直指前何君熊祥，今馬君從聘、趙君之翰、周君家棟。而監督經營，則知郡事許君維新也。”據此可知，此本刊刻在萬曆三十一年（癸卯 1603）。北京師範大學圖書館、河南大學圖書館、香港中文大學圖書館、北京大學圖書館、吉林大學圖書館等收藏。

此本下書口刻工有：孫訥、張華、名、王成、雲、張、湖、蕭賢、張湖、京、文、施受、高、王善、顧或、松、潘、傑、盧山、朱山、蘇、顧憲、徐重；吳、高選、陸本、朱祖、吳雲、顧傑、朝、何憲、行、顧堯、昷、王顯、陶文、周逸、顧德、六明、黄汝、陳、張祖、沈實、王昷、劉三、溫、王須、葉共、自、王二、時中、江百、仕、唐、吳王、王吳、曹山、沈孝、盧朝、葉添、忠、吳繩、范、黄汝、孫文、六本、顧文、陶三、元、先、京于、王雲、蘇天、翁、沈中、信等。

《藏園訂補郘亭知見傳本書目·史部》《中國古籍善本書目·史部》皆收録此本，後者題作“明萬曆三十一年曹時聘、許維新等刻本”。

續文獻通考卷之一

皇明進士雲間王圻篡輯

田賦考　宋寧宗至金哀宗

宋

寧宗嘉定八年詔兩浙江淮路諭民雜種粟麥麻荳有司
母收其賦田主姆責其租　十一年詔常州嘉興府行
經界青田縣主簿陳耆卿奏臣聞之孟軻曰行仁政必
自經界始經界蓋良法也不幸而經界法壞則所信者
簿書爾併簿書而不足信則何所取信哉且有田則有
賦役此常理也田有多寡則賦役有輕重亦常理也今
之世乃有田愈多而賦役愈輕者有無田而賦役反重

續文獻通考卷之一　　　　　　　　　一

續文獻通考纂　二十二卷　　　　　　曼255

（明）王圻著，（清）郎星、葉大緯、吴農祥、宋維祺纂定

清康熙三年（甲辰 1664）序金匱山房刻本

8册1函

19×11.5。無界，半葉九行，行二十二字。四周雙邊，白口，無魚尾。上書口題“續文獻通考纂”，中記卷次篇名，下記葉數。第4册下書口題“心遠堂”。卷端題“續文獻通考纂卷之一 雲間王圻洪州著 仁和郎星友月 錢唐葉大緯緯如 鹽官吴農祥慶伯 睦陵宋維祺眉祝 仝定 後學金之堅子固 張于（康）世長 宋 鈗 皇叙 吴艾雲孫 仝校”，以下諸卷卷端除參校者略有變化外，餘皆相同。無裏封及外封或已闕。

王圻“續文獻通考引”。

按，此爲《文獻通考正續合纂》之一。從内容上看，此書與“曼348”《續文獻通考》相比，有諸多不同：（1）卷前僅有王氏《續文獻通考引》，且題作“雲間王折洪洲氏謹識”（筆者按，原刻“折”乃“圻”之誤），而後者則無此題名，末則題“王圻謹識”，且有凡例三則。（2）目録首題“續文獻通考纂總目”，後者則題“續文獻通考目録”，從目録所列内容看，前者顯然是將後者歸併而成的，如“歷代田賦”，後者本有四卷，此本則作爲其卷一之一部分。（3）卷端題名，後者所題簡略，前者則不僅題名改作“續集文獻通考纂卷之一”，且增加了很多參訂者。由此可見，此書爲《續文獻通考》之重訂本。

此書無明確的刊刻時間，今厦門大學圖書館、清華大學圖書館、日本國會圖書館等收藏，或作“清刻本”，或作“明刻本”，顯然未及深考。今檢香港中文大學圖書館和日本東北大學圖書館狩野文庫皆有《文獻通考正續合纂》一書，包括《文獻通考纂》二十二卷和《續文獻通考纂》二十二卷兩種，其裏封題“文獻通考正續合纂 金匱山房藏板”，並有清康熙三年序（甲辰 1664）。從版式和字體上看，此書與此本一般無二，故據此可以確定其版刻年月。此本爲手寫上板，字呈歐體，有宋板之風，但字

畫時有錯訛，實爲可惜。

　　《中國古籍善本書目・史部》有"續文獻通考抄三十卷，明王圻撰，清史以甲輯，清康熙刻本"，爲《文獻通考抄》二十四卷之附，華東師範大學圖書館收藏。

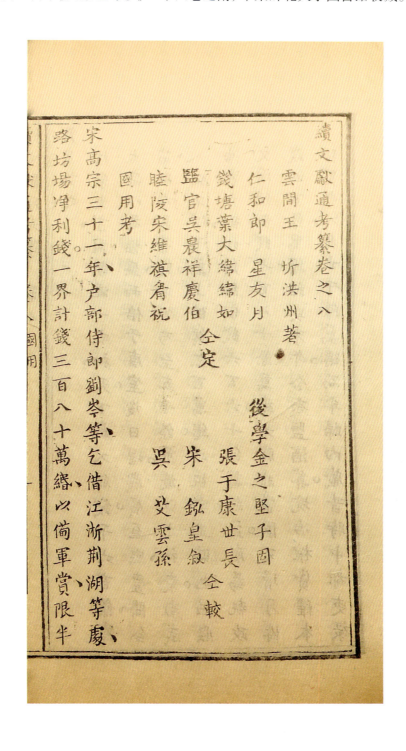

文獻通考正續合編　三十二卷　　　　曼188

（清）盧宣旬編

清嘉慶十年（乙丑 1805）盧宣旬略識字齋刻本

32册7本

19.5×13。半葉九行，行二十一字。四周雙邊，白口，單魚尾。魚尾上題“文獻通考正續合編”，下記卷次篇名及葉數，下書口題“略識字齋”。卷端題“文獻通考正續合編卷之一”。每卷末有刊刻者姓氏。裏封題“文獻通考正續合編 略識字齋梓”。

清嘉慶十年（乙丑 1805）白先福叙，嘉慶十六年（辛未 1811）潘世恩序。卷首一卷，包括：嘉慶十年（乙丑 1805）馬廷燮序，嘉慶十五年（庚午 1810）劉丙克序，嘉慶十年（乙丑 1805）盧宣旬文獻通考正續合編自叙，馬端臨文獻通考序，王圻續文獻通考引，凡例。

按，盧氏自叙云：“夫以三十二代典章制度之書，馬氏作之於前，王氏《續考》有未審，宋氏《合纂》仍其舊。宣旬末學淺識，又寧敢妄議諸後？顧曩者從事於此，竊窺其間，即嘗删訂《續考》以合《正考》之舊，凡其文之重，意之複，義例所不得入，節目所不容增，皆不欲留餘憾。而又補輯明季故事以完王氏之書，參諸《合纂》以斟酌繁簡。積歲風塵，迄未能就。比年齋居，閉户卒成是編。蓋思以繩馬氏之志，而使王氏之《續通考》亦與《續通鑑》者相爲經緯，而媲美後先若鄱陽之於涑水也。故書成，將以質諸當代大人君子，而自叙其略如此。”據此，此書是在王圻《續文獻通考》的基礎上，參考《合纂》，增補“明季故事”而成的，是一部獨立著作，而非正續二《文獻通考》的簡單編訂。

此本復旦大學圖書館、北京大學圖書館、中國人民大學圖書館、鄭州大學圖書館等收藏。

之三年後始赴官取租天下府州縣戶口隨田土創編黃

期分上中下三等立軍民竈匠等籍使各以受役之輕重

而不盡人之力也以二百一十戶為一里推其中丁糧多

者十人為里長餘百戶為十甲歲役里長一人管攝一里

城中曰坊近城曰廂編都曰里每里編一冊冊首總一圖

田糧不及而附於一甲內者曰畸零不在十戶之限里長

輪役十年終而復始故目排年里用依次充當至大小雜

泛差役各照入戶之上中下每歲終所在官司編審謂之

勅編冊成進言郡市政司布州縣各存一本

皇朝通典　一百卷　　　　　　　　　曼352

（清）嵇璜、劉墉等奉敕撰

清乾隆三十二年（丁亥 1767）武英殿刻本

48冊6本

21×15。半葉九行，行二十一字。四周雙邊，白口，單黑魚尾。魚尾上題"皇朝通典"，下記卷次及葉數。卷端題"皇朝通典卷一"。卷首"武英殿修書處刊刻皇朝三通諸臣職名"部分共四葉，下書口題一"新"字。"總目"後題"皇朝通典百卷乾隆三十二年奉敕撰"。

按，《四庫全書總目》"史部三十七‧政書類一"收錄，可參看。

《藏園訂補郘亭知見傳本書目‧史部》《書目問答補正》《中國古籍善本書目‧史部》皆收錄。

之設指圈之令時近畿百姓帶地來投者甚多乃

設為納銀莊頭願領入官地畝者亦為納銀莊頭

各給繩地每四十二畝為一繩其納蜜葦棉靛等

物附焉分隸內務府鑲黃正黃正白三旗奉天山

海關古北口喜峯口亦令設立又令諸王貝勒貝

子公等於錦州各設莊一所益州各設莊一所其

額外各莊均令退出二年定給諸王貝勒貝子公

等大莊每所地四百二十畝至七百二十畝不等

牛莊每所地二百四十畝至三百六十畝不等園

欽定八旗通志　三百四十二卷，卷首十二卷，目録二卷　　　　曼358

（清）福隆安等奉敕續纂

清乾隆六十年（乙卯 1795）武英殿刻本（白棉紙，精刻）

294册49夾

20.5×14.3。半葉八行，行二十一字。四周雙邊，白口，單黑魚尾。魚尾上題“欽定八旗通志”，下記卷次及篇名、葉數等。卷端題“欽定八旗通志卷一”。闕裏封。夾板書籤題“八旗通志　幾函”，外封書籤題“欽定八旗通志 某篇 卷之某至卷幾”。

按，此本各夾皆有嚴重蟲蛀之册。卷首十二卷，分別如下：卷一至卷六爲“天章”，録康熙、雍正、乾隆之詩；卷七至卷十二皆爲“敕諭”，録康熙、雍正、乾隆之御製序文等，止於乾隆六十年八月（乙卯 1795），據此可確定該書版本。《中國古籍善本書目・史部》著録爲“清嘉慶武英殿刻本”，較爲籠統。

《四庫全書》“史部三十八・政書類二”收録《八旗通志初集》二百五十卷，爲雍正五年奉敕而纂，乾隆四年刊刻完畢。二書之關係參見趙德貴《兩部〈八旗通志〉比較研究》（《滿族研究》，2005年第3期）一文。

此書之卷一百二十爲“藝文志”，依四部分類法著録群籍，可視爲一部史志目録。

欽定八旗通志卷一

旗分志一

國家朱果發祥肇居長白靈符神契與元鳥生民之

詩炳耀後先矣哉源遠而流長奕迨公劉過澗亶

父亶商

王迹所基艱難締造年祀綿邈舊制蓋無徵焉至

太祖高皇帝顯庸創制始立四旗復廣爲八丕應徯志兆

姓歸往烏尢白霫盡入版圖楚材晉用鱗集逷至

　　　　　　　旗分志一　　一

大清律例集要新編　四十卷　　曼264

清道光元年（辛巳 1821）武英殿刻本

5册

20.2×13。半葉九行，大小字不等，行大字約二十字，小字雙行同，行約四十字。左右雙邊，白口，單黑魚尾。魚尾上記書名，下記卷次，律名及葉碼，下書口或記篇名（有時爲數字）。卷端題“大清律例集要新編卷一”。裏封黄紙題“遵照歷年部頒至道光元年奉行條例按門增修 道光元年仲冬鐫 翻刻必究 大清律例增訂會纂全編 本衙藏板”。

清順治三年（丙戌 1646）世祖章皇帝御製大清律例原序，康熙十八年（己未 1679）聖祖仁皇帝聖諭，雍正三年（乙巳 1725）世宗憲皇帝上諭，清世宗憲皇帝御製大清律集解序，乾隆五年（庚申 1740）高宗純皇帝御製大清律例，嘉慶四年（己未 1799）上諭（皆朱字）。

按，此本卷端題“大清律例集要新編卷一”，可以據此題書名。裏封題“道光元年仲冬鐫”，可以斷其版刻年代。

大清律例集要新編卷一

大清律例集要新編

卷一律目

二

七

英國條款　不分卷

曼AC29

清官屬擬定

清末刻本

1册

22.5×16。半葉九行，行二十四字。左右雙邊，白口，單黑魚尾。魚尾上題"英國條約"，下題"原約"及葉數。裏封題"英國條款"。

按，該館另有《中英天津條約》（索書號"曼AC47"）一張，因其爲單葉，故不收録。此本已裝訂成册，爲其重訂印本。

第三款

大英君主欽差各等大員及各眷屬可在 京師或長行居住

或能臨時往來總候本國

諭旨遵行英國自主之邦與中國平等

大英君主欽差大臣作爲代國秉權大員觀

大清皇上時遇有礙於國體之禮是不可行惟

大英君主每有 派員前往泰西各與國拜國主之禮亦拜

大清皇上以昭畫一肅敬至在京師租賃地基或房屋作爲大

大清皇上 臣等員公館

英國條款 原約

五次問答節略　　五篇　　　　　　　　曼Chinese 44

（清）佚名録

清末石印本

　　　　　　　1册（與《伊藤陸奥往來照會》共1函）

　　　　　　　19×13.1。無界，半葉十一行，行二十三字。

四周單邊，上下粗黑口，單黑魚尾，版口題“第

幾次”及葉數。卷端題“第幾次問答節略”。外

封書籤題“五次問答節略”。

　　　按，從内容上看，伊藤陸奥與李鴻章的問

答發生在清光緒二十一年（乙未 1895）二月

二十四日至三月二十一日之間，此本印行則在

其後。

第二次問答節略

光緒二十一年二月念五日午後兩點半鐘仍在原所與伊

藤陸奧會議

李云承備館舍甚佳有賓至如歸之樂謝甚

陸云前備行厨相待乃中堂辭却只得遵命

伊云中堂昨交停戰節略現已備覆即將英文朗誦另備華

文交參議閱後轉呈

陸云英文字句較爲明晰羅道即將英文譯誦一遍

李云現在日軍並未至大沽天津山海關等處何以所擬停

戰條欵内竟欲佔據

伊云凡議停戰兩國應均沾利益華軍以停戰爲有益故我

與伊藤陸奧往來照會　五篇　　　　曼Chinese 45

（清）佚名錄

清末石印本

　　1册（與《五次問答節略》共1函）

　　19.4×13.2。無界，半葉十一行，行二十三字。四周單邊，上下粗黑口，單黑魚尾，版口題篇名及葉數。卷端題"致伊藤陸奧照會　光緒二十一年二月二十八日"。外封書籤題"與伊藤陸奧往來照會"。

　　按，此本與《五次問答節略》版式相同，内容相應。

李云交割是大事應先立簡明章程日後照辦方免糾轕

伊云我不能延至六月之久再議交割換約後立即派人前

往

李云約內可改云換約後兩國互訂交接簡明章程

伊云有一專條在此專為台灣之事即將東英文交閱

李接看東文不懂令譯英文其略云一切堡壘槍砲與公家

物件皆交日本武官收管所有華兵行李私物准其自攜日

官指定一處令華兵暫住直至調回內地中國政府限日撤

回一切費用中國自認兵撤回後日官將洋槍送還然後派

文官治理地方公家產業由彼收管其餘細節皆由兩國兵

官彼此商定等語中堂聽畢云此條換納後之事我無權先

關稅賬簿　不分卷　　　　　　　　曼246

清末手稿本

佚名編

1册

220×180。每葉兩行，無版框、版心及題名，單層厚紙裝訂，正反皆書。末葉題"以上各項每一兩正銀加銀二錢三分一厘二毫 以上各估價銀每一兩收銀六分 以上各項紬緞出口每一疋收疋費銀一分 以上各貨出口每壹百斤紅重收担費銀一錢四分 以上各貨入口每壹百斤紅重收担頭銀九分（使費另外） 以上各項紬緞每一百斤紅重收正税銀二兩二錢"。

按，此册子非一般賬簿，末葉有"出口""入口""正税"等字，正文諸商品有"估價幾兩"，似乎爲進出口商品貿易徵税賬簿，故暫時如是題名。

此書貨幣使用銀兩，應爲清代單位，民國以後則改爲銀元，則此簿爲晚清賬簿。

以上各項每一兩正銀加銀二錢三分一厘二毫

以上各估價銀每一兩收銀六分

以上各項紬緞出口每一兩足收足貴銀一分

以上各貨出口每壹百斤紅重收擔貴銀一錢四分

以上各貨入口每壹百斤紅重收擔頭銀九分 使費另外

以上各項紬緞每一日斤紅重收正稅銀二兩二錢

傳 記 類

晏子春秋　七卷，
音義上下二卷，校勘記上下二卷　　曼Chinese 53

（清）孫星衍校並音義，（清）黃以周校勘記

清光緒元年（乙亥 1875）翻刻清乾隆五十三年（戊申 1788）《平津館叢書》本

4册1函

17.9×12.5。半葉九行，行二十一字。左右雙邊，白口，單黑魚尾，魚尾下記書名、卷次及葉數。卷端題"晏子春秋卷一　陽湖孫氏校本"，末卷及音義下末題"晏子春秋卷七終""總校黃以周分校　章乃錫　張預校"，裏封題"晏子春秋"，背牌記題"光緒元年十一月浙江書局據孫氏平津館本校刻"。《音義》卷端題"晏子春秋音義卷上""賜進士及第翰林院編修孫星衍撰"，《校勘記》卷端題"晏子春秋校勘上 定海黃以周記"。孫序及每册卷首末皆鈐"徐家匯"朱文圓印。

清乾隆五十三年（戊申1788）孫星衍晏子春秋序，《校勘記》首光緒二年（丙子1876）黃以周序。

按，黃氏序云："《晏子春秋》以陽湖孫刻、全椒吳刻爲最善。孫氏據明沈啓南、吳懷保兩本，又合《韓詩外傳》《説苑》《新序》及《藝文類聚》《太平御覽》諸書推求審正。吳氏一仍元刻舊聞，無所改竄，近時所僞爲元刻本者即此。孫、吳兩刻各有短長，盧抱經據明吳勉學、李從先本互相推勘，《群書拾補》所録是也。後又參合各書復校孫刻，凡《拾補》所詳者用朱旁點，正文不復箸録。其所箸録者，核之《拾補》，亦閒有出入。今據吳、盧諸本參校孫刻，又以凌澄初本，梁處素、孫頤谷二校本佐之，又以王懷祖《讀書襍志》、洪筠軒《讀書叢録》、俞蔭甫《諸子平議》輔之。其文字之異同，有見孫氏《音義》者略之，而校讎之餘，閒有一得，亦並坿之。"其中，所云"陽湖孫刻"，即此本之底本乾隆五十三年（戊申）孫星衍刻《平津館叢書》本。據此序云，孫本刊刻時，曾據諸本參校一過，故在内容上具有很高的價值。而所謂"全椒吳刻"，爲嘉慶二十三年（戊寅 1818）吳鼒刻本，今北京師範大學圖書館、山東大學圖書館等收藏。據此序云，吳本是據元刻本刊刻的，故而具有很高的版本價

值。二本同爲清代刊刻精良之本。

　　《四庫全書總目》"史部三十七·政書類一"收録，可參看。

　　《藏園訂補郘亭知見傳本書目·史部》收録此書，但未録此本。

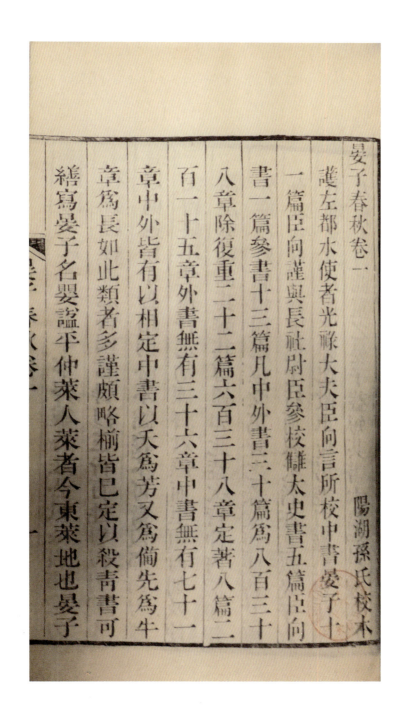

闕里志　原二十四卷，殘存十九卷　　　曼194

（明）陳鎬撰，（明）孔允植重纂

清雍正間刻本

9册1函

20.5×14.5。半葉十行，大小字不等，行大字十九字，小字雙行同，行約三十八字。四周單邊，白口，單黑魚尾。魚尾上記書名，下記卷次、葉數。卷端題"闕里誌卷之一"。無裏封，外封書籤題"闕里誌 甲 卷一之三"。

本書殘存十九卷，闕五卷：卷四至卷八（外封書籤題"闕里誌 乙 卷四之八"）。

明弘治十八年（乙丑1505）年李東陽序，楊士聰重修闕里志序，末卷有孔胤植後序。

按，此書後序之前一葉云："維雍正二年歲次甲辰正月丙子朔越二十二日丁酉，皇帝遣内閣學士⋯⋯"則此刻本當不在康熙間。北京大學圖書館藏本題作"清初"，附注云"二十四卷後補雍正元年、二年内容二葉，但未標卷次"，與此本同。

《四庫全書總目》"史部十五·傳記類存目一"收録。云："闕里向無志乘，僅有《孔庭纂要》《祖庭廣記》諸書。宏治甲子，重修闕里孔廟成，李東陽承命致祭。時，鎬爲提學副使，因屬之編次成志。崇禎中允植重加訂補，是爲今本。"

《中國古籍善本書目·史部》收録此書，但未録此本。

闕里誌卷之二十四

銘誌

唐正議大夫尚書左丞孔公墓誌銘

孔子之後三十八世有孫曰戣字君嚴事唐為
尚書左丞年七十三上書去官天子以為禮
部尚書祿之終身而不敢煩以政吏部侍郎韓
愈常賢其能謂曰公尚壯上三留奚去之果曰
吾敢要君吾年至一宜去吾為左丞不能進退
郎官惟桷之為二宜去愈又曰古之老於鄉者
將自佚非自苦閭井田宅具在親戚之不仕與

闕里誌　〈卷之二十四〉

佐遼實迹　四卷，末附薦統一卷　　　曼329

（明）喬遷高、韓上桂、魯光國、鄭極祥等纂輯

明崇禎間刻本（厚白棉紙）

　　4册1函

　　21.4×15.7。半葉九行，行十九字。四周單邊，白口，單黑魚尾。魚尾上記書名，下記卷次及葉數。卷端題"佐遼實迹""錦右通判喬遷高寧遠通判韓上桂 前屯通判魯光國 關外推官鄭極祥纂輯"。除卷一之外，餘卷皆無卷端題名。每卷分若干節，每節末皆有"論曰"及撰者姓氏。闕裏封。

　　明崇禎三年（庚午 1630）敕命，韓上桂佐遼實迹題詞。

　　按，此本諸篇日期截止至崇禎七年（甲戌 1634），且稱明朝爲"國朝"，稱"崇禎"爲"聖明""皇上"等，可見此本至少在崇禎七年（甲戌 1634）前後所刊。

　　《藏園訂補邵亭知見傳本書目·史部》《中國古籍善本書目·史部》皆未録。

佐遼實蹟

卷之四

敘功

分齎　招降　撫賞

修志　　夷系

佐遼實蹟

錦右通判喬遷高

寧遠通判韓上桂

前屯通判魯光國　纂輯

開外推官鄭極祥

一條陳

寧前兵備道陳　為虜騎截哨等事本年三月

十六日蒙

欽差總督薊遼保定等處軍門曹　憲牌二月十

宋十賢傳　不分卷　　　　　　　　　　曼291

（清）陳世侃編

清乾隆八年（癸亥 1743）刻本

　　1册1函

　　19×13.5。半葉十行，行二十字。左右雙邊，上下粗黑口，單黑魚尾，書下口題“上/下”。卷端題“宋十賢傳　後學海寧陳世侃編”。裏封題“海寧陳蓮宇編　宋十賢傳”，左下鈐“忠義傳家”朱文方印。外封書籤題“宋十賢傳”。

　　清乾隆八年（癸亥 1743）陳世侃序。

　　按，版刻年據序題。

　　《藏園訂補邵亭知見傳本書目·史部》未録，《中國古籍善本書目·史部》收録，僅清華大學圖書館收藏。

日四十年被借居幾時曰二十年矣遣吏取十千視之謂訴者曰今官所鑄錢不五六年即遍天下此皆未藏前數十年所鑄何也其人不能答茅山有池產龍如蜥蜴而五色祥符中嘗取二龍入都半途失其一中使云飛空而逝民俗嚴奉不懈顥捕而脯之爲晉城令富人張氏父死旦有老叟踵門曰我女父也子驚疑莫測相與詣縣叟曰身爲醫遠出治疾而妻生子貧不能養以與張顥質其驗取懷中一書進其所記曰某年月日抱兒與張三翁家顥問張是時纔四十安得有翁稱叟駭謝民稅粟多移近邊載往則

古聖賢像傳略　原十六卷，殘存八卷　　　　曼279

（清）顧沅輯，（清）孔蓮卿繪圖

清道光十年（庚寅 1830）長洲顧氏自刻本（白棉紙，精刻）

殘存8冊1函

17.6×12.1。半葉十行，行二十五字。左右雙邊，白口，單黑魚尾。魚尾上題"古聖賢像傳略"，下記卷次及葉數。每卷前皆題"古聖賢像傳略卷幾　長洲顧 沅湘舟輯"。闕裏封。此本先圖後文，裝幀精良。函套已壞，書根有題名及冊數。

殘存八卷：卷九至卷十六。

序闕。末附吳郡名賢圖傳贊采輯姓氏。

按，此本圖止於冒辟疆，卷十六史可法傳中末有"乾隆四十一年賜諡忠正"，文中稱清兵南下爲"寇"。

據其他館藏全本可知，此本原有裏封題"古聖賢像傳略　庚寅夏日開雕"。

此書與《吳郡五百名賢圖傳贊》互爲姐妹篇，爲道光間版畫的代表。2002年齊魯書社收於《中國歷代人物像傳》。

古聖賢像傳畧卷九

長洲顧 沅湘舟輯

歷代名賢列女氏姓譜　一百五十七卷　　　曼223

（清）蕭智漢纂

清乾隆五十七年（壬子 1792）聽濤山房刻本

　　　110册26本

　　20×12.5。無界，半葉十三行，行二十二字。四周雙邊，白口，單黑魚尾。魚尾上題"氏姓譜"，下記卷次、韻部（姓字所在之韻部）、姓氏、葉數。卷端題"歷代名賢列女氏姓譜卷之一　湘鄉　蕭智漢雲澤氏纂輯　男秉信明甫氏校"。裏封題"乾隆壬子歲鐫　歷代名賢列女氏姓譜　聽濤山房藏板"。

　　卷一包括：氏姓譜凡例二十七條，引用書目。

　　清嘉慶二年（丁巳 1797）翟聲焕序，清嘉慶二年（丁巳 1797）張博序，清乾隆五十八年（癸丑 1793）蕭智漢序。

　　按，《藏園訂補郘亭知見傳本書目·史部》《中國古籍善本書目·史部》皆未錄。

歷代名賢列女氏姓譜卷之一

湘鄉　蕭智漢雲澤氏纂輯
男秉信明甫氏校

鴻雪因緣圖記　三集　　　　　　　　　　曼412

（清）麟慶撰

清道光二十七年（丁未 1847）麟崇實、麟崇厚揚州重刻本（白棉紙，精刻）

6册2盒

18.4×12.7。半葉十行，行二十一字。四周雙邊，白口，單黑魚尾。魚尾上記書名，下記篇名。卷端無題名。總目題“凝香室鴻雪因緣圖記總目 長白麟 慶見亭氏著”，末題“江寧柏簡齋監刻”。裹封題“鴻雪因緣 見亭先生 命題 戈載”，背面牌記題“道光丁未秋七 月重雕于揚州”，藍色灑金外封，題“鴻雪因緣圖記 第幾集 某册”。諸集附圖如下：第一集首附“見亭夫子三十九歲小像”（右下角題“汪英福恭寫”）及戈載贊，第二集首附“見亭先生五十歲小像”（右下角題“胡駿聲繪”）及了璞贊，第三集首附“見亭先生五十三歲小像”（右下角題“賀世魁恭繪”）及莊棫贊。

　　《一集》首清道光二十九年（己酉 1849）潘世恩序、許乃魯序，道光十九年（己亥 1839）阮元序、祁寯藻序、郎葆辰序、鍾世耀序，末附道光十八年（戊子 1838）王國佐跋。《二集》首道光二十一年（辛丑 1841）金安瀾鴻雪因緣第二圖記序，道光二十一年龔自珍序，趙廷序。《三集》首道光二十九年（己酉 1849）但倫明鴻雪因緣圖記三集序、阮亨序，李肇增序，末附畢光琦跋，道光二十九年麟崇實、麟崇厚跋。

　　按，潘序稱，麟見亭“既卒之三年，公子崇實、崇厚以所著《鴻雪因緣》若干帙付之梓人，出以請序”。據此，此本則爲顧崇實、顧崇厚所刊。又，畢氏跋云：“道光庚子仲春……越七年，公子樸山、地山孝廉重雕斯集，適與鳩工”，庚子年爲道光二十年，七年之後則爲道光二十七年，這與牌記所題是一致的。

　　麟崇實、崇厚跋云：“先君自叙生平梗概，凡所閲歷，每事必制一記，每記即繪一圖，自髫年以迄終身，共成三集，計二百四十帙。初、二集脱稿於南河節署門，下士取付剞劂，以圖帙縝密，未得鐫手，故祇刊記文，未刊圖畫，似不合‘圖記’命名之義。第三集脱稿於家居之丙午，是年秋，先君棄養，遂絶筆……先君幕客陳朗齋者，自京師歸揚州，以畫稿半出其手，爰屬覓匠江南，合初、二、三集圖記重鋟，閱兩寒暑而藏事。"此跋已將刊刻始末闡述得非常清楚,據此可知:(1)該書首、二集先行刊行過,此本則三集一起刊刻,故名之重刊。(2)跋中丙午即道光二十六年,是年顧氏卒,而第三集在其生前並未刊行過。(3)此書圖畫多出陳朗齋之手,此本之刊刻亦由他完成。

《藏園訂補郘亭知見傳本書目·史部》收錄此書,但未錄此本。《中國古籍善本書目·叢部》收錄在稿本《小方壺齋輿地叢抄》內,爲一卷本。

于文襄手札　不分卷

曼R73123

（清）于敏中撰

民國二十二年（癸酉 1933）國立北平圖書館據稿本影印

1册

29.8×17.5。無版心與界欄，半葉八行，字數不一。無卷端題名，裏封背題“中華民國二十二年十一月 國立北平圖書館影印”，末牌記題“于文襄手札 每册定價壹元 國立北平圖書館印行 翻印必究 民國廿二年十二月故宫印刷所承印”。外封及裏封題“于文襄手札 陳垣署”，鈐“陳垣”朱文方印，黄序下鈐“黄仲子”白文方印、“嶽麓山人”朱文方印。

末附清道光二十八年（戊申 1848）黄芳識，民國二十二年（癸酉 1933）陳垣跋。

按，陳跋云：“此册舊爲上海徐氏所藏，後歸星沙黄氏，今歸武進陶氏，由北平圖書館重爲編次付諸影印，”據此可知其遞藏經過。

此書收入《近代中國史料叢刊》第1輯第211册。

中華民國二十二年十一月
國立北平圖書館影印

上揆篇

　承書每言本及作者及樂大典不注已佳亟
生既報下次倍
近と書百種富者但不知某能据華如許名佃
南所角情筆如竹品語と列稗史部少儀
首待と列札部皆毐鄉其欵便亞
承及項本達書
示及ふ城市印記章担已錄益朱高館如此日
論各立

目 録 類

隷續　二十一卷　　　　　　　　　　　曼288

（宋）洪邁撰

清乾隆四十三年（戊戌 1778）汪日秀樓松書屋精刻本

3册1本

21.5×16。半葉十行，行二十字。四周單邊，白口，單魚尾。魚尾上記書名，每卷末均有牌記題“樓松書屋汪氏校本”。卷三、卷四末題有“泰定乙丑寧國路儒學重刊”。裏封題“隷續”。

宋乾道三年（丁亥 1167）洪邁序，宋淳熙六年（己亥 1179）喻良能跋。

按，此本原與《隷釋》合刊，版式字體皆同。原有乾隆四十三年（戊戌 1778）汪日秀跋，此本已佚。汪氏跋云“秀水朱檢討嘗欲以《寶刻叢編》補之，亦未卒業，可惜也。予得金風亭長抄本，以校近刻，多所增益。其訛脱處仍不能不相沿襲，未足成爲完善。然麒麐一毛，虬龍片甲，公於漢字之留遺於後者猶不勝鄭重而愛惜之，則今日於公之書，其爲可寶貴當何如也？因並以付之梓。”據此，此本之底本爲金風亭長抄本。金風亭長者，朱彝尊之別號也，故其底本實際爲朱彝尊抄本，蓋與揚州刻本所據同。之後同治十年（辛未 1871），洪氏晦木齋曾據之翻刻。

　　《四庫全書總目》"史部四十二·目録類二"收録，詳記該書刊刻始末，頗有助於考辨。云："适既爲《隸釋》，又輯録續得諸碑，依前例釋之，以成是編。乾道戊子，始刻十卷於越，其弟邁跋之。淳熙丁酉，范成大又爲刻四卷於蜀。其後二年己亥，德清李彦穎又爲增刻五卷於越，喻良能跋之。其明年庚子，尤袤又爲刻二卷於江東倉臺，輦其版歸之越。前後合爲二十一卷，适自跋之。越明年辛丑，适復合前《隸釋》爲一書，屬越帥刊行，适又自跋之。所謂前後增加，律吕乖次，命掾史輯舊版，去留移易，首末整整一新者是也。然辛丑所刻，世無傳本。《隸釋》尚有明萬歷戊子所刻，《隸續》遂幾希散佚。朱彝尊《曝書亭集》有是書跋曰'范氏天一閣、曹氏古林、徐氏傳是樓、含經堂所藏皆止七卷。近客吳，訪得琴川毛氏舊抄本。雖殘闕過半，而七卷之外，增多一百十七翻，末有乾道三年适弟邁後序'云云。蓋自彝尊始合兩家之殘帙，參校成編，後刊版於揚州，即此本也。據喻良能跋云：續有得者，列之十卷，曰《隸續》。既墨於版，復冥搜旁取，又得九卷，則當時所刻，實止一十九卷，朱彝尊因疑其餘二卷是所謂《隸韻》、《隸圖》者。然洪邁跋稱'亦既釋之，而又得之，列於二十七卷以往'云云，則《隸續》當亦如《隸釋》之體，專載碑文。此本乃第五卷、六卷忽載碑圖，第七卷載碑式，第八卷又爲碑圖，第九卷、十卷闕，第十一卷至二十卷又皆載碑文，第二十一卷殘闕不完，而适自跋乃在第二十卷尾。蓋前後參錯，已非原書之舊矣。考彝尊所云七卷之本，乃元泰定乙丑寧國路儒學所刻，較今所行揚州本，譌誤差少，然殘闕太甚。今仍録揚州之本，而以泰定本詳校異同。其殘闕者無可考補，則姑仍之焉。"

據上，並參考相關資料，我們可以大致揭清該書之版本情況：此書初刊於宋孝宗乾道四年至淳熙六年（戊子 1168—庚子 1180），由洪邁、李彦穎、尤袤等分别刻之。次刊於淳熙七年（辛丑 1181），與《隸釋》合刊。元代有泰定二年（乙丑 1325）寧國路儒學重刻本，爲七卷本。入明，有王雲鷺於萬曆十六年（戊子 1588）年據元抄本重刊之本，其末附王氏跋明識之。入清之後，諸家所藏僅止七卷。朱彝尊方參校諸本，於康熙四十五年（丙戌 1706）由曹寅揚州詩局所刊，即所謂揚州本，爲《四庫全書》所遵。

《藏園訂補郘亭知見傳本書目·史部》收録此本，《中國古籍善本書目·史部》則收録了此本的黄丕烈校本。

平楊府君六字

平楊府君祠神

右平楊府君六字蓋漢人神道所刻者石缺不全
莫知爲何人漢字存于今鮮矣譬之麒麟一毛虬
龍片甲皆可貴也

隸續卷第二

隸續卷第三

建平郹縣碑

巴官鐵盆銘

太尉劉寬神道二

丹楊大守郭旻碑

嚴訢碑

龍門禹廟宗季方題名

米巫祭酒張普題字

建平郹縣碑

建平五年六月郹五圓像范功平史石工毂徒要本

欽定四庫全書總目　原二百卷，殘存一百九十九卷，卷首四卷

曼392

（清）永瑢等奉敕纂

清乾隆間内府刻本（白棉紙）

殘存154册16本，缺1本

17.4×12.9。半葉九行，行二十一字。四周雙邊，白口，單黑魚尾。魚尾上記書名，下記卷次、某部及葉數。卷端題"欽定四庫全書總目卷一"，闕裏封。

殘存一百九十九卷，闕一卷：卷十六。

卷首四卷：聖諭一卷，永瑢進表、勘閱繕校諸臣職名一卷，凡例十三則一卷，門目一卷。

聖諭即序：清乾隆三十七年（壬辰 1772）正月初四聖旨；乾隆三十八年（癸巳 1773）二月初六聖旨，二月十一日聖旨，五月十七日聖旨，八月二十五日聖旨；乾隆三十九年（甲午 1774）五月十四日聖旨，七月二十五日聖旨；乾隆四十年（乙未 1775）十一月十七日聖旨；乾隆四十一年（丙申 1776）六月初一聖旨，七月二十六日聖旨，九月三十日聖旨，十一月十七日聖旨；乾隆四十二年（丁酉 1777）十月初七聖旨，十一月十四日聖旨；乾隆四十四年（己亥 1779）二月二十六日聖旨；乾隆四十五年（庚子 1780）九月十七日聖旨；乾隆四十六年（辛丑 1781）二月十五日聖旨，十月十六日聖旨，十月二十七日聖旨，十一月初六聖旨，凡二十道聖旨。

按，此書諸册末或有鈐"惠元和記"朱文牌記者，如第145册卷一百七十四末；或鈐"公泰號錦川 太史紙 家記"朱文印者，如第19册卷二十七末；或題"隆和義記頂拆荊川太史"朱文牌記，如，第144册卷一百九十八末，第127册卷一百六十六末；有題"吳正裕號"朱文牌記者，如第122册，卷一百五十八末；或題"隆興禮記頂拆荊川太史"，如第139册卷一百六十八。另有一些印章已被遮擋或撕去。這些大概皆爲當時貢紙。

《藏園訂補邵亭知見傳本書目·史部》《中國古籍善本書目·史部》皆收録。

欽定四庫全書勘閱繕校諸臣職名

總裁官職名

歷任正總裁官

皇六子多羅質郡王臣永瑢

皇八子多羅儀郡王臣永璇

皇十一子臣永瑆

經筵日講起居注官 太子太保東閣大學士管吏部刑部事翰林院掌院學士臣劉統勳

經筵講官 太子太保 文淵閣大學士兼工部尚書臣劉綸

經筵日講起居注官 太子太保 武英殿大學士管吏部刑部事翰林院掌院學士文淵閣領閣事臣舒赫德

欽定四庫全書簡明目録　二十卷　　　　曼169

（清）永瑢等編

清刻本

4册

13×9.7。半葉九行，大小字不等，行大字二十字，小字雙行同，行約二十五字。左右雙邊，白口，無魚尾。版心題"欽定四庫全書簡明目録"及卷次，中記部類，下記葉數。裏封黄紙題"欽定四庫全書簡明目録"。

清乾隆三十九年（甲午 1774）、四十七年（壬寅 1782）、四十九年（甲辰 1784）聖諭，乾隆四十七年（壬寅 1782）恭紀、表文、職名。

《藏園訂補邵亭知見傳本書目・史部》收録此書，但未録此本。

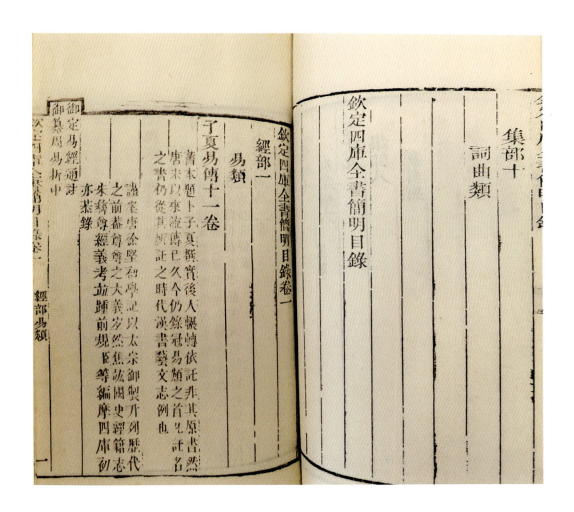

欽定四庫全書簡明目録

集部十

詞曲類

欽定四庫全書簡明目録卷一

經部一

易類

子夏易傳十一卷

書本題卜子夏撰寶後人贗撰依託非其原書然唐宋以來流傳已久今仍錄冠易類之首見註名之書仍從其所註之時代漢書藝文志例也

畫家唐企堅刻學記以太宗御製升列歷代之前恭齊之大義煥然焦竑國史經籍志

朱彝尊經義考竝踵前規巨等編摩四庫初

亦茶錄

御定易經通討
御纂周易折中

國立北平圖書館方志目録　不分卷　　　曼R73096

譚其驤撰

民國二十二年（癸酉 1933）北平圖書館鉛印本

4册

17×11.5。半葉十四行，大小字不等，行約四十五字，小字雙行同，行約五十字。四周單邊，上下細黑口，單黑魚尾。魚尾下記省份及葉數，下書口題“國立北平圖書館”。卷端題“國立北平圖書館方志目録”，裏封題“國立北平圖書館方志目録”，背面題“民國二十二年五月國立北平圖書館印行”。末有牌記題“北平圖書館方志目録 民國二十二年一月北平圖書館印行 翻印必究 每部分訂四册實價洋二元五角”。外封墨筆題“國立北平圖書館方志目録”。

凡例七條。

民國二十二年（癸酉 1933）袁同禮序。

國立北平圖書館方志目錄

江蘇

江南通志　七十六卷　清王新命等修　張九徵等纂　康熙二十三年刻開化紙印本　三十六冊

又一部　殘　存七十二卷　缺卷一　四至六　三十四冊

又一部　殘　存五十二卷　缺卷一至一六　三五　三六　六三　六八至七二　二十六冊

又一部　殘　存十卷　五冊

存一七　四五至四七　五〇　五一　六〇　六一　六四　六五

江南通志　二百卷序目一卷卷首四卷　清尹繼善等修　黃之雋等纂　乾隆元年刻初印本　一百冊

又一部　八十冊　後印本

又一部　殘　存一百七十四卷序目一卷卷首四卷　七十冊

又一部　殘　存一百一卷序目一卷卷首四卷　四十二冊

缺卷一至二二　一〇五至一〇七　一二四

方志目錄　江蘇　一

國立北平圖書館

日本東京、大連圖書館所見
中國小説書目提要　七卷

曼AC19

孫楷第編

民國二十一年（壬申 1932）國立北平圖書館鉛印本

1册

子目：

1.日本東京所見中國小説書目提要六卷；

2.大連圖書館所見中國小説書目提要不分卷。

18.5×13。平裝，竪排。半葉十一行，行三十三字。第一種卷端題“日本東京所見中國小説書目提要卷一 滄縣 孫楷第 編述”，裏封題“日本東京所見中國小説書目提要 藏園居士書端”，鈐“增湘”白文方印；第二種卷端題“大連圖書館所見中國小説書目提要卷一 滄縣 孫楷第 編述”，裏封題“大連圖書館所見中國小説書目提要 沅叔”，鈐“增湘”白文方印、“藏園”朱文方印。版權葉題“中華民國二十一年（一九三一）六月初版”“日本東京及大連圖書館 所見中國小説書目提要全一册”“出版兼發行者 國立北平圖書館中國大辭典編纂處”，裏封題“海外虞初新録 子書新著屬題壬申端午傅增湘”，旁鈐“傅”（白）“沅叔”（朱）連珠小印，外封題“日本東京 大連圖書館 所見中國書目提要”。

《日本東京所見中國小説書目提要》首民國二十一年（壬申 1932）年胡適序、孫楷第序、孫楷第緣起；《大連圖書館所見中國小説書目提要》首民國二十一年（壬申 1932）孫楷第序，末附二勘誤表。

日本東京所見中國小說書目題要卷一

滄縣　孫楷第　編述

宋元部

新雕大唐三藏法師取經記三卷 成篑堂文庫

宋刊本。黑紙。半葉十行，行十七字十八字不等。上卷已缺其首，中卷全缺，餘俱完足。板匡高營造尺五寸二分，寬三寸五分弱。近書耳者雙邊，餘單邊。有朱印曰『高山寺』。羅振玉居東時曾借觀，定爲宋本，已收入吉石菴叢書中。德富蘇峯氏自跋謂於日影坊古書肆得之。蠹蝕剝脫，殆無着手之地。今修補繕治，儼然宋槧面目。後之觸此書者，宜珍惜寶愛云云。觀此知主人愛護之深也。吾國宋本通俗小說，存者無幾。

中國通俗小説書目　十二卷　　　　　曼R73101

孫楷第撰

民國二十二年（癸酉 1933）國立北平圖書館鉛印本

　　　1册

　　　18.5×12.5。平裝。卷端題"中國通俗小説
書目卷一""滄縣 孫楷第 輯録"，裏封題"中
國通俗小説書目十二卷 疑古錢玄同署檢"，
鈐"疑古"朱文方印。末版權葉題"中國通俗
小説書目十二卷全一册""中華民國二十二年
（一九三二）三月初版"。

　　　民國二十一年（壬申 1932）鄭振鐸序，民
國二十二年（癸酉 1933）黎錦熙序，民國二十二
年（癸酉 1933）自序。

中國通俗小說書目卷一

滄縣　孫楷第　輯錄

宋元部

五代史平話 梁唐晉漢周各
分上下二卷

存　曹元忠藏宋刊本。　董氏誦芬室景印本。　商務印書館排印標點
本。

宣和遺事

存　士禮居刊本。　金陵王氏洛川校正重刊本分元亨利貞四集。　璟
川吳氏舊藏明本二卷九行行二十字卷首有圖題『旌德郭卓然刻』今
歸東方圖書館日本長澤規矩也氏云葉敬池本醒世恒言記刊工有郭卓

晚明史籍考　二十卷　　　　　　　　曼R73103

謝國楨撰

民國二十一年（壬申 1932）國立北平圖書館鉛印本

10册

16.3×11。半葉十三行，行二十八字。四周單邊，上下細黑口，單黑魚尾。魚尾下題“明考”，卷次及葉數，下書口題“國立北平圖書館”。卷端題“晚明史籍考卷一”“安陽　謝國楨　輯”。裏封題“晚明史籍考”，背面題“民國二十一年八月國立北平圖書館印”。　外封墨筆題“晚明史籍考　伯英”，並有其鈐印。

凡例五條。

民國二十一年（壬申 1932）孟森序，民國二十年（辛未1931）朱希祖序，民國二十一年（壬申 1932）吳其昌序，民國二十年（辛未 1931）謝國楨自序。

晚明史籍考卷一

安陽　謝國楨　輯

通記上

罪惟錄帝紀二十二卷志二十七卷列傳三十五卷

<small>吳興嘉業堂劉氏藏稿本</small>

明海寧查繼佐伊璜撰伊璜一字敬修號與齋明季舉人國變後更名

省或隱姓名爲左尹罹莊氏史獄以首先檢舉得免所撰明書罹禍後

更名罪惟錄凡一百冊繆藝風稱是書百二十卷今按是書爲紀傳體

分紀志傳三門凡帝紀二十二志二十七列傳三十五別有列朝帝紀

逸篇列朝逸傳則紀傳之刪餘也凡南明諸王皆列入本紀弘光朝仍

用南明年號其惓惓故國之意雖罹重辟而不悔者於此可見惟是書

體例微嫌繁複且有駁雜不純之處恐係敬修初稿尚未經修定也書

爲仁和吳氏清來堂舊藏近歸吳興劉氏嘉業堂楨庚午秋南遊淞中

清開國史料考　六卷　　　　　　　　　曼R73104

謝國楨撰

民國二十年（辛未 1931）國立北平圖書館鉛印本

2册

16.3×10.8。半葉十三行，行二十八字。四周單邊，上下細黑口，單黑魚尾。魚尾下題"清考"、卷次及葉數，下書口題"國立北平圖書館"。卷端題"清開國史料考卷一""安陽 謝國楨 輯"。裏封題"清開國史料考 傅增湘題"，下鈐"增湘私印"白文方印，背面題"辛未元年刊成"。末牌記題"清開國史料考六卷 安陽謝國楨編 民國二十年五月 國立北平圖書館初版發行 實價貳元 版權所有不准翻印"。

凡例九條，末附清開國史料考補一篇，天命天聰朝滿文檔册簡目，陽九述略一卷。

民國二十年（辛未 1931）謝國楨識（朱字）。

清開國史料考卷一

安陽 謝國楨 輯

叙論

余既輯清開國史料竟乃爲之叙曰夫女眞在古爲肅愼國由戰國之貉
貊以迄金源所謂夫餘勿吉靺鞨諸名其與廢沿革載在諸史歷歷可考
然而大氏蹶起渤海阿骨打氏突興金源當其盛時文物風教不亞中土
乃其勢之興則如暴風疾雨及其不振亦如冰霜消歇欲求其遺蹤識其
文字考其系統其事蓁難則又何也余考清建國之始基其世系之隱晦
傳說之荒誕蓋亦有同渤海金源之慨焉豈寢甎食鮮之民有倨傲不羣
之勢而無收攝保守之心歟
清之初祖即金之餘裔也金爲女眞之族女眞避遼諱改名女直元滅金
以其地置軍民萬戶府明代置建州衛析爲三部曰建州即淸發祥之地

中興館閣書目輯考　五卷，附續書目輯考一卷

曼R73105

趙士煒輯

民國二十二年（癸酉 1933）國立北平圖書館、中華圖書館協會鉛印本

3册

16.5×11。半葉十三行，行二十八字。四周單邊，上下細黑口，單黑魚尾。魚尾下題"館目考"並記卷次及葉數，下書口題"國立北平圖書館""中華圖書館協會"。卷端題"中興館閣書目輯考卷一古佚書録叢輯之四""貴陽 趙士煒 輯"。卷五後附牌記題"民國二十二年四月國立北平圖書館中華圖書館協會合刊"。裏封題"中興館閣書目輯考五卷 坿續目一卷"。《續書目輯考》：卷端題"中興館閣續書目輯考 古佚書録叢輯之四""貴陽 趙士煒 輯"。後附牌記題"民國二十二年四月國立北平圖書館中華圖書館協會合刊"。外封墨筆題"古逸書録叢輯 胡適"，並有其鈐印。

民國二十二年（癸酉 1933）陳垣序，民國二十一年（壬申 1932）趙士煒自序。續書目輯考附趙士煒後序。

按，此爲《古逸書録叢輯》之四。

中興館閣書目輯考卷一

宋秘書監陳騤等原撰　　　　貴陽　趙士煒　輯

經部

易類

一百一十二家七百六十卷 〔玉海三六〕 〔之此據宋志敘補移凡非書目原文不復著明校〕

〔歸藏三卷〕

原釋 晉太尉參軍薛正注今但存初經齊母本著三篇文多闕亂不可

訓釋 〔三玉海五〕

按通攷引此段作崇文總目玉海引作書目不知孰是此書隋志作薛貞注十三卷新舊唐志並作司馬膺注卷同隋志崇文目書錄解

題並與此同正者避仁宗嫌諱也

〔易傳〕十卷

原釋 或題卜子夏案隋志周易二卷魏文侯師子夏傳已殘闕梁六卷

宋國史藝文志輯本　二卷　　　　曼R73106

趙士煒輯

民國二十二年（癸酉 1933）國立北平圖書館、中華圖書館協會鉛印本

3册

16.5×11。半葉十三行，行二十八字。四周單邊，上下細黑口，單黑魚尾。魚尾下題"國志考上/下"及葉數，下書口題"國立北平圖書館""中華圖書館協會"。卷端題"宋國史藝文志輯本 古佚書録叢輯之五""貴陽 趙士煒輯"。裏封題"宋國史藝文志輯本二卷 邢端署首"，下鈐"貴陽邢端"朱文方印。外封墨筆題"古逸書録叢輯 胡適"，並有其鈐印。

民國二十一年（壬申 1932）趙士煒自序。

按，此爲《古逸書録叢輯》之五。

宋國史藝文志輯本

古佚書叢輯之五錄

貴陽　趙士煒　輯

原序

〔三朝志〕宋建隆初三館有書萬二千餘卷乾德元年平荊南盡收其圖書以實三館三年平蜀遣右拾遺孫逢吉往收其圖籍凡得書萬三千卷四年下詔購募亡書三禮涉弼三傳彭幹學究朱載等皆詣闕獻書合千二百二十八卷詔分置書府弼等並賜以科名閏八月詔史館凡吏民有以書籍來獻當視其篇目館中所無者收之獻書人送學士院試問吏理堪任職官者具以名聞開寶八年冬平江南明年春遣太子洗馬呂龜祥就金陵籍其圖書得二萬餘卷悉送史館自是群書漸備兩浙錢淑歸朝又收其書籍先是朱梁都汴正明中始以今右長慶門東北廬舍十數間列爲三館湫隘卑庳繚蔽風雨周廬徼道出於其側衛士驕卒朝夕喧雜歷代以來未遑改作每諸儒受詔有所論撰即移於他所始能成之太

國志序
一

國立北平圖書館

書畫書録解題　十二卷，卷首一卷　　　　曼R73107

余紹宋撰

民國二十一年（壬申 1932）國立北平圖書館鉛印本

6册

16.4×10.8。半葉十三行，大小字不等，行大字三十三字，小字雙行同，行四十字。四周單邊，上下細黑口，單黑魚尾。魚尾上題"書畫書録解題"，下記卷次及葉數，下書口題"國立北平圖書館"。卷端題"書畫書録解題卷之一""龍游 余紹宋 撰"。裏封題"書畫書録解題 黃節署"，鈐"黃節"朱文方印。

卷首一卷：序例六十七條，書畫書録截圖總目叙略。

民國二十年（辛未 1931）林志鈞序，後民國二十一年（壬申 1932）梁廷燦跋。

書畫書錄解題卷之一

龍游 余紹宋 撰

第一類 史傳

一 歷代史

書小史

十卷 武林往哲遺著本

宋陳思撰 思臨安人曾著小字錄前有結銜稱成忠郎趙熙殿國史實錄院祕書各搜訪又有海棠譜自序題開慶元年蓋理宗時人其所著書苑菁華

前有鶴山翁題語稱其為臨安鬻書人

是編始自太古迄於五季凡采書家五百三十一人各為小傳於帝王則稱紀以別之雖未注所出而采輯不濫敘次亦具其剪裁足稱佳構且彙叙歷代書家為是編實有草創之功四庫讜其不應采以書名書小史不云書家小史則采及書事於義例似尚未乖四庫又謂其不及書苑菁華之詳密亦非的評書苑菁華之燕雜具見解題安得稱為詳密是編既名小史原不以詳密為能況此為著述彼

書畫書錄解題

卷一

一

國立北平圖書館

國立北平圖書館、故宮博物院圖書館
滿文書籍聯合目録　不分卷　　　曼R73108

李德啓編, 于道泉校

民國二十二年（癸酉 1933）國立北平圖書館、故宮博物院圖書館鉛印本

1冊

26.2×18.2。平裝。外封題"國立北平圖書
館 故宮博物院圖書館 滿文書籍聯合目録""李
德啓編 于道泉校""民國二十二年六月 國立北
平圖書館及故宮博物院圖書館合印", 裏封襯
葉有英文題名。末版權葉題"中華民國二十二年
（一九三三）六月初版"。

民國二十二年（癸酉 1933）于道泉序和李
德啓序。

滿文書籍聯合目錄

000I—080(4)

○○○ 總　類

000

1. 劉光弼誥命；(補)滿文[平]

lio guwang bi i ulxibure fungne-
xen.(補)

一捲　崇德七年綾織本

2. 盛京義州鑲黃滿洲旗佐領車
瑠承襲世管佐領執照；(補
譯)滿文[平]

mukden i ijeo i kubuxe suwayan
i ice manju nirui janggin cerio i
boshoxo jalan xalame boshoro nirui
temgetu bitxe.

一捲　寫本

3. 鑲藍漢軍旗李耀承襲族中佐
領執照；(補譯)滿文[平]

kubuxe lamun i ujen cooxai goesai
mukoen i dorgi sirara nirui janggin

lii yoo nirui sekiyen i temgetu bitxe.

一捲　寫本

080

七本頭；[平]

ci ben teo bitxe.（補譯）

和素 xesu 輯

一函 七冊 不分卷 刻本
又藏鈔本

(1)性理一則；滿漢合璧

banin gisun i bitxei dorgi
emu meyen.

刻本四頁　鈔本五頁　不分卷

(2)潘氏總論；滿漢合璧

pan shi i shoshoxon i
leolen i bitxe.

刻本鈔本各一冊　不分卷

(3)黃石公素書；滿漢合璧

xoewang shi gung ni su
shu bitxe.

刻本鈔本各一冊　不分卷

(4)菜根談；滿漢合璧

— 1 —

北平圖書館善本書目　四卷　　　曼R73109

趙萬里撰

民國二十二年（癸酉 1933）國立北平圖書館鉛印本

4册

16.8×13。半葉十二行，行二十四字。左右雙邊，白口，單黑魚尾，魚尾下題“目幾”及葉數。卷端題“北平圖書館善本書目卷一”“海寧趙萬里 撰集”。裏封題“國立北平圖書館善本書目四卷 尹默”，背面題“民國二十二年十月栞印”。

民國二十二年（癸酉 1933）傅增湘序。

北平圖書館善本書目卷一

經部

易類

周易鄭康成注一卷 宋王應麟輯 元刻明印本

周易兼義九卷 唐孔穎達撰 釋文一卷 唐陸德明撰 略例一卷

晉王弼撰 明永樂刻本

漢上周易集傳十一卷 宋朱震撰 宋刻本

存九卷三至十一

周易義海撮要十二卷 宋李衡撰 抄本

楊氏易傳二十卷 宋楊簡撰 明抄本

周易玩辭十六卷 宋項安世撰 宋刻本

誠齋先生易傳二十卷 宋楊萬里撰 明嘉靖刻本

梁氏飲冰室藏書目録　不分卷　　　曼R73110

國立北平圖書館編

民國二十二年（癸酉 1933）國立北平圖書館鉛印本

4册

16.3×10.8。半葉十三行，四周單邊，上下細黑口，單黑魚尾。魚尾下題“梁目”、部類及葉數，下書口題“國立北平圖書館”。卷端題“梁氏飲冰室藏書目録”。裏封題“梁氏飲冰室藏書目録 余紹宋署”，下鈐“越園”朱文方印，背面題“民國二十二年十月國立北平圖書館印”。藍色外封，墨筆題“梁氏飲冰室藏書目録”。

凡例九條，總目。

民國十九年（庚午 1930）黄宗法“梁氏飲冰室藏書寄存本館經過”，民國二十二年（癸酉 1933）余紹宋序。

梁氏飲氷室藏書目錄

經部

易類

周易注 十卷
魏王弼撰　影印宋刻本　三冊

易傳 六卷
宋程頤撰　古逸叢書單行本　二冊

易經本義 十二卷附音訓
宋朱熹撰　清同治四年金陵書局刻本　二冊

周易傳義大全 二十四卷
明胡廣等奉敕撰　明刻本　八冊

喬氏易俟 十八卷
清喬萊撰　喬氏原刻本　四冊

永樂大典現存卷目表　不分卷　　曼R73111

袁同禮編

民國二十二年（癸酉 1933）國立北平圖書館鉛印本（再版）

1册

25.2×18.5。平裝。封底牌記題"定價實洋壹角 二十二年五月再版"，外封書籤題"永樂大典現存卷目表"。

無序跋。

永樂大典現存卷目表

袁同禮

永樂大典為有明一代鉅製天壤間罕見之書多賴之以傳今全書已散佚然余歷年足跡所至，於海內外公私藏家所見殆不下三百五十冊已先後載其目於學衡雜誌圖書館協會會報北海圖書館月刊中今秋復排比前目益以最近所聞見者實得三百四十九冊然猶不及全書百之三耳。至其他殘存之數固當倍蓰於此海內外學人有以所藏所見卷數見示者余日望之矣二十一年十二月袁同禮識。

卷數	葉數	韻	目	内容	容度藏雜記
四八○	三一	一	東	忠義十五	吳興劉氏
四八一	一七	一	東	忠義十六	
四八二	一五			忠義十七	
四八三	二一	一	東	忠詩文　忠詩一　忠詩二	琅邪王氏　以上分裝三冊
四八四	一三			忠文	
四八五				忠傳一	海鹽張氏
四八六				忠傳二	
四八九	二○	一	東	終事韻	
四九○	三			終轟等字	北平圖書館

國立北平圖書館中文輿圖目録　不分卷　　曼R73112

王庸、茅乃文編

民國二十二年（癸酉 1933）國立北平圖書館鉛印本

　　1册

　　20.5×15。平裝。卷端題“國立北平圖書館
中文地圖目録”，外封題“國立北平圖書館 中
文輿圖目録”“王庸 茅乃文 編”“民國二十二
年四月一日 國立北平圖書館出版”。

　　民國二十二年（癸酉 1933）茅乃文弁言。

國立北平圖書館
中文地圖目錄
總　目
（甲）區　域　圖

A. 世界地圖　1. 總圖　　　2. 亞洲　　　3. 歐洲

4. 美洲　　　5. 非洲　　　6. 澳洲

B. 本國地圖　1. 總圖　　　2. 各省合圖　3. 河北省

4. 山東省　　5. 河南省　　6. 山西省　　7. 陝西

8. 甘肅省　　9. 江蘇省　　10. 安徽省　　11. 浙江省

12. 江西省　　13. 湖北省　　14. 湖南省　　15. 四川省

16. 西康省　　17. 福建省　　18. 廣東省　　19. 廣西省

20. 雲南省　　21. 貴州省　　22. 遼寧省　　23. 吉林省

24. 黑龍江省　25. 熱察寧綏及蒙古　26. 新疆青海西藏

（乙）類　圖

1. 天文　　2. 地形　　　3. 山脈　　4. 沿海　　5. 河流

6. 河工水利　7. 名勝古蹟建置　8. 地質　9. 產業　10. 交通

11. 行政　　12. 國界　　　13. 軍事　14. 民族　15. 歷史

（丙）補　遺

— 2 —

國立北平圖書館圖書展覽會陳列目録
不分卷　　　　　　　　　　　　曼R73113

國立北平圖書館編

民國間國立北平圖書館鉛印本

1册

19×12.5。平裝。外封及裏封皆題"國立北
平圖書館圖書展覽會陳列目録"。

國立北平圖書館圖書展覽會陳列目錄

唐及唐以前寫本

摩訶般若波羅密經　（晉寫本）

大智度論　（北魏寫本）

大般涅槃經　（北魏寫本）

大般涅槃經　（北魏寫本）

大般涅槃經　（北魏寫本）

大般涅槃經　（北魏寫本）

淨名經科要　（北魏寫本）

淨名經科要　（北魏寫本）

道經　（北魏寫本）

維摩經義記　（西觀寫本）

大般涅槃經　（隋寫本）

般若波羅密多心經　（唐揚顋寫本）

佛說大乘稻芊經　（唐寫本）

道德經　（唐寫本）

摩尼經　（唐寫本）

西番文無量壽經　（唐寫本）

妙法蓮華經　（唐寫本）

維摩經解　（唐寫本）

右唐及唐以前寫本部凡十七種

一

國立北平圖書館輿圖版畫展覽會目録
不分卷

曼R73114

國立北平圖書館編

民國二十二年（癸酉 1933）國立北平圖書館鉛印本

1册

22.2×14.7。平裝。外封題"國立北平圖書館輿圖版畫展覽會目録 中華民國二十二年雙十節"。

國立北平圖書館與圖版畫展覽會目錄

中華民國二十二年雙十節

國立北平圖書館戲曲音樂展覽會目録　　　　　曼R73115
　　不分卷

國立北平圖書館編

民國二十三年（甲戌 1934）國立北平圖書館鉛印本

　　　　1册

　　　　25.7×18.3。平裝。封底題“中華民國
二十三年二月十八日編印 定價大洋五錢”，外封
題“國立北平圖書館 戲曲音樂展覽會目録”。

國立北平圖書館戲曲音樂展覽會目錄

謀產奇判

童女斬蛇

馮驪焚券

青年鏡

薛妍貞

曼倩偷桃

曹戩碑

雲娘

梅花嶺

李廉船

長葛獄

毀名全交

葵花峒

醒世恒言

一片蓋

右前教育部通俗教育研究會調查戲曲文件及劇本裘籽原先生寄陳

國立北平圖書館特藏清内閣大庫（新購）輿圖目録
不分卷　　　　　　　　　　　　　　　曼R73116

國立北平圖書館編

民國二十一年（壬申 1932）國立北平圖書館鉛印本

　　1册

　　25.3×18.7。平裝。外封題“國立北平圖書館特藏 清内閣大庫 新購 輿圖目録 民國二十一年九月”。

　　民國二十一年（壬申 1932）王庸識。

國立北平圖書館特藏清內閣大庫輿圖目錄

前京師圖書館藏清內閣大庫輿圖一百餘種，現統歸本館輿圖部收藏，各圖多有紙簽貼記圖名式樣及編次號數，更存有目錄兩種，一為民國七年四月編訂，一為民國十五年十一月編訂，惟該目所編號數（與簽條所記一致）並不按圖之性質分類編次，平日庋藏檢查均感不便，且為檢點舊目有無缺漏錯誤計，因將此項輿圖重行查閱一過，分類編目如此，並按新號庋藏，俾後日引用參考可以略省無謂之翻檢，惟舊號數及一切舊題簽記其未經失去者，均完全保留，而各圖之名稱及編次方法除特別原因在圖內外亦多留存舊觀，不欲妄為更改，至於各圖內容之詳情製作之源委以及方法之異同年期之先後則決非在短時間內可以全部考明，疑更有史料缺失欲考無從徒勞而無功者，且各圖廣袤多有在一丈以外者，而破損蛀爛之圖亦復不少，檢閱之際頗為費力，只能觀其大略，故今以原圖校舊目固已不免稍有錯誤，而此目說明雖簡亦不敢謂為絲毫無差誤是則尚俟異日之一一細檢也。

舊目以民國七年本所記較詳，故本目中所謂「舊目」即以「七年」本為準，其有述及「十五年」本者則特為提明舊目號數以阿拉伯號碼記於各圖名下端上端為新編之號數

民國二十一年四月二十日王庸附識。

（甲）　分類圖

（一）河流海岸

（一）九省河流圖一幀彩繪絹本青綾邊破裂為兩半幅。

舊目稱五彩九省河流圖茲去彩繪二字附注於下以下凡舊目圖名中涉及色彩者均倣此。

博野蔣氏寄存書目　四卷　　　曼R73137

國立北平圖書館編

民國二十三年（甲戌 1934）國立北平圖書館鉛印本

　　1册

　　17.5×11.5。半葉十四行，行約二十四字，大小字不等。四周單邊，上下細黑口，單黑魚尾。魚尾上題"博野蔣氏寄存書目"，下記卷次、部類及葉數，下書口題"國立北平圖書館"。裏封題"國立北平圖書館博野蔣氏寄存書目"，背面題"民國二十三年一月國立北平圖書館印行"。

　　民國二十三年（甲戌 1934）蔣毓峰序，民國二十二年（癸酉 1933）王孝箴序，民國二十三年（甲戌 1934）袁同禮序。

博野蔣氏寄存書目卷一

經部

易類

子夏易傳十一卷　周卜子夏撰（或云唐張弧撰）　通志堂經解本

子夏易傳一卷　周卜子夏撰　清孫堂輯　漢魏二十一家易注本

周易子夏傳二卷　周卜子夏撰　馬國翰輯　玉函山房輯佚書本

周易鄭康成注一卷　漢鄭玄注　宋王應麟輯　漢附刊本

鄭氏周易三卷附圖　漢鄭玄撰　宋王應麟輯　彙函本

鄭氏周易注三卷補遺一卷　宋王應麟輯　清惠棟補　孫堂撰補遺　漢魏二十一家易注本　古經解

周易鄭注十二卷附錄一卷　漢鄭玄注　宋王應麟輯　清丁杰定　張惠言訂　湖海樓叢書本（第一函）

周易薛氏記一卷　漢薛虞撰　馬國翰輯　玉函山房輯佚書本

蔡氏周易說一卷　漢蔡景君撰　馬國翰輯　玉函山房輯佚書本

周易丁氏傳二卷　漢丁寬撰　馬國翰輯　玉函山房輯佚書本

周易韓氏傳二卷　漢韓嬰撰　馬國翰輯　玉函山房輯佚書本

博野蔣氏寄存書目　卷一　經部　易類　一　國立北平圖書館

史 評 類

新增智囊補　十二卷 曼173

（明）馮夢龍輯

清末刻本

11册2本

12.5×10。無界，半葉十一行，行二十字。四周單邊，白口，單黑魚尾。魚尾上題"增智囊補"，下記卷次、篇名及葉碼，序葉下書口題"拜經堂"。此書分十部，每部分若干卷，每卷分若干條。第一部爲上智部，卷端題"上智部見大卷一"，卷一總叙題"智囊補卷一"。總目題"智囊補""古吴馮夢龍重輯 金沙張明弼公亮 長洲 沈 幾去疑 張我城德仲同閲"，末題"每部前有總叙，每部前有引語"。裏封題"馮猶龍先生訂 新增智囊補 本衙藏板"。

馮夢龍自叙。每部前有總叙和引語。

按，此書前有《總目》，分上智部（卷一之四）、明智部（卷五之八）、察智部（卷九之十）、胆智部（卷十一之十二）、術智部（卷十三之十五）、捷智部（卷十六之十八）、語智部（卷十九之二十）、兵智部（卷二十一之二十四）、閨智部（卷二十五之二十六）、雜智部（卷二十七之二十八）等十部共二十八卷。此本有十二卷，卷六爲"術智部·委地"，與《總目》不同，顯然其已非原本之舊。中國人民大學圖書館藏有十二卷本，云："總目端下鐫'古吴馮夢龍猶龍重輯'等，又封面鐫'同文會藏版'"，故疑其爲清末翻刻本。日本東京大學綜合圖書館所藏與之同，題作"清末刊本"。日本市立米沢圖書館所藏題作"維經堂刊本"，静嘉堂文庫所藏題作"清刊"。今檢此本序葉下書口題"拜經堂"，而清代以來以此堂爲名者有多家，清中期有武進藏氏，清道光間亦有一拜經堂，刻有《分類文腋》八卷等。今觀此本，其字體版式皆不類二家，蓋亦爲清代翻刻，故暫如上著録。

馮氏序云："憶丙寅歲，余坐蔣氏三經齋小樓近兩月，輯成《智囊》二十七卷，以請教於海内之明哲，往往濫蒙嘉許，而嗜痂者遂冀余又續刻。余菰蘆中老儒爾，目未睹酉山之秘籍，未聞海外之僻事，安所得匹此者而續之？顧數年以來，聞見所觸，苟鄰於智，未嘗不存諸胸臆，以此補前輯所未備，庶幾其可……書成，值余將赴閩中。而社友德仲氏以送余，故同至松陵。德仲先行，余指月衡庫諸書，蓋嗜痂之尤者，因述是語爲叙而畀之。"按，此"丙寅"蓋明天啓六年（丙寅1626），此時《智囊》二十七卷問世。不久，《續智囊》亦輯成。